"十二五"职业教育国家规划教材

经全国职业教育教材审定委员会审定　（修订版）

高等职业教育机电类专业新形态教材

机 械 制 造 工 艺

第 3 版

主　编　史琼艳　　张江华

副主编　李　锐　　吴小邦

参　编　孙艳芬　　顾惠斌

主　审　许朝山

机 械 工 业 出 版 社

本书根据学生的认知规律，以企业的生产特点来设计典型课题，选取轴类、套筒类、箱体类、圆柱齿轮类典型零件的加工工艺，以生产中的工作过程为导向，细化工作任务，根据工作任务对技能与知识的需求以及生产任务的流程，重新构建机械加工工艺知识体系，并把知识点穿插到任务执行的过程中，使学生更好地掌握知识点，提高实践能力，增强学习兴趣。

本书在传统加工工艺的基础上，添加了制造业领域的新知识、新技术、新工艺和新方法。

为便于教学，本书配套有电子教案、电子课件等教学资源，选择本书作为教材的教师可登录机械工业出版社教育服务网（http://www.cmpedu.com），注册后免费下载。咨询电话：010-88379375。另外，本书对重点与难点内容配套了视频资源，扫描书中的二维码即可观看，为实现立体化教学创造了条件。

本书可作为高等职业院校机械类及近机械类专业的教材，也可供机械工程技术人员参考。

图书在版编目（CIP）数据

机械制造工艺/史琼艳，张江华主编. —3 版. —北京：机械工业出版社，2023.10（2025.1 重印）

"十二五"职业教育国家规划教材：修订版　高等职业教育机电类专业新形态教材

ISBN 978-7-111-74006-3

Ⅰ.①机… Ⅱ.①史… ②张… Ⅲ.①机械制造工艺-高等职业教育-教材 Ⅳ.①TH16

中国国家版本馆 CIP 数据核字（2023）第 189617 号

机械工业出版社（北京市百万庄大街 22 号　邮政编码 100037）
策划编辑：王英杰　　　　　　　　　　责任编辑：王英杰
责任校对：张婉茹　李　杉　闫　焱　　封面设计：马若濛
责任印制：刘　媛
北京中科印刷有限公司印刷
2025 年 1 月第 3 版第 3 次印刷
184mm×260mm · 16.25 印张 · 402 千字
标准书号：ISBN 978-7-111-74006-3
定价：52.00 元

电话服务　　　　　　　　　　网络服务
客服电话：010-88361066　　　机　工　官　网：www.cmpbook.com
　　　　　010-88379833　　　机　工　官　博：weibo.com/cmp1952
　　　　　010-68326294　　　金　书　网：www.golden-book.com
封底无防伪标均为盗版　　　机工教育服务网：www.cmpedu.com

前　言

本书是根据教育部颁布的《高等职业学校专业教学标准（试行）》，同时参考车工、铣工、镗工等职业资格标准，在"十二五"职业教育国家规划教材《机械制造工艺》第2版基础上修订而成的。

本书自第1版出版以来，得到了广大读者的大力支持，在此向各位读者和同仁致以深深的谢意！

本书在编写过程中，编者根据多年的教学实践，结合高职高专机械类专业的知识结构要求以及学生的认知能力和水平，对有关内容进行了增补和调整，体现了学以致用的理念，使之更加适合高职高专院校学生使用。

本书根据机械类专业人才培养目标，选取4个有代表性的企业真实案例为学习载体，通过学习，学生可以系统地掌握机械加工工艺基础知识，并能够灵活运用所学知识解决实际问题。

本书的特点体现在以下几个方面：

1）以工作过程为导向，细化工作任务，采用任务驱动的方法，随着任务的推进完成学习。

2）重新构建机械加工工艺知识体系，把知识点穿插到任务中。

3）通过任务实施和任务拓展，培养学生的实践能力，把能力培养放在首位。

4）选取的零件是有代表性的企业真实产品，通过学习，学生在今后工作时能尽快适应工作岗位要求。

5）引入"互联网+"技术，在部分难点、重点处嵌入二维码，学生可扫码观看教学视频资源。

6）在每个项目后增加了"职业拓展"栏目，将机械制造工艺的专业内容与学生的成长和职业发展融合在一起，引领学生人生和思想发展，发挥职业教育铸魂育人的特点。

本书由常州机电职业技术学院史琼艳、张江华任主编，常州工程职业技术学院李锐、常州机电职业技术学院吴小邦任副主编，常州机电职业技术学院孙艳芬、顾惠斌参加了编写。具体编写分工如下：项目1、项目4和所有职业拓展由史琼艳编写，项目2由张江华编写，项目3任务1由李锐编写，项目3任务2由吴小邦编写，项目3任务3由孙艳芬编写，项目3任务4由顾惠斌编写。本书由常州机电职业技术学院许朝山主审。

本次修订得到了相关院校和企业的支持和协助，并得到一些同行专家的指点，在此一并表示衷心的感谢。

由于编者水平有限，书中难免存在疏漏之处，恳请广大读者批评指正。

编　者

二维码索引

（续）

目　录

项目1 编制轴类零件机械加工工艺

学习情境描述

某工厂生产管理部门下发传动轴零件图，该零件为中批量加工，车间技术组要求结合车间的设备情况，确定该传动轴的毛坯规格，以便转交工厂采购部门备料；同时拟定该传动轴零件工艺方案，编制该传动轴零件的工艺文件并下发各车间加工班组，准备投入生产；然后车间生产调度下达车间加工工作任务，任务完成后提交成品及检验报告。

学习目标

终极目标

会编制轴类零件的机械加工工艺。

促成目标

1）会分析传动轴零件的工艺性能，会选用传动轴零件的毛坯，并能够确定加工方案。

2）会确定传动轴零件的加工顺序及工艺路线。

3）会制订传动轴零件的机械加工工艺文件。

任务1 分析传动轴零件工艺性能

1.1.1 任务单

项目名称	编制轴类零件机械加工工艺	任务名称	分析传动轴零件工艺性能	建议学时	4
任务描述	某企业需加工如图 1-1-1 所示的传动轴零件，要求利用现有设备完成传动轴零件的加工任务，生产件数为 5000 件。根据要求分析该传动轴零件的工艺性能。				

（续）

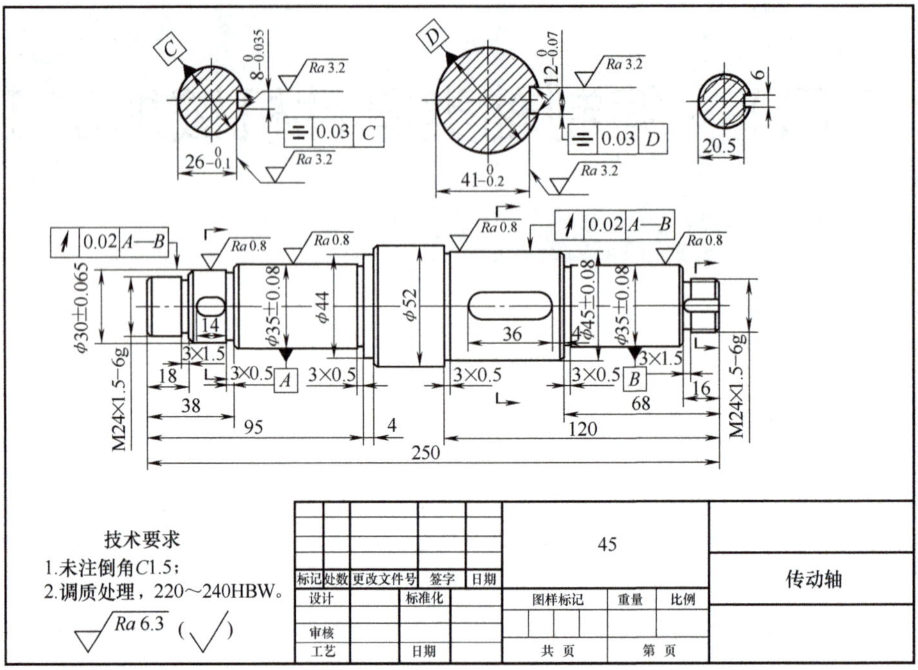

图 1-1-1　传动轴零件图

技术要求
1.未注倒角C1.5；
2.调质处理，220～240HBW。

					45			
标记	处数	更改文件号	签字	日期				传动轴
设计		标准化			图样标记	重量	比例	
审核								
工艺		日期			共 页		第 页	

素养目标	知识目标	能力目标
1)加强团队协作。 2)增强责任担当。 3)锻炼审辨思维。 4)提高自主学习。 5)增强自信自强。	1)掌握机械加工工艺过程的组成。 2)掌握生产纲领的计算与生产类型的划分。 3)掌握零件的结构工艺性分析。	1)能根据零件机械加工工艺过程，分析工艺过程的组成。 2)能分析零件的结构特点和主要功用。 3)能分析零件的结构工艺性。

任务目标

任务要求

1. 根据要求完成分工并做好工作准备
1)为了高效、高质量地完成本任务，采用自愿的方式组建项目团队。
2)小组需要收集相关信息，并将收集的资料进行汇总和整理。拟定一份思维导图，以确定小组需要查找的内容及组员分工。
3)小组需将整理后的资料展示给其他组学员，并思路清晰地进行讲述。
2. 根据所获取的信息进行分析处理
1)根据图样，获取产品的形状、尺寸、加工质量要求信息。
2)分析零件的各项技术要求。
3)分析零件的结构工艺性。
3. 分组要求
4～6人一组，将分组情况与任务分工填入表1-1-1中。

（续）

表 1-1-1　学生任务分配表

任务要求	班级		组号		指导教师	
	组长		学号			
	组员	姓名	学号		任务分工	

考核方式	1）物化成果考核。 2）参与度考核。
物化成果	1）零件分析方案（含作业计划）。 2）汇报 PPT 等。

1.1.2　引导问题

1）轴类零件一般有哪些结构特点和技术要求？

2）常用轴类零件的种类有哪些？通常使用哪些材料制造？

3）查阅有关信息，明确轴类零件材料的有关信息和基本用途，填写表 1-1-2。

表 1-1-2　轴类零件材料信息和基本用途

序号	材料名称	牌号	基本用途	备注

4）简述机械加工工艺过程的组成。

1.1.3　任务资讯

一、相关实践知识

1. 轴类零件的功用与结构特点

轴类零件是机器中最常见的一类零件，它主要起支承传动件和传递转矩的作用。轴是旋转体零件，主要由内外圆柱面、内外圆锥面、螺纹、花键及横向孔等组成。轴类零件根据其结构的不同可分为光轴、空心轴、半轴、阶梯轴、花键轴、十字轴、偏心轴、曲轴及凸轮轴等，如图 1-1-2 所示。

2. 轴类零件的技术条件分析

（1）尺寸精度和几何形状精度　　轴的轴颈是轴类零件的重要表面，它的质量好坏直接

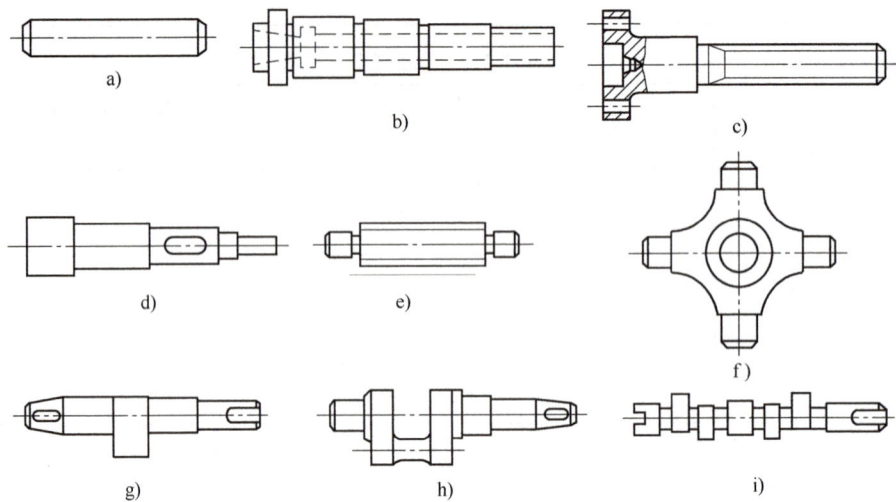

图 1-1-2 轴的种类

a) 光轴 b) 空心轴 c) 半轴 d) 阶梯轴 e) 花键轴 f) 十字轴 g) 偏心轴 h) 曲轴 i) 凸轮轴

影响轴工作时的回转精度。轴颈直径公差等级根据使用要求通常为 IT6，有时可达 IT5。轴颈的几何形状精度（圆度、圆柱度）应限制在直径公差之内。精度要求高的轴则应在图样上专门标注几何公差。

（2）位置精度 配合轴颈（装配传动件的轴颈）相对支承轴颈（装配轴承的轴颈）的同轴度以及轴颈与支承端面的垂直度通常要求较高。普通精度轴的配合轴颈相对支承轴颈的径向圆跳动公差一般为 0.01 ~ 0.03mm，精度高的轴为 0.001 ~ 0.005mm。轴向圆跳动公差为 0.005 ~ 0.01mm。

（3）表面粗糙度 轴类零件的各加工表面均有表面粗糙度的要求。一般说来，支承轴颈的表面粗糙度要求最高，Ra 值为 0.63 ~ 0.16μm。配合轴颈的表面粗糙度次之，Ra 值为 2.5 ~ 0.63μm。

3. 轴类零件的材料、毛坯及热处理

（1）轴类零件的材料 轴类零件材料常用 45 钢；中等精度而转速较高的轴，可选用 40Cr 等合金结构钢；精度较高的轴，可选用轴承钢 GCrl5 和弹簧钢 65Mn 等，也可选用球墨铸铁；对于高转速、重载荷条件下工作的轴，选用 20CrMnTi、20Mn2B、20Cr 等低碳合金钢或 38CrMoAl 渗氮钢。

（2）轴类零件的毛坯 轴类零件最常用的毛坯是圆棒料和锻件；有些大型轴或结构复杂的轴采用铸件。毛坯经过加热锻造后，可使金属内部纤维组织沿表面均匀分布，从而获得较高的抗拉、抗弯及抗扭强度，故比较重要的轴多采用锻件。

依据生产批量的大小，毛坯的锻造方式分为自由锻造和模锻两种。

（3）轴类零件的热处理 轴类零件的使用性能除与所选钢材种类有关外，还与所采用的热处理有关。锻造毛坯在加工前，均需安排正火或退火处理（碳的质量分数 $w_C > 0.7\%$ 的碳钢和合金钢），以使钢材内部晶粒细化，消除锻造应力，降低材料硬度，改善切削加工性能。

为了获得较好的综合力学性能，轴类零件常要求调质处理。毛坯余量大时，调质安排在粗车之后、半精车之前，以便消除粗车时产生的残余应力；毛坯余量小时，调质可安排在粗车之前进行。表面淬火一般安排在精加工之前，这样可纠正因淬火引起的局部变形。对精度要求高的轴，在局部淬火后或粗磨之后，还需进行低温时效处理（在160℃油中进行长时间的低温时效），以保证尺寸的稳定。

对于渗氮钢（如38GrMoAl），需在渗氮之前进行调质和低温时效处理。对调质的质量要求也很严格，不仅要求调质后索氏体组织要均匀细化，而且要求离表面8～10mm层内铁素体的质量分数不超过5%，否则会造成渗氮脆性而影响其质量。

二、相关理论知识

（一）机械加工工艺制订的基础知识

1. 机械加工工艺的基本概念

（1）生产过程　从原材料或半成品到制造出成品的各有关劳动过程的总和称为生产过程。

微课1：机械加工工艺的基本概念

生产过程包括的内容有：

1）原材料（或半成品）、元器件、标准件、工具、工艺装备、设备的购置、运输、检验、保管。

2）生产准备工作，如编制工艺文件，设计与制造专用工艺装备及设备等。

3）毛坯制造。

4）零件的机械加工及热处理。

5）产品的装配、调试与性能试验以及产品的包装、运输等工作。

生产过程往往由许多工厂或工厂的许多车间联合完成，这有利于专业化生产，从而提高生产率、保证产品质量、降低生产成本。

（2）工艺过程　在生产过程中凡直接改变生产对象的尺寸、形状、性能（包括物理性能、化学性能、力学性能等）以及相对位置关系的过程，统称为工艺过程。

工艺过程又可分为铸造、锻造、冲压、焊接、机械加工、装配等。本课程只讲述机械加工工艺过程和装配工艺过程，铸造、锻造、冲压、焊接、热处理等工艺过程在另外的专业基础课程中讲述。

2. 工艺过程的组成

（1）定义　用机械加工的方法直接改变毛坯形状和尺寸，使之变为合格零件的过程，称为机械加工工艺过程，又称为工艺路线或工艺流程。

（2）机械加工工艺过程的组成　机械加工工艺过程由若干个按一定顺序排列的工序组成。

1）工序。一个（或一组）工人在一个工作地点（如一台机床或一个钳工台），对一个（或同时对几个）工件连续完成的那部分工艺过程，称为工序。

工序包括在这个工件上连续进行的直到转向加工下一个工件为止的全部过程。区分工序的主要依据是：工作地点固定和工作连续。

工序是组成工艺过程的基本单元，也是制订生产计划、进行经济核算的基本单元。工序又可细分为安装、工位、工步、走刀等组成部分。图1-1-3所示为阶梯轴的坯料和成品，其机械加工工艺过程见表1-1-3。

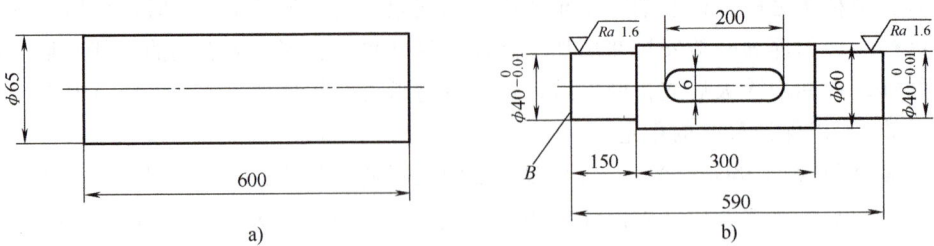

图 1-1-3 阶梯轴

a）坯料 b）成品

表 1-1-3 阶梯轴的机械加工工艺过程

工序号	工序名称	使用的设备
1	铣端面、钻中心孔	专用机床
2	车外圆	车床
3	铣键槽	立式铣床
4	磨外圆	磨床
5	去毛刺	钳工台

2）安装。如果在一个工序中要对工件进行几次装夹（定位及夹紧），则每次装夹下完成的那部分加工内容称为一个安装。上例中工序 2 和工序 3 对应的安装内容和设备见表 1-1-4。

表 1-1-4 工序和安装

工序号	安装号	安装内容	设备
2	1	粗车小端外圆,倒角	车床
	2	粗车大端外圆,倒角	
	3	精车大端外圆	
	4	精车小端外圆	
3	1	铣键槽,手工去毛刺	铣床

3）工位。在工件的一次安装中，通过分度（或移位）装置，使工件相对于设备或刀具变换加工位置，把每一个加工位置上的安装内容称为工位。一个安装中可能只有一个工位，也可能有几个工位。

图 1-1-4 所示为在一个多工位回转工作台上加工孔。钻、扩、铰各为一个加工内容，装夹一次产生一个合格的零件。该加工共有 4 个工位：装卸工件、钻孔、扩孔、铰孔。

4）工步。指在加工表面不变、切削刀具不变、切削用量不变的情况下所完成的工位内容，称为一个工步。表 1-1-3 中工序 1 包含两个工步。

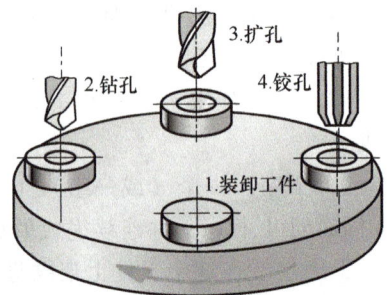

图 1-1-4 在多工位回转工作台上加工孔

注意：组成工步的任一因素（刀具、切削用量，加工表面）改变后，就成为另一工步。

为简化工艺，将连续进行的若干相同的工步，习惯看作一个工步。如连续加工 4 个 $\phi 10$mm 的孔。

为提高生产率，经常把几个待加工表面用多把刀具同时进行加工，或采用复合刀具加工，采用复合刀具和多把刀具加工的工步称为复合工步，如图 1-1-5 所示。

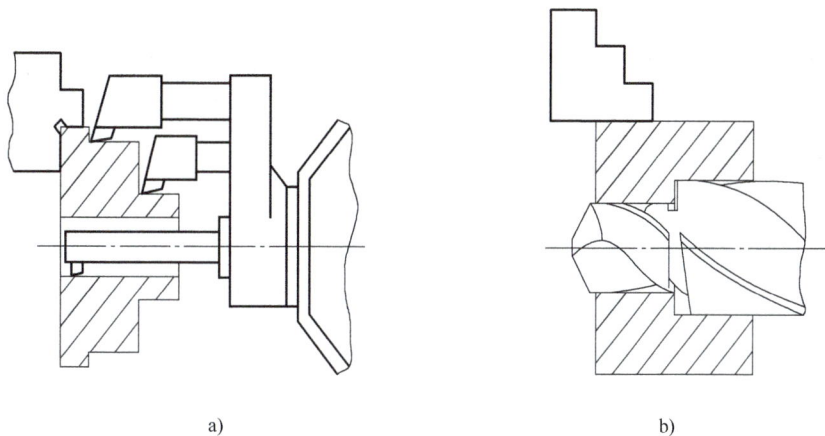

a)   b)

图 1-1-5 复合工步

a）立轴转塔车床的一个复合工步 b）钻孔、扩孔复合工步

5）走刀。切削刀具在加工表面上切削一次所完成的工步内容，称为一次走刀。一个工步可以包括一次走刀或数次走刀。走刀是构成工艺过程的最小单元。

3. 生产纲领、生产类型及工艺特征

不同的生产类型，其生产过程和生产组织、车间的机床布置、毛坯的制造方法、采用的工艺装备、加工方法以及工人的熟练程度等都有很大的不同，因此，在制订工艺路线时必须明确该产品的生产类型。

（1）生产纲领 生产纲领是指包括备品、废品在内的该产品的年产量。产品的年生产纲领就是产品的年生产量。

零件的年生产纲领由下式计算：

$$N = Qn(1+a)(1+b) \qquad (1-1)$$

式中 N——零件的生产纲领（件/年）；

Q——该零件所属产品的年产量（台/年）；

n——单台产品中该零件的数量（件/台）；

a——备品率，以百分数计；

b——废品率，以百分数计。

微课 2：生产纲领与生产类型

（2）生产类型 根据生产纲领的大小，生产可分为三种类型。

1）单件生产。单个地生产不同结构和不同尺寸的产品，特点是产品的种类繁多。

2）成批生产。一年中分批、分期地制造同一产品，特点是生产品种较多，每种品种均有一定数量，各种产品分批、分期轮番进行生产。

按批量大小，成批生产又可分为小批生产、中批生产、大批生产三种类型。

① 小批生产：生产特点与单件生产基本相同。

② 中批生产：生产特点介于小批生产和大批生产之间。

③ 大批生产：生产特点与大量生产相同。

3）大量生产。全年中重复制造同一产品，特点是产品品种少、产量大，长期重复进行同一产品的加工。

各种生产类型的规范见表1-1-5。

表 1-1-5　生产类型的规范

生产类型		零件的年生产纲领（件/年）		
		重型机械	中型机械	小型机械
单件生产		<5	<20	<100
成批生产	小批生产	5~100	20~200	100~200
	中批生产	100~300	200~500	500~5000
	大批生产	300~1000	500~5000	5000~50000
大量生产		>1000	>5000	>50000

各种生产类型工艺过程的主要特点见表1-1-6。

表 1-1-6　各种生产类型工艺过程的主要特点

生产类型	单件生产	成批生产	大量生产
工件的互换性	一般是配对制造，没有互换性，广泛用钳工修配	大部分有互换性，少数用钳工修配	全部有互换性。某些精度较高的配合件用分组选择装配法
毛坯的制造方法及加工余量	铸件用木模手工造型；锻件用自由锻。毛坯精度低，加工余量大	部分铸件用金属型；部分锻件用模锻。毛坯精度中等，加工余量中等	铸件广泛采用金属型机器造型，锻件广泛采用模锻以及其他高生产率的毛坯制造方法。毛坯精度高，加工余量小
机床设备	通用机床、数控机床或加工中心	数控机床、加工中心或柔性制造单元。设备条件不够时，也采用部分通用机床、部分专用机床	专用生产线、自动生产线、柔性制造生产线或数控机床
夹具	多用标准附件，极少采用夹具，靠划线及试切法达到精度要求	广泛采用夹具或组合夹具，部分靠加工中心一次安装	广泛采用高生产率夹具，靠夹具及调整法达到精度要求
刀具与量具	采用通用刀具和万能量具	可以采用专用刀具及专用量具或三坐标测量机	广泛采用高生产率刀具和量具，或采用统计分析法保证质量
对工人的要求	需要技术熟练的工人	需要一定熟练程度的工人和编程技术人员	对操作工人的技术要求较低，对生产线维护人员要求有高的素质
工艺规程	有简单的工艺路线卡	有工艺规程，对关键零件有详细的工艺规程	有详细的工艺规程

（二）零件的工艺性分析

1. 审查零件图的完整性

审查零件图上的尺寸标注是否完整、结构表达是否清楚。

2. 分析技术要求是否合理

1）加工表面的尺寸精度。

2）主要加工表面的形状精度。

3）主要加工表面的相互位置精度。

4）表面质量要求。

5）热处理要求。

零件上的尺寸公差、几何公差和表面粗糙度的标注，应根据零件的功能进行经济、合理地决定。过高的要求会增加零件加工难度，过低的要求会影响零件工作性能，两者都是不允许的。

3. 审查零件材料选用是否适当

材料的选择既要满足产品的使用要求，又要考虑产品成本，尽可能采用常用材料，如45钢，少用贵重金属。

4. 零件的结构工艺性分析

（1）零件结构工艺性　零件的结构工艺性是指所设计的零件在能满足使用要求的前提下制造的可行性和经济性。

零件结构工艺性包括零件在各个制造过程中的工艺性，如铸造、锻造、冲压、焊接、热处理、切削加工等的工艺性。由此可见，零件结构工艺性涉及面很广，具有综合性，必须全面综合地分析。在制订机械加工工艺规程时，主要进行零件切削加工工艺性分析。

（2）机械加工对零件局部结构工艺性的要求　机械加工对零件局部结构工艺性的要求举例如下。

1）便于刀具的进入和退出。如图1-1-6所示的边缘孔的钻削，图1-1-6a所示结构不便于刀具的进入，图1-1-6b所示结构适合采用标准刀具，可提高加工精度。

2）保证刀具正常工作。图1-1-7a所示结构，孔的入口端和出口端都是斜面或曲面，钻孔时钻头两个刃受力不均，容易引偏，而且钻头也容易损坏，宜改用图1-1-7b所示结构；图1-1-7c所示孔结构，入口是平面，但出口都是曲面，影响加工质量，宜改用图1-1-7d所示结构。

动画1：结构工艺性分析实例

微课3：零件的结构工艺性

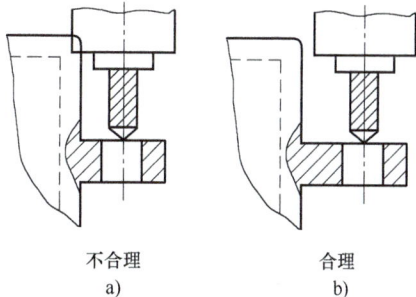

不合理　　　　　　合理
a)　　　　　　　　b)

图1-1-6　边缘孔的钻削

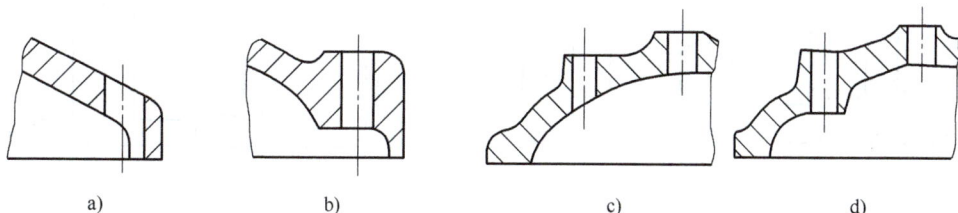

a)　　　　　b)　　　　　c)　　　　　d)

图1-1-7　各种孔结构对刀具的影响

3）保证能以较高的生产率加工。

① 被加工表面形状应尽量简单。图1-1-8所示的是两种不同的键槽结构形状对生产率的影响。

图1-1-8a所示的键槽形状只能用生产率较低的键槽铣刀加工，图1-1-8b所示的结构就能用生产率较高的三面刃铣刀加工。

② 尽量减少加工面积。图1-1-9所示为不同结构对应的加工面积。

图1-1-9a和图1-1-9b所示为两种气缸套零件，图1-1-9b所示结构比图1-1-9a所示结构加工面积小，工艺性好。图1-1-9c～e所示为箱体零件耳座结构，图1-1-9d、e所示结构不但省料，而且生产率高，其工艺性优于图1-1-9c所示结构。

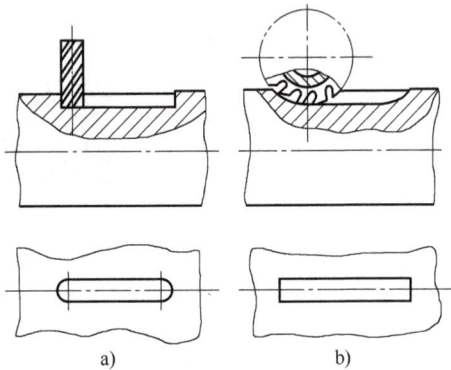

图 1-1-8　两种不同键槽结构对生产率的影响

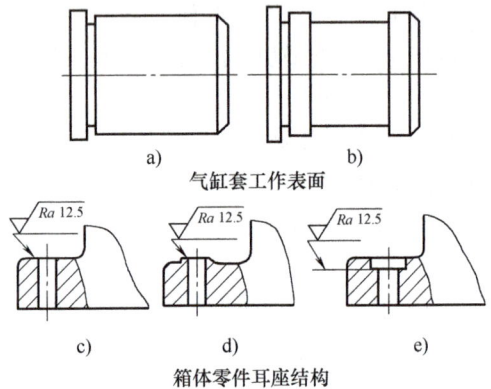

图 1-1-9　不同结构对应的加工面积

③ 尽量减少加工过程的装夹次数。图1-1-10所示为螺孔设计的改进。加工图1-1-10所示零件的螺纹孔时，需进行两次装夹，先钻、攻螺纹孔 B、C，然后翻身装夹，再钻、攻螺纹孔 A。如果设计允许，宜将螺纹孔 A 改成图左上角的结构。

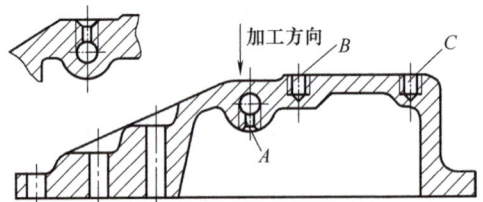

图 1-1-10　螺孔设计的改进

④ 尽量减少工作行程次数。

⑤ 应统一或减少尺寸种类。如图1-1-11所示，图1-1-11b所示轴上槽宽尺寸统一，与图1-1-11a相比较，可减少刀具种类，减少换刀时间。

4）避免深孔加工。如图1-1-12所示两种不同的孔加工。图1-1-12a所示为深孔加工，加工工艺困难；采用图1-1-12b所示结构，不仅避免了深孔加工，还节约了零件材料。

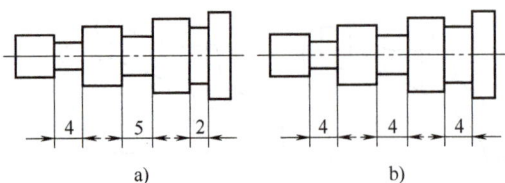

图 1-1-11　零件不同结构可减少刀具种类

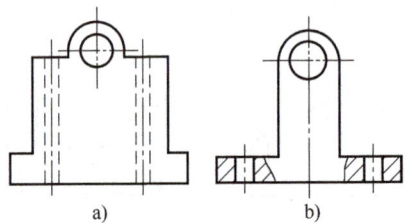

图 1-1-12　不同的孔加工

5）用外表面连接代替内表面连接。图 1-1-13 所示为不同的表面连接。图 1-1-13a 所示箱体采用内表面连接，加工困难，图 1-1-13b 改用外表面连接，加工容易（因外表面加工比内表面加工容易）。

6）零件的结构应与生产类型相适应。图 1-1-14 所示为不同孔系结构。在大批量生产中，图 1-1-14a 所示箱体同轴孔系结构是工艺性好的结构；在单件小批生产中，则认为图 1-1-14b 所示为工艺性好的结构。这是因为在大批大量生产中采用专用双面组合镗床加工，此机床可以从箱体两端向中间进给镗孔。采用专用组合镗床，一次性投资虽然高，但因产量大，分摊到每个零件上的工艺成本并不多，经济上仍是合理的。

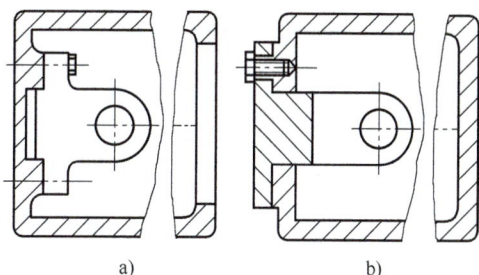

图 1-1-13　不同的连接

7）有位置要求或同方向的表面能在一次装夹中加工出来。图 1-1-15 所示为不同位置的键槽。

图 1-1-15b 所示的两个键槽的尺寸、方位相同，则可在一次装夹中加工出全部键槽，提高生产率。

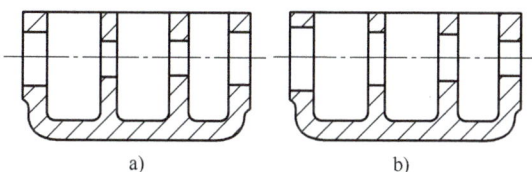

图 1-1-14　不同的孔系结构与不同的生产类型相适应

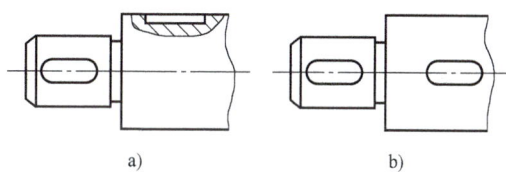

图 1-1-15　不同位置的键槽

8）零件要有足够的刚性，以便于采用高速和多刀切削。图 1-1-16 所示为增设加强筋提高零件刚性。加工时，工件要承受切削力和夹紧力的作用，工件刚性不足易发生变形，影响加工精度。图 1-1-16b 所示结构有加强筋，零件刚性好，加工时不易产生变形，其工艺性就比图 1-1-16a 所示结构好。

（3）机械加工对零件整体结构工艺性的要求

零件是各要素、各尺寸组成的一个整体，所以更应考虑零件整体结构的工艺性，具体有以下几点要求。

1）尽量采用标准件、通用件。

2）在满足产品使用性能的条件下，零件图上标注的尺寸公差等级和表面粗糙度要求应取经济值。

3）尽量选用切削加工性好的材料。

4）有便于装夹的定位基准和夹紧表面。

5）节省材料，减轻质量。

表 1-1-7 列出了在单件小批量生产中，机械加工对零件结构工艺性要求的一些实例，供参考。

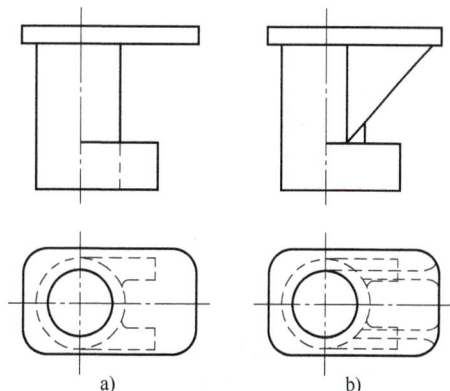

图 1-1-16　增设加强筋提高零件刚性

表 1-1-7 典型结构工艺性比较

序号	结构工艺性不好	结构工艺性好	说明
1			1) 尽量减少大平面加工 2) 尽量减少深孔加工
2			孔距离箱壁太近,不利于采用标准刀具和辅具
3	a=1mm	a=3~5mm	1) 加工面与非加工面应明显分开 2) 凸台高度一致,可一次加工完成
4			为避免刀具或砂轮与工件相碰,应留有足够的退刀槽
5			槽与沟的表面不应与其他加工面重合,否则易划伤
6			多个加工面的位向应尽量一致,以减少调整次数
7	3 | 4	3 | 3	加工面的尺寸应尽量一致,以减少刀具品种
8			齿轮、螺纹、键槽加工都必须有退刀槽,否则引起刀具损坏
9			钻头的切入及切出表面最好是平面,否则钻头容易引偏甚至折断
10			增设工艺凸台作为辅助定位基准,加工完成后再去掉

（续）

序号	结构工艺性不好	结构工艺性好	说明
11			为了便于加工,孔径应从一个方向递减或从两个方向递减
12			增设加强筋以提高零件刚性
13			钻孔时钻头的切入和切出口应为平面,否则钻头将因径向受力不均而易折断
14			尽可能采用标准钻头、铰刀等刀具加工
15			减少底座加工面积,铸出凸台,减少加工量,且有利于减小平面度误差,提高接触精度
16			避免很深的螺纹孔加工
17			孔太深,深孔加工有困难,减小孔深度,可以方便加工
18			装配面应设计在腔体外部,方便加工和装配

三、拓展性知识

机械产品一般是由许多零件和部件组成。零件是机器制造的最小单元，如一根轴、一个螺钉等。部件是两个或两个以上零件结合成的机器的一部分。按技术要求，将若干零件结合成部件或若干个零件和部件结合成机器的过程称为装配。前者称为部件装配，后者称为总装配。

装配通常是产品生产过程的最后一个阶段，其目的是根据产品设计要求和标准，使产品达到其使用说明书的规格和性能要求。

1. 装配工作组织形式

装配组织的形式随生产类型和产品复杂程度而不同，可分为以下四类。

（1）单件生产的装配 单个地制造不同结构的产品，并很少重复，甚至完全不重复，这种生产方式称为单件生产。单件生产的装配工作多在固定地点，由一个工人或一组工人，从开始到结束进行全部的装配工作。如夹具、模具的装配就属于此类。对于大件的装配，由于装配的设备很大，装配时需要几组操作人员共同进行操作，如生产线的装配。这种组织形式的装配周期长，占地面积大，需要大量的工具和设备，并要求工人具有全面的技能。

（2）成批生产的装配 在一定时期内，成批地制造相同的产品，这种生产方式称为成批生产。成批生产时装配工作通常分为部件装配和总装配，每个部件由一个或一组工人来完成，然后进行总装配，如机床的装配属于此类。这种将产品或部件的全部装配工作安排在固定地点进行的装配，称为固定式装配。

（3）大量生产的装配 产品制造数量很庞大，每个工作地点经常重复地完成某一工序，并具有严格的节奏，这种生产方式称为大量生产。大量生产中，把产品装配过程划分为部件、组件装配，使某一工序只由一个或一组工人来完成。同时，只有当从事装配工作的全体工人，都按顺序完成了所承担的装配工序以后，才能装配出产品。在装配过程中，工作对象（部件或组件）有顺序地由一个或一组工人转移到另一个或一组工人，这种转移可以是装配对象的转移，也可以是工人的移动。通常把这种装配组织形式称为流水装配法。为了保证装配工作的连续性，在装配线的所有工作位置上，完成某一工序的时间都应相等或互成倍数。在大量生产中，由于广泛采用互换性原则，并使装配工作工序化，因此装配质量好、效率高、生产成本低，是一种先进的装配组织形式，如汽车、拖拉机的装配一般属于此类。

（4）现场装配 现场装配共有两种，第一种为在现场进行部分制造、调整和装配。现场装配过程中，有些零、部件是现成的，而有些零件则需要在现场根据具体的现场尺寸要求进行制造，然后才可以进行现场装配。第二种为与其他现场设备有直接关系的零、部件必须在工作现场进行装配。例如，减速器的安装就包括减速器与电动机之间的联轴器的现场校准，以及减速器与执行元件之间的联轴器的现场校准，以保证它们之间的轴线在同一条直线上，从而使联轴器的螺母在旋紧后不会产生附加的载荷，否则就会引起轴承超负荷运转或轴的疲劳破坏。

2. 零件加工精度与装配精度的关系

零件的加工精度是保证装配精度的基础。一般情况下，零件的加工精度越高，装配出的机械质量即装配精度也越高。例如，车床主轴定心轴颈的径向圆跳动误差，主要取决于滚动轴承内环上滚道的径向圆跳动精度和主轴定心轴颈的径向圆跳动精度。因此，要合理地控制这些有关零件的加工精度，使它们的误差组合仍能满足装配精度的要求。

零件的加工质量必须经过检验以确保合格；装配前，零件要仔细清洗，防止在库存与传送中锈蚀、变形及损伤等。目前，装配过程中仍需要大量的手工操作劳动，装配质量还往往依赖于装配工人的技术水平和责任感。

对于某些装配精度要求高的项目，如果完全由零件的加工精度来直接保证，则零件的加工精度要求将提高很多，从而给零件的加工造成很大难度，甚至用当今的加工方法无法达到。实际生产中，希望能按经济加工精度来确定零件的精度要求，使之易于加工；而在装配时采用相应的装配方法和装配工艺措施，使装配出的机械产品仍能达到高的装配精度。这种方式在精密机械产品装配中显得更为重要，在任何先进的工业国家都不例外。装配过程中需要许多精细的钳工工作，如选配、刮削、研磨、精密计测和精心调整等，虽然增加了装配的劳动量和成本，但从整个产品制造的全局来看，仍是经济可行的。

1.1.4　任务实施

学生工作页

项目名称		项目 1　编制轴类零件机械加工工艺			
任务名称		任务 1　分析传动轴零件工艺性能		日　期	
班　级		姓　名		学　号	
任务分析与实施				学习方法	
1）分析本生产任务要加工零件的数量是多少？属于什么生产类型？					
2）分析本生产任务要加工零件的材料是什么？属于什么钢？				独立思考 小组讨论	
3）说明下面几何公差在传动轴加工中的具体含义？ 　$\boxed{\equiv}$ 0.03 $A{-}B$　　　　$\boxed{/}$ 0.02 $A{-}B$					

练　习　题

一、选择题

1. 为了提高生产率，用几把刀具同时加工工件上的几个表面，称为复合工步。在工艺文件上，复合工步应当作为（　　）。
   A. 一道工序　　　　B. 一个安装　　　　C. 一个工位　　　　D. 一次工步

2. 阶梯轴的加工过程中"调头继续车削"属于变换了一个（　　）。
   A. 工序　　　　　　B. 安装　　　　　　C. 工步　　　　　　D. 走刀

3. 在镗床上镗箱体孔，先镗孔的一端，然后工作台回转 180°，镗孔的另一端，该加工过程属于（　　）。
   A. 两道工序　　　　B. 两个安装　　　　C. 两次工位　　　　D. 两个工步

4. 车削加工时，四方刀架的转位意味着变换了一个（　　）。
   A. 工序　　　　　　B. 安装　　　　　　C. 工步　　　　　　D. 走刀

5. 一道工序的定义，强调的是（　　）。
   A. 工作地点固定与连续加工　　　　　　B. 只能加工一个工件
   C. 只能是一个人完成　　　　　　　　　D. 只能在一台机床上完成

6. 安装次数越多，则（　　）。
   A. 生产率越低　　　　　　　　　　　　B. 生产率越高
   C. 加工精度越低　　　　　　　　　　　D. 加工精度越高
   E. 生产率和加工精度都低　　　　　　　F. 生产率和加工精度都高

7. 零件的生产纲领越大,其毛坯制造越应该( )。

A. 简化,以节省毛坯费用   B. 提高精度,以减少机械加工的工作量

C. 增加加工余量,以降低毛坯的废品率

8. 单件小批生产的特征是( )。

A. 毛坯粗糙,对工人的技术水平要求低   B. 毛坯粗糙,对工人的技术水平要求高

C. 毛坯精化,对工人的技术水平要求低

二、简答题

某厂年产 4105 型柴油机 1000 台,已知连杆的备品率为 5%,机械加工废品率为 1%,试计算连杆的生产纲领,说明其生产类型及主要工艺特点。

三、分析题

1. 图 1-1-17 所示为导轨零件,单件小批生产时其机械加工工艺过程如下所述,试分析其工艺过程的组成(包括工序、安装、工步、走刀)。

①在刨床上分别刨削六个表面,达到图样要求;②粗刨导轨面 A,分两次切削;③刨两处越程槽,精刨导轨面 A;④钻孔、扩孔、铰孔;⑤去毛刺。

2. 图 1-1-18 所示为阶梯轴零件,毛坯为 $\phi35\text{mm}$ 棒料,批量生产时其机械加工工艺过程如下所述,试分析其工艺过程的组成。

在锯床上切断下料,车一端面,钻中心孔;调头,车另一端面,钻中心孔;在另一台车床上将整批工件靠螺纹一边都车至 $\phi30\text{mm}$;调头再车削整批工件的 $\phi18\text{mm}$ 外圆;又换一台车床车 $\phi20\text{mm}$ 外圆,在铣床上铣两平面,转 90°后,铣另外两平面;最后,车螺纹,倒角。

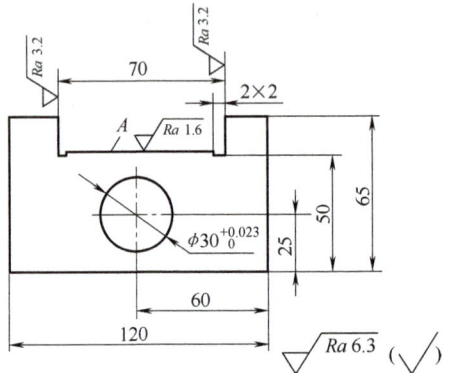

图 1-1-17   导轨零件

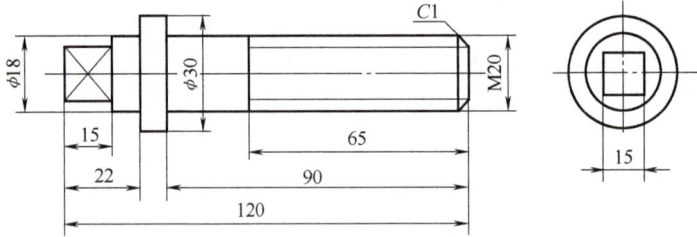

图 1-1-18   阶梯轴零件

3. 在成批生产条件下,加工图 1-1-19 所示的齿轮零件,加工内容见表 1-1-8,试在表中用数字区分工序(一、二、三、…)、安装(1、2、3、…)工位([1]、[2]、[3]、…)、工步(①、②、③、…)。

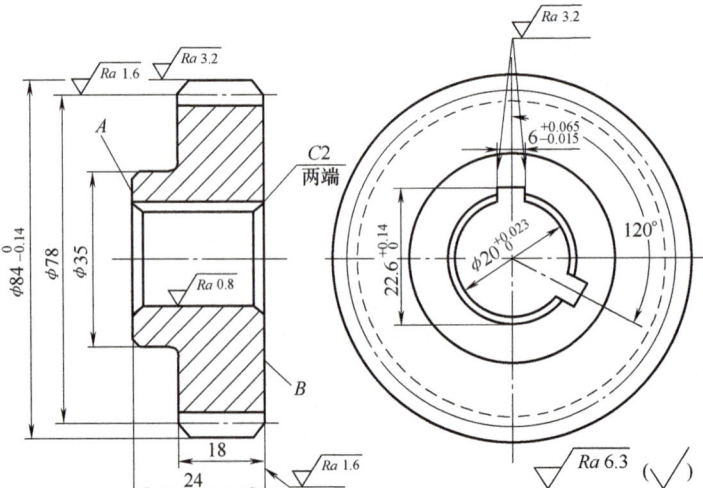

图 1-1-19   齿轮零件

（续）

表 1-1-8　齿轮加工内容

序号	加工内容	工序	安装	工位	工步
1	在立式钻床上钻 ϕ19.2mm 孔（图中 ϕ20mm 处）				
2	在同一立式钻床上锪端面 A				
3	在同一立式钻床上倒角 $C2$				
4	调头，在同一立式钻床上倒角 $C2$				
5	在拉床上拉 ϕ20mm 内孔				
6	在插床上插一键槽				
7	在同一插床上插另一键槽				
8	在多刀车床上粗车外圆、台阶、端面 B				
9	在卧式车床上精车 ϕ84mm				
10	在同一车床上精车端面 B				
11	在滚齿机上滚齿				
12	在钳工工作台上去毛刺				
13	检验				

任 务 总 结

请各小组对本阶段的内容进行汇总并以 PPT 形式汇报。

1.1.5　任务评价与反思

　　学生进行自评和互评，评价自己与同组同学是否能完成零件图的识读、零件图的工艺分析、编制工艺文件等，是否按时完成报告内容等成果资料、有无任务遗漏。教师对学生的评价内容包括：报告书写是否工整规范，报告内容数据是否真实合理、阐述是否详细、认识体会是否深刻等。

　　1）学生进行自我评价，并将结果填入附表 1 中。

　　2）学生以小组为单位，对以上学习任务中的过程和结果进行互评，将互评结果填入附表 2 中。

　　3）教师对学生工作过程与工作结果进行评价，并将评价结果填入附表 3 中。

1.1.6　任务拓展

　　加工图 1-1-20 所示的轴零件，材料为 45 钢，大批量生产，分析其工艺性能。

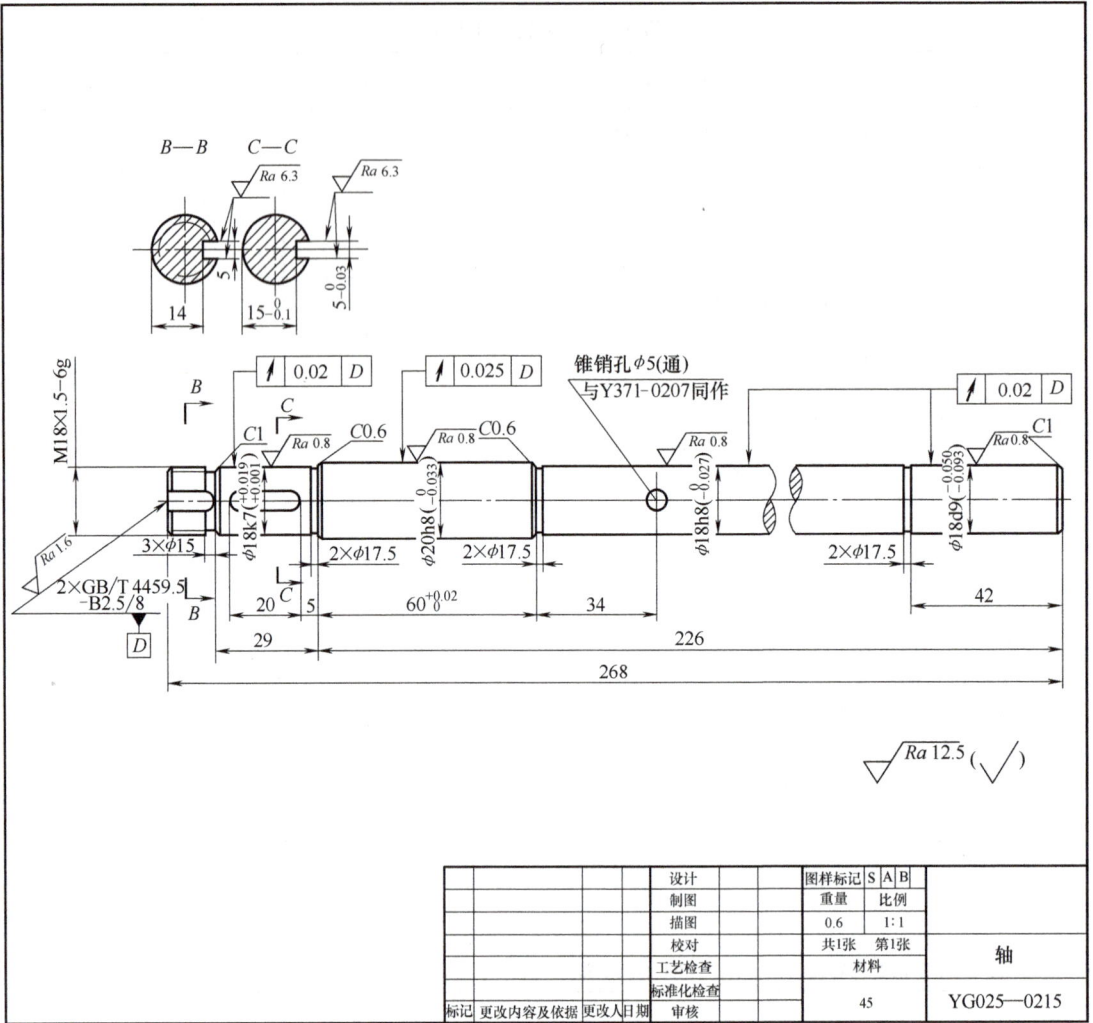

图 1-1-20　轴零件图

任务 2　确定传动轴零件工艺方案

1.2.1　任务单

项目名称	编制轴类零件机械加工工艺	任务名称	确定传动轴零件工艺方案	建议学时	4
任务描述	某企业需加工图 1-2-1 所示传动轴零件,要求利用现有设备完成传动轴零件的加工任务,生产件数 5000 件。根据要求确定传动轴零件工艺方案。				

（续）

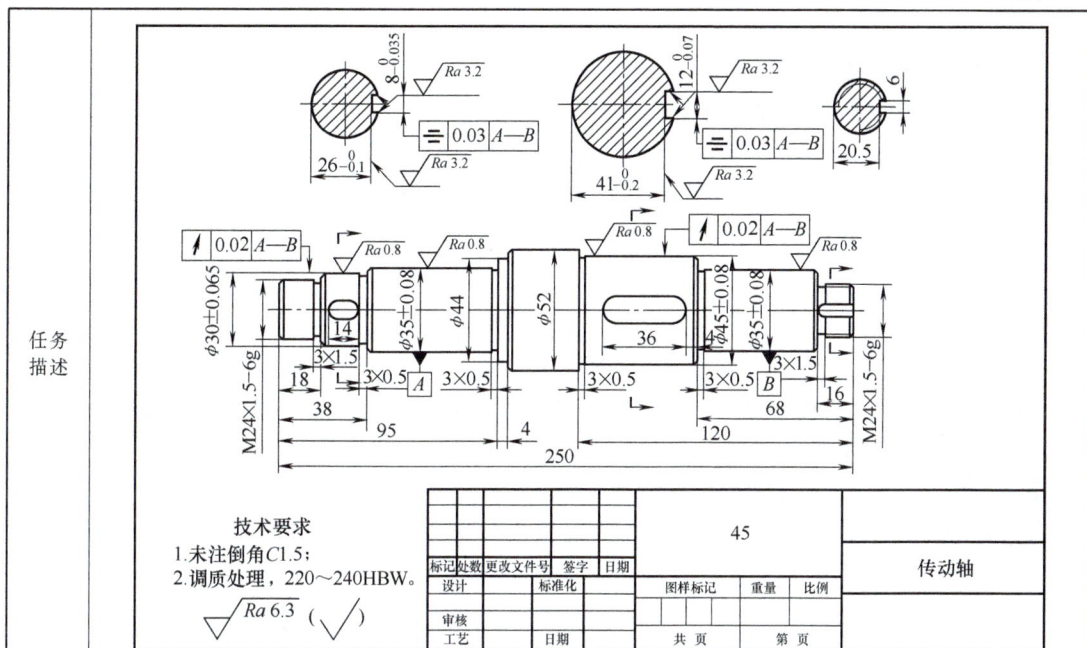

图 1-2-1　传动轴零件图

任务描述	

	素养目标	知识目标	能力目标
任务目标	1）加强团队协作。 2）增强责任担当。 3）锻炼审辨思维。 4）提高学习能力。 5）强化自我管理。	1）掌握外圆加工方法的选择。 2）掌握热处理方式的选择。 3）掌握毛坯的种类及形状尺寸的选择。	1）能根据零件的技术要求，确定各表面的加工方案。 2）能根据零件的技术要求，选择合理的热处理方式。 3）能确定毛坯制造方法及毛坯尺寸。

任务要求	1. 根据要求完成分工并做好工作准备 1）为了高效、高质量地完成本任务，采用自愿的方式组建项目团队。 2）小组需要收集相关信息，并将收集的资料进行汇总和整理。拟定一份思维导图，以确定小组需要查找的内容及组员分工。 3）小组需将整理后的资料展示给其他组学员，并思路清晰地进行讲述。 2. 根据所获取的信息进行分析处理 1）确定传动轴零件各表面的加工方案。 2）选择合理的热处理方式。 3）确定毛坯制造方法及毛坯尺寸。 3. 分组要求 4~6 人一组，将分组情况与任务分工填入表 1-2-1 中。

表 1-2-1　学生任务分配表

班级		组号		指导教师	
组长		学号			
组员	姓名	学号		任务分工	

考核方式	1）物化成果考核。 2）参与度考核。

物化成果	1）零件分析方案（含作业计划）。 2）汇报 PPT 等。

1.2.2 引导问题

1）毛坯的种类有哪些？

2）选择毛坯时应考虑哪些因素？

3）轴类零件的毛坯常用的材料有哪些？对于不同的毛坯材料，在各个加工阶段所安排的热处理工序有什么不同？它们在改善材料性能方面有什么作用？

4）外圆表面的精密加工方法有哪些？简述其加工特点。

1.2.3 任务资讯

一、相关实践知识

通过对轴类零件的技术要求和结构特点进行深入分析，根据生产批量、设备条件、工人技术水平等因素，就可以拟定其机械加工工艺过程。

微课4：轴类零件加工工艺

1. 轴类零件的典型加工路线

轴类零件的主要加工表面是内外圆柱表面、螺纹及键槽等，因此，加工方法主要是车削、铣削、磨削以及热处理等。对于公差等级为 IT7、表面粗糙度 Ra 值为 $0.8 \sim 0.4 \mu m$ 的一般传动轴，其典型工艺路线是：正火——车端面，钻中心孔——粗车各表面——精车各表面——铣花键、键槽——热处理——修研中心孔——粗磨外圆——精磨外圆——检验。

中心孔是轴类零件加工全过程中使用的定位基准，其质量对加工精度有着重大影响。所以必须安排修研中心孔工序。修研中心孔一般在车床上用金刚石或硬质合金顶尖加压进行。

轴上的花键、键槽等次要表面的加工，一般安排在外圆精车之后、磨削之前进行。因为，如果在精车之前就铣出键槽，在精车时由于断续切削而易产生振动，影响加工质量，又容易损坏刀具，也难以控制键槽的尺寸。但也不应安排在外圆精磨之后进行，以免破坏外圆表面的加工精度和表面质量。

在轴类零件的加工过程中，应当安排必要的热处理工序，以保证其力学性能和加工精度，并改善工件的切削加工性。一般毛坯锻造后安排正火工序，而调质则安排在粗加工后进行，以便消除粗加工后产生的应力及获得良好的综合力学性能。淬火工序安排在磨削工序之前。

2. 轴类零件加工的定位基准和装夹

（1）以工件的两中心孔定位　轴类零件的各外圆、锥孔和螺纹表面的同轴度以及端面对旋转轴线的垂直度是其相互位置精度的主要项目，而这些表面的设计基准一般都是轴的轴线。因此，若采用两中心孔定位，则符合基准重合的原则。另外，中心孔不仅是车削时的定位基准，也是其他加工工序的定位基准和检验基准，这又符合基准统一原则。当采用两中心孔定位时，还能够最大限度地在一次装夹中加工出多个外圆表面和端面。

（2）以外圆和中心孔作为定位基准（一夹一顶）　用两中心孔定位虽然定心精度高，但刚性差，尤其是加工较重的工件时不够稳固，切削用量也不能太大。粗加工时，为了提高零件的刚性，可采用轴的外圆表面和一中心孔作为定位基准来加工。这种定位方法能承受较大的切削力矩，是轴类零件最常见的一种定位方法。

（3）以两外圆表面作为定位基准　在加工空心轴的内孔时，不能采用中心孔作为定位基准，可用轴的两外圆表面作为定位基准。当工件是机床主轴时，常以两支承轴颈（装配基准）为定位基准，可保证锥孔相对支承轴颈的同轴度要求，消除基准不重合而引起的误差。

（4）以带有中心孔的锥堵作为定位基准　在加工空心轴的外圆表面时，往往还采用锥堵或锥套心轴作为定位基准（图1-2-2）。锥堵或锥套心轴应具有较高的精度，锥堵和锥套心轴上的中心孔既是其本身制造的定位基准，又是空心轴外圆精加工的基准。因此，必须保证锥堵或锥套心轴上锥面与中心孔有较高的同轴度。在装夹中应尽量减少锥堵的安装环节，减少重复安装误差。实际生产中，锥堵安装后，中途加工一般不得拆下和更换，直至加工完毕。若外圆和锥孔需反复多次、互为基准进行加工，则在重装锥堵或锥套心轴时，必须按外圆找正或重新修磨中心孔。

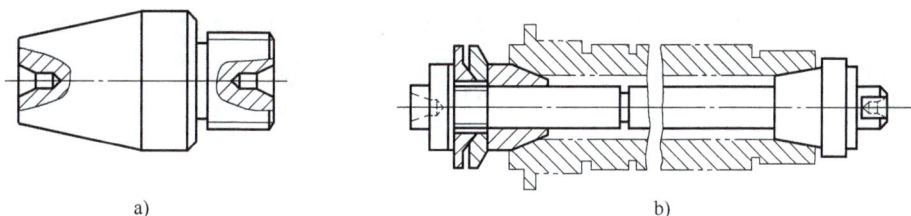

图 1-2-2　锥堵和锥套心轴

a）锥堵　b）锥套心轴

二、相关理论知识

（一）毛坯的选择

零件加工过程中，工序的内容、工序数目、材料消耗、热处理方式、零件加工费用等都与毛坯的材料、制造方法、毛坯的误差与余量有关。

1. 毛坯的种类

在机械制造中，零件的毛坯主要有各种型材、铸件、锻件、冲压件、焊接件等。

微课 5：毛坯的选择

（1）型材　用各种炼钢炉冶炼成的钢在浇注成钢锭后，除少量用于制造大型锻件外，85%~95%的铸钢锭是通过轧制等压力加工方法制成各种型材。

型材的断面形状和尺寸有多种，常见的型材有型钢、钢板、钢管、钢丝、钢带等。

1）型钢。型钢一般采用热轧和冷轧方法生产。一般冷轧产品的尺寸精确、表面质量好、力学性能高，但价格比热轧产品贵。

用普通质量钢制成的称为普通型钢，用优质钢或高级优质钢制成的称为优质型钢。型钢的种类有圆钢、方钢、六角钢、等边角钢、不等边角钢、工字钢和槽钢等多种。

2）钢板。钢板的规格以厚度×宽度×长度表示。根据钢板的厚薄和表面状况，钢板分为厚钢板、薄钢板、镀锌薄钢板、酸洗薄钢板和花纹钢板等。

3）钢带。钢带（也称带钢）是厚度较薄、宽度较窄、长度很长的钢板，一般成卷供应，其规格以厚度×宽度表示。

4）钢管。钢管分为无缝钢管（包括热轧管、冷轧管、冷拔管、挤压管等）和焊接钢管（包括直缝焊管和螺旋缝焊管等）两类；按截面形状可分为圆管、异形管（如矩形、椭圆形、半圆形、六角形等）和变截面管（如阶梯形截面管、锥形截面管、周期截面管等），常

用圆形管。

5）钢丝。圆形钢丝一般是由圆盘料拉制而成的，其规格用直径（mm）表示。实际工作中也常用线号表示规格，线号越大线径越细。圆钢丝的直径一般为0.16~8mm。

（2）铸件　用铸造方法获得的零件毛坯称为铸件。几乎所有的金属材料都可进行铸造。其中，铸铁应用最广，而且铸铁也只能用铸造的方法来生产毛坯。常用于铸造的碳钢为低、中碳钢。铸造既可生产从几克到二百余吨的铸件，也可生产形状由简单到复杂的各种铸件。特别是内腔复杂的毛坯，常用铸造方法生产，使铸件形状和尺寸与零件较接近，以便节省金属材料和切削加工的工时。一些特种铸造方法还能实现少屑和无屑加工。同时铸造所用的设备简单，原材料来源广泛，价格低廉。因此，在一般情况下铸件的生产成本较低，是优先选用的毛坯。

动画2：刮板造型　　动画3：三箱造型　　动画4：挖沙造型　　动画5：整模造型　　动画6：活块造型

但是铸件的组织较粗大，内部易产生气孔、缩松、偏析等缺陷，这些都会影响铸件的力学性能，使铸件的力学性能比相同材料的锻件低，特别是冲击韧度差，所以一些重要零件和承受冲击载荷的零件不宜用铸件作零件的毛坯。随着科学技术的不断发展，一些传统锻造毛坯（如曲轴、连杆、齿轮等）也逐渐被球墨铸铁生产的铸件所取代。

（3）锻件　锻件是固态金属材料在外力作用下通过塑性变形获得的。塑性变形的结果使锻件内部的组织较细且致密，没有铸造组织中的缺陷，所以锻件比相同材料铸件的力学性能高。尤其塑性变形后使型材中的纤维组织重新分布，符合零件受力的要求，更能发挥材料的潜力。锻件常用于强度高、耐冲击、抗疲劳等重要零件的毛坯。与铸造相比，锻造方法难以获得形状较复杂（特别是内腔）的毛坯，且锻件成本一般比铸件贵，金属材料的利用率较低。

自由锻造适用于单件、小批生产形状简单的零件和大型零件的毛坯，其缺点是精度不高、表面不光洁、加工余量大、消耗金属多。模锻件的形状可比自由锻件复杂，且尺寸较准确，表面较光洁，可减少切削加工成本，但模锻锤和锻模价格高，所以模锻适用于中小件的成批或大量生产。

（4）冲压件　冲压可制造形状复杂的薄壁零件。冲压件的表面质量好，形状和尺寸精度高（取决于冲模质量），一般可满足互换性的要求，故一般不必再经切削加工便可直接使用。冲压生产易于实现机械化与自动化，所以生产率较高，产品的合格率和材料利用率高，故冲压件的制造成本低。但冲压件只适用于大批量生产，因为模具制造的工艺复杂、成本高、周期较长，只有在大批量生产中才能显示其优越性。

（5）焊接件　焊接件是借助于金属原子间的扩散和结合的作用把分离的金属制成永久性的结构件。焊接件的尺寸、形状一般不受限制，可以小拼大，结构轻便，材料利用率高，生产周期短，主要用于制造各种金属结构件，也用于制造零件的毛坯和修复零件，特别适用于制造单件、大型、形状复杂的零件或毛坯，不需要重型与专用设备，产品改型方便。但是焊接过程是一个不均匀加热和冷却的过程，焊接构件内易产生内应力和变形，接头的热影响区力学性能会有所下降。

2. 毛坯选择的原则

选择毛坯种类时，在保证零件使用要求的前提下，力求毛坯质量好、成本低和制造周期短，即符合适用性原则和经济性原则。

（1）适用性原则　适用性原则就是满足零件的使用要求。零件的使用要求体现在对其形状、尺寸、加工精度、表面粗糙度等外部质量和对其化学成分、金属组织、力学性能、物理性能和化学性能等内部质量的要求上。即使同一类零件，由于使用要求不同，从选择材料到选择毛坯类型和加工方法都可以完全不同。例如，机床的主轴和手柄都是轴类零件，但主轴是机床的关键零件，尺寸、形状和加工精度要求很高，受力复杂，在长期使用过程中只允许发生微小的变形。因此，要选用45钢或40Cr钢等具有良好综合力学性能的材料，经过锻造制坯及严格的切削加工和热处理制成；而机床手柄则采用低碳钢圆棒料或普通灰铸铁件为毛坯，经简单的切削加工即可完成，不需要热处理。

（2）经济性原则　一个零件的制造成本包括其本身的材料费以及所消耗的燃料费、动力费用、工资、工资附加费、各项折旧费及其他辅助性费用等分摊到该零件上的份额。因此，在选择毛坯的类型及其具体的制造方法时，应在满足零件使用要求的前提下，把几个可供选择的方案从经济性上进行分析比较，从中选择成本低廉的。

3. 选择毛坯时应考虑的其他因素

（1）材料的工艺性　由于材料加工工艺性不同，毛坯的成形方法也各异。如铸铁、铸造铝合金、铸造铜合金等铸造性能好的材料，一般只适用于铸造方法生产毛坯（铸件）；用塑性成形方法（锻造、冲压）生产毛坯，就要求材料具有良好的塑性；又如选用焊接方法生产毛坯时，一般要用低碳钢或低碳合金钢作为毛坯的材料，因其含碳量低，合金元素少，材料的焊接性较好。

（2）零件的结构、形状与尺寸大小　毛坯的结构特征，如形状的复杂程度、体积和尺寸大小、壁和壁间的连接形式、壁的厚薄等都影响着毛坯生产方法的选择。铸造生产的毛坯形状可较复杂（特别是内腔形状复杂和壁厚较薄的箱体），焊接也可拼焊出形状复杂的坯件，其质量较铸件好，重量比铸件轻，但批量较大时生产率低。锻压方法一般只能生产形状较简单的毛坯，否则形状复杂的零件经锻件毛坯简化后，会使机械加工的余量增多，这不仅增加了机械加工的工作量，还浪费了很多材料。

（3）零件性能的可靠性　铸件内易形成各种缺陷，如晶粒粗大（特别是在大截面处）、缩孔、缩松、气孔、偏析和夹杂等，废品率也较高，所以铸件的力学性能特别是冲击韧度不如同样材料的锻件高，故一般受动载荷的零件不宜采用铸件作为毛坯。对强度、冲击韧度、抗疲劳强度等要求高的重要零件，大多采用锻件作为毛坯。由于焊接结构件主要采用轧制型材焊接而成，故焊接件的性能也较好。

（4）零件生产的批量　一般当零件的产量较大时，宜采用高精度和高生产率的毛坯制造方法，以减少切削加工，节省金属材料和降低生产成本，如冲压、模锻、压力铸造、金属型铸造等。相反，在零件产量较小时，宜采用砂型铸造和自由锻造等方法生产毛坯。有时单件产品，特别是形状复杂、尺寸较大的零件（如箱体、支架等），用焊接方法生产坯料，其周期短、成本低。

4. 选择毛坯的依据

（1）零件的类别、用途和工作条件　根据零件的类别、用途和工作条件就可以知道是什么样的零件，在什么条件下工作，对其外部和内部的质量有哪些要求。其中工作条件是指零件工作时的运动、受力情况、工作温度和接触的介质等。根据这些就可基本确定选用什么材料和何种类型的毛坯。例如，汽车和拖拉机的曲轴，它们是具有空间弯曲轴线的形状复杂的轴类零件，在常温下工作，承受交变的弯曲和冲击载荷，应具有良好的综合力学性能，参照已有的生产经验和资料，这类零件选用 40、45 钢等中碳钢或 40Cr、35CrMo 钢等中碳低合金钢的锻钢毛坯或 QT600-2、QT700-2 等牌号的球墨铸铁毛坯。再如机床床身，这类零件是各类机床的主体，它要支承和连接机床的各个部件，本身是非运动的零件，以承受压应力和弯曲应力为主，同时，为保证工作的稳定性。应有较好的刚度和减振性。机床床身一般都是形状复杂，并带有内腔的零件。在大多数情况下，机床床身应选用 HT150 或 HT200 铸铁件作为毛坯，少数重型机械，如轧钢机、大型锻压机械的机身，可选用中碳铸钢件或合金铸钢件，个别特大型的还可采用铸钢——焊接联合结构。

（2）零件的生产批量　生产批量对于选定毛坯的制造方法影响很大。一般规律是，单件、小批生产时，铸件选用手工砂型铸造方法制造，锻件采用自由锻或模锻方法制造，焊接件则以手工或半自动的焊接方法制造为主，薄板零件则采用钣金钳工成形的方法制造；在批量生产的条件下，则分别采用机器造型、模锻、埋弧自动焊或自动（半自动）气体保护焊以及板料冲压的方法制造毛坯。

在一定的条件下，生产批量也可影响毛坯的类型。如上述的机床床身，一般情况下都采用铸件为毛坯，但在单件生产的条件下，由于其形状复杂，造型、造芯等工作耗费材料和工时很多，经济上往往并不合算。若采用焊接件，则可大大降低生产成本，缩短生产周期，但焊接件的减振、耐磨性能不如铸铁件。

（3）生产条件　制订生产方案必须与有关企业部门的具体生产条件相结合，才能兼顾适用性和经济性的原则，才是合理和切实可行的。生产条件是指一个特定的企业部门（如一个工厂）的设备条件、工程技术人员与工人的数量、技术水平以及管理水平等。在一般的情况下，应充分利用本企业的现有条件完成生产任务。当生产条件不能满足产品生产的要求时，可供选择的途径有三个，第一，在本企业现有的条件下，适当改变毛坯的生产方式或对设备条件进行适当的技术改造，以采用合理的生产方式；第二，扩建厂房，更新设备，这样做有利于提高企业的生产能力和技术水平，但往往需要较多的投资；第三，与其他单位进行协作。究竟采取何种方式，需要结合生产任务的要求、产品的市场需求状况及远景、本企业的发展规划和外企业的协作条件等，进行综合的技术经济分析，从中选定经济合理的方案。

5. 毛坯的形状与尺寸

毛坯的形状和尺寸主要由零件组成表面的形状、结构、尺寸及加工余量等因素确定，并尽量与零件相接近，以达到减少机械加工的劳动量，力求达到少切削或无切削加工。

毛坯的加工余量：毛坯尺寸与零件尺寸的差值。

毛坯的制造公差：毛坯制造尺寸的公差。

毛坯的加工余量与毛坯的尺寸、部位及形状有关。例如，铸造毛坯的加工余量，是由铸件最大尺寸、公称尺寸（两相对加工表面的最大距离或基准面到加工面的距离）、毛坯浇注时的位置（顶面、底面、侧面）、铸孔的尺寸等因素确定的。对于单件小批生产，铸件上直径小于30mm和铸钢件上直径小于60mm的孔可以不铸出。而对于锻件，若用自由锻，孔直径小于30mm或长径比大于3的孔可以不锻出。对于锻件应考虑锻造圆角和模锻斜度。带孔的模锻件不能直接锻出通孔，应留冲孔连皮等。

毛坯形状和尺寸的确定，除了将毛坯余量附在零件相应的加工表面上之外，有时还要考虑毛坯的制造、机械加工及热处理等工艺因素的影响。在这种情况下，毛坯的形状可能与工件的形状有所不同。例如，为了加工时安装方便，有的铸件毛坯需要铸出必要的工艺凸台，如图1-2-3所示，工艺凸台在零件加工后一般应切去。又如车床开合螺母外壳，它由两个零件合成一个铸件，待加工到一定阶段后再切开，以保证加工质量和加工方便，如图1-2-4所示。

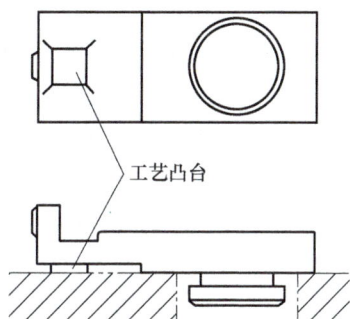

图1-2-3　工艺凸台

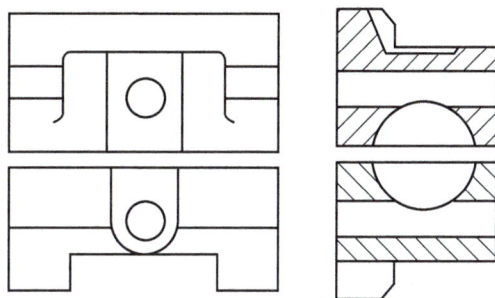

图1-2-4　车床开合螺母外壳

有时为了提高生产率和加工过程中便于装夹，可以将一些小零件多件合成一个毛坯，如图1-2-5所示的滑键零件及毛坯，可以将若干零件先合成一件毛坯，待两侧面和平面加工后，再切割成单个零件。图1-2-6所示为垫圈类零件，也应将若干零件合成一个毛坯，毛坯可取一长管料，其内孔直径要小于垫圈内径。车削时，用卡盘夹住一端外圆，另一端用顶尖顶住，这时可车外圆、车槽，然后用卡盘夹住外圆较长的一部分，用ϕ16mm的钻头钻孔，这样就可以分割成若干个垫圈零件。毛坯的加工余量和制造公差可通过查阅相关工艺手册或国家标准GB/T 12362—2016《钢质模锻件　公差及机械加工余量》来确定。

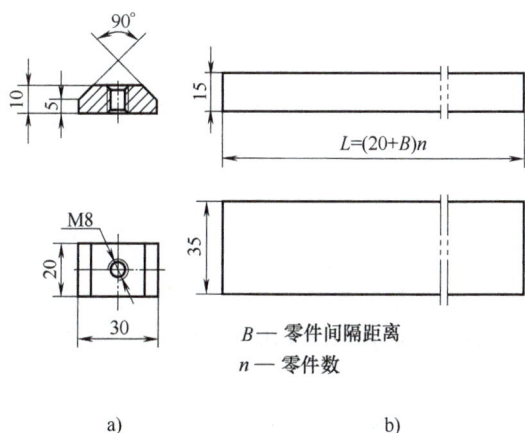

图1-2-5　滑键零件及其毛坯
a）滑键零件　b）毛坯

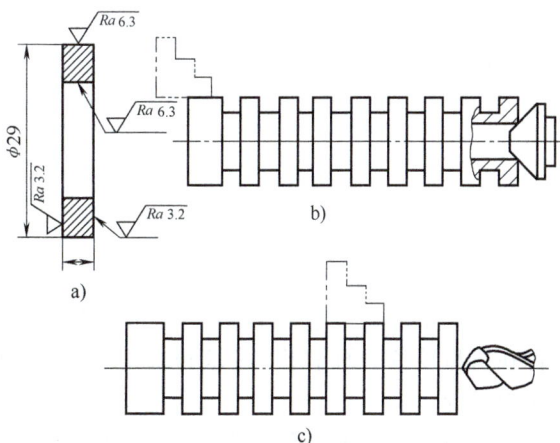

图1-2-6　垫圈的整体毛坯及加工
a）垫圈　b）车外圆及切槽时的装夹方法　c）钻孔

6. 典型机械零件毛坯成形方法选用示例

常用的机械零件按其形状特征、用途的不同可分为轴杆类零件、盘套类零件和箱体类零件三大类。下面分别介绍各类零件毛坯的一般制造方法。

（1）轴杆类零件　轴杆类零件一般为回转体零件，其长度大于直径。轴是机器设备中最基本的也是十分关键的零件。轴的主要作用是支承传动零件（如齿轮、带轮、凸轮等），传递运动和动力。按其结构形状可分为光轴、阶梯轴、空心轴、曲轴和杆件等；按承载不同可分为转轴（承受弯矩和转矩，如机床主轴）、传动轴（承受转矩，如车床的光杠）、心轴（主要承受弯矩，如自行车和汽车的前轴）等。轴杆类零件除承受上述载荷外，还要承受冲击和摩擦的作用。所以，轴杆类零件要求具有优良的综合力学性能、抗疲劳性能和耐磨性等。

属于这类零件的有各种传动轴、机床主轴、丝杠、光杠、曲轴、偏心轴、凸轮轴、齿轮轴、连杆、锤杆、摇臂以及螺栓、销等。

轴杆类零件的毛坯常选用圆钢和锻件。光轴的毛坯一般选用圆钢，阶梯轴的毛坯应根据阶梯直径之比，选用圆钢或锻件；当零件的力学性能要求较高时，常选用锻件作为毛坯。对中、低速内燃机和柴油机的曲轴、连杆、凸轮轴等零件的毛坯，可选用高强度的球墨铸铁、合金铸铁等材料的铸件，以降低制造成本。单件或小批生产的轴用自由锻件作为毛坯；成批生产的中小型轴常选用模锻件作为毛坯；对大型复杂的轴类件，可选用锻——焊结构件或铸——焊结构件作为毛坯。例如，图1-2-7所示为焊接的汽车排气阀，合金耐热钢的阀帽与普通碳素钢的阀杆接成一体，节约了合金耐热钢材料。图1-2-8所示为我国20世纪60年代初期制造的120000kN水压机立柱毛坯，采用铸-焊结构，该立柱每根净质量为80t，在当时的生产技术条件下，

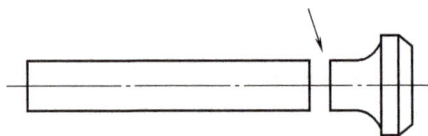

图 1-2-7　焊接的汽车排气阀

采用整体铸造或锻造均不可能实现，采用ZG270-500钢分段铸造，粗加工后拼焊（电渣焊）成整体毛坯。

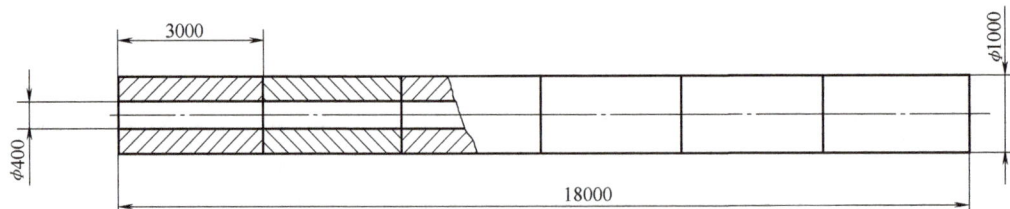

图 1-2-8　铸-焊结构的水压机立柱毛坯

（2）盘套类零件　盘套类零件一般是轴向尺寸小于径向尺寸，或者两个方向尺寸相差不大，属于这类零件的有齿轮、飞轮、带轮、法兰盘、联轴器、手轮、刀架等。由于这些零件在机械设备中的作用、要求和工作条件差异很大，导致零件用材不相同，故毛坯的生产方法也各异。

对带轮、飞轮、手轮等受力不大（且主要承受压力）、结构复杂的零件，常选用灰铸铁制造，故用铸造方法生产的铸铁件作为毛坯；对单件大型零件也可用低碳钢焊接而成。对法兰盘、套环、垫圈等零件，根据受力大小、形状和尺寸，可选用铸铁、钢、非铁合金等制

造，分别用铸件、锻件或型材下料后作为毛坯。

齿轮是典型的轮盘类零件，其材料的选用前面已分析过。齿轮毛坯的选择应考虑其受力的性质与大小、材料种类、结构形状、尺寸大小、生产批量等因素。一般中小型传力齿轮常用锻件作为毛坯；当生产批量较大时用热轧或精密模锻件作为毛坯，以提高性能，减少切削加工；直径较小的齿轮可直接用圆钢作为毛坯，结构复杂且尺寸较大的齿轮可采用铸钢件或球墨铸铁件；对单件大型齿轮，可用焊接件作为毛坯；对尺寸较小、厚度薄、产量大的传动齿轮，可用冲压方法直接生产零件；对一般非传力的低速齿轮，可用灰铸铁件作为毛坯。

（3）箱体类零件　箱体类零件一般结构较复杂，具有不规则的外形与内腔，壁厚也不均匀，如各种设备的机身、机座、机架、工作台、齿轮箱、轴承座、泵体等，其工作条件差异较大，但一般以承受压应力为主，并要求有较好的刚度和减振性，且同时受压、弯、冲击作用，对工作台和导轨等要求有较高的耐磨性。

对于一般承受压应力为主的箱体类零件，常选用灰铸铁。灰铸铁工艺性能好，可制造形状复杂的毛坯。对单件、小批生产可用焊接件。为减小箱体类零件质量，可选用铝合金铸件（如航空发动机箱体等）。对尺寸较大的支架，可采用铸——焊或锻——焊组合件作为毛坯。

（二）热处理

金属热处理是将金属工件放在一定的介质中加热到适宜的温度，并在此温度中保持一定时间后，又以不同速度冷却的一种工艺。

钢的热处理途径如下（三个步骤）：固态下进行不同温度的加热、保温、冷却。热处理在生产中的应用越来越广泛，据调查，80%~90%的工件需要进行热处理，各种工具、模具几乎均要求热处理。

热处理可提高材料的力学性能，改善工件材料的加工性能和消除内应力，其安排主要是根据工件的材料和热处理目的来进行。热处理工艺可分为两大类，分别为预备热处理和最终热处理。

1. 预备热处理

预备热处理的目的是改善加工性能，消除内应力和为最终热处理准备良好的金相组织。其热处理工艺有退火、正火、时效处理、调质等。

（1）退火和正火　退火和正火用于经过热加工的毛坯。w_C高于0.5%的碳钢和合金钢，为降低其硬度，使其易于切削，常采用退火处理；w_C低于0.5%的碳钢和合金钢，为避免其硬度过低，切削时粘刀，而采用正火处理。退火和正火还能细化晶粒、均匀组织，为以后的热处理做准备。退火和正火常安排在毛坯制造之后、粗加工之前进行。

动画7：退火　　动画8：正火

（2）时效处理　时效处理主要用于消除毛坯制造和机械加工中产生的内应力。为减少运输工作量，对于一般精度的零件，在精加工前安排一次时效处理即可。但精度要求较高的零件，如坐标镗床的箱体等，应安排两次或数次时效处理工序。简单零件一般可不进行时效处理。除铸件外，对于一些刚性较差的精密零件（如精密丝杠），为消除加工中产生的内应力，稳定零件加工精度，常在粗加工、半精加工之间安排多次时效处理。有些轴类零件的加工，在校直工序后也要安排时效处理。

（3）调质　调质即是在淬火后进行高温回火处理，它能获得均匀细致的回火索氏体组

织，为以后在表面淬火和渗氮处理时减少变形做准备，因此，调质也可作为预备热处理。由于调质后零件的综合力学性能较好，对某些硬度和耐磨性要求不高的零件，也可作为最终热处理工序。

2. 最终热处理

最终热处理的目的是提高硬度、耐磨性和强度等力学性能。最终热处理的工艺有淬火、渗碳+淬火和渗氮。

（1）淬火 淬火有表面淬火和整体淬火。其中表面淬火因为变形、氧化及脱碳较小而应用较广，而且表面淬火还具有外部强度高、耐磨性好，而内部保持良好的韧性、抗冲击力强的优点。为提高表面淬火零件的力学性能，常需进行调质或正火等热处理作为预备热处理。其一般工艺路线为：下料——→锻造——→正火（退火）——→粗加工——→调质——→半精加工——→表面淬火——→精加工。

（2）渗碳+淬火 渗碳+淬火适用于低碳钢和低合金钢，先提高零件表层的含碳量，经淬火后使表层获得高的硬度，而心部仍保持一定的强度和较高的韧性和塑性。渗碳分整体渗碳和局部渗碳。局部渗碳时对不渗碳部分要采取防渗措施（镀铜或镀防渗材料）。由于渗碳+淬火变形大，且渗碳深度一般在 0.5~2mm 之间，所以渗碳工序一般安排在半精加工和精加工之间。其工艺路线一般为：下料——→锻造——→正火——→粗加工、半精加工——→渗碳+淬火——→精加工。

对于局部渗碳零件的不渗碳部分，采用加大余量后切除多余的渗碳层的工艺方案时，切除多余渗碳层的工序应安排在渗碳后、淬火前进行。

（3）渗氮处理 渗氮是使氮原子渗入金属表面获得一层含氮化合物的处理方法。渗氮层可以提高零件表面的硬度、耐磨性、疲劳强度和耐蚀性。由于渗氮处理温度较低、变形小且渗氮层较薄（一般为 0.6~0.7mm），因此渗氮工序应尽量安排在后面，常安排在精加工之间进行。为减小渗氮时的变形，在切削后一般需进行消除应力的高温回火。

（三）外圆表面加工方案

组成零件的表面主要有外圆面、孔、平面、成形面、螺纹表面和齿轮齿面等。零件使用性能的发挥要求上述表面应具有一定的形状和尺寸，同时还要求达到一定的技术要求，如尺寸精度、形状精度、相互间位置精度和表面质量等。

工件表面的加工进程就是获得符合要求的零件表面的过程。由于零件的结构特点、材料性能和加工要求的不同，所采用的加工方法也不一样。外圆面、孔、平面加工的技术要求及主要加工方式见表 1-2-2。

表 1-2-2 外圆面、孔、平面加工技术要求及主要加工方式

技术要求	外圆面	孔	平面
尺寸精度	外圆直径和长度	孔直径和深度	与其他表面间尺寸
形状精度	圆度、圆柱度、轴线直线度	孔圆度、圆柱度及轴线直线度	平面直线度、平面度
位置精度	外圆与其他表面间同轴度、垂直度及径向圆跳动等	孔面其他表面间同轴度、垂直度及径向圆跳动等	平面间平行度、垂直度

（续）

技术要求	外圆面	孔	平面
表面质量	表面粗糙度 表层硬度 表层残余应力 表层金相组织	表面粗糙度 表层硬度 表层残余应力 表层金相组织	表面粗糙度 表层硬度 表层残余应力 表层金相组织
主要加工方式	车削 磨削 研磨 抛光	钻孔、研孔 扩孔、珩孔 铰孔、镗孔 磨孔、拉孔	刨削、磨削 插削、刨削 铣削、研磨 拉削、车削

在选择某一表面的加工方法时，应遵循表面加工要分阶段进行，所选加工方法与零件材料切削加工性及生产类型相适应，所选加工方法的经济精度、表面粗糙度与加工表面的要求相适应，以及多种加工方法相配合等原则。

1. 外圆加工

外圆表面是组成零件的基本表面，是轴类零件、盘套类零件的主要表面或辅助表面。外圆加工在零件加工中占有相当大的比例。车削、磨削、研磨、超精加工、抛光等是外圆的主要加工方法。

（1）车削外圆　车削是外圆加工的主要加工方法。车削时工件旋转为主运动，刀具直线移动为进给运动。

车外圆可在不同类型的车床上进行。单件、小批生产中，各种轴、盘、套等中小型零件，多在卧式车床上加工；生产率要求高、变更频繁的中小型零件，可选用数控车床加工；大型圆盘类零件（如火车轮、大型齿轮等），多用立式车床加工；成批或大批生产的中小型轴、套类零件，则广泛使用转塔车床、多刀半自动车床及自动车床进行加工。

由于车刀的几何角度不同和切削用量不同，车削可以获得不同的精度和表面粗糙度，故车外圆可分为粗车、半精车、精车和精细车。

粗车以提高生产率为主要目的，对加工质量无太高要求，多使用切削部分强度高的外圆车刀，以较大的背吃刀量、较大的进给量和较低的切削速度尽快地从毛坯上切去大部分多余的金属层。粗车的尺寸公差等级可达 IT13~IT11，表面粗糙度 Ra 值为 $50~12.5\mu m$。

半精车的目的是提高精度和降低表面粗糙度值，可作为中等精度外圆的终加工，也可作为精加工外圆前的预加工。半精车的背吃刀量和进给量较粗车时小。半精车的尺寸公差等级可达 IT10~IT9，表面粗糙度 Ra 值为 $6.3~3.2\mu m$。

精车的主要目的是保证零件要求的精度和表面粗糙度。一般以较小的背吃刀量、较小的进给量进行高速或低速精车。精车的尺寸公差等级可达 IT8~IT7，表面粗糙度 Ra 值为 $1.6~0.8\mu m$。

精细车一般适合技术要求高的有色金属零件的加工，是代替磨削的光整加工。精细车所用车床应有很高的精度和刚度，多使用切削部分经仔细刃磨的金刚石车刀。车削时采用小的背吃刀量（$a_p = 0.03~0.05mm$）、小的进给量（$f = 0.02~0.2mm/r$）和高的切削速度（$v_c \geqslant 2.6m/s$）。精细车的尺寸公差等级可达 IT6~IT5，表面粗糙度 Ra 值为 $0.4~0.1\mu m$。

车削外圆的工艺特点为生产效率高，刀具制造、刃磨、安装方便，生产成本低，一次装夹可车出外圆、内孔、端平面、沟槽等，容易保证各加工面间的位置精度。

（2）磨削外圆　磨削是外圆精加工的主要方法，多作为半精车外圆后的精加工工序。模锻、精密冷轧的毛坯，因加工余量小，也可不经车削，直接磨削加工。

由于砂轮粒度及采用的磨削用量不同，磨削外圆的精度和表面粗糙度也不同。磨削可分为粗磨和精磨，粗磨外圆的尺寸公差等级可达 IT8~IT7，表面粗糙度 Ra 值为 $1.6~0.8\mu m$；精磨外圆的尺寸公差等级可达 IT6，表面粗糙度 Ra 值为 $0.4~0.2\mu m$。

外圆磨削多在外圆磨床上进行，有纵磨法、横磨法和深磨法三种方式，此外，也可在无心磨床上进行无心磨削（图 1-2-9~图 1-2-12）。

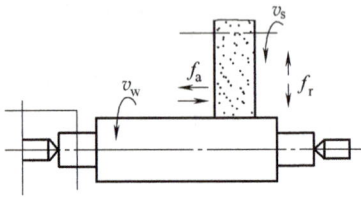

图 1-2-9　纵磨法磨削外圆

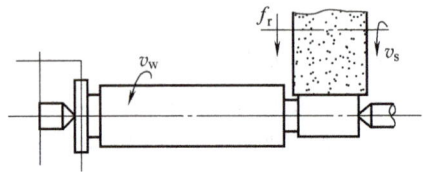

图 1-2-10　横磨法磨削外圆

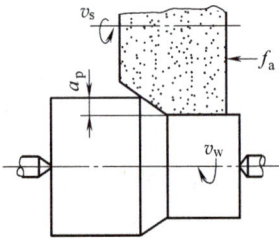

图 1-2-11　深磨法磨削外圆

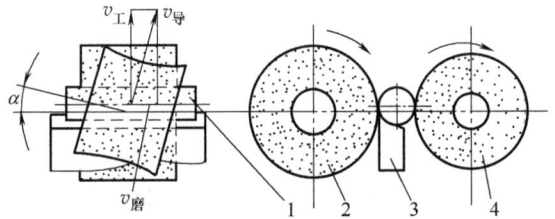

图 1-2-12　无心外圆磨削

1—工件　2—磨削轮　3—托架　4—导轮

磨削外圆的工艺特点如下所述。

1）精度高、表面粗糙度 Ra 值小。磨床精度高，刚性及稳定性好；磨床的精密进给机构可以把背吃刀量 a_p 控制得很小，从而实现微量切削；另外，砂轮工作表面随机分布着稠密而锐利的磨粒，当砂轮高速旋转时，每个磨粒仅从工件上切下一层细微的切屑，使工件表面残留面积很小。

2）磨削温度高。一是因为砂轮工作表面带负前角的磨粒高速切削金属，切削挤压力增大，切削层变形速度很高；二是砂轮传热性差，致使磨削区温度高，瞬时温度高达 800~1000℃。磨削高温容易烧伤工件表面，不仅使金相组织变化，降低表面硬度，还会在工件表层产生残余应力及微细裂纹，降低零件的表面质量和使用寿命。

为减少磨削高温的影响，应向磨削区域加注大量切削液。切削液的冷却、润滑作用，不仅可以降低磨削温度，还可以冲掉细碎的切屑和碎裂、脱落的磨粒，避免堵塞砂轮孔隙，提高砂轮的寿命。

3）适宜加工高硬度材料。由于砂轮的磨粒具有很高的硬度、耐热性及一定的韧度，所以磨削不仅能加工钢件、铸铁件，还能加工淬硬钢件、硬质合金、宝石、玻璃等硬脆性材料。但对于塑性较大的某些铜、铝等非铁金属，由于其切屑易堵塞砂轮孔隙，一般不宜采用磨削加工。

4）背向力（径向力）F_p 大。磨削时，砂轮与工件的接触宽度大，且磨粒多以负前角切削，致使背向力 F_p 较刀具切削时大。较大的背向力会使刚性差的工艺系统产生变形，影响加工精度。例如，用纵磨法磨削细长轴的外圆时，较大背向力使工件翘曲而成腰鼓形。为此，需最后进行多次光磨，逐步消除变形。

（3）研磨外圆　研磨是用研磨工具和研磨剂从工件上研去一层极薄表面层的精加工方法。研磨外圆尺寸公差等级可达 IT6～IT5，表面粗糙度 Ra 值为 $0.1～0.008\mu m$。

研磨时，研具以一定的压力作用于工件表面，二者做复杂的相对运动，靠研磨剂的机械及化学作用从工件表面切除一层极微薄的金属层，从而获得高精度和低的表面粗糙度值。

研具的材料应比工件材料软，以使磨料部分嵌入研具表面，对工件表面进行切削和挤压摩擦。研具材料还应组织均匀，具有耐磨性，以便其磨损均匀，保持原有几何形状精度。常用研具材料有铸铁、软钢、黄铜、塑料、硬木等。

研磨主要有手工和机械两种研磨方法，具有方法简单、能提高形状和尺寸精度、降低表面粗糙度值、加工范围广、金属切除率低等特点。

（4）抛光外圆　抛光是利用机械、化学或电化学的作用，使工件获得光亮、平整表面的加工方法。

抛光轮用棉织品、皮革、毛毡、橡胶或压制纸板等材料叠制而成，具有一定弹性。抛光膏由磨料和油脂（硬脂酸、石蜡、煤油）调制而成。

抛光时，由于工件表面与抛光膏的化学作用而形成一层极薄的软化氧化膜，其中的磨料一般比工件材料软，因此，工件表面不留划痕。另外，高速抛光产生的高温使工件表面出现极薄的熔流层，工件表面的微观凹谷被其填平。

2. 外圆加工方案的分析及选择

外圆加工方法很多，应根据外圆的具体要求，把各种加工方法组合起来，从而拟定合理的加工方案。

外圆的典型加工方案如图 1-2-13 所示，框图中表面粗糙度 Ra 的单位为 μm。

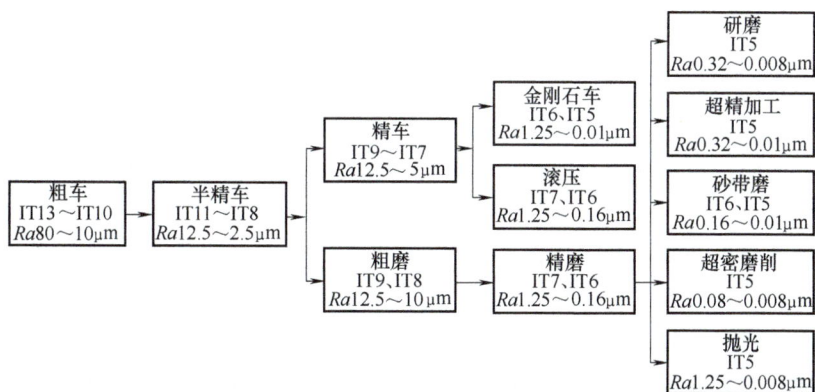

图 1-2-13　外圆加工方案

（1）粗车　尺寸公差等级低于 IT11、表面粗糙度 Ra 值大于 $12.5\mu m$ 的各种材料的外圆仅粗车即可。

（2）粗车──半精车　此方案适合于尺寸公差等级为 IT10～IT9、表面粗糙度 Ra 值为

6.3～3.2μm 且表面未淬火的钢件及其他材料的外圆面的加工。

（3）粗车——半精车——精车　此方案比方案（2）提高了加工精度，降低了表面粗糙度值。

（4）粗车——半精车——精车——精细车　此方案适宜尺寸公差等级为 IT6、表面粗糙度 Ra 值为 0.8～0.2μm 的非铁金属件外圆面的精加工。

（5）粗车——半精车——磨削　此方案除不宜加工非铁金属件外，可加工淬火或未淬火钢件、铸铁件的外圆面。当尺寸公差等级要求为 IT6、表面粗糙度 Ra 值为 0.4～0.2μm 时，可在半精车之后安排粗磨——精磨。一般在磨削前不安排外圆面的精车。若外圆面需淬火，淬火应安排在车削之后、磨削之前。当尺寸公差等级为 IT6 以上、表面粗糙度 Ra 值在 0.1μm 以下时，可在精磨后安排研磨或超精加工。

对于需电镀或有装饰要求的外圆面，可在精车及磨削后进行抛光。

三、拓展性知识

保证装配精度的工艺方法。

在设计装配体结构时，就应当考虑采用什么装配方法。因为，装配方法直接影响装配尺寸链的解法、装配工作组织、零件加工精度和产品的成本。采用合理的装配方法，实现用较低的零件加工精度，达到较高的产品装配精度，这是装配工艺的核心问题。根据生产纲领、生产技术条件及机器性能、结构和技术要求的不同，常用的装配方法有互换法、选配法、修配法和调整法。这四种方法既是机器或部件的装配方法，也是装配尺寸链的具体解算方法。

1. 互换法

（1）完全互换法　完全互换法就是机器在装配过程中每个待装配零件不需挑选、修配和调整，装配后就能达到装配精度要求的一种装配方法。装配工作较为简单，生产率高，有利于组织生产协作和流水作业，对工人技术要求较低，也有利于机器的维修。

为了确保装配精度，要求各相关零件公差之和小于或等于装配公差。这样，装配后各相关零件的累积误差变化范围就不会超出装配公差范围。这一原则用公式表示为

$$T_0 \geq T_1 + T_2 + \cdots + T_m \tag{1-2}$$

式中　T_0——装配公差；

$T_1 \sim T_m$——各相关零件的制造公差；

m——组成环数。

因此，只要制造公差能满足机械加工的经济精度要求时，不论何种生产类型，均应优先采用完全互换法。

当装配精度较高，零件加工困难而又不经济时，在大批量生产中，就可考虑采用部分互换法。

（2）部分互换法　部分互换法又称为不完全互换法。它是将各相关零件的制造公差适当放大，使加工容易而经济，又能保证绝大多数产品达到装配要求的一种方法。

部分互换法是以概率论原理为基础。在零件的生产数量足够大时，加工后的零件尺寸一般在公差带上呈正态分布，平均尺寸在公差带中点附近，且出现的概率最大；在接近上、下极限尺寸处，零件尺寸出现的概率很小。在一个产品的装配中，各相关零件的尺寸恰巧都是极限尺寸的概率就更小。当然，出现这种情况，累积误差就会超出装配公差。因此，可以利用这个规律，将装配中可能出现的废品控制在一个极小的比例之内。对于这一小部分不能满

足要求的产品，也需进行经济核算或采取补救措施。

根据概率论原理，装配公差必须大于或等于各相关零件公差值平方之和的平方根。用公式可以表示为

$$T_0 \geqslant \sqrt{T_1^2 + T_2^2 + \cdots + T_m^2} \qquad\qquad (1\text{-}3)$$

显然，当装配公差 T_0 一定时，将式（1-3）与式（1-2）比较，各相关零件的制造公差 T_m 增大了许多，零件的加工也容易了许多。

2. 选配法

选配法是将尺寸链中组成环的公差放大到经济可行的程度，然后选择合适的零件进行装配，以保证规定的装配精度要求。选配法主要有三种形式。

（1）直接选配法　从待装配的零件群中，凭装配经验和必要的判断性测量，选择一对符合规定要求的零件进行装配，称为直接选配法。

直接选配法的优点是能达到很高的装配精度，但与工人的技术水平和测量方法有关，且劳动量大，不宜用于生产节拍要求较严的大批大量流水作业中。另外，直接选配法还有可能造成无法满足要求的"剩余零件"出现。

（2）分组选配法　分组选配法是先将装配的零件进行逐一测量，再按公差间隔预先分成若干组，按对应组分别进行装配的装配方法。显然，分组越多，所获得的装配质量越高。但过多的分组会因零件测量、分类和存储工作量的增大而使生产组织工作变得复杂化。一般情况下，零件的分组数以 3~5 组为宜。

分组选配法的主要优点是在零件的加工精度不高的情况下，也能获得很高的装配精度。同时，同组内零件可以互换，具有互换法的优点，因此又称为分组互换法，适用于装配精度要求很高且组成环较少的大批大量生产中。

分组时，各组的配合公差应相等，配合件公差增大的方向也应相同，但零件表面粗糙度及几何公差等不能放大。同时，要尽量使同组内相配零件数相等，若不相等，则需要另外专门加工一些零件与其相配。

（3）复合选配法　复合选配法是上述两种方法的复合，即先测量分组再直接选配。其优点是：配合件公差可以不等，装配精度高，装配速度快，能满足一定生产节拍的要求。在发动机气缸与活塞的装配中，多采用这种方法。

下面举例说明选配法的应用。图 1-2-14 所示为某活塞销和活塞的装配关系图。要求活塞销和活塞销孔在冷态装配时有 0.0025~0.0075mm 的过盈量。

若采用完全互换法装配，并设活塞销和活塞销孔的公差做"等公差"分配，则它们的公差都仅为 0.0025mm，因为封闭环公差为 （0.0075-0.0025） mm＝0.0050mm。活塞销和活塞销孔的尺寸为

$$d = 28_{-0.0025}^{0}\,\text{mm}, D = 28_{-0.0075}^{-0.0050}\,\text{mm}$$

显然，加工这样的活塞销和活塞销孔既困难又不经济。在实际生产中可以采用分组选配法，将活塞销和活塞销孔的公差在相同方向上放大 4 倍，即

$$d = 28_{-0.010}^{0}\,\text{mm}, D = 28_{-0.015}^{-0.005}\,\text{mm}$$

按此公差加工后，再分为 4 组进行相应装配，既可保证配合精度和性质，又可减少加工难度。分组时，可涂上不同颜色或分装在不同容器内，便于进行分组装配。分组情况见表 1-2-3。

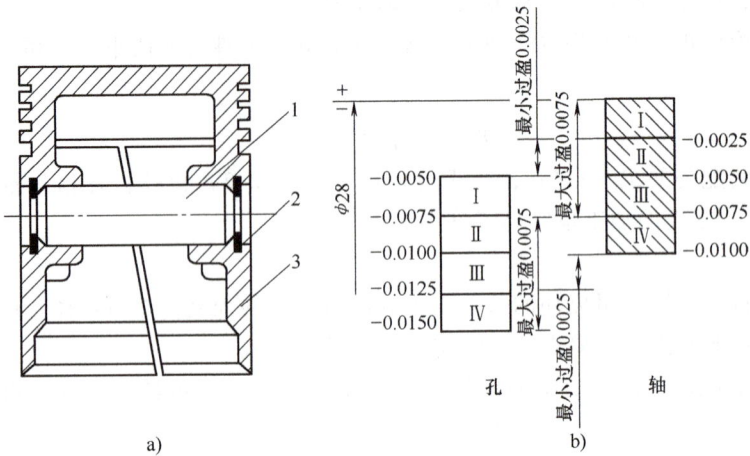

图 1-2-14　某活塞销和活塞的装配关系图

1—活塞销　2—挡圈　3—活塞

表 1-2-3　活塞销和活塞销孔分组互换装配 （单位：mm）

组别	标志颜色	活塞销直径 $d=\phi28_{-0.010}^{0}$	活塞销孔直径 $D=28_{-0.015}^{-0.005}$	过盈情况	
				最小过盈	最大过盈
Ⅰ	白	$\phi28_{-0.0025}^{0}$	$\phi28_{-0.0075}^{-0.0050}$		
Ⅱ	绿	$\phi28_{-0.0050}^{-0.0025}$	$\phi28_{-0.0100}^{-0.0075}$	0.0025	0.0075
Ⅲ	黄	$\phi28_{-0.0075}^{-0.0050}$	$\phi28_{-0.0125}^{-0.0100}$		
Ⅳ	红	$\phi28_{-0.0100}^{-0.0075}$	$\phi28_{-0.0150}^{-0.0125}$		

3. 修配法

在装配精度要求高且组成环又较多的单件小批生产或成批生产中，常用修配法装配。修配法是用钳工或机械加工的方法修整产品中某个零件（该零件称为修配件，该组成环称为修配环）的尺寸，以获得规定装配精度的一种方法，而其他有关零件仍可以按照经济加工精度进行加工。

作为解尺寸链的一种方法而言，修配法就是修配尺寸链中修配环的尺寸，补偿其他组成环的累积误差，以保证装配精度的要求。因此，修配环也可称为补偿环。通常所选择的补偿环应是形状简单、便于装拆、易于修配，并且对其他装配尺寸链没有影响的零件。修配法的优点是能利用较低的制造精度，来获得很高的装配精度。但修配劳动量大，对工人技术水平要求高，不便组织流水作业。常用的修配法有单件修配法、合并加工修配法和自身加工修配法。

（1）单件修配法　单件修配法是选定某一固定零件为修配件，在装配时进行修配以保证装配精度的方法。例如，图 1-2-15 所示的车床尾座底板的修配是为保证前后顶尖的等高度。应用广泛的平键的修配是为保证其

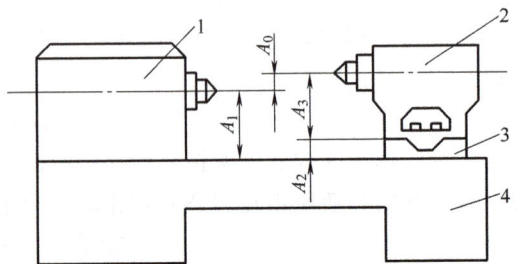

图 1-2-15　主轴箱主轴与尾座套
中心线等高装配简图

1—主轴箱　2—尾座体　3—尾座底板　4—床身

与键槽的配合间隙，这种修配方法在生产中应用最广。

（2）合并加工修配法　将两个或多个零件预先装配在一起进行加工修配，这就是合并加工修配法。这些零件组成的尺寸作为一个组成环，这样能减少组成环的数目，相应地也减少了修配工作量。但由于零件合并后再进行加工和装配，给组织生产带来了一定不便，因此，多用于单件小批生产中。例如，在图 1-2-15 中进行尾座装配时，也可采用合并加工修配法，即先将加工好的尾座体 2 和尾座底板 3 两个零件装配为一体，再以尾座底板的底平面为定位基准，镗削加工尾座顶尖套锥孔，这样组成环 A_2 和 A_3 就合并为一个组成环 A_{2-3}，此环公差可放大，并且可以给尾座底板的底平面留较小的刮研量，使整个装配工作变得更加简单。

（3）自身加工修配法　对于某些装配精度要求很高的产品或部件，若单纯依靠限制各个零件的加工误差来保证，势必要求各个零件具有很高的加工精度，甚至无法加工，而且不易选择一个适当的修配件。此时，可采用自己加工自己的方法来保证装配精度，这就是自身加工修配法。例如，牛头刨床总装后，可用自刨的方法加工工作台面，使滑枕与工作台面平行；平面磨床装配时，自己磨削自己的工作台面，以保证工作台面与砂轮轴平行。

4. 调整法

对于精度要求高且组成环数又较多的产品和部件，在不能用互换法进行装配时，除了用分组互换和修配法外，还可用调整法来保证装配精度。在装配时，用改变产品中可调整零件的相对位置或选用合适的可调整零件，以达到装配精度的方法称为调整法。

调整法与修配法的实质相同，即各零件公差仍然按经济加工精度的原则来确定，选择一个零件为调整环（也可称为补偿环，此环的零件称为调整件），来补偿其他组成环的累积误差。但两者在改变补偿环尺寸的方法上有所不同。修配法采用机械加工的方法去除补偿环零件上的金属层；调整法采用改变补偿环零件的相对位置或更换新的补偿环零件，以满足装配精度的要求。常用的调整法有可动调整法、固定调整法和误差抵消调整法。

（1）可动调整法　可动调整法是通过改变调整件的相对位置来保证装配精度的方法。图 1-2-16 所示为丝杠副调整间隙的机构。当发现丝杠副间隙不合适时，可转动中间螺钉，通过斜楔块的上下移动来改变间隙的大小。

采用可动调整法可获得很高的装配精度，并且可以在机器使用过程中随时补偿由于磨损、热变形等原因引起的误差，比修配法操作简便，易于实现，在成批生产中应用广泛。

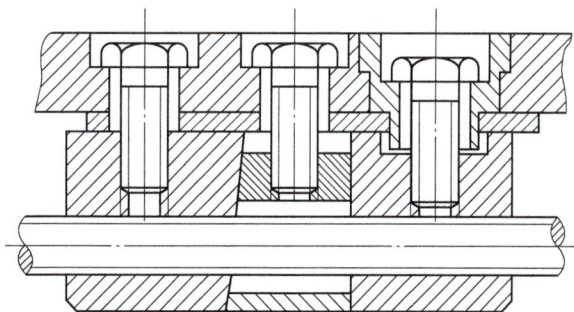

图 1-2-16　丝杠副调整间隙的机构

（2）固定调整法　固定调节法是在装配体中选择一个零件作为调整件，根据各组成环所形成的累积误差大小来更换不同的调整件，以保证装配精度的要求。固定调整法多应用于装配精度要求高的大批大量生产中。调整件是按一定尺寸间隙级别预先制成的若干组专门零件，根据装配时的需要，选用其中的某一级别的零件来补偿误差，常用的调整件有垫圈、垫片、轴套等。

采用固定调整法时必须处理好 3 个问题：①选择调整范围；②确定调整件的分组数；

③确定每组调整件的尺寸。

（3）误差抵消调整法 在产品或部件装配时，通过调整有关零件的相互位置，使其加工误差（大小和方向）相互抵消一部分，以提高装配精度的方法称为误差抵消调整法。这种装配方法在机床装配时应用广泛，如在机床主轴部件装配中，通过调整前后轴承的径向跳动方向来控制主轴的径向跳动；在滚齿机工作台分度蜗轮装配中，可以采用调整二者的偏心量和偏心方向，提高其装配精度。

1.2.4 任务实施

学生工作页

项目名称	项目 1　编制轴类零件机械加工工艺			
任务名称	任务 2　确定传动轴零件工艺方案		日　期	
班　级		姓　名	学　号	
任务分析与实施				学习方法
1）识读图 1-2-1 所示的传动轴零件图,进行毛坯设计并确定毛坯的种类、形状及毛坯的尺寸。				独立思考 小组讨论
2）分析传动轴连接套,列出所需加工部位。				
3）确定表面粗糙度 Ra 为 $0.8\mu m$ 的各段外圆的加工方法。				
4）确定本生产任务要加工零件需要用哪种热处理方法,并说明原因。				

练 习 题

一、填空题

1）按照加工精度和表面质量的不同,车削外圆可分为_____、_____、_____和_____等几个阶段。

2）加工质量要求较高的有色金属零件外圆表面,应选择的方案为_____。

3）车削轴类零件常用_____装夹,用轴两端的_____作为定位基准,以保证零件的_____精度。

二、选择题

1）为了提高车削的生产效率常采用（　　）。

A. 高速切削　　　　B. 连续切削　　　　C. 精细车削　　　　D. 强力切削

2）车削的特点是（　　）。

A. 等面积、断续切削　　　　　　　B. 变面积、断续切削

C. 等面积连续切削　　　　　　　　D. 变面积断续切削

3）精车属于（　　）。

A. 粗加工　　　　B. 半精加工　　　　C. 精加工　　　　D. 光整加工

三、判断题

1）车削是外圆面的主要加工方法,磨削是外圆面精加工的主要方法。（　　　）

2）有色金属零件外圆面的精加工应选择磨削。（　　　）

3）精密加工塑性大的有色金属外圆表面,适宜的加工方法是精细车。（　　　）

4）加工细长轴时,为了避免工件变形,常采用 90°偏刀。（　　　）

四、简答题

1）确定图 1-2-17 所示两种阀杆外圆加工方案。

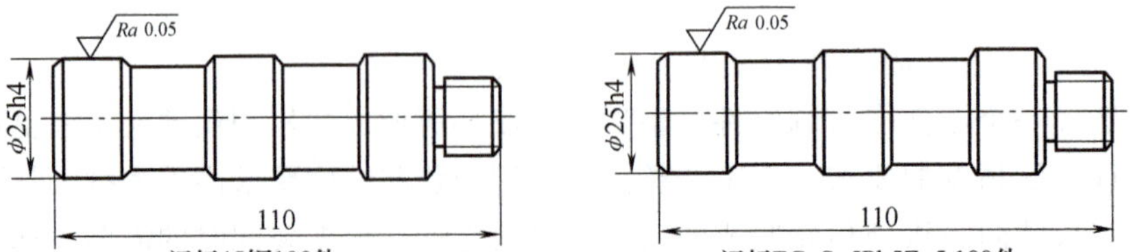

阀杆45钢100件　　　　　　　　　　阀杆ZCuSn5Pb5Zn5 100件

a)　　　　　　　　　　　　　　　　b)

图 1-2-17　两种不同材质的阀杆

（续）

2）确定图1-2-18所示轴承套和止口套外圆的加工方案。

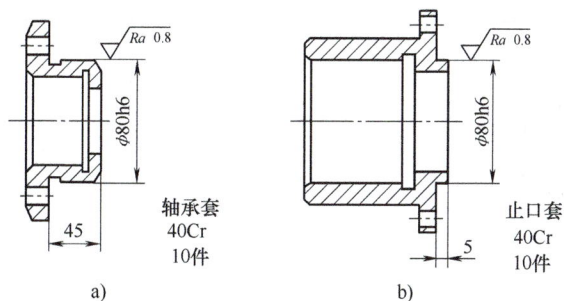

图1-2-18　轴承套和止口套

五、分析题

1）分析表格中各零件的结构，找出结构工艺性不恰当的部位，说明其原因，并在右侧画出改进后的图形。

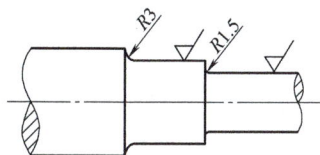	
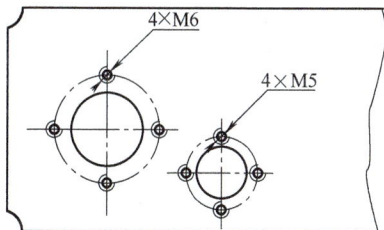	
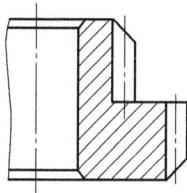	
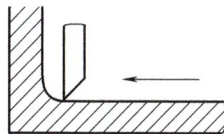	
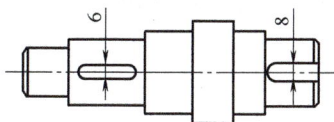	

（续）
（续）

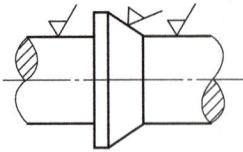

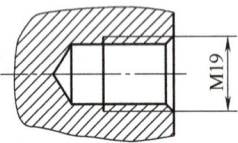

2）识读图 1-2-19 所示转轴零件，分析其技术要求、结构工艺性和加工精度要求。

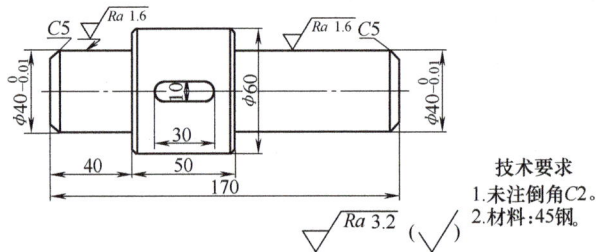

技术要求
1. 未注倒角C2。
2. 材料：45钢。

图 1-2-19　转轴

任 务 总 结

请各小组对本阶段的内容进行汇总并以 PPT 形式汇报。

1.2.5　任务评价与反思

学生进行自评和互评，评价自己与同组同学是否能完成零件图的识读、零件图的工艺分析、编制工艺文件等，是否按时完成报告内容等成果资料，有无任务遗漏。教师对学生的评价内容包括：报告书写是否工整规范，报告内容数据是否真实合理、阐述是否详细、认识体会是否深刻等。

1）学生进行自我评价，并将结果填入附表 1 中。

2）学生以小组为单位，对以上学习任务中的过程和结果进行互评，将互评结果填入附表 2 中。

3）教师对学生工作过程与工作结果进行评价，并将评价结果填入附表 3 教师综合评价表中。

1.2.6　任务拓展

加工图 1-1-20 所示的轴零件，材料为 45 钢，大批量生产，确定其工艺方案。

任务3 拟定传动轴零件工艺路线

1.3.1 任务单

项目 名称	编制轴类零件机械加工工艺	任务 名称	拟定传动轴零件工艺路线	建议 学时	4
任务 描述	某企业需加工图1-3-1所示传动轴零件,要求利用现有设备完成传动轴零件的加工任务,生产件数为5000件。根据要求拟定该传动轴零件的工艺路线。 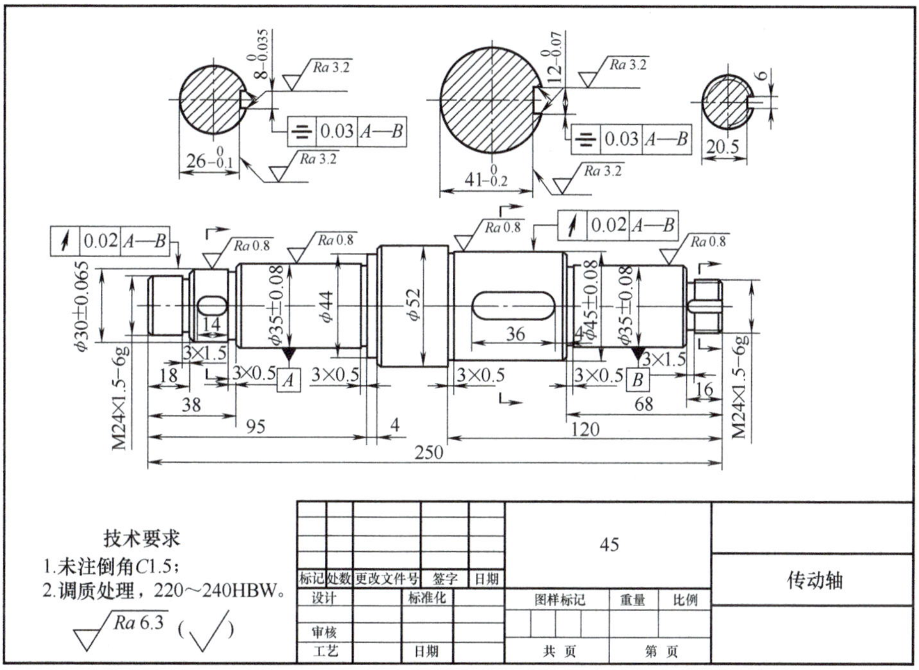 **图1-3-1 传动轴零件图**				
任务 目标	素养目标 1)增强自信自强。 2)锻炼审辨思维。 3)追求精益求精。 4)加强团队协作。 5)深化劳动观念。	知识目标 1)掌握定位基准的选择原则。 2)掌握机械加工工序的安排原则。 3)掌握热处理工序的安排原则。	能力目标 1)能根据零件的加工要求,确定精基准和粗基准。 2)能根据零件的加工要求,安排各机械加工工序的顺序。 3)能根据零件的加工要求,安排热处理工序。		
任务 要求	1. 根据要求完成分工并做好工作准备 1)为了高效高质量地完成本任务,采用自愿的方式组建项目团队。 2)小组需要收集相关信息,并将收集的资料进行汇总和整理。拟定一份思维导图,以确定小组需要查找的内容及组员分工。 3)小组需将整理后的资料展示给其他组学员,并思路清晰地进行讲述。 2. 根据所获取的信息进行分析处理 1)确定传动轴零件的粗基准和精基准。 2)安排各机械加工工序的顺序。 3)安排热处理工序。				

（续）

	3. 分组要求 4~6 人一组,将分组情况与任务分工填入表 1-3-1 中。 表 1-3-1 学生任务分配表					
任务 要求	班级		组号		指导教师	
	组长		学号			
	组员	姓名	学号	任务分工		
考核 方式	1)物化成果考核。 2)参与度考核。					
物化 成果	1)零件分析方案(含作业计划)。 2)汇报 PPT 等。					

1.3.2 引导问题

1) 选择精基准的原则是什么?

2) 选择粗基准的原则是什么?

3) 机械加工顺序中如何安排机械加工工序和热处理工序?

4) 说明比较工序集中原则在单件、小批量生产与大批量生产中应用的差异。

5) 轴类零件加工中，常以中心孔作为定位基准，试分析其特点。在加工过程中多次修研中心孔的原因是什么?

1.3.3 任务资讯

一、相关实践知识

传动轴的机械加工工艺过程分析。

图 1-3-1 所示零件是减速器中的传动轴，它属于阶梯轴类零件，由圆柱面、轴肩、螺纹、螺纹退刀槽、砂轮越程槽和键槽等组成。轴肩一般用来确定安装在轴上零件的轴向位置，各环槽的作用是使零件装配时有一个正确的位置，并使加工中磨削外圆或车螺纹时退刀方便；键槽用于安装键，以传递转矩；螺纹用于安装各种锁紧螺母和调整螺母。

微课7：传动轴加工工艺分析

根据工作性能与条件，该传动轴零件图中规定了主要轴颈 $\phi(30\pm0.065)$ mm、$\phi(45\pm0.08)$ mm 和外圆 $\phi(35\pm0.08)$ mm 有较高的尺寸、位置精度和较小的表面粗糙度值，并有热处理要求。这些技术要求必须在加工中给予保证。因此，该传动轴的关键工序是轴颈 $\phi(30\pm0.065)$ mm、$\phi(45\pm0.08)$ mm 和外圆 $\phi(35\pm0.08)$ mm 的加工。

1. 确定毛坯

该传动轴材料为 45 钢，因其属于一般传动轴，故选 45 钢可满足其要求。

该传动轴属于中、小传动轴，并且各外圆直径尺寸相差不大，故选择 $\phi60$mm 的热轧圆钢作为毛坯。

2. 确定主要表面的加工方法

传动轴大都是回转表面，主要采用车削与外圆磨削成形。由于该传动轴的主要表面 $\phi(30\pm0.065)$mm、$\phi(45\pm0.08)$mm、$\phi(35\pm0.08)$mm 的公差等级较高（IT6），表面粗糙度 Ra 值（0.8μm）较小，故车削后还需磨削。外圆表面的加工总体方案可定为：粗车——半精车——磨削。

3. 确定定位基准

合理地选择定位基准，对于保证零件的尺寸和位置精度有着决定性的作用。由于该传动轴的两个主要配合表面即 $\phi(30\pm0.065)$mm 和 $\phi(45\pm0.08)$mm 对基准轴线均有径向圆跳动的要求，又因其是实心轴，所以应选择两端中心孔为基准，采用双顶尖装夹方法，以保证零件的技术要求。

粗基准采用热轧圆钢的毛坯外圆。中心孔加工采用自定心卡盘装夹热轧圆钢的毛坯外圆，车端面、钻中心孔。但必须注意，一般不能用毛坯外圆装夹两次钻两端中心孔，而应该以毛坯外圆作粗基准，先加工一个端面，钻中心孔，车出一端外圆；然后以已车过的外圆作基准，用自定心卡盘装夹（有时在上工步中已车外圆处搭中心架），车另一端面，钻中心孔。如此加工中心孔，才能保证两端中心孔同轴。

4. 划分加工阶段

对精度要求较高的零件，其粗加工、精加工应分开，以保证零件的质量。

该传动轴加工划分为 3 个阶段：粗车（粗车外圆、钻中心孔等）、半精车（半精车各处外圆、台阶和修研中心孔及次要表面等）、粗磨+精磨（粗磨、精磨各处外圆）。各阶段划分大致以热处理为界。

5. 热处理工序安排

轴的热处理要根据其材料和使用要求确定。对于传动轴，正火、调质和表面淬火用得较多。该轴要求调质处理，并安排在粗车各外圆之后，半精车各外圆之前。

综合上述分析，传动轴的工艺路线如下。

下料——车两端面、钻中心孔——粗车各外圆——调质——修研中心孔——半精车各外圆、车槽、倒角——车螺纹——划键槽加工线——铣键槽——修研中心孔——磨削——检验。

6. 加工尺寸和切削用量

传动轴磨削余量可取 0.5mm，半精车余量可选用 1.5mm。加工尺寸可由此而定，见该轴加工工艺卡的工序内容。

车削用量的选择，单件、小批量生产时，可根据加工情况由工人确定，一般可在机械加工工艺、切削用量相关手册中选取。

7. 拟定工艺过程

定位精基准面中心孔应在粗加工之前进行，在调质之后和

动画 11：传动
轴加工

动画 12：
小轴加工

磨削之前各需安排一次修研中心孔的工序。调质之后修研中心孔可消除中心孔的热处理变形和氧化皮，磨削之前修研中心孔的目的是提高定位精基准面的精度和减小定位锥面的表面粗糙度值。拟定传动轴的工艺过程时，在考虑主要表面加工的同时，还要考虑次要表面的加工。在半精加工 $\phi52mm$、$\phi44mm$ 及 M24mm 外圆时，应车到图样规定的尺寸，同时加工出各退刀槽、倒角和螺纹；三个键槽应在半精车后以及磨削之前铣出，这样可保证铣键槽时有较精确的定位基准，又可避免在精磨后铣键槽时破坏已精加工的外圆表面。

在拟定工艺过程时，应考虑检验工序的安排、检查项目及检验方法的确定。这里要注意的是，这种轴类件的生产批量都不大，加工工艺是按中、小批量编制的，车削工序较集中。如果是大批量生产，则可考虑采用专用机床、专用夹具等。工序也可根据生产批量的增加适当分散。

二、相关理论知识

（一）定位基准的选择

1. 基准的概念及分类

（1）基准的定义　在零件图上或实际的零件上，用来确定其他点、线、面位置时所依据的那些点、线、面，称为基准，如图 1-3-2 所示。

（2）基准的分类　基准按其功用可分为设计基准和工艺基准。

1）设计基准是零件工作图上用来确定其他点、线、面位置的基准。

2）工艺基准是加工、测量和装配过程中使用的基准，又称制造基准。工艺基准包括以下几种：

① 工序基准是指在工序图上，用来确定加工表面位置的基准，与加工表面有尺寸、位置要求。

② 定位基准是加工过程中，使工件相对机床或刀具占据正确位置所使用的基准。

③ 度量基准（测量基准）是用来测量加工表面位置和尺寸而使用的基准。

④ 装配基准是装配过程中用以确定零部件在产品中位置的基准。

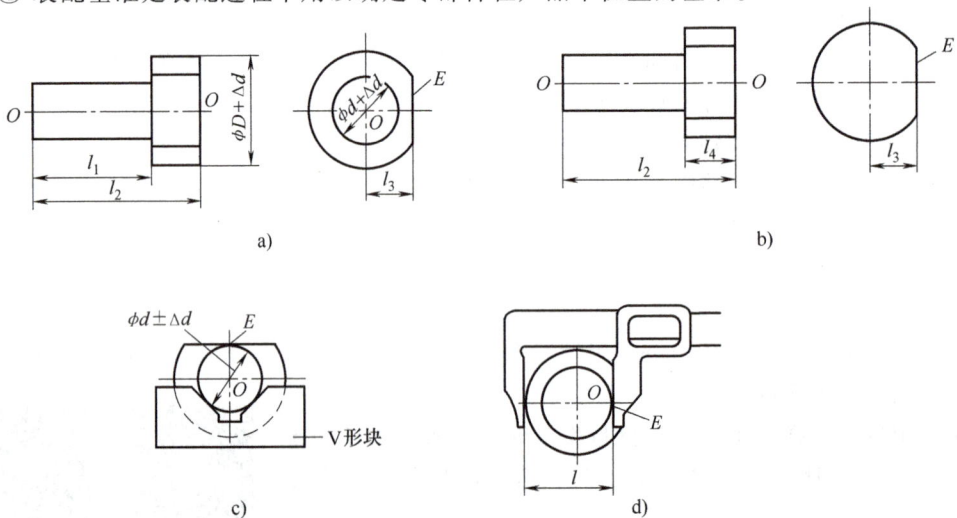

图 1-3-2　各种基准示例

a）零件图上 E 面的设计基准 l_3　b）工序图上 E 面的工序基准 l_3

c）加工时 E 面的定位基准　d）测量 E 面时的测量基准 l

2. 定位基准的选择

定位基准包括粗基准和精基准。

粗基准：用未加工过的毛坯表面作为基准。

精基准：用已加工过的工件表面作为基准。

（1）粗基准的选择 粗基准影响零件的位置精度、各加工表面的余量大小。选择时应重点考虑如何保证各加工表面有足够余量，使不加工表面和加工表面间的尺寸、位置符合零件图要求。

1）合理分配加工余量的原则。

① 应保证各加工表面都有足够的加工余量，如外圆加工以轴线为基准。

② 以加工余量小而均匀的重要表面为粗基准，以保证该表面加工余量分布均匀、表面质量高。例如，床身加工，先加工床腿再加工导轨面。在床身零件中，导轨面是最重要的表面，它不仅精度要求高，而且要求导轨面具有均匀的金相组织和较高的耐磨性。由于在铸造床身时，导轨面是倒扣在砂箱的最底部浇注成形的，导轨面材料质地致密，砂眼、气孔相对较少，因此要求加工床身时，导轨面的实际切除量要尽可能小而均匀，故应选导轨面作为粗基准加工床身底面，如图 1-3-3 所示。然后再以加工过的床身底面作为精基准加工导轨面，此时从导轨面上去除的加工余量可较小而均匀，如图 1-3-4 所示。

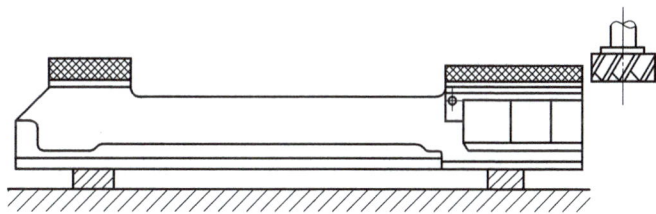

图 1-3-3 导轨面作为粗基准加工床身底面

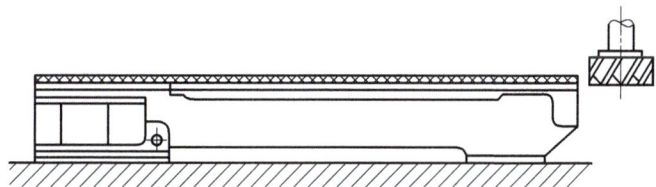

图 1-3-4 床身底面作为精基准加工导轨面

2）保证零件加工表面相对于不加工表面具有一定位置精度的原则。一般应以非加工面作为粗基准，这样可以保证不加工表面相对于加工表面具有较为精确的相对位置。当零件上有多个不加工表面时，应选择与加工面相对位置精度要求较高的不加工表面作为粗基准。

图示 1-3-5 所示为套筒法兰零件，外表面为不加工表面，为保证镗孔后零件的壁厚均匀，应选外表面作为粗基准镗孔，车外圆，车端面。

3）便于装夹的原则。选表面光洁的平面作为粗基准，以保证定位准确、夹紧可靠。

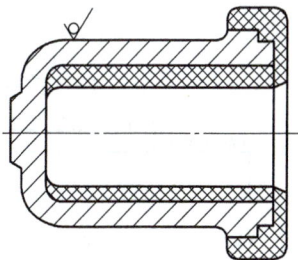

图 1-3-5 套筒法兰零件

4）粗基准一般不得重复使用的原则。在同一尺寸方向上，粗基准通常只允许使用一次，这是因为粗基准一般都很粗糙，重复使用同一粗基准所加工的两组表面之间位置误差会相当大，因此，粗基准一般不得重复使用。

（2）精基准的选择 应重点考虑如何减少误差，提高定位精度。

1）基准重合原则。利用设计基准作为定位基准，称为基准重合原则。

2）基准统一原则。在大多数工序中都使用同一基准，称为基准统一原则。这样容易保证各加工表面的相互位置精度，避免基准变换所产生的误差。

例如，加工轴类零件时，一般都采用两个顶尖孔作为统一精基准来加工轴类零件上的所有外圆表面和端面，这样可以保证各外圆表面间的同轴度和端面对轴线的垂直度。

在实际生产中，经常使用的统一基准形式有以下几种。

① 轴类零件常使用两顶尖孔作为统一基准。

② 箱体类零件常用一面两孔（一个较大的平面和两个距离较远的销孔）作为统一基准。

③ 盘套类零件常使用止口面（一端面和一短圆孔）作为统一基准。

④ 套类零件用一长孔和一止推面作为统一基准。

统一基准原则的优点如下。

① 有利于保证各加工表面之间的位置精度。

② 可以简化夹具设计，减少工件搬动和翻转次数。

注意： 采用统一基准原则常常会带来基准不重合问题。此时，需针对具体问题进行具体分析，根据实际情况选择精基准。

3）互为基准原则。互为基准原则即加工表面和定位表面互相转换的原则。一般适用于精加工和光磨加工中。

例如，车床主轴前后支承轴颈与主轴锥孔间有严格的同轴度要求，常先以主轴锥孔为基准磨削主轴前、后支承轴颈表面，然后再以前、后支承轴颈表面为基准磨削主轴锥孔，最后达到图样规定的同轴度要求。

4）自为基准原则。以加工表面自身作为定位基准的原则，如浮动镗孔、拉孔，只能提高加工表面的尺寸精度，不能提高表面间的位置精度。

还有一些表面的精加工工序，要求加工余量小而均匀，常以加工表面自身为基准。图 1-3-6 所示为在导轨磨床上磨床身导轨表面，工件（床身）1 通过楔铁 2 支承在机床工作

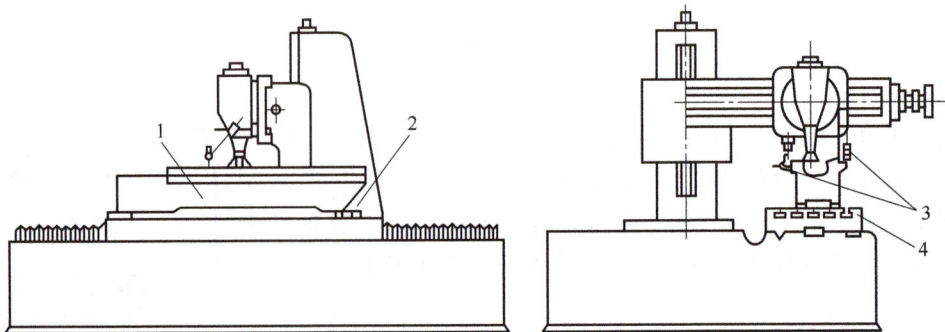

图 1-3-6 自为基准原则实例——在导轨磨床上磨削加工床身导轨面

1—工件（床身） 2—楔铁 3—百分表 4—机床工作台

台 4 上，纵向移动工作台时，轻压在被加工导轨面上的百分表 3 指针便给出了被加工导轨面相对于机床导轨的平行度误差读数，根据此读数操作工人调整工件底部的 4 个楔铁，直至工作台带动工件纵向移动时百分表指针基本不动为止，然后将工件夹紧在工作台上进行磨削。

5）便于装夹原则。所选择的精基准，应能保证工件定位准确、可靠，并尽可能使夹具结构简单、操作方便。

（二）拟定工艺路线

拟定工艺路线是工艺规程制订的主要工作阶段，这一阶段要确定整个工艺过程路线（工序顺序）。完成这一工作要考虑很多方面的影响因素，这在相当程度上依靠工艺编制人员的工作经验。因此，同一种零件，在同样生产条件下，不同的工艺员设计出的工艺路线可能有较大的不同，如果定位基准选择方案不同，工艺路线差别会更大。该过程如图 1-3-7 所示。

微课 8：工艺路线的拟定

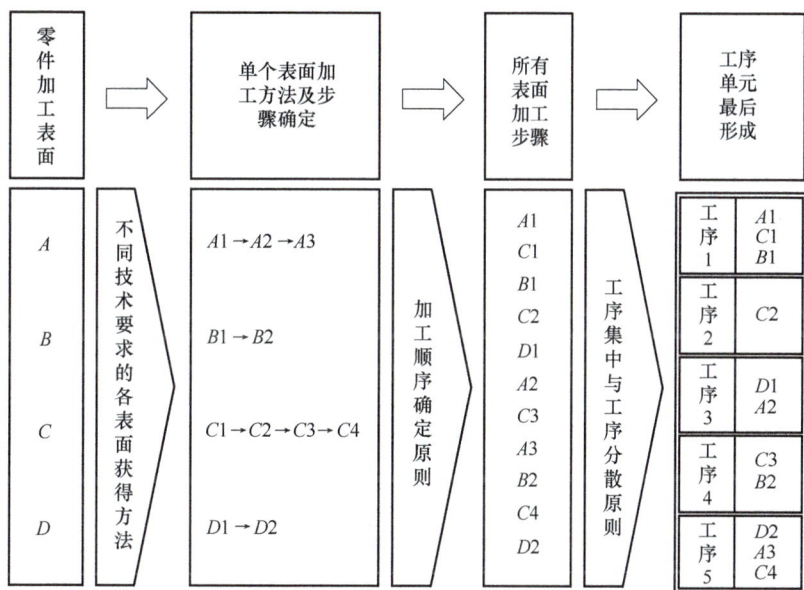

图 1-3-7　工艺路线确定流程图

1）在分析零件技术要求的基础上，根据定位基准选择的原则，确定零件上每一加工表面（如零件有组成表面 A、B、C、D 等）的加工方法和获得步骤。例如，表面 A 依次经 $A1$、$A2$、$A3$ 三次加工得到；表面 B 经 $B1$、$B2$ 两次加工得到等。

2）将所有需要的加工步骤，按一定原则确定其进行的先后顺序并排列起来，从而形成一个有序的工步排列，如图 1-3-7 中的 $A1$、$C1$、$B1$、$C2$、$D1$ 等。

3）对该工步序列中的若干工步进行组合，形成以工序为单位的序列，此过程为工序内容确定。如图 1-3-7 所示，将 $A1$、$C1$、$B1$ 组合为一个工序，$C3$、$B2$ 组合为一个工序等，最后形成工序 1、工序 2、工序 3 等序列。这个序列就是经初步设计形成的零件机械加工工艺路线。

1. 单个表面加工方法确定

选择表面的加工方法，就是确定零件上各个待加工表面的加工方案。零件表面有外圆、孔、平面和成形面等类型，不同的表面对应的加工方法往往不同，而同一种表面也可能有多种加工方法。在选择时，要考虑零件加工要求、结构大小、生产纲领等情况，并结合各种加工方法的经济精度进行选择。

（1）经济加工精度和表面粗糙度 不同的加工方法如车、磨、刨、铣、钻、镗等，其选用的条件各不相同，所能达到的精度和表面粗糙度也大不一样。即使是同一种加工方法，在不同的加工条件下所得到的加工精度和表面粗糙度也大不一样，这是因为在加工过程中，将有各种因素对加工精度和表面粗糙度产生影响，如工人的技术水平、切削用量、刀具的刃磨质量、机床的调整质量等。

某种加工方法的经济加工精度是指在正常的工作条件下（包括完好的机床设备、必要的工艺装备、标准的工人技术等级、标准的耗用时间和生产费用）所能达到的加工精度。

表 1-3-2～1-3-6 是常见的加工方法与加工方案能达到的经济加工精度和表面粗糙度值，表 1-3-7～1-3-9 是外圆、孔、平面加工方案的参考值。表中数据摘自有关工艺手册。

表 1-3-2　常用加工方法的大致加工精度

加工方法	公差等级（IT）																	
	01	0	1	2	3	4	5	6	7	8	9	10	11	12	13	14	15	16
研磨	──	──	──	──	──	──	──											
珩						──	──	──	──									
圆磨							──	──	──	──								
平磨							──	──	──	──								
金刚车							──	──	──									
金刚镗							──	──	──									
拉削							──	──	──	──								
铰孔								──	──	──	──							
车									──	──	──	──	──					
镗									──	──	──	──	──					
铣										──	──	──	──					
刨、插												──	──					
钻孔												──	──	──				
滚压、挤压								──	──	──	──							
冲压												──	──	──	──	──		
压铸													──	──	──	──		
粉末冶金成形								──	──	──								
粉末冶金烧结									──	──								
砂型铸造、气割																		──
锻造																	──	──

表 1-3-3 常用加工方法所能达到的表面粗糙度

加工方法	$Ra/\mu m$	加工方法	$Ra/\mu m$
车外圆:粗车	>10~80	刨削:粗刨	>5~20
半精车	>2.5~10	精刨	>1.25~10
精车	>1.25~10	细刨(光整加工)	>0.16~1.25
细车	>0.16~1.25	槽的表面	>2.5~10
车端面:粗车	>5~20	插削	>2.5~20
半精车	>2.5~10	拉削:精拉	>0.32~2.5
精车	>1.25~10	细拉	>0.08~0.32
细车	>0.32~1.25	推削:精推	>0.16~1.25
		细推	>0.02~0.63
车槽和切断:		螺纹加工:	
一次行程	>10~20	用板牙、丝锥、自动张开板牙头	>0.63~5
二次行程	>2.5~10	车工或梳刀车、铣	>0.63~10
镗孔:粗镗	>1.25~5.0	磨螺纹	>0.16~1.25
半精镗	>0.32~0.63	研磨	>0.04~1.25
精镗	>0.04~0.16	搓丝模搓螺纹	>0.63~2.5
细镗(金刚镗床镗孔)	>0.02~0.08	滚丝模滚螺纹	>0.16~2.5
钻孔	>1.25~20		
铰孔:一次铰孔		齿轮及花键加工:粗滚	>1.25~5
钢	>2.5~10	精滚	>0.63~2.5
黄铜	>1.25~10	精插	>0.63~2.5
二次铰孔(精铰)		精刨	>0.63~5
铸铁	>0.63~5	拉	>1.25~5
钢、轻合金	>0.63~2.5	剃齿	>0.16~1.25
黄铜、青铜	>0.32~1.25	磨齿	>0.08~1.25
细铰		研齿	>0.16~0.63
钢	>0.16~1.25		
轻合金	>0.32~1.25	外圆及内圆磨削:半精磨(一次加工)	>0.63~10
黄铜、青铜	>0.08~0.32	精磨	>0.16~1.25
扩孔:粗扩(有毛面)	>5~20	细磨	>0.08~1.25
精扩	>1.25~10	镜面磨削	>0.01~0.08
锪孔、倒角	>1.25~5	平面磨削:精磨	>0.16~5
		细磨	>0.04~0.32
铣削:圆柱铣刀		珩磨:粗珩(一次加工)	>0.16~1.25
粗铣	>2.5~20	精珩	>0.02~0.32
精铣	>0.63~5	超精加工:精	>0.08~1.25
细铣	>0.32~1.25	细	>0.04~0.16
面铣刀		镜面(两次加工)	>0.01~0.04
粗铣	>2.5~20	抛光:精抛光	>0.08~1.25
精铣	>0.32~5	细(镜面)抛光	>0.02~0.16
细铣	>0.16~1.25	砂带抛光	>0.08~0.32
高速铣削		电抛光	>0.01~2.5
粗铣	>0.63~2.5		
精铣	>0.16~0.63		

47

表 1-3-4　外圆表面的加工方案

序号	加工方案	经济公差等级	表面粗糙度 $Ra/\mu m$	适用范围
1	粗车	IT11 以下	25～12.5	适用于淬火钢以外的各种金属
2	粗车——半精车	IT8～IT10	12.5～3.2	
3	粗车——半精车——精车	IT7～IT8	3.2～0.8	
4	粗车——半精车——精车——滚压(或抛光)	IT7～IT8	0.2～0.025	
5	粗车——半精车——磨削	IT7～IT8	0.8～0.4	主要用于淬火钢,也可用于未淬火钢,但不宜加工有色金属
6	粗车——半精车——粗磨——精磨	IT6～IT7	0.4～0.1	
7	粗车——半精车——粗磨——精磨——超精加工(或轮式超精磨)	IT5	0.012～0.1 (或 $Rz0.1$)	
8	粗车——半精车——精车——金刚车	IT6～IT7	0.4～0.025	主要用于要求较高的有色金属
9	粗车——半精车——粗磨——精磨——超精磨或镜面磨	IT5 以上	0.025～0.05	极高精度的外圆加工
10	粗车——半精车——粗磨——精磨——研磨	IT5 以上	0.012～0.05	

表 1-3-5　平面加工方案

序号	加工方案	经济公差等级	表面粗糙度 $Ra/\mu m$	适用范围
1	粗车——半精车	IT9	12.5～3.2	端面
2	粗车——半精车——精车	IT7～IT8	3.2～0.8	
3	粗车——半精车——磨削	IT8～IT9	1.6～0.8	
4	粗刨(或粗铣)——精刨(或精铣)	IT8～IT9	6.3～1.6	一般不淬硬平面(端铣表面粗糙度值较小)
5	粗刨(或粗铣)——精刨(或精铣)——刮研	IT6～IT7	0.8～0.1	精度要求较高的不淬硬平面;批量较大时宜采用宽刃精刨方案
6	以宽刃刨削代替上述方案中的刮研	IT7	0.8～0.2	
7	粗刨(或粗铣)——精刨(或精铣)——磨削	IT7	0.8～0.2	精度要求高的淬硬平面或不淬硬平面
8	粗刨(或粗铣)——精刨(或精铣)——粗磨——精磨	IT6～IT7	0.4～0.02	
9	粗铣——拉	IT7～IT9	0.8～0.2	大量生产较小的平面(精度视拉刀精度而定)
10	粗铣——精铣——磨削——研磨	IT6 以上	0.1～0.05	高精度平面

表 1-3-6　孔加工方案

序号	加工方案	经济公差等级	表面粗糙度 $Ra/\mu m$	适用范围
1	钻	IT11～IT12	12.5	加工未淬火钢及铸铁的实心毛坯,也可用于加工有色金属(但表面粗糙度值稍大,孔径小于 15mm)
2	钻——铰	IT9	3.2～1.6	
3	钻——铰——精铰	IT7～IT8	1.6～0.8	

（续）

序号	加工方案	经济公差等级	表面粗糙度 $Ra/\mu m$	适用范围
4	钻——扩	IT10~IT11	12.5~6.3	同上，但孔径大于15mm
5	钻——扩——铰	IT8~IT9	3.2~1.6	
6	钻——扩——粗铰——精铰	IT7	1.6~0.8	
7	钻——扩——机铰——手铰	IT6~IT7	0.4~0.1	
8	钻——扩——拉	IT7~IT9	1.6~0.1	大批大量生产（精度由拉刀的精度而定）
9	粗镗（或扩孔）	IT11~IT12	12.5~6.3	除淬火钢外各种材料，毛坯有铸出孔或锻出孔
10	粗镗（粗扩）——半精镗（精扩）	IT8~IT9	3.2~1.6	
11	粗镗（扩）——半精镗（精扩）——精镗（铰）	IT7~IT8	1.6~0.8	
12	粗镗（扩）——半精镗（精扩）——精镗——浮动镗刀精镗	IT6~IT7	0.8~0.4	
13	粗镗（扩）——半精镗——磨孔	IT7~IT8	0.8~0.2	主要用于淬火钢也可用于未淬火钢，但不宜用于有色金属
14	粗镗（扩）——半精镗——粗磨——精磨	IT6~IT7	0.2~0.1	
15	粗镗——半精镗——精镗——金刚镗	IT6~IT7	0.4~0.05	主要用于精度要求高的有色金属加工
16	钻——（扩）——粗铰——精铰——珩磨；钻——（扩）——拉——珩磨；粗镗——半精镗——精镗——珩磨	IT6~IT7	0.2~0.025	精度要求很高的孔
17	以研磨代替上述方案中的珩磨	IT6级以上		

表 1-3-7　外圆表面的加工精度　　　　　（单位：μm）

直径公称尺寸/mm	车					磨			研磨	用钢球或滚柱工具滚压		
	粗车	半精车或一次加工	精车			一次加工	粗磨	精磨				
	加工的公差等级											
	IT12~IT13	IT12~IT13	IT11	IT10	IT8	IT7	IT8	IT7	IT6	IT5	IT10	IT8	IT7	IT6
1~3	100~140	120	60	40	14	10	14	10	6	4	40	14	10	6
>3~6	120~180	160	75	48	18	12	18	12	8	5	48	18	12	8
>6~10	150~220	200	90	58	22	15	22	15	9	6	58	22	15	9
>10~18	180~270	240	110	70	27	18	27	18	11	8	70	27	18	11
>18~30	210~330	280	130	84	33	21	33	21	13	9	84	33	21	13
>30~50	250~390	340	160	100	39	25	39	25	16	11	100	39	25	16
>50~80	300~460	400	190	120	46	30	46	30	19	13	120	46	30	19
>80~120	350~540	460	220	140	54	35	54	35	22	15	140	54	35	22
>120~180	400~630	530	250	160	63	40	63	40	25	18	160	63	40	25

（续）

直径公称尺寸/mm	车					磨				研磨	用钢球或滚柱工具滚压			
	粗车	半精车或一次加工	精车			一次加工	粗磨	精磨						
	加工的公差等级													
	IT12~IT13	IT12~IT13	IT11	IT10	IT8	IT7	IT8	IT7	IT6	IT5	IT10	IT8	IT7	IT6
>180~250	460~720	600	290	185	72	46	72	46	29	20	185	72	46	29
>250~315	520~810	680	320	210	81	52	81	52	32	23	210	81	52	32
>315~400	570~890	760	360	230	89	57	89	57	39	25	230	89	57	36
>400~500	630~970	850	400	250	97	63	97	63	40	27	250	97	63	40

（2）加工方法和加工方案的选择

1）根据加工表面的技术要求，确定加工方法和加工方案。这种方案必须在保证零件达到图样要求方面是稳定而可靠的，并在生产率和加工成本方面是经济合理的。

2）考虑被加工材料的性质。例如，淬火钢用磨削的方法加工；而有色金属磨削困难，一般采用金刚镗或高速精密车削的方法进行精加工。

3）考虑生产纲领，即考虑生产效率和经济性问题。例如，大批大量生产应选用高效率的加工方法，采用专用设备；平面和孔可用拉削加工；轴类零件可采用半自动液压仿形车床加工；盘类或套类零件可用单能车床加工等。

4）考虑本企业的现有设备和生产条件，即充分利用本企业现有设备和工艺装备。

在选择加工方法时，首先根据零件主要表面的技术要求和企业具体条件，选定其最终工序方法，然后再逐一选定该表面各有关前导工序的加工方法。

例如，加工一个公差等级为 IT6、表面粗糙度 Ra 值为 $0.2\mu m$ 的钢质外圆表面，其最终工序选用精磨，则其前导工序可分别选为粗车、半精车和粗磨。主要表面的加工方案和加工工序选定之后，再选定次要表面的加工方案和加工工序。

> 小结：具有一定技术要求的加工表面，一般都不是只通过一次加工就能达到图样要求的，对于精密零件的主要表面，往往要进行多次加工才能逐步达到。

2. 加工阶段的划分

（1）根据零件的技术要求划分加工阶段

1）粗加工阶段。此阶段主要是尽量切除大部分余量，主要考虑生产率。

2）半精加工阶段。此阶段主要是为主要表面的精加工做准备，并完成次要表面的终加工（钻孔、攻螺纹、铣键槽等）。

3）精加工阶段。此阶段主要是保证各主要表面达到图样要求，主要任务是保证加工质量。

4）光整加工阶段。在此阶段主要是为了获得高质量的主要表面和尺寸精度。

（2）将零件加工过程划分为加工阶段的主要目的

1）保证零件加工质量（因为工件有内应力变形、热变形和受力变形，精度、表面质量只能逐步提高）。

2）有利于及早发现毛坯缺陷并及时进行处理。

表1-3-8　平面的加工精度

（单位：μm）

加工的公差等级

高或尺寸的公称尺寸/mm	刨削，用圆柱刀及面铣刀铣削									拉削					磨削					研磨	用钢球或滚柱工具滚压		
	粗			半精或一次加工			精	细		粗拉		精拉			一次加工		粗磨	精磨	细磨	研磨			
	IT14	IT12~IT13	IT11	IT12~IT13	IT11	IT10	IT8~IT9	IT7	IT6	IT11	IT10	IT8~IT9	IT7	IT6	IT8~IT9	IT7	IT8~IT9	IT7	IT6	IT5	IT10	IT8~IT9	IT7
10~18	430	220	110	220	110	70	35	18	11					11	35	18	35	18	11	8	70	35	18
>18~30	520	270	130	270	130	84	45	21	13	130	84	45	21	13	45	21	45	21	13	9	84	45	21
>30~50	620	320	160	320	160	100	50	25	16	160	100	50	25	16	50	25	50	25	16	11	100	50	25
>50~80	710	380	190	330	190	120	60	30	19	190	120	60	30	19	60	30	60	30	19	13	120	60	30
>80~120	870	440	220	440	220	140	70	35	22	220	140	70	35	22	70	35	70	35	22	15	140	70	35
>120~180	1000	510	250	510	250	160	80	40	25	250	160	80	40	25	80	40	80	40	25	18	160	80	40
>180~250	1150	590	290	590	290	185	90	46	29	290	185	90	46	29	90	46	90	46	29	20	185	90	46
>250~315	1300	660	320	660	320	210	100	52	32						100	52	100	52	36	23	210	100	52
>315~400	1400	730	360	730	360	230	120	57	36						120	57	120	57	40	25	230	120	57

表 1-3-9　孔的加工精度

（单位：μm）

孔径公称尺寸/mm	钻孔		扩孔				铰孔						拉孔					镗孔							磨孔			研磨		用钢球或挤压杆校正，用钢球或滚柱挤孔器挤扩孔			
	无钻模	有钻模	粗扩	铸孔或锻孔的一次扩孔	精扩	精扩	半精铰	半精铰	精铰	精铰	精铰	细铰	粗拉铸孔或锻孔	粗拉铸孔或锻孔	粗拉或锻孔后精拉	粗拉或锻孔后精拉	粗拉或锻孔后精拉	粗镗	半精镗	精镗	精镗	精镗	细镗(金刚镗)	细镗(金刚镗)	粗磨	精磨	精磨	研磨	研磨				
加工的公差等级	IT11~IT13	IT12~IT13	IT12~IT13	IT12~IT13	IT11	IT10	IT11	IT10	IT9	IT8	IT7	IT6	IT11	IT10	IT9	IT8	IT7	IT12~IT13	IT11	IT10	IT9	IT8	IT7	IT6	IT9	IT8	IT7	IT7	IT6	IT10	IT9	IT8	IT7
1~3	60	60							25	14	10	8																					
>3~6	75	75					75	48	30	18	12	9																					
>6~10	90	90					90	58	36	22	15	11																					
>10~18	110		220		110	70	110	70	43	27	18		160	100	43	27	18	220	110	70	43	27	18	11	43	27	18	18	11	70	43	27	18
>18~30	130		270		130	84	130	84	52	33	21		190	120	52	33	21	270	130	84	52	33	21	13	52	33	21	21	13	84	52	33	21
>30~50			320	320	160	100	160	100	62	39	25		220	140	62	39	25	320	160	100	62	39	25	16	62	39	25	25	16	100	62	39	25
>50~80			380	380	190	120	190	120	74	46	30		250	160	74	46	30	380	190	120	74	46	30	19	74	46	30	30	19	120	74	46	30
>80~120			440	440	220	140	220	140	87	54	35				87	54	35	440	220	140	87	54	35	22	87	54	35	35	22	140	87	54	35
>120~180					250	160	250	160	100	63	40				100	63	40	510	250	160	100	63	40	25	100	63	40	40	25	160	100	63	40
>180~250					290	185	290	185	115	72	46							590	290	185	115	72	46		115	72	46	46	29	185	115	72	46
>250~315					320	210	320	210	130	81	52							660	320	210	130	81	52		130	81	52	52	32	210	130	81	52
>315~400																		730	360	230	140	89	57		140	89	57	57	36	230	140	89	57

注：孔加工精度与工具的制造精度有关；用钢球或挤压杆校正适用于 50mm 以下的孔径。

3）有利于合理利用机床设备。

4）便于穿插热处理工序。穿插热处理工序必须将加工过程划分成几个阶段，否则很难充分发挥热处理的效果。此外，将工件加工划分为几个阶段，还有利于保护精加工过的表面，使其少受磕碰损坏。

3. 工序的划分

在制订工艺过程中，为便于组织生产、安排计划和均衡机床的负荷，常将工艺过程划分为若干个工序。划分工序时有两个不同的原则，即工序的集中原则和工序的分散原则。

（1）工序集中　工序集中是指每道工序加工内容很多，工艺路线短。其主要特点如下。

1）采用高效率专用设备和工艺设备，提高生产率，减少机床数量和生产面积。

2）减少了工序的装夹次数。工件在一次装夹中可加工多个表面，有利于保证这些表面之间的相互位置精度。减少装夹次数，也可减少装夹所造成的误差。

3）减少工序数目，缩短了工艺路线，也简化了生产计划和组织工作。

4）专用设备和工艺装备较复杂，生产准备周期长，更换产品较困难。

（2）工序分散　工序分散是指每道工序的加工内容很少，甚至一道工序只含一个工步，工艺路线很长。其主要特点如下。

1）设备和工艺装备比较简单，调整比较容易。

2）工艺路线长，设备和工人数量多，生产占地面积大。

3）可采用最合理的切削用量，减少基本时间。

4）容易变换产品。

在拟定工艺路线时，工序集中或工序分散的程度，主要取决于生产类型、零件的结构特点及技术要求。生产批量小时，多采用工序集中原则。生产批量大时，可采用工序集中原则，也可用工序分散原则。由于工序集中的优点较多，且由于数控机床、柔性制造单元和柔性制造系统等的发展，现在生产多趋于工序集中。表1-3-10为工序集中与工序分散的比较。

表1-3-10　工序集中原则与工序分散原则比较

	说明	应用
工序集中原则	按工序集中原则组织工艺过程，就是使每个工序所包括的加工内容尽量多些，将许多工序组成一个集中工序 最大限度的工序集中，就是在一个工序内完成工件所有表面的加工	采用数控机床、加工中心按工序集中原则组织工艺过程，生产适应性好，转产相对容易，虽然设备的一次性投资较高，但由于有足够的柔性，仍然受到越来越多的重视
工序分散原则	按工序分散原则组织工艺过程，就是使每个工序所包括的加工内容尽量少些 最大限度的工序分散就是每个工序只包括一个简单工步	传统的流水线、自动线生产基本是按工序分散原则组织工艺过程的，这种组织方式可以实现高生产率生产，但对产品改型的适应性较差，转产比较困难

4. 工序的安排

（1）机械加工工序的安排原则　机械加工工序安排原则见表1-3-11。

表 1-3-11　机械加工工序安排原则

工序安排	说　　明
①先基准面后其他表面	先把基准面加工出来，再以基准面定位来加工其他表面，以保证加工质量
②先粗加工后精加工	即粗加工在前，精加工在后，粗加工、精加工分开
③先主要表面后次要表面	主要表面是指装配表面、工作表面，次要表面是指键槽、连接用的光孔等
④先加工平面后加工孔	平面轮廓尺寸较大，定位安装稳定，通常均以平面定位来加工孔

（2）热处理工序及表面处理工序的安排　根据热处理的目的，安排热处理在加工过程中的位置，各种热处理的安排见表 1-3-12。

表 1-3-12　各种热处理的安排

热处理工艺	作用与应用
退火：将钢加热到一定的温度，保温一段时间，随后在炉中缓慢冷却的一种热处理工艺	作用：消除内应力，提高强度和韧性，降低硬度，改善切削加工性 应用：高碳钢采用退火，以降低硬度；安排在粗加工前，毛坯制造出来以后
正火：将钢加热到一定温度，保温一段时间后从炉中取出，在空气中冷却的一种热处理工艺。 注：加热温度与钢的含碳量有关，一般低于固相线 200℃左右	作用：提高钢的强度和硬度，使工件具有合适的硬度，改善切削加工性 应用：低碳钢采用正火，以提高硬度，安排在粗加工前，毛坯制造出来以后
回火：将淬火后的钢加热到一定温度，保温一段时间，然后置于空气或水中冷却的一种热处理工艺	作用：稳定组织、消除内应力、降低脆性
调质处理（淬火后再高温回火）	作用：获得细致均匀的组织，提高零件的综合力学性能 应用：安排在粗加工后，半精加工前，常用于中碳钢和合金钢
时效处理	作用：消除毛坯制造和机械加工中产生的内应力 应用：一般安排在毛坯制造出来和粗加工后，常用于大而复杂的铸件
淬火：将钢加热到一定的温度，保温一段时间，然后在冷却介质中迅速冷却，以获得高硬度组织的一种热处理工艺	作用：提高零件的硬度 应用：一般安排在磨削前
渗碳处理：提高工件表面的硬度和耐磨性，可安排在半精加工之前或之后进行	
为提高工件表面耐磨性、耐蚀性安排的热处理工序以及以装饰为目的而安排的热处理工序，如镀铬、镀锌、发蓝处理等，一般都安排在工艺过程最后阶段进行	

（3）检验工序的安排　为保证零件制造质量，防止产生废品，需在下列场合安排检验工序。

1）粗加工全部结束之后。

2）送往外车间加工的前后。

3）工时较长和重要工序的前后。

4）最终加工之后。

除安排几何尺寸检验工序外，有的零件还要安排无损检测、密封、称重、平衡等检验工序。

（4）其他工序的安排

1）零件表层或内腔的毛刺对机器装配质量影响甚大，切削加工后应安排去毛刺工序。

2）零件在进入装配之前，一般都应安排清洗工序。工件内孔、箱体内腔易存留切屑，研磨、珩磨等光整加工工序之后，微小磨粒易附着在工件表面上，要注意清洗。

3）在用磁力夹紧工件工序后，要安排去磁工序，防止带有剩磁的工件进入装配线。

三、拓展性知识

装配工艺过程与规程。

1. 装配工艺过程

产品的装配工艺包括以下4个过程。

（1）准备工作　准备工作应当在正式装配之前完成。准备工作包括资料的阅读和装配工具与设备的准备等。充分的准备可以避免装配时出错，缩短装配时间，有利于提高装配的质量和效率。

准备工作包括下列几个步骤。

1）熟悉产品装配图、工艺文件和技术要求，了解产品的结构、零件的作用以及相互连接关系。

2）检查装配用的资料与零件是否齐全。

3）确定正确的装配方法和顺序。

4）准备装配所需要的工具与设备。

5）整理装配的工作场地，对装配的零件、工具进行清洗，去掉零件上的毛刺、铁锈、切屑、油污，归类并放置好装配用零部件，调整好装配平台基准。

6）采取安全措施。

各项准备工作的具体内容与装配任务有关。

（2）装配工作　在装配准备工作完成之后，才能开始进行正式装配。结构复杂的产品，其装配工作一般分为部件装配和总装配。

1）部件装配是指产品在进入总装配以前的装配工作。凡是将两个以上的零件组合在一起或将零件与几个组件结合在一起，成为一个装配单元的工作，均称为部件装配。

2）总装配是指将零件和部件组装成一台完整产品的过程。

在装配工作中需要注意的是，一定要先检查零件的尺寸是否符合图样的尺寸精度要求，只有合格的零件才能运用连接、校准、防松等技术进行装配。

（3）调整、精度检验和试车

1）调整工作是指调节零件或机构的相互位置、配合间隙、结合程度等，目的是使机构或机器工作协调，如轴承间隙、镶条位置、蜗轮轴向位置的调整。

2）精度检验包括几何精度和工作精度检验等，以保证满足设计要求或产品说明书的要求。

3）试车是试验机构或机器运转的灵活性、振动、工作温升、噪声、转速、功率等性能是否符合要求。

（4）喷漆、涂油、装箱　机器装配好之后，为了使其美观、防锈和便于运输，还要做好喷漆、涂油、装箱工作。

2. 装配工艺规程

装配工艺规程是规定产品或零部件装配工艺过程和操作方法等的工艺文件。执行工艺规程能使生产有条理地进行，能合理使用劳动力和工艺设备，降低成本，提高劳动生产率。

（1）装配单元 为了便于组织装配流水线，使装配工作有秩序地进行，装配时，将产品分解成独立装配的组件或分组件。编制装配工艺规程时，为了便于分析研究，要将产品划分为若干个装配单元。装配单元是装配中可以进行独立装配的部件，任何一个产品都能分解成若干个装配单元。

（2）装配基准件 最先进入装配的零件称为装配基准件。它可以是一个零件，也可以是最低一级的装配单元。

（3）装配单元系统图 表示产品装配单元的划分及其装配顺序的图称为装配单元系统图。图 1-3-8 所示为锥齿轮轴组件的装配图，它的装配顺序可按图 1-3-9 所示顺序依次进行，而图 1-3-10 则为其装配单元系统图。

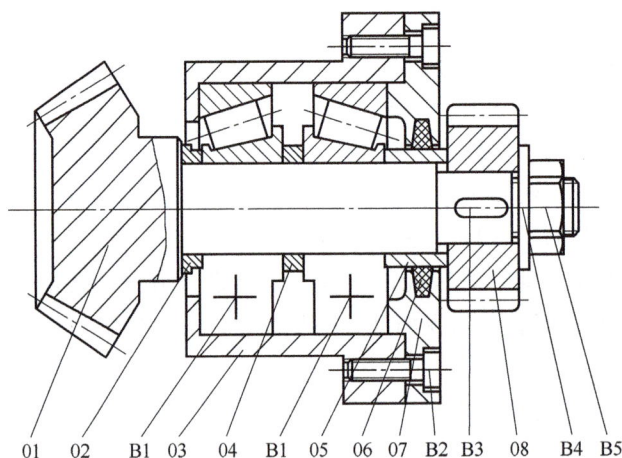

图 1-3-8 锥齿轮轴组件装配图

01—锥齿轮轴 02—衬垫 03—轴承套 04—隔圈 05—套筒 06—毛毡圈 07—轴承盖 08—圆柱齿轮
B1—轴承 B2—螺钉 B3—键 B4—垫圈 B5—螺母

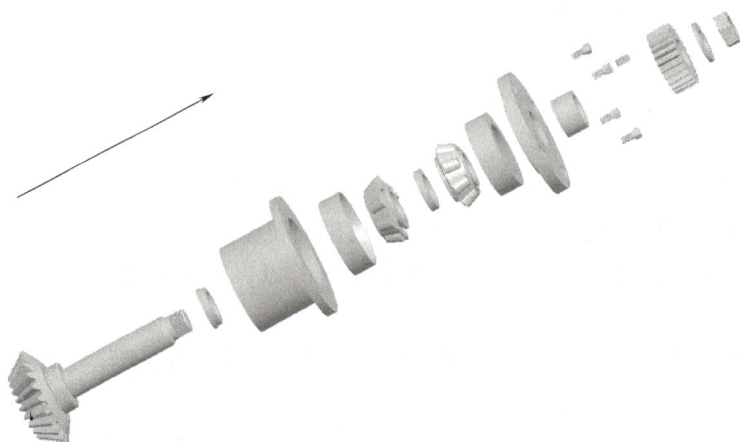

图 1-3-9 锥齿轮轴组件装配顺序

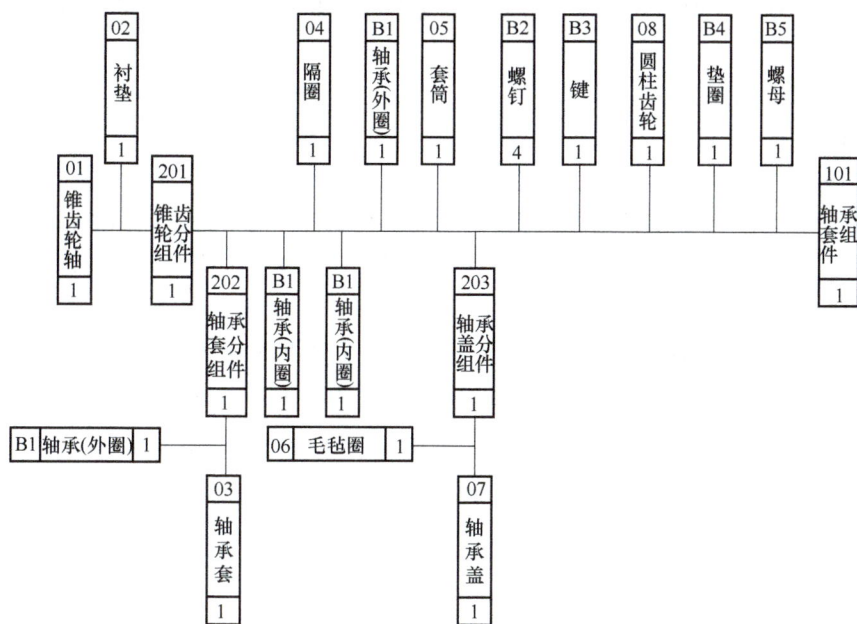

图 1-3-10 锥齿轮轴组件装配单元系统图

绘制装配单元系统图时，先画一条横线，在横线左端画出代表基准件的长方格，在横线右端画出代表产品的长方格。然后按装配顺序从左向右，将代表直接装到产品上的零件或组件的长方格从水平线引出，零件画在横线上面，组件画在横线下面。用同样方法可把每一组件及分组件的系统图展开画出。长方格内要注明零件或组件名称、编号和件数。

3．装配工艺规程的制订

（1）制订装配工艺应具备的原始条件

1）产品的全套装配图样。

2）零件明细表。

3）装配技术要求、验收技术标准和产品说明书。

4）现有的生产条件及资料（包括工艺装备、车间面积、操作工人的技术水平等）。

（2）制订装配工艺规程的基本原则

1）保证并力求提高产品质量，而且要有一定的精度储备，以延长机器使用寿命。

2）合理安排装配工艺，尽量减少钳工装配工作量（钻、刮、锉、研等）以提高装配效率，缩短装配周期。

3）所占车间生产面积尽可能小，以提高单位装配面积的生产率。

（3）制订装配工艺规程的步骤

1）研究产品的装配图及验收技术标准。

2）确定产品或部件的装配方法。

3）分解产品为装配单元，规定合理的装配顺序。

4）确定装配工序内容、装配规范及工夹具。

5）编制装配工艺系统图（装配工艺系统图就是在装配单元系统图上加注必要的工艺说

明，如焊接、配钻、攻螺纹、铰孔及检验等，能较全面地反映装配单元的划分、装配顺序及方法）。

6）确定工序的时间定额。

7）编制装配工艺过程卡片。

4. 锥齿轮轴组件的装配工艺规程举例

本书为学员设计了一个供装配训练用的装配工艺规程标准格式，该标准格式中装配工艺描述清楚、易于操作，适于在装配操作训练中使用。该标准格式描述了装配训练的目标，以及训练所使用的工具、量具，并给所选训练方法留有备注的地方。"操作步骤"栏用于表达装配操作的工序步骤，"标准操作"栏用于描述每一个装配工序所包含的工步，"解释"栏用于对每一个标准操作进行详尽说明。现将装配工艺规程训练项目——锥齿轮轴组件的装配工艺规程以表格形式列于表 1-3-13，供参考。

表 1-3-13　锥齿轮轴组件装配工艺规程

装配目标:通过本实践操作后,应能够
1. 学会编制产品的装配工艺规程
2. 学会圆锥滚子轴承的装配方法

工具与量具:
　　压力机、塞尺
　　塑料锤、开口扳手
　　内六角扳手

备注:

操作步骤	标准操作	解释
工作准备	熟悉任务	图样和零件清单
		装配任务
	初检	检查文件和零件的完备情况
	选择工具、量具	见工具、量具列表
	整理工作场地	选择工作场地
		备齐工具和材料
	清洗	用清洁布清洗零件
装配衬垫（02）	定位	将衬垫套装在锥齿轮轴上
装配毛毡圈（06）	定位	将已剪好的毛毡圈塞入轴承盖槽内
装配轴承外圈（B1）	润滑	在配合面上涂上润滑油
	压入	以轴承套为基准,将轴承外圈压入孔内至底面
装配轴承套（03）	定位	以锥齿轮轴组件为基准,将轴承套分组件套装在轴上
装配轴承内圈（B1）	润滑	在配合面上涂上润滑油
	压入	将轴承内圈压装在轴上,并紧贴衬垫
装配隔圈（04）	定位	将隔圈装在轴上
装配轴承内圈（B1）	润滑	在配合面上涂上润滑油
	压入	将轴承内圈压装在轴上,直至与隔圈接触
装配轴承外圈（B1）	润滑	在轴承外圈涂上润滑油
	压入	将轴承外圈压至轴承套内
装配套筒（05）	定位	将套筒套装在轴上,并与轴承内圈接触
装配轴承盖（07）	定位	将轴承盖放置在轴承套上

（续）

操作步骤	标准操作	解释
	紧固	用手拧紧4个螺钉（B2）
	调整	调整端面的宽度，使轴承间隙符合要求
	固定	用内六角扳手拧紧4个螺钉
装配圆柱齿轮（08）	压入	将键（B3）压入锥齿轮轴键槽内
	压入	将圆柱齿轮压至与套筒接触
	检查	用塞尺检查齿轮与套筒的接触情况
	定位	套装垫圈（B4）
	紧固	用手拧紧螺母（B5）
	固定	用扳手拧紧螺母（B5）
检查	最后检查	检查锥齿轮转动的灵活性及轴向窜动

1.3.4 任务实施

学生工作页

项目名称	项目1　编制轴类零件机械加工工艺		
任务名称	任务3　拟定传动轴零件工艺路线	日　期	
班　级		姓　名		学　号	

任务分析与实施	学习方法
1）分析该传动轴零件的精基准和粗基准各为什么，并说明原因。 2）分析该传动轴零件磨削外圆与铣键槽两道工序的先后顺序是什么，并说明原因。 3）为保证零件图上的几何公差，在加工时应采取怎样的工艺措施？ 4）拟定该传动轴零件的工艺路线。	独立思考 小组讨论

练 习 题

一、判断题

1. 定位基准的选择是否合理，对保证工件加工后的尺寸精度、几何精度，对加工顺序的安排、生产率的提高和生产成本的降低均起着决定性的作用，它是制订工艺过程的主要任务之一。（　　）

2. 以加工过的外表作为定位基准的基准称为精基准。（　　）

3. 无论是粗基准还是精基准的选择，都必须是首先使工件定位稳定、平安可靠，然后再考虑夹具设计容易、结构简单、成本低廉等技术经济原则。（　　）

4. 以粗加工过的表面作为定位基准的基准称为粗基准。（　　）

5. 在加工中，首先使用的是粗基准，但在选择定位基准时，为了保证零件的加工精度，首先考虑的是选择精基准。（　　）

二、排序题

有一批轴，材料为45钢，其加工内容有：①粗车；②车端面，钻中心孔；③锻造；④调质；⑤退火；⑥铣键槽；⑦淬火；⑧半精车；⑨去毛刺；⑩粗磨；⑪精磨；⑫检验；⑬研磨中心孔。试按加工顺序排序。

三、分析题

1. 图1-3-11所示导轨零件的孔与底面已加工完毕，在加工导轨上平面A时，应选哪个面作为定位基准比较合理？并提出两种方案加以比较。

2. 图1-3-12所示为壳体零件的毛坯，在铸造时内孔2与外圆1有偏心。如果要求获得与外圆有较高同轴度的内孔，应该如何选择粗基准？若要求内孔2的加工余量均匀，应该如何选择粗基准？

（续）

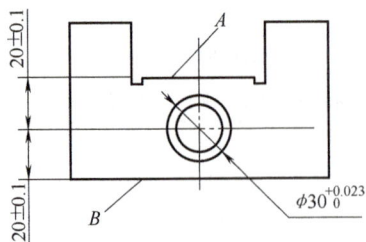

图 1-3-11　导轨零件

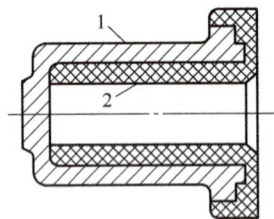

图 1-3-12　壳体零件的毛坯

3. 图 1-3-13 所示为一铸造或锻造的轴套，通常孔的加工余量较大，外圆的加工余量较小，试选择粗基准和精基准。

4. 图 1-3-14 所示为支座零件，共 A、B、C 面和 ϕ10H7、ϕ30H7 孔均已加工。试分析加工 ϕ12H7 孔时，选用哪些表面定位最合理？为什么？

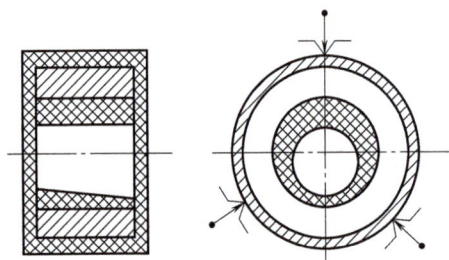

图 1-3-13　轴套

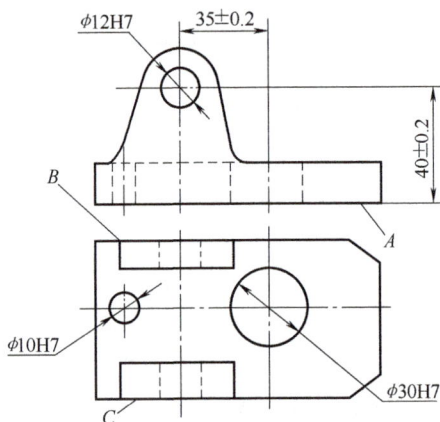

图 1-3-14　支座

任 务 总 结

请各小组对本阶段的内容进行汇总并以 PPT 形式汇报。

1.3.5　任务评价与反思

学生进行自评和互评，评价自己与同组同学是否能完成零件图的识读、零件图的工艺分析、编制工艺文件等，是否按时完成报告内容等成果资料、有无任务遗漏。教师对学生的评价内容包括：报告书写是否工整规范，报告内容数据是否真实合理、阐述是否详细、认识体会是否深刻等。

1）学生进行自我评价，并将结果填入附表 1 中。

2）学生以小组为单位，对以上学习任务中的过程和结果进行互评，将互评结果填入附表 2 中。

3）教师对学生工作过程与工作结果进行评价，并将评价结果填入附表 3 中。

1.3.6　任务拓展

加工如图 1-1-20 所示的轴零件，材料为 45 钢，大批量生产，编制其工艺路线。

任务4　编制传动轴零件工艺文件

1.4.1　任务单

项目名称	编制轴类零件机械加工工艺	任务名称	编制传动轴零件工艺文件	建议学时	4
任务描述					

<table>
<tr><td>项目
名称</td><td>编制轴类零件机械加工工艺</td><td>任务
名称</td><td>编制传动轴零件工艺文件</td><td>建议
学时</td><td>4</td></tr>
<tr><td>任务
描述</td><td colspan="5">某企业需加工图 1-4-1 所示传动轴零件,要求利用现有设备完成传动轴零件的加工任务,生产件数为 5000件。根据要求编制机械加工工艺,填写工艺文件。 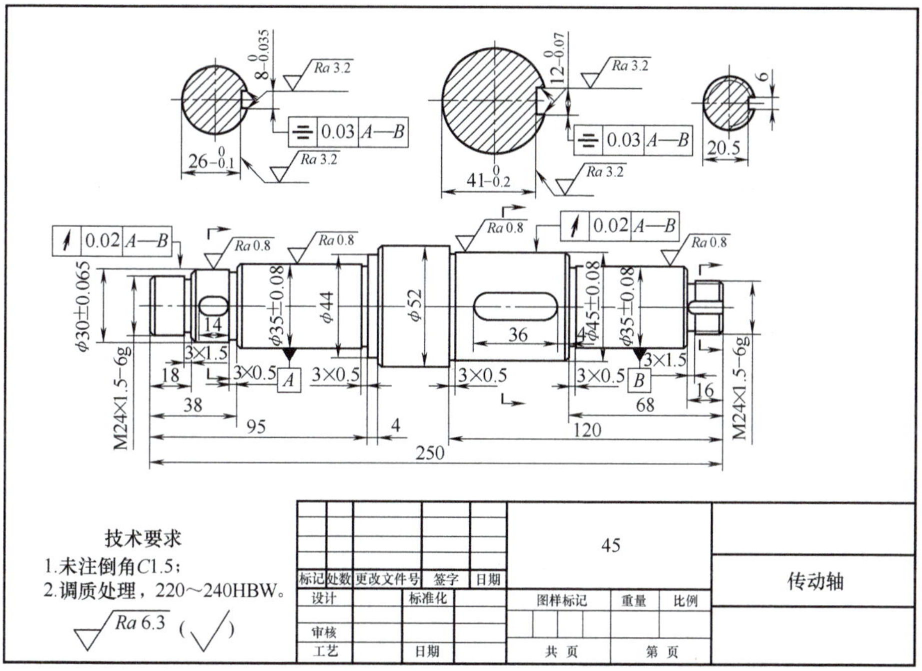

图 1-4-1　传动轴零件图</td></tr>
<tr><td rowspan="2">任务
目标</td><td>素养目标</td><td colspan="2">知识目标</td><td colspan="2">能力目标</td></tr>
<tr><td>1)增强自信自强。
2)锻炼审辨思维。
3)追求精益求精。
4)强化自我管理。
5)深化劳动观念。</td><td colspan="2">1)掌握机械加工工艺规程的格式。
2)熟悉机械加工工艺规程设计的内容和步骤。
3)掌握尺寸链的计算方法。</td><td colspan="2">1)能制订简单有效的工作流程,填写机械加工工艺卡。
2)能分析计算由 4 个以内尺寸组成的工艺尺寸链。
3)能比较工艺方案,选择优化合理的加工工艺过程。</td></tr>
<tr><td>任务
要求</td><td colspan="5">1. 根据要求完成分工并做好工作准备
1)为了高效高质量地完成本任务,采用自愿的方式组建项目团队。
2)小组需要收集相关信息,并将收集的资料进行汇总和整理。拟定一份思维导图,以确定小组需要查找的内容及组员分工。
3)小组需将整理后的资料展示给其他组学员,并思路清晰地进行讲述。
2. 根据所获取的信息进行分析处理
1)分析传动轴的加工工艺。
2)制订简单有效的工艺流程,填写机械加工工艺卡。</td></tr>
</table>

（续）

任务要求							
	3）计算各道工序的工序尺寸。 4）比较工艺方案，选择优化合理的加工工艺过程。 3. 分组要求 4~6人一组，将分组情况与任务分工填入表1-4-1学生任务分配表。						
	表1-4-1 学生任务分配表						
	班级		组号		指导教师		
	组长		学号				
	组员	姓名	学号		任务分工		
考核方式	1）物化成果考核。 2）参与度考核。						
物化成果	1）零件分析方案（含作业计划）。 2）汇报PPT等。						

1.4.2 引导问题

1）简述切削用量的选择原则。

2）如何选择车削用量的次序？

3）粗加工和精加工的切削用量选择有什么区别？

4）什么是尺寸链？其特点和组成是什么？

5）怎样确定尺寸链中的增减环？

1.4.3 任务资讯

一、相关理论知识

（一）机械加工工艺规程

微课9：机械加工工艺规程

机械加工工艺规程是在具体的生产条件下，用最合理或较合理的工艺过程和操作方法，并按规定的形式书写成的工艺文件，经审批后用来指导生产。工艺规程中包括各个工序的排列顺序、加工尺寸、公差及技术要求、工艺设备及工艺措施、切削用量及工时定额等内容。

（1）定义 规定产品或零部件制造工艺过程和操作方法等的工艺文件称为工艺规程。其中，规定零件机械加工工艺过程和操作方法等的工艺文件称为机械加工工艺规程。

（2）工艺规程的作用

1）指导生产的主要技术文件，起生产的指导作用。

2）生产组织和生产管理的依据，即生产计划、调度、工人操作和质量检验等的依据。

3）是新建或扩建工厂、车间的主要技术资料。

总之，零件的机械加工工艺规程是每个机械制造厂或加工车间必不可少的技术文件。生产前用它进行生产的准备，生产中用它进行生产的指挥，生产后用它进行生产的检验。

（3）工艺规程的格式　为适应工业发展的需要，加强科学管理和便于交流，我国机械行业标准 JB/T 9165.2—1998《工艺规程格式》规定了工艺规程的统一格式，其中最常用的机械加工工艺规程是机械加工工艺过程卡和机械加工工序卡。

1）机械加工工艺过程卡。其格式见表 1-4-22。

此卡的特点是：以工序为单位，简要说明产品或零部件的加工过程的一种工艺文件。它是生产管理的主要技术文件。

适用范围：广泛用于成批生产和单件小批生产中比较重要的零件。

2）机械加工工序卡。其格式见表 1-4-23。

此卡的特点是：在工艺过程卡的基础上按每道工序所编的一种工艺文件，一般具有工序简图，并详细说明该工序的每一个工步的加工内容、工艺参数、操作要求以及所用设备和工艺装备等。

适用范围：主要用于大批大量生产中的所有零件，中批生产中的重要零件和单件小批生产中的关键工序。

（4）工艺规程所需要的原始资料

1）产品装配图、零件图。

2）产品验收质量标准。

3）产品的年生产纲领。

4）毛坯材料与毛坯生产条件。

5）制造厂的生产条件（包括机床设备和工艺装备的规格、性能和现在的技术状态，工人的技术水平，工厂自制工艺装备的能力以及工厂供电、供气的能力等有关资料）。

6）工艺规程设计、工艺装备设计所用设计手册和有关标准。

7）国内外先进制造技术资料等。

（5）工艺规程的设计原则

1）必须保证零件图样上所有技术要求的实现，即保证质量，并要提高工作效率。

2）保证经济上的合理性，即要成本低，消耗要小。

3）保证良好的安全工作条件，尽量减轻工人的劳动强度，保障生产安全，创造良好的工作环境。

4）要从本企业实际出发，所制订的工艺规程应立足于本企业实际条件，并具有先进性，尽量采用新工艺、新技术、新材料。

5）所制订的工艺规程随着实践的检验、工艺技术的发展与设备的更新，应能不断地修订完善。

（6）机械加工工艺规程设计的内容和步骤

1）分析零件图和产品装配图。

2）对零件图和装配图进行工艺审查。

3）由零件生产纲领确定零件生产类型。

4）确定毛坯种类。

5）拟定零件加工工艺路线。

6）确定各工序所用机床设备和工艺装备（含刀具、夹具、量具、辅具等）。

7）确定各工序的加工余量，计算工序尺寸及公差。

8）确定各工序的技术要求及检验方法。

9）确定各工序的切削用量和工时定额。

10）编制工艺文件。

（二）加工余量的确定

1. 加工余量概述

（1）加工余量 为了保证零件的质量（精度和表面粗糙度值），在加工过程中，需要从工件表面上切除的金属层厚度，称为加工余量。加工余量又有总余量和工序余量之分。

（2）总余量 某一表面毛坯尺寸与零件设计尺寸之差称为总余量，以 Z_0 表示。

（3）工序余量 该表面加工相邻两工序尺寸之差称为工序余量 Z_i。总余量 Z_0 与工序余量 Z_i 的关系可用下式表示

$$Z_0 = \sum_1^n Z_i \tag{1-4}$$

式中 n——某一表面所经历的工序数。

1）工序余量有单边余量和双边余量之分，如图 1-4-2 所示。

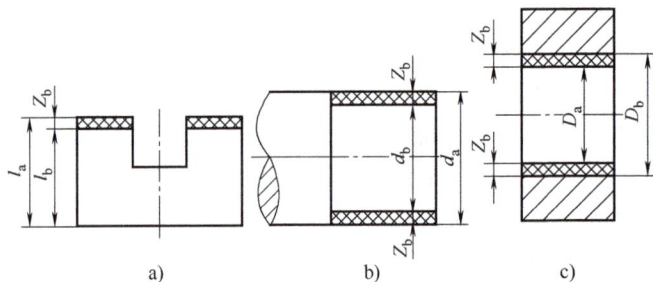

图 1-4-2 单边余量与双边余量

a）单边余量 b）双边余量（外圆） c）双边余量（内圆）

① 单边余量。非对称结构的非对称表面的加工余量，称为单边余量，用 Z_b 表示。

$$Z_b = l_a - l_b \tag{1-5}$$

式中 Z_b——本工序的工序余量；

l_b——本工序的公称尺寸；

l_a——上工序的公称尺寸。

② 双边余量。对称结构的对称表面的加工余量，称为双边余量。

对于外圆与内孔这样的对称表面，其加工余量用双边余量 $2Z_b$ 表示，对于外圆表面有：

$$2Z_b = d_a - d_b$$

对于内圆表面有：

$$2Z_b = D_b - D_a$$

2）由于工序尺寸有偏差，故各工序实际切除的余量值是变化的，因此，工序余量有公称余量（简称余量）、最大余量 Z_{max}、最小余量 Z_{min} 之分。

对于图 1-4-3 所示被包容面加工情况，本工序加工的公称余量：

$$Z_b = l_a - l_b$$

公称余量的变动范围：

$$\delta_Z = Z_{max} - Z_{min} = \delta_b + \delta_a \tag{1-6}$$

式中　δ_b——本工序工序尺寸公差；

　　　δ_a——上工序工序尺寸公差。

工序尺寸公差一般按"入体原则"标注。对被包容尺寸（轴径），上偏差为 0，其最大尺寸就是公称尺寸；对包容尺寸（孔径、键槽），下偏差为 0，其最小尺寸就是公称尺寸。而孔距和毛坯尺寸公差带常取对称公差带标注。

余量过大，材料浪费，成本增大；余量过小，不能纠正加工误差，质量降低。所以，在保证质量的前提下，选余量尽可能小。

图 1-4-3　被包容面加工工序公差余量

2. 影响加工余量的因素

1）上道工序的表面粗糙度 Ra 值。

2）上道工序的表面缺陷层深度值 Ta，见表 1-4-2。

表 1-4-2　各种加工方法 Ta 的数值　　　　　　　　　　（单位：μm）

加工方法	Ta	加工方法	Ta	加工方法	Ta
闭式模锻	500	精扩孔	30~40	精刨	25~40
冷拉	80~100	粗铰	25~30	粗插	50~60
热轧	150	精铰	10~20	精插	35~50
高精度碾压	300	粗镗	30~50	粗铣	40~60
金属型锻造	100	精镗	25~40	精铣	25~40
粗车内外圆	40~60	磨外圆	15~25	拉	10~20
精车内外圆	30~40	磨内孔	20~30	切断	60
粗车端面	40~60	磨端面	15~35	研磨	3~5
精车端面	30~40	磨平面	20~30	超级光磨	0.2~0.3
钻	40~60	粗刨	40~50	抛光	2~5
粗扩孔	40~60	—		—	

注：各种毛坯的表面粗糙度 Ra 值（μm）如下：闭式模锻 50~100，冷拉 12.5~50，热轧 100~150，高精度碾压 50~100，金属型铸造 100~150。

3）上道工序各表面的形状、方向及相互位置误差 ρ_a。这些误差包括轴线的直线度、位移和平行度，轴线与表面的垂直度，阶梯轴内外圆的同轴度，平面的平面度等。

ρ_a 的数值与上道工序的加工方法和零件的结构有关，可用近似计算法或查有关资料确定。当存在两种以上的空间偏差时，可用向量和表示。

4）本道工序的装夹误差 $\Delta_{\varepsilon b}$。装夹误差除包括定位和夹紧误差外，还包括夹具本身的

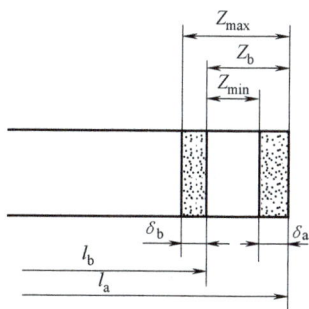

制造误差，其大小为三者的向量和。

5）上道工序的尺寸公差 δ_a。尺寸公差包括几何形状误差如圆度、圆柱度、平面度等，其大小可根据选用的加工方法所能达到的经济精度，查阅工艺手册确定。

上述前四项之和构成最小余量，即

$$Z_{min} = Ra + Ta + \vec{\rho}_a + \vec{\Delta}_{\varepsilon b}$$

注意：ρ_a 和 $\Delta_{\varepsilon b}$ 之和为矢量和。

最小余量加上上道工序的尺寸公差，即为本道工序的加工余量，即

$$Z_b \geqslant \delta_a - Z_{min}$$

3. 加工余量的确定

加工余量的确定方法有经验估计法、查表法和计算法。

（1）经验估算法 靠经验估算确定，从实际使用情况看，余量选择都偏大，一般用于单件小批生产。

（2）查表法 各工厂广泛采用查表法，以生产实践和试验研究的资料制成的表格（表1-4-3～表1-4-13）为依据，应用时再结合加工实际情况进行修正。

（3）计算法（较少使用） 根据实验资料和计算公式，综合确定，比较科学，数据较准确，一般用于大批大量生产。

表 1-4-3　扩孔、镗孔、铰孔的加工余量　（单位：mm）

直径	扩或镗	粗铰	精铰
3～6	—	0.1	0.04
>6～10	0.8～1.0	0.15	0.05
>10～18	1.0～1.5	0.1～0.15	0.05
>18～30	1.5～2.0	0.15～0.2	0.06
>30～50	1.5～2.0	0.2～0.3	0.08
>50～80	1.5～2.0	0.3～0.5	0.10
>80～120	1.5～2.0	0.5～0.7	0.15
>120～180	1.5～2.0	0.5～0.7	0.2
>180～260	2.0～3.0	0.5～0.7	0.2
>260～360	2.0～3.0	0.5～0.7	0.2

表 1-4-4　磨孔的加工余量　（单位：mm）

孔的直径	热处理状态	孔的长度				
		≤50	>50～100	>100～200	>200～300	>300～500
≤10	未淬硬	0.2				
	淬 硬	0.2				
>10～18	未淬硬	0.2	0.3			
	淬 硬	0.3	0.4			
>18～30	未淬硬	0.3	0.3	0.4		
	淬 硬	0.3	0.4	0.4		

（续）

孔的直径	热处理状态	孔的长度				
		≤50	>50~100	>100~200	>200~300	>300~500
>30~50	未淬硬	0.3	0.3	0.4	0.4	
	淬硬	0.4	0.4	0.4	0.5	
>50~80	未淬硬	0.4	0.4	0.4	0.4	
	淬硬	0.4	0.5	0.5	0.5	
>80~120	未淬硬	0.5	0.5	0.5	0.5	0.6
	淬硬	0.5	0.5	0.6	0.6	0.7
>120~180	未淬硬	0.6	0.6	0.6	0.6	0.6
	淬硬	0.6	0.6	0.6	0.6	0.7
>180~260	未淬硬	0.6	0.6	0.7	0.7	0.7
	淬硬	0.7	0.7	0.7	0.7	0.8
>260~360	未淬硬	0.7	0.7	0.8	0.8	0.8
	淬硬	0.7	0.8	0.8	0.8	0.9
>360~500	未淬硬	0.8	0.8	0.8	0.8	0.8
	淬硬	0.8	0.8	0.8	0.9	0.9

表 1-4-5　轴的机械加工余量（外旋转表面）　　　　　（单位：mm）

公称尺寸	表面加工方法	轴的长度					
		≤120	>120~260	>260~500	>500~800	>800~1250	>1250~2000
		直径上的余量（分子是用中心孔安装时，分母是用夹盘安装时）					
		车削提高精度的轧钢件					
≤30	粗车和一次车	1.2/1.1	1.7/—				
	精车	0.25/0.25	0.3/—				
	细车	0.12/0.12	0.15/—				
>30~50	粗车和一次车	1.2/1.1	1.5/1.4	2.2/—			
	精车	0.3/0.25	0.3/0.25	0.35/—			
	细车	0.15/0.12	0.16/0.13	0.20/—			
>50~80	粗车和一次车	1.5/1.1	1.7/1.5	2.3/21.	3.1/—		
	精车	0.25/0.20	0.3/0.25	0.3/0.3	0.4/—		
	细车	0.14/0.12	0.15/0.13	0.17/0.16	0.25/—		
>80~120	粗车和一次车	1.6/1.2	1.7/1.3	2.0/1.7	2.5/2.3	3.3/—	
	精车	0.25/0.25	0.3/0.25	0.3/0.3	0.3/0.3	0.35/—	
	细车	0.14/0.13	0.15/0.13	0.16/0.15	0.17/0.17	0.20/—	
		车削一般精度的轧钢件					
≤30	粗车和一次车	1.3/1.1	1.7/—				
	半精车	0.45/0.45	0.50/—				
	精车	0.25/0.20	0.25/—				
	细车	0.13/0.12	0.15/—				
>30~50	粗车和一次车	1.3/1.1	1.6/1.4	2.2/—			
	半精车	0.45/0.45	0.45/0.45	0.45/—			
	精车	0.25/0.20	0.25/0.25	0.30/—			
	细车	0.13/0.12	0.14/0.13	0.16/—			

（续）

公称尺寸	表面加工方法	轴的长度					
		≤120	>120~260	>260~500	>500~800	>800~1250	>1250~2000
		直径上的余量(分子是用中心孔安装时,分母是用夹盘安装时)					
		车削提高精度的轧钢件					
车削一般精度的轧钢件							
>50~80	粗车和一次车 半精车 精车 细车	1.5/1.1 0.45/0.45 0.25/0.20 0.13/0.12	1.7/1.5 0.50/0.45 0.30/0.25 0.14/0.13	2.3/2.1 0.50/0.50 0.30/0.30 0.18/0.16	3.1/— 0.55/— 0.35/— 0.20/—		
>80~120	粗车和一次车 半精车 精车 细车	1.8/1.2 0.50/0.45 0.26/0.25 0.15/0.12	1.9/1.3 0.50/0.45 0.25/0.25 0.16/0.13	2.1/1.7 0.50/0.50 0.30/0.25 0.16/0.14	2.6/2.3 0.50/0.50 0.30/0.30 0.18/0.17	3.4/— 0.55/— 0.35/— 0.20/—	
>120~180	粗车和一次车 半精车 精车 细车	2.0/1.3 0.50/0.45 0.30/0.25 0.16/0.13	2.1/1.4 0.50/0.45 0.30/0.25 0.16/0.13	2.3/1.8 0.50/0.50 0.30/0.25 0.17/0.15	2.7/2.3 0.50/0.50 0.30/0.30 0.18/0.17	3.5/3.2 0.60/0.55 0.35/0.30 0.21/0.20	4.8/— 0.65/— 0.40/— 0.27/—
>180~260	粗车和一次车 半精车 精车 细车	2.3/1.4 0.50/0.45 0.30/0.25 0.17/0.13	2.4/1.5 0.50/0.45 0.30/0.25 0.17/0.14	2.6/1.8 0.50/0.50 0.30/0.25 0.18/0.15	2.9/2.4 0.55/0.50 0.30/0.30 0.19/0.17	3.6/3.2 0.60/0.55 0.35/0.35 0.22/0.20	5.0/4.6 0.65/0.65 0.40/0.40 0.27/0.26
模锻毛坯的车削							
≤18	粗车和一次车 精车 细车	1.5/1.4 0.25/0.25 0.14/0.14	1.9/— 0.30/— 0.15/—				
>18~30	粗车和一次车 精车 细车	1.6/1.5 0.25/0.25 0.14/0.14	2.0/1.8 0.30/0.25 0.15/0.14	2.3/— 0.3/— 0.16/—			
>30~50	粗车和一次车 精车 细车	1.8/1.7 0.30/0.25 0.15/0.15	2.3/2.0 0.30/0.30 0.16/0.15	3.0/2.7 0.30/0.30 0.19/0.17	3.5/— 0.35/— 0.21/—		
>50~80	粗车和一次车 精车 细车	2.2/2.0 0.30/0.30 0.16/0.16	2.9/2.6 0.30/0.30 0.18/0.17	3.4/2.9 0.35/0.30 0.20/0.18	4.2/3.6 0.40/0.35 0.22/0.20	5.0/— 0.45/— 0.26/—	
>80~120	粗车和一次车 精车 细车	2.6/2.3 0.30/0.30 0.17/0.17	3.3/3.0 0.30/0.30 0.19/0.18	4.3/3.8 0.40/0.35 0.23/0.21	5.2/4.5 0.45/0.40 0.26/0.24	6.3/5.2 0.50/0.45 0.30/0.26	8.2/— 0.60/— 0.38/—
>120~180	粗车和一次车 精车 细车	3.2/2.8 0.35/0.30 0.20/0.20	4.6/4.2 0.40/0.30 0.24/0.22	5.0/4.5 0.45/0.40 0.25/0.23	6.2/5.6 0.50/0.45 0.30/0.27	7.5/6.7 0.60/0.55 0.35/0.32	

（续）

公称尺寸	表面加工方法	轴的长度					
		≤120	>120~260	>260~500	>500~800	>800~1250	>1250~2000
		直径上的余量（分子是用中心孔安装时，分母是用夹盘安装时）					
		车削提高精度的轧钢件					
		磨削					
≤30	热处理后粗磨	0.30	0.60				
	精车后粗磨	0.10	0.10				
	粗磨后精磨	0.06	0.06				
>30~50	热处理后粗磨	0.25	0.50	0.85			
	精车后粗磨	0.10	0.10	0.10			
	粗磨后精磨	0.06	0.06	0.06			

表 1-4-6　铣平面的加工余量　　　　　　　　　（单位：mm）

零件厚度	荒铣后粗铣						粗铣后的半精铣					
	宽度≤200			宽度>200~400			宽度≤200			宽度>200~400		
	加工表面不同长度下的加工余量											
	≤100	>100~250	>250~400	≤100	>100~250	>250~400	≤100	>100~250	>250~400	≤100	>100~250	>250~400
>6~30	1.0	1.2	1.5	1.2	1.5	1.7	0.7	1.0	1.0	1.0	1.0	1.0
>30~50	1.0	1.5	1.7	1.5	1.5	2.0	1.0	1.0	1.2	1.0	1.2	1.2
>50	1.5	1.7	2.0	1.7	2.0	2.5	1.0	1.3	1.5	1.0	1.5	1.5

表 1-4-7　磨平面的加工余量　　　　　　　　　（单位：mm）

零件厚度	第一种					
	经热处理及未经热处理零件的终磨					
	宽度≤200			宽度>200~400		
	加工表面不同长度下的加工余量					
	≤100	>100~250	>250~400	≤100	>100~250	>250~400
>6~30	0.3	0.3	0.5	0.3	0.5	0.5
>30~50	0.5	0.5	0.5	0.5	0.5	0.5
>50	0.5	0.5	0.5	0.5	0.5	0.5

零件厚度	第二种											
	热处理后											
	粗磨						半精磨					
	宽度≤200			宽度>200~400			宽度≤200			宽度>200~400		
	加工表面不同长度下的加工余量											
	≤100	>100~250	>250~400	≤100	>100~250	>250~400	≤100	>100~250	>250~400	≤100	>100~250	>250~400
>6~30	0.2	0.2	0.3	0.2	0.3	0.3	0.1	0.1	0.2	0.1	0.2	0.2
>30~50	0.3	0.3	0.3	0.3	0.3	0.3	0.2	0.2	0.2	0.2	0.2	0.2
>50	0.3	0.3	0.3	0.3	0.3	0.3	0.2	0.2	0.2	0.2	0.2	0.2

表 1-4-8　端面的加工余量　（单位：mm）

零件长度（全长）	粗车后的精车端面			磨削	
	余量（按端面最大直径取）				
	≤30	>30~120	>120~260	≤120	>120~260
≤10	0.5	0.6	1.0	0.2	0.3
>10~18	0.5	0.7	1.0	0.2	0.3
>18~50	0.6	1.0	1.2	0.2	0.3
>50~80	0.7	1.0	1.3	0.3	0.4
>80~120	1.0	1.0	1.3	0.3	0.5
>120~180	1.0	1.3	1.5	0.3	0.5

表 1-4-9　调质件预留加工余量　（单位：mm）

直径	长度			
	<500	500~1000	1000~1800	>1800
10~20	2.0~2.5	2.5~3.0		
22~45	2.5~3.0	3.0~3.5	3.5~4.0	
48~70	2.5~3.0	3.0~3.5	4.0~4.5	5.0~6.0
75~100	3.0~3.5	3.0~3.5	5.0~5.5	6.0~7.0

表 1-4-10　不渗碳局部加工余量　（单位：mm）

设计要求渗碳深度	不渗碳表面每面的留余量
0.2~0.4	1.1+淬火时留余量
0.4~0.7	1.4+淬火时留余量
0.7~1.1	1.8+淬火时留余量
1.1~1.5	2.2+淬火时留余量
1.5~2.0	2.7+淬火时留余量

表 1-4-11　轴、套、环类零件内孔热处理后的磨削余量　（单位：mm）

孔径公称尺寸	<10	11~18	19~30	31~50	51~80	81~120	121~180	181~200	261~360	361~500
一般孔余量	0.20~0.30	0.25~0.35	0.30~0.45	0.35~0.50	0.40~0.60	0.50~0.75	0.60~0.90	0.65~1.00	0.80~1.00	0.85~1.30
复杂孔余量	0.25~0.40	0.35~0.45	0.40~0.50	0.50~0.65	0.60~0.80	0.70~1.00	0.80~1.20	0.90~1.35	1.05~1.50	1.15~1.75

注：1. 碳素钢工件一般用水或水—油淬，孔变形较大，应选用上限；薄壁零件（外径/内径<2）应取上限。

2. 合金钢薄壁零件（外径/内径<1.25）应取上限。

3. 合金钢零件渗碳后采用二次淬火者应取上限。

4. 同一工件上有大小不同的孔时，应以大孔计算。

5. "一般孔"指零件形状简单、对称，孔是光滑圆孔或花键孔；"复杂孔"指零件形状复杂、不对称、薄壁、孔形不规则。

6. 外径/内径<1.5的高频感应淬火件，内孔留余量应减少40%~50%，外圆加大30%~40%。

表 1-4-12　渗碳零件磨削余量　（单位：mm）

公称渗碳深度	0.3	0.5	0.9	1.3	1.7
放磨量	0.15~0.20	0.20~0.25	0.25~0.30	0.35~0.40	0.45~0.50
实际工艺渗碳深度	0.4~0.6	0.7~1.0	1.0~1.4	1.5~1.9	2.0~2.5

表 1-4-13　轴、杆类零件外圆热处理后的磨削余量

（单位：mm）

直径或厚度	长度										
	≤50	51~100	101~200	201~300	301~450	451~600	601~800	801~1000	1001~1300	1301~1600	1601~2000
≤5	0.25~0.45	0.45~0.55	0.55~0.65								
6~10	0.30~0.40	0.40~0.50	0.50~0.60	0.55~0.65							
11~20	0.25~0.35	0.35~0.45	0.45~0.55	0.50~0.60	0.55~0.65						
21~30	0.30~0.40	0.30~0.40	0.35~0.45	0.40~0.50	0.45~0.55	0.50~0.60	0.55~0.65				
31~50	0.35~0.45	0.35~0.45	0.35~0.45	0.40~0.50	0.40~0.50	0.40~0.50	0.50~0.60	0.6~0.7			
51~80	0.40~0.50	0.40~0.50	0.40~0.50	0.40~0.50	0.40~0.50	0.40~0.50	0.50~0.60	0.55~0.65	0.60~0.70	0.70~0.80	0.85~1.00
81~120	0.50~0.60	0.50~0.60	0.50~0.60	0.50~0.60	0.50~0.60	0.50~0.60	0.60~0.70	0.65~0.70	0.65~0.80	0.75~0.90	0.85~1.00
121~180	0.60~0.70	0.60~0.70	0.60~0.70	0.60~0.70	0.60~0.70						
181~260	0.70~0.90	0.70~0.90	0.70~0.90	0.70~0.90							

注：1. 粗磨后需人工时效的零件，余量应较上表增加 50%。

2. 此表为断面均匀且全部淬火的零件的余量，特别零件另行协商解决。

3. 全长 1/3 以下局部淬火者可取下限，淬火长度大于全长 1/3 按全长处理。

4. φ80mm 以上短的实心轴可取上限。

5. 高频感应淬火可取下限。

（三）工序尺寸及其公差的确定

工件上的设计尺寸一般要经过几道工序的加工才能得到，每道工序所应保证的尺寸称为工序尺寸，它们是逐步向设计尺寸接近的，直到最后工序才保证设计尺寸。编制工艺规程的一个重要工作就是要确定每道工序的工序尺寸及其公差。下面介绍工艺基准与设计基准重合时进行工序尺寸及其公差的计算。

微课 11：基准重合时工序尺寸的计算

1. 基准重合时，工序尺寸及其公差的确定

当工序基准、定位基准或测量基准与设计基准重合，表面多次加工时，工序尺寸及其公差的计算是比较容易的。例如，轴、孔和某些平面的加工，计算时只需考虑各工序的加工余量和所能达到的精度。其计算顺序是由最后一道工序开始向前推算，计算步骤为：

1）确定毛坯总余量和工序余量。

2）确定工序公差。最终工序尺寸公差等于设计尺寸公差，其余工序公差按经济精度确定。

3）求工序公称尺寸。从零件图上的设计尺寸开始，一直往前推算到毛坯尺寸，某工序公称尺寸等于后道工序公称尺寸加上或减去后道工序余量。

4）标注工序尺寸公差。最后一道工序的公差按设计尺寸标注，其余工序尺寸公差按入体原则标注。

例 1-4-1 某零件孔的设计要求为 $\phi 100^{+0.035}_{0}$ mm，Ra 值为 $0.8\mu m$，毛坯为铸铁件，其加工工艺路线为：毛坯——粗镗——半精镗——精镗——浮动镗。求各工序尺寸。

解： 首先，通过查表或凭经验确定毛坯总余量及其公差、工序余量以及工序的经济精度和公差值，然后计算工序公称尺寸，结果列于表 1-4-14 中。

表 1-4-14 工序尺寸及公差的计算 （单位：mm）

工序名称	工序余量	工序的经济精度	工序公称尺寸	工序尺寸
浮动镗	0.1	H7($^{+0.035}_{0}$)	100	$\phi 100^{+0.035}_{0}$
精镗	0.5	H9($^{+0.087}_{0}$)	$100-0.1=99.9$	$\phi 99.9^{+0.087}_{0}$
半精镗	2.4	H11($^{+0.22}_{0}$)	$99.9-0.5=99.4$	$\phi 99.4^{+0.22}_{0}$
粗镗	5	H13($^{+0.54}_{0}$)	$99.4-2.4=97$	$\phi 97^{+0.54}_{0}$
毛坯	8	± 1.2	$97-5=92$ 或 $100-8=92$	$\phi 92\pm 1.2$

微课 12：尺寸链分析计算

2. 尺寸链计算与工序尺寸确定

零件图上所标注的尺寸公差是零件加工最终所要求达到的尺寸要求，工艺过程中许多中间工序的尺寸公差，必须在设计工艺过程中予以确定。工序尺寸及其公差一般都是通过计算工艺尺寸链确定的，为掌握工艺尺寸链计算规律，这里先介绍尺寸链的概念及尺寸链计算方法，然后再就工序尺寸及其公差的确定方法进行论述。

（1）尺寸链及尺寸链计算公式

1）尺寸链的定义。在工件加工和机器装配过程中，由相互联系的尺寸，按一定顺序排列成的封闭尺寸组，称为尺寸链。尺寸链示例如图 1-4-4。

图 1-4-4 所示工件如先以 A 面定位加工 C 面，得尺寸 A_1，然后再以 A 面定位用调整法加工台阶面 B，得尺寸 A_2，要求保证 B 面与 C 面间尺寸 A_0；A_1、A_2 和 A_0 这三个尺寸构成了一个封闭尺寸组，就成了一个尺寸链。

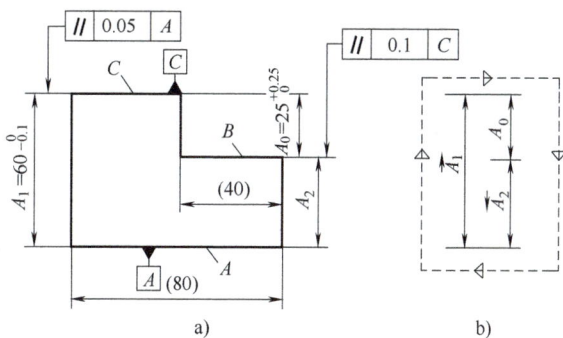

图 1-4-4　尺寸链示例

2）尺寸链的组成。尺寸链中的每一个尺寸称为尺寸链的环。尺寸链由一系列的环组成。环又分为封闭环和组成环。

① 封闭环（终结环）：在加工过程中间接获得的尺寸，称为封闭环。在图 1-4-4b 所示的尺寸链中，A_0 是间接得到的尺寸，它就是尺寸链的封闭环。

② 组成环：在加工过程中直接获得的尺寸，称为组成环。尺寸链中 A_2 与 A_2 都是通过加工直接得到的尺寸，A_1、A_2 都是尺寸链的组成环。

a）增环：在尺寸链中，自身增大或减小，会使封闭环随之增大或减小的组成环，称为增环。表示增环在字母上面用→表示。

b）减环：在尺寸链中，自身增大或减小，会使封闭环反而随之减小或增大的组成环，称为减环。表示减环在字母上面用←表示。

确定增减环可用箭头方法，即沿顺时针或逆时针方向绕封闭的尺寸链回转一周，把封闭环和所有组成环都用指向回转方向的箭头表示，则凡是箭头方向与封闭环箭头方向相反的组成环为增环，相同的组成环为减环。在图 1-4-4b 所示尺寸链中，A_1 是增环，A_2 是减环。

c）传递系数 ξ_i：表示组成环对封闭环影响大小的系数。即组成环在封闭环上引起的变动量对组成环本身变动量之比。对直线尺寸链而言，增环的 $\xi_i = 1$，减环的 $\xi_i = -1$。

3）尺寸链的分类。

① 按尺寸链在空间分布的位置关系分，如图 1-4-5 所示。

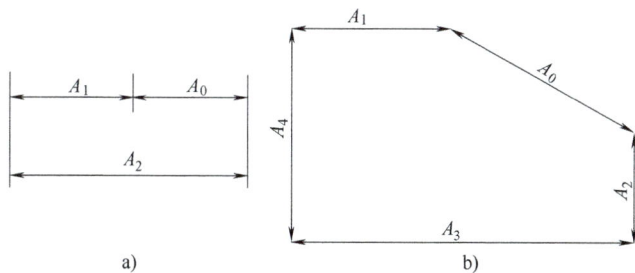

图 1-4-5　尺寸链按空间分布分类

a）线性尺寸链　b）平面尺寸链

a）线性尺寸链：尺寸链中各环位于同一平面内且彼此平行。

b）平面尺寸链：尺寸链中各环位于同一平面或彼此平行的平面内，各环之间可以不平行。

c）空间尺寸链：尺寸链中各环不在同一平面或彼此平行的平面内。

② 按尺寸链的应用范围分。

a）工艺尺寸链：在加工过程中，工件上各相关的工艺尺寸所组成的尺寸链。

b）装配尺寸链：在机器设计和装配过程中，各相关的零部件相互联系的尺寸所组成的尺寸链，如图 1-4-6 所示。

③ 按尺寸链各环的几何特征分。

a）长度尺寸链：尺寸链中各环均为长度量。

b）角度尺寸链：尺寸链中各环均为角度量。

④ 按尺寸链之间相互关系分。

a）独立尺寸链：尺寸链中所有的组成环和封闭环只从属于一个尺寸链。

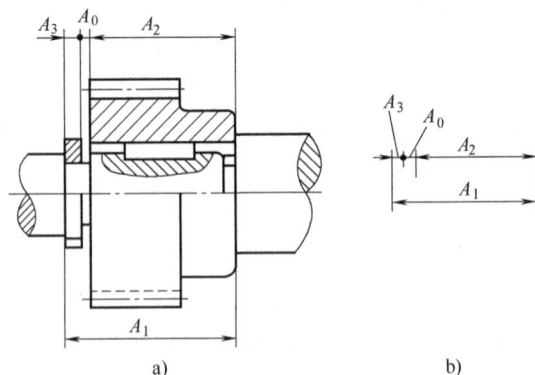

图 1-4-6　装配尺寸链

b）并联尺寸链：两个或两个以上的尺寸链，通过公共环将它们联系起来并联形成的尺寸链。

4）尺寸链的计算。尺寸链计算有正计算、反计算和中间计算 3 种类型。已知组成环求封闭环的计算方式称为正计算；已知封闭环求各组成环称为反计算；已知封闭环及部分组成环，求其余的 1 个或几个组成环，称为中间计算。

尺寸链计算有极值法与统计法（或概率法）两种。用极值法解尺寸链是从尺寸链各环均处于极值条件来求解封闭环尺寸与组成环尺寸之间的关系。用统计法解尺寸链则是运用概率论理论来求解封闭环尺寸与组成环尺寸之间的关系。

5）极值法解尺寸链的计算公式。机械制造中的尺寸公差通常用公称尺寸（A）、上极限偏差（ES）、下极限偏差（EI）表示，还可以用上极限尺寸（A_{max}）与下极限尺寸（A_{min}）或公称尺寸（A）、中间偏差（Δ）与公差（T）表示，它们之间的关系如图 1-4-7 所示。

① 封闭环公称尺寸 A_0 等于所有增环公称尺寸（A_p）之和减去所有减环公称尺寸（A_q）之和，即

$$A_0 = \sum_{i=1}^{m} \xi_i A_i = \sum_{p=1}^{k} \overrightarrow{A_p} - \sum_{q=k+1}^{m} \overleftarrow{A_q} \qquad (1\text{-}7)$$

式中　m——组成环数；

　　　k——增环数；

　　　ξ_i——第 i 组成环的尺寸传递系数，对直线尺寸链而言，增环的 $\xi_i=1$，减环的 $\xi_i=-1$。

② 环的极限尺寸 $A_{max}=A+ES$　$A_{min}=A+EI$

③ 环的极限偏差 $ES=A_{max}-A$　$EI=A-A_{min}$

④ 封闭环的中间偏差

$$\Delta_0 = \sum_{i=1}^{m} \xi_i \Delta_i \qquad (1\text{-}8)$$

式中　Δ_i——第 i 组成环的中间偏差。

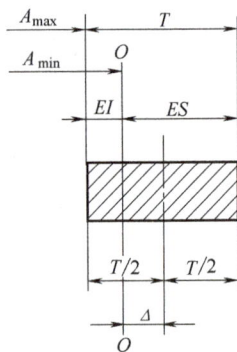

图 1-4-7　公称尺寸、极限偏差、公差与中间偏差

结论：封闭环的中间偏差等于所有增环中间偏差之和减去所有减环中间偏差之和。

⑤ 封闭环公差

$$T_0 = \sum_{i=1}^{m} |\xi_i| T_i = \sum_{i=1}^{m} T_i \tag{1-9}$$

结论：封闭环公差等于所有组成环公差之和。

⑥ 组成环中间偏差 $\Delta_i = (ES_i + EI_i)/2$

⑦ 封闭环极限尺寸

$$A_{0max} = \sum_{p=1}^{k} \overrightarrow{A}_{pmax} - \sum_{q=k+1}^{m} \overleftarrow{A}_{qmin} \tag{1-10}$$

结论：封闭环的上极限尺寸等于所有增环的上极限尺寸之和减去所有减环的下极限尺寸之和。

$$A_{0min} = \sum_{p=1}^{k} \overrightarrow{A}_{pmin} - \sum_{q=k+1}^{m} \overleftarrow{A}_{qmax} \tag{1-11}$$

结论：封闭环的下极限尺寸等于所有增环的下极限尺寸之和减去所有减环的上极限尺寸之和。

⑧ 封闭环极限偏差

$$ES_0 = \sum_{p=1}^{k} ES_p - \sum_{q=k+1}^{m} EI_q \tag{1-12}$$

结论：封闭环的上极限偏差等于所有增环的上极限偏差之和减去所有减环下极限偏差之和。

$$EI_0 = \sum_{p=1}^{k} EI_p - \sum_{q=k+1}^{m} ES_q \tag{1-13}$$

结论：封闭环的下极限偏差等于所有增环的下极限偏差之和减去所有减环上极限偏差之和。

6）竖式计算法口诀。封闭环和增环的公称尺寸和上、下极限偏差照抄；减环公称尺寸变号；减环上、下极限偏差对调且变号。竖式计算法可用来验算极值法解尺寸链的正确与否。

7）统计法（概率法）解直线尺寸链基本计算公式。应用极值法解尺寸链，具有简便、可靠等优点。但是当封闭环公差较小，环数较多时，则各组成环就相应地减小，造成加工困难，成本增加。生产实践表明，封闭环的实际误差比用极值法计算出来的公差小得多。为了扩大组成环公差，以便于加工，此时可采用统计法（概率法）解尺寸链以确定组成环公差，而不用极值法。

机械制造中的尺寸分布多数为正态分布，但也有非正态分布，非正态分布又有对称分布与不对称分布。统计法解算尺寸链的基本计算公式除可应用极值法解直线尺寸链的有些基本公式外，尚有以下两个基本计算公式：

① 封闭环中间偏差

$$\Delta_0 = \sum_{i=1}^{m} \xi_i (\Delta_i + e_i T_i/2) \tag{1-14}$$

② 封闭环公差

$$T_0 = \frac{1}{\kappa_0}\sqrt{\sum_{i=1}^{m} \xi_i^2 \kappa_i^2 T_i^2} \tag{1-15}$$

式中　e_i——第 i 组成环尺寸分布曲线的不对称系数；

　　$e_i T_i/2$——第 i 组成环尺寸分布中心相对于公差带的偏移量；

　　　κ_0——封闭环的相对分布系数；

　　　κ_i——第 i 组成环的相对分布系数。

③ 统计法（概率法）的近似计算。统计法（概率法）的近似计算是假定各环分布曲线是对称分布于公差值的全部范围内（即 $e_i = 0$），并取相同的相对分布系统的平均值 k_m（一般取 1.2~1.7），所以有

$$T_0 = k_m\sqrt{\sum_{i=1}^{n-1} T_i^2} \tag{1-16}$$

（2）几种工艺尺寸链的分析与计算实例

1）定位基准与设计基准不重合时的尺寸换算。

例 1-4-2　如图 1-4-8 所示，如先以 A 面定位加工 C 面，得尺寸 A_1；然后再以 A 面定位用调整法加工台阶面 B，得尺寸 A_2，要求保证 B 面与 C 面间尺寸 A_0。试求工序尺寸 A_2。

2）设计基准与测量基准不重合时的尺寸换算。

例 1-4-3　一批如图 1-4-9 所示的轴套零件，在车床上已加工好外圆、内孔及端面，现需在铣床上铣右端缺口，并保证尺寸 $5_{-0.05}^{0}$mm 及

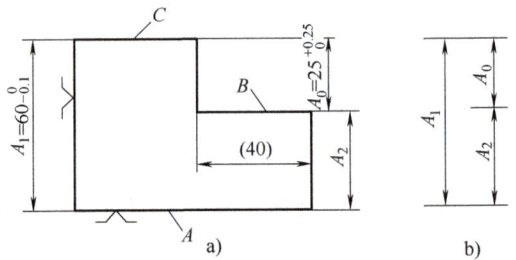

图 1-4-8　定位基准与设计基准不重合

（26±0.2）mm。求采用调整法加工时的控制尺寸 H、A 及其偏差并画出尺寸链图。

3）不同加工工艺基准的尺寸链计算。

例 1-4-4　图 1-4-10 所示为轴套零件的轴向尺寸链，其外圆、内孔及端面均已加工。试求：①当以 A 面定位钻 $\phi10$mm 孔时的工序尺寸 A_1 及其偏差（要求画出尺寸链图）；②当以 B 面定位钻 $\phi10$mm 孔时的工序尺寸 B_1 及其偏差。

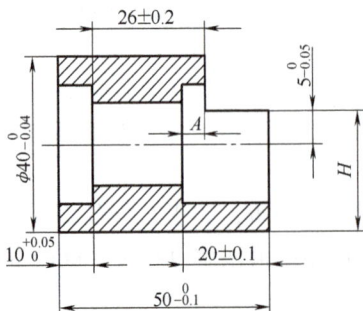

图 1-4-9　设计基准与测量基准不重合

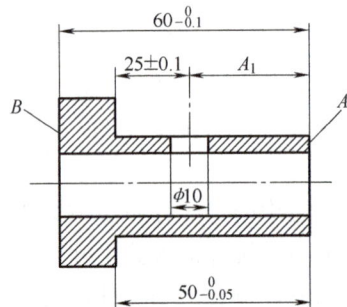

图 1-4-10　轴套零件轴向尺寸链

4）保证渗碳、渗氮层深度的工艺尺寸链计算。

例 1-4-5　一批小轴其部分工艺过程为：车外圆至 $\phi20.6_{-0.04}^{0}$mm，渗碳淬火，磨外圆至

$\phi 20_{-0.02}^{0}$ mm。试计算保证淬火层深度为 $0.7 \sim 1.0$ mm 的渗碳工序的渗入深度。

解： 根据题意可画出工序尺寸图（图1-4-11a）。

① 按工序要求画工艺尺寸链图（图1-4-11b），其中尺寸 A_1 是待求的渗入深度。

② 确定封闭环和组成环。由工艺要求可知，要保证的淬火层深度尺寸为封闭环，即尺寸链中的尺寸 A_0。其他尺寸均为组成环。用箭头法可确定出 A_1、A_2 为增环，A_3 为减环。

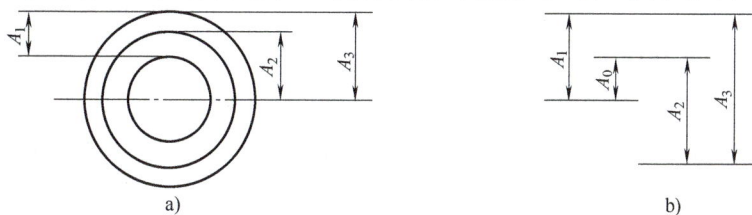

图 1-4-11　小轴尺寸链

③ 根据工艺尺寸链的基本计算公式进行计算。

因为　　$A_0 = A_1 + A_2 - A_3$

所以　　$A_1 = A_0 + A_3 - A_2$

而　　$A_0 = 1_{-0.3}^{0}$ mm，$A_2 = 10_{-0.01}^{0}$ mm，$A_3 = 10.3_{-0.02}^{0}$ mm（按入体偏差标注）

故　　$A_1 = A_0 + A_3 - A_2 = 1$ mm $+ 10.3$ mm $- 10$ mm $= 1.3$ mm

又　　$ES_0 = ES_1 + ES_2 - EI_3$

则　　$ES_1 = ES_0 - ES_2 + EI_3 = 0$ mm $- 0$ mm $- 0.02$ mm $= -0.02$ mm

又　　$EI_0 = EI_1 + EI_2 - ES_3$

则　　$EI_1 = EI_0 - EI_2 + ES_3 = -0.3$ mm $+ 0.01$ mm $- 0.02$ mm $= -0.04$ mm

所以得渗碳工序的渗碳深度为　　$A_1 = 1.3_{-0.04}^{-0.02}$ mm

5）多次加工的工艺尺寸链的计算。在制订工艺过程或分析现行工艺时，经常会遇到既有基准不重合的工艺尺寸换算，又有工艺基准的多次转换，还有工序余量变化的影响，整个工艺过程中有着较复杂的基准关系和尺寸关系。为了经济合理地完成零件的加工工艺过程，必须制订一套正确而合理的工艺尺寸。

以图 1-4-12 所示的套类零件有关轴向表面的工艺过程为例。

工序 1：以大端面 A 定位，车小端面 D，保证全长工序尺寸 $53_{-0.5}^{0}$ mm；车小外圆到 B，保证 $40_{-0.2}^{0}$ mm。

工序 2：以小端面 D 定位，精车大端面 A，保证全长工序尺寸 $50.5_{-0.2}^{0}$ mm；镗大孔，保证到 C 面的孔深工序尺寸为 $36_{0}^{+0.5}$ mm。

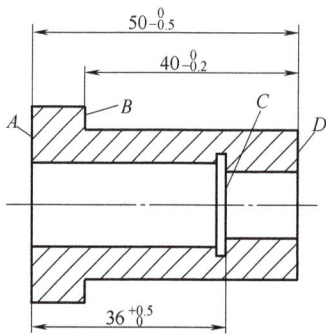

图 1-4-12　套类零件

工序 3：以小端面 D 定位，磨大端面 A，保证全长尺寸 $50_{-0.5}^{0}$ mm。

（四）车削用量的确定

1. 车削要素

a_p：切削深度，单位为 mm。

f：进给量，单位为 mm/r。

v：切削速度，单位为 m/s。

$$v = \frac{\pi d n}{1000} \tag{1-17}$$

式中　d——工件直径（mm）；

　　　n——工件转速（r/s）。

2. 车削用量选择举例

已知条件：工件材料为 45 钢，锻件，正火，$R_m = 0.637\text{GPa}$。工件外圆尺寸由 60mm 车至 52mm，表面粗糙度 $Ra3.2\mu m$，使用机床为 CA6140 型车床，采用刀具为可转位外圆车刀，刀杆尺寸为 16mm×25mm，几何参数粗精加工兼顾：

前角 $\gamma_0 = 15°$，后角 $\alpha_0 = 6°$，主偏角 $\kappa_r = 75°$，副偏角 $\kappa'_r = 15°$，刃倾角 $\lambda_s = 0°$，倒棱宽 $b_r = 0.3\text{mm}$，刀尖圆弧半径 $r_\varepsilon = 1\text{mm}$

（1）确定粗车时的切削用量

1）确定背吃刀量 a_p：单边总余量 $= \frac{60-52}{2}\text{mm} = 4\text{mm}$，留 1mm 作为半精车余量，取粗车背吃刀量 $a_p = 3\text{mm}$。

2）确定进给量 f：由表 1-4-15 可查 $f = 0.5 \sim 0.7\text{mm/r}$，根据机床说明书，初步选定 $f = 0.61\text{mm/r}$。

3）选择切削速度 v：由表 1-4-19 查得 $v = 1.5 \sim 1.83\text{m/s}$。取 $v = 1.7\text{m/s}$。

4）确定主轴转速 n：$n = \frac{1000v}{\pi d} = \frac{1000 \times 1.7}{3.14 \times 60}\text{r/s} = 9.02\text{r/s}$。

根据机床说明书，取 $n = 9.17\text{r/s}$，此时切削速度为

$$v = \frac{\pi d n}{1000} = \frac{3.14 \times 60 \times 9.17}{1000}\text{m/s} = 1.73\text{m/s}$$

5）校核机床功率：由表 1-4-20 可求得切削力的公式及有关数据。主切削力

$$F_c = 9.81 \times 60^{Z_{FZ}} C_{FZ} a_p^{X_{FZ}} f^{Y_{FZ}} v^{Z_{FZ}} K_{KF} K_{\Gamma F} K_{\Lambda F}$$

$$= (9.81 \times 60^{-0.15} \times 270 \times 3^1 \times 0.61^{0.75} \times 1.65^{-0.15} \times 0.92 \times 0.95 \times 1)\text{N} = 2406\text{N}$$

切削功率为

$$P_c = F_c v \times 10^{-8} = (2406 \times 1.65 \times 10^{-8})\text{kW} = 3.97\text{kW}$$

由机床说明书查得：机床电动机功率为 $P_E = 7.5\text{kW}$，取机床传动效率 $\eta = 0.8$，有

$$P_c = 3.97 < P_E \eta = (7.5 \times 0.8)\text{kW} = 6\text{kW}$$

所以，机床功率足够。

最后选定粗车的切削用量为

$$a_p = 3\text{mm}, \quad f = 0.61\text{mm/r}, \quad v = 1.73\text{m/s}$$

（2）确定半精车时的切削用量

1）确定背吃刀量 a_p：$a_p = 1\text{mm}$。

2）确定进给量 f：按表 1-4-16，预估切削速度 $v > 1.66\text{m/s}$，查得 $f = 0.35 \sim 0.40\text{mm/r}$。根据机床说明书，取 $f = 0.36\text{mm/r}$。

3）确定切削速度 v 与机床主轴转速：按 1-4-19 查得 $v = 2.17 \sim 2.667\text{m/s}$。考虑到进给量

取得较大，故取 $v=2\mathrm{m/s}$。按公式得主轴转速为

$$n=\frac{1000v}{\pi d}=\frac{1000\times2}{3.14\times54}\mathrm{r/s}=11.8\mathrm{r/s}$$

根据机床说明书，取 $n=13.3\mathrm{r/s}$。按公式算得实际切削速度为

$$v=\frac{\pi dn}{1000}=\frac{3.14\times54\times13.3}{1000}\mathrm{m/s}=2.26\mathrm{m/s}$$

此速度大于预估切削速度，故可用。由于半精车切削力较小，故一般不需验算。最后选定半精车切削用量为

$$a_\mathrm{p}=1\mathrm{mm},\ f=0.36\mathrm{mm/r},\ v=2.26\mathrm{m/s},\ n=13.3\mathrm{r/s}。$$

（3）车削用量标准　车削用量选择可参考下列标准：粗车外圆和端面时的进给量见表1-4-15；半精车外圆和端面时的进给量见表1-4-16；车孔时的进给量见表1-4-17；切断和车槽时的进给量见表1-4-18；车削外圆时的切削速度见表1-4-19。

（4）车削时切削力及切削功率的计算　车削时的切削力及切削功率可按表1-4-20中的公式及数据进行计算。加工条件改变时，切削力的修正系数见表1-4-21。

表 1-4-15　粗车外圆和端面时的进给量（硬质合金车刀和高速钢车刀）

加工材料	车刀刀杆尺寸 $(B/\mathrm{mm})\times(A/\mathrm{mm})$	工件直径 d/mm	背吃刀量 a_p/mm				
			3	5	8	12	12 以上
			进给量 $f/(\mathrm{mm/r})$				
碳素结构钢和合金结构钢	16×25	20	0.3~0.4				
		40	0.4~0.5	0.3~0.4			
		60	0.5~0.7	0.4~0.6	0.3~0.5		
		100	0.6~0.9	0.5~0.7	0.5~0.6	0.4~0.5	
		400	0.8~1.2	0.7~1.0	0.6~0.8	0.5~0.6	
	16×25 25×25	20	0.3~0.4				
		40	0.4~0.5	0.3~0.4			
		60	0.6~0.7	0.5~0.7	0.4~0.6		
		100	0.8~1.0	0.7~0.9	0.5~0.7	0.4~0.7	
		600	1.2~1.4	1.0~1.2	0.8~1.0	0.6~0.9	0.4~0.6
	25×40	60	0.6~0.9	0.5~0.8	0.4~0.7		
		100	0.8~1.2	0.7~1.1	0.6~0.9	0.5~0.8	
		1000	1.2~1.5	1.1~1.5	0.9~1.2	0.8~1.0	0.7~0.8
	30×45 40×60	500	1.1~1.4	1.1~1.4	1.0~1.2	0.8~1.2	0.7~1.1
		2500	1.3~2.0	1.3~1.8	1.2~1.6	1.1~1.5	1.0~1.5

注：1. 加工断续表面及有冲击加工时，表内进给量应乘以系数 0.75~0.85。

　　2. 加工耐热钢及其合金时，不采用大于 1.0mm/r 的进给量。

　　3. 在无外皮加工时，表内进给量应乘以系数 1.1。

二、相关实践知识

传动轴的机械加工工艺过程卡见表1-4-22。

传动轴的机械加工工序9的加工工序卡见表1-4-23。

表 1-4-16 半精车与精车外圆和端面时的进给量（硬质合金车刀和高速钢车刀）

表面粗糙度 $Ra/\mu m$	加工材料	副偏角 $\kappa'_r/(°)$	切削速度范围 $v/(m/s)$	刀尖半径 r_ε/mm		
				0.5	1.0	2.0
				进给量 $f/(mm/s)$		
12.5	钢和铸铁	5	不限制		1.0~1.1	1.3~1.5
		10			0.8~0.9	1.0~1.1
		15			0.7~0.8	0.9~1.0
6.3	钢和铸铁	5	不限制		0.55~0.7	0.7~0.85
		10~15			0.45~0.6	0.6~0.7
3.2	钢	5	<0.83	0.2~0.3	0.25~0.35	0.3~0.45
			0.833~1.666	0.28~0.35	0.35~0.4	0.4~0.55
			>1.666	0.35~0.4	0.4~0.5	0.5~0.6
		10~15	<0.83	0.18~0.25	0.25~0.3	0.3~0.45
			0.833~1.666	0.25~0.3	0.3~0.35	0.35~0.5
			>1.666	0.3~0.35	0.35~0.4	0.35~0.55
	铸铁	5	不限制		0.3~0.5	0.45~0.65
		10~15			0.25~0.4	0.4~0.6
1.6	钢	≥5	0.5~0.833		0.11~0.15	0.14~0.22
			0.833~1.333		0.14~0.20	0.17~0.25
			1.333~1.666		0.156~0.25	0.23~0.35
			1.666~2.166		0.2~0.3	0.25~0.39
			>2.166		0.25~0.3	0.35~0.39
	铸铁	≥5	不限制		0.15~0.25	0.2~0.35
0.8	钢	≥5	1.666~1.833		0.12~0.15	0.14~0.17
			1.833~2.166		0.13~0.18	0.17~0.23
			>2.166		0.17~0.20	0.21~0.27

加工材料强度不同时，进给量的修正系数			
材料强度 R_m/GPa	<0.122	0.122~0.686	0.686~0.882	0.882~1.078
修正系数 $K_{料\sigma}$	0.7	0.75	1.0	1.25

表 1-4-17 车孔进给量（硬质合金和高速钢车刀）

车刀或镗杆		工件材料							
刀杆圆截面直径或矩形截面尺寸 /mm	车刀刀杆伸出量/mm	碳素结构钢、合金结构钢和耐热钢				铸铁和铜合金			
		切削深度 a_p/mm							
		2	3	5	8	2	3	5	8
		进给量 $f/(mm/r)$							
10	50	0.08				0.12~0.16			
12	60	0.10	0.08			0.12~0.20	0.12~0.18		
16	80	0.10~0.20	0.15	0.10		0.20~0.30	0.15~0.25	0.10~0.18	
20	100	0.15~0.30	0.15~0.25	0.12		0.30~0.40	0.25~0.35	0.12~0.25	
25	125	0.25~0.50	0.15~0.40	0.12~0.20		0.40~0.60	0.30~0.50	0.25~0.35	
30	150	0.40~0.70	0.20~0.50	0.12~0.30		0.50~0.80	0.40~0.60	0.25~0.45	
40	200		0.25~0.60	0.15~0.40		0.60~0.80	0.30~0.60		

（续）

车刀或镗杆		工件材料							
刀杆圆截面直径或矩形截面尺寸/mm	车刀刀杆伸出量/mm	碳素结构钢、合金结构钢和耐热钢				铸铁和铜合金			
		切削深度 a_p/mm							
		2	3	5	8	2	3	5	8
		进给量 f/(mm/r)							
40×40	150		0.6	0.5~0.7			0.7~1.2	0.5~0.9	0.4~0.5
	300		0.4~0.7	0.3~0.6			0.6~0.9	0.4~0.7	0.3~0.4
60×60	150		0.9~1.2	0.8~1.0	0.6~0.8		1.0~1.5	0.8~1.2	0.6~0.9
	300		0.7~1.0	0.5~0.8	0.4~0.7		0.9~1.2	0.7~0.9	0.5~0.7
75×75	300		0.9~1.3	0.8~1.1	0.7~0.9		1.1~1.6	0.9~1.3	0.7~1.0
	500		0.7~1.0	0.6~0.9	0.5~0.7			0.7~1.1	0.6~0.8
	800		0.4~0.7	0.5~0.7				0.6~0.8	

注：1. 在加工材料强度低，背吃刀量小的情况下取进给量较大值，反之取进给量较小值。

　　2. 在加工断续表面和有冲击的情况下，表中进给量数值乘以系数 0.75~0.85。

　　3. 加工耐热钢与合金钢时，进给量数值最大不超过 1.0mm/r。

　　4. 加工淬火钢时，进给量应减小，当钢硬度为 44~56HRC 时表中进给量数值乘以系数 0.6；当钢硬度为 57~62HRC 时表中数值乘以 0.5。

表 1-4-18　切断及车槽的进给量（硬质合金车刀和高速钢车刀）

切断刀				车槽刀				
切断刀宽度 B/mm	刀头长度 L/mm	工件材料		车槽刀的宽度 B/mm	刀头长度 L/mm	刀杆截面/(mm×mm)	工件材料	
		钢	灰铸铁				钢	灰铸铁
		进给量 f/(mm/r)					进给量 f/(mm/r)	
2	15	0.07~0.09	0.10~0.13	6	16	10×16	0.17~0.22	0.24~0.32
3	20	0.10~0.14	0.15~0.20	10	20		0.10~0.14	0.15~0.21
5	35	0.19~0.25	0.27~0.37	6	20	12×20	0.19~0.25	0.27~0.36
	65	0.10~0.13	0.12~0.16	8	25		0.16~0.21	0.22~0.30
				12	30		0.14~0.18	0.20~0.26
6	45	0.20~0.26	0.28~0.37	10	30	16×25	0.21~0.28	0.30~0.40
	75	0.11~0.15	0.16~0.22	14	30		0.20~0.27	0.29~0.39
8	50	0.27~0.36	0.39~0.52	16	40		0.16~0.21	0.23~0.31
	100	0.13~0.18	0.20~0.26	18	30	20×30	0.34~0.44	0.48~0.64
				20	50		0.18~0.24	0.26~0.35

注：加工 R_m≤0.588GPa 的钢及硬度小于 1.80HBW 的铸铁时取进给量较大值；加工 R_m>0.588GPa 的钢及硬度大于 180HBW 的铸铁时取进给量较小值。

表 1-4-19　外圆车削切削速度

工件材料	热处理状态	硬度（HBW）	硬质合金车刀			高速钢车刀
			$a_p = 0.3 ~ 2mm$ $f = 0.08 ~ 0.3mm/r$	$a_p = 2 ~ 6mm$ $f = 0.3 ~ 0.6mm/r$	$a_p = 6 ~ 10mm$ $f = 0.6 ~ 1mm/r$	
			切削速度 v/(m/s)			
低碳钢 易切钢	热轧	143~207	2.333~3.0	1.667~2.0	1.167~1.50	0.417~0.750
中碳钢	热轧	179~255	2.17~2.667	1.5~1.83	1.0~1.333	0.333~0.5
	调质	200~250	1.667~2.17	1.167~1.5	0.833~1.167	0.25~0.417
	淬火	347~547	1.0~1.333	0.667~1.0		

（续）

工件材料	热处理状态	硬度（HBW）	硬质合金车刀			高速钢车刀
			$a_p = 0.3 \sim 2mm$ $f = 0.08 \sim 0.3mm/r$	$a_p = 2 \sim 6mm$ $f = 0.3 \sim 0.6mm/r$	$a_p = 6 \sim 10mm$ $f = 0.6 \sim 1mm/r$	
			切削速度 $v/(m/s)$			
合金结构钢	热轧	$212 \sim 269$	$1.667 \sim 2.17$	$1.167 \sim 1.5$	$0.833 \sim 1.167$	$0.33 \sim 0.5$
	调质	$200 \sim 293$	$1.333 \sim 1.83$	$0.833 \sim 1.167$	$0.667 \sim 1.0$	$0.167 \sim 0.333$
工具钢	退火		$1.50 \sim 2.0$	$1.0 \sim 1.333$	$0.833 \sim 1.1637$	$0.333 \sim 0.50$
不锈钢			$1.167 \sim 1.333$	$1.0 \sim 1.167$	$0.833 \sim 1.0$	$0.250 \sim 0.417$
灰铸铁		<190	$1.50 \sim 2.0$	$1.0 \sim 1.333$	$0.833 \sim 1.167$	$0.333 \sim 0.50$
		$190 \sim 225$	$1.333 \sim 1.833$	$0.833 \sim 1.167$	$0.67 \sim 1.0$	$0.25 \sim 0.417$
高锰钢(13%Mn)			$0.167 \sim 0.333$			
铜及铜合金			$3.333 \sim 4.167$	$2.0 \sim 3.0$	$1.5 \sim 2.0$	$0.833 \sim 1.167$
铝及铝合金			$5.0 \sim 10.0$	$3.333 \sim 6.667$	$2.5 \sim 5.0$	$1.667 \sim 4.167$
铸铝合金(7%~13%Si)			$1.667 \sim 3.0$	$1.333 \sim 2.5$	$1.0 \sim 1.67$	$0.667 \sim 1.333$

注：切削钢及灰铸铁时刀具寿命为3600~5400s。

表 1-4-20　车削时切削力及切削功率的计算公式

计算公式	
主切削力 F_c/N	$F_c = 9.81 \times 60^{Z_{FZ}} \times C_{FZ} \times a_p^{X_{FZ}} \times f^{Y_{FZ}} \times v^{Z_{FZ}} \times K_{KF} \times K_{\Gamma F} \times K_{\Lambda F}$
切削功率 P_c/kW	$P_c = F_c v \times 10^{-3}$

公式中的系数及指数						
加工材料	刀具材料	加工形式	公式中的系数及指数			
			C_{FZ}	X_{FZ}	Y_{FZ}	Z_{FZ}
结构钢及铸钢 $R_m = 0.637GPa$	硬质合金	外圆纵车、横车及车孔	270	1.0	0.75	-0.15
		切槽及切断	367	0.72	0.8	0
	高速工具钢	外圆纵车、横车及车孔	180	1.0	0.75	0
		切槽及切断	222	1.0	1.0	0
		成形车削	191	1.0	0.75	0

注：1. 公式中切削速度 v 的单位为 m/s。
　　2. 结构钢及铸钢的强度单位为 GPa。

表 1-4-21　加工钢及铸铁刀具几何参数改变时，切削力的修正系数

参数		刀具材料	修正系数	
名称	数值			
主偏角 κ_r	30	硬质合金	K_{KF}	1.08
	45			1.0
	60			0.94
	75			0.92
	90			0.89
前角 γ_0	-15	硬质合金	$K_{\Gamma F}$	1.25
	-10			1.2
	0			1.1
	10			1.0
	20			0.9
刃倾角 λ_s	5	硬质合金	$K_{\Lambda F}$	0.75
	0			1.0
	-5			1.25
	-10			1.5
	-15			1.7

表1-4-22 传动轴机械加工工艺过程卡

机械加工工艺过程卡		产品型号	JSX	零部件图号	JSX-006				共1页	第1页
		产品名称	减速箱	零部件名称	传动轴					

材料牌号	45	毛坯种类	热轧圆钢	毛坯外形尺寸	φ60mm×265mm	每毛坯可制件数	1	每台件数	1		

工序号	工序名称	工序内容	设备	工艺装备 夹具	刀具	量具	工时 准备	单件
1	钳	φ60mm×265mm	锯床			钢直尺		
2	车	1) 夹外圆，伸出长度30mm，车右端面见平，钻中心孔 2) 拉出，一夹一顶，粗车φ45mm、φ35mm处外圆，留余量2mm 3) 调头，夹φ45mm并靠台肩，车另一端，保证总长250mm，钻中心孔 4) 一夹一顶，粗车左端φ52mm、φ35mm、φ30mm、M24mm处外圆，各外圆留余量2mm	车床	自定心卡盘	车刀，中心钻	游标卡尺 0~300mm		
3	热	调质处理220~240HBW	车床					
4	钳	修研两端中心孔						
5	车	1) 两顶尖装夹，半精车φ45mm、φ35mm，M24mm外圆，留余量0.5mm；半精车环槽3处，倒外角3处，车螺纹M24×1.5-6g至尺寸 2) 调头，两顶尖装夹，半精车φ35mm、φ30mm，M24mm外圆，留余量0.5mm；半精车环槽3处，倒外角4处；倒外角3处，车螺纹M24×1.5-6g至尺寸	车床	双顶尖	车刀，螺纹车刀	游标卡尺 0~300mm，螺纹环规		
6	钳	划两个键槽及一个止动垫圈槽加工线	钳工台		V形铁、划针			
7	铣	1) 铣键槽12mm×36mm、8mm×16mm，键槽深度要求参考总磨削余量 2) 铣止动垫圈槽6mm×16mm，保证20.5mm至尺寸	铣床	分度头、顶尖	铣刀	百分表、游标卡尺 0~125mm		
8	钳	修研两端中心孔	车床	油石				
9	磨	1) 磨外圆φ(35±0.08)mm、φ(30±0.065)mm至尺寸 2) 调头，磨外圆φ(35±0.08)mm、φ(30±0.065)mm至尺寸	外圆磨床	双顶尖	砂轮	外径千分尺 25~50mm，百分表等		
10	检验	检验轴的尺寸、位置、跳动、表面粗糙度等						
编制		日期		校对	日期	审核	日期	

表 1-4-23 传动轴的机械加工工序卡

机械加工工序卡	产品型号及规格	JSX 减速箱	图 号	JSX-006	工序名称	磨外圆	工艺文件编号	
	材料牌号及名称	45	毛坯外形尺寸		名 称	传动轴	号	
	零件毛重		零件净重				硬度	
	设备型号	MW1420C	设备名称	外圆磨床				
		专用工艺装备	名 称		代 号			
	机动时间	15min	单件工时定额	90min	每合件数			
		技 术 等 级		切削液	乳化液			

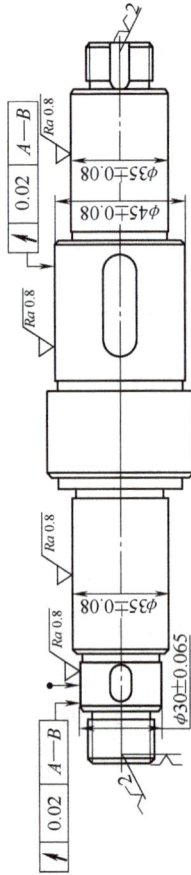

工序号	工步号	工序及工步内容	刀具 名称规格	量检具 名称规格	切削用量			
					切削速度/(m/s)	背吃刀量/mm	工件速度/(m/min)	转速/(r/min)
9	1	磨外圆面 φ(45±0.08) mm、φ(35±0.08) mm（右侧）至尺寸	砂轮	外径千分尺（25～50mm）	120	0.03	25	
	2	调头，磨外圆面 φ(35±0.08) mm（左侧）、φ(30±0.065) mm 至尺寸	砂轮		120	0.03	25	
					校对	编制	会签	复制
修改标记	处 数	文件号	签字	日期	修改标记	处数	文件号	签字	日期

三、拓展性知识

装配尺寸链。

无论是产品设计时，还是在制订装配工艺、确定装配方法及解决装配质量问题时，都需应用尺寸链理论来分析计算装配尺寸链。

在产品设计时，根据机械产品性能指标及装配工艺的经济性，确定装配精度要求，然后通过装配尺寸链的分析计算，确定出各部件、零件的尺寸精度、形状精度和位置精度。

在制订装配工艺时，通过装配尺寸链的分析计算，以确定最佳的装配工艺方案；在装配过程中，通过装配尺寸链的分析计算，找到保证装配精度的措施。

1. 装配尺寸链的基本概念

图 1-4-13 所示为 CA6140 型车床主轴局部的装配简图。双联齿轮块空套于轴上，其径向配合应有间隙 N_d，N_d 的大小决定于齿轮内孔直径尺寸 D 和与其配合处的主轴直径尺寸 d。这三个尺寸构成了一个最简单的装配尺寸链。由于轴孔配合问题，已有国家标准可以选用，在通常的场合下不必另外进行计算了。

其次，图 1-4-13 中齿轮在轴向也必须有适当的间隙，以保证转动灵活，又不至于引起过大的轴向窜动，故又规定了轴向间隙量 N 为 0.05~0.2mm。由图中可见，N 的大小决定于尺寸 A_1、A_2、A_3、A_4、A_k 的数值。有

$$N = A_1 - A_2 - A_3 - A_4 - A_k$$

由于它们处于平行的状态，此装配尺寸链为一线性装配尺寸链。

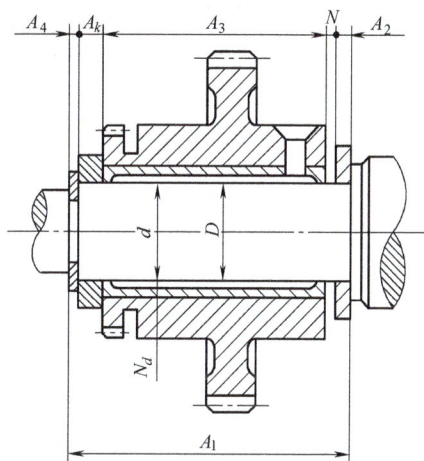

图 1-4-13　装配尺寸链实例

根据以上实例，对装配尺寸链的概念归结如下：在机械的装配关系中，由相关零件的尺寸或相互位置关系（如平行度、垂直度、同轴度等）所组成的尺寸链，称为装配尺寸链。

装配尺寸链的封闭环即为装配精度或技术要求。因为它是由零件、部件上有关尺寸和位置关系所间接保证的。

在装配关系中，对装配精度产生直接影响的那些零件的尺寸和位置关系，是装配尺寸链的组成环。组成环也可分为增环和减环。

装配尺寸链可以按照各环的几何特征和所处空间位置大致分为线性尺寸链（由长度尺寸组成，且彼此平行）、角度尺寸链（由角度或平行度、垂直度所组成）、平面尺寸链（由成角度关系布置的长度尺寸构成，且处于同一个平面或彼此平行的平面内）和空间尺寸链。通常的装配尺寸链大部分是线性尺寸链或角度尺寸链。

由于机械结构较为复杂，因此，装配尺寸链也相应复杂。一般同一台机械会有若干个装配尺寸链，其中某些装配尺寸链之间彼此有关联。尺寸链与尺寸链间也存在复杂的串联和并联。某一个组成环也许会是几个不同装配尺寸链的公共组成环。

2. 装配尺寸链的建立

当运用装配尺寸链的原理去分析和解决装配精度问题时，首先要正确地建立起装配尺寸

链，即正确地确定封闭环，并根据封闭环的要求查明各组成环。

如前所述，装配尺寸链的封闭环为产品或部件的装配精度。为了正确地确定封闭环，必须深入了解产品的使用要求及各部件的作用，明确设计者对产品及部件提出的装配技术要求。为正确查找各组成环，需仔细分析产品或部件的结构，了解各零件连接的具体情况。查找组成环的一般方法是：取封闭环两端的那两个零件为起点，沿着装配精度要求的位置方向，以相邻件装配基准间的联系为线索，分别由近及远地去查找装配关系中影响装配精度的有关零件，直至找到同一个基准零件或同一基准表面为止。这样，各有关零件上直线连接相邻零件装配基准间的尺寸或位置关系，即为装配尺寸链中的组成环。

建立装配尺寸链就是准确地找出封闭环和组成环，并画出尺寸链简图。

图 1-4-14 所示为车床主轴与尾座套筒中心线不等高简图，在机床检验标准中规定最大不等高偏差为 0~0.06mm，且只许尾座高，这就是封闭环。分别由封闭环两端那两个零件，即主轴轴线和尾座套筒孔的中心线起，由近及远，沿着垂直方向可以找到三个尺寸，A_1、A_2 和 A_3 直接影响装配精度，是组成环。其中，A_1 是主轴轴线至主轴箱的安装基准之间的距离，A_3 是尾座套筒孔中心线至尾座体的装配基准之间的距离，A_2 是尾座体的安装基准至尾座垫板的安装基准之间的距离。A_1 和 A_2 都以导轨平面为共同的安装基准，尺寸链封闭。图 1-4-15 为车床不等高尺寸链简图。

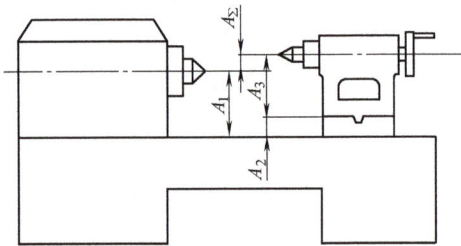

图 1-4-14　车床主轴与尾座套筒中心线不等高简图

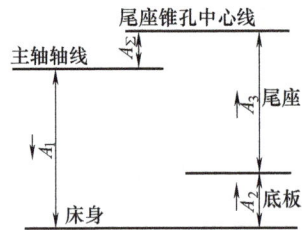

图 1-4-15　车床不等高尺寸链简图

由于装配尺寸链比较复杂，并且同一装配结构中装配精度要求往往有几个，需在不同方向（如垂直方向、水平方向、径向和轴向等）分别查找，容易混淆，因此，在查找时要十分细心。通常，易将非直接影响封闭环的零件尺寸拉入装配尺寸链，使组成环数增加，每个组成环可能分配到的制造公差减小，增加制造的困难。为避免出现这种情况，坚持下面两点是十分必要的。

（1）装配尺寸链的简化原则　机械产品的机构通常都比较复杂，对某项装配精度有影响的因素很多，在查找装配尺寸时，在保证装配要求的前提下，可略去那些影响较小的因素，从而简化装配尺寸链。

图 1-4-16 为车床主轴与尾座套筒中心线等高装配尺寸。影响该项装配精度的因素除 A_1、A_2、A_3 三个尺寸外还有

e_1——主轴滚动轴承外圈与内孔的同轴度误差；

e_2——尾座顶尖套锥孔与外圆的同轴度误差；

e_3——尾座顶尖套与尾座孔配合间隙引起的向下偏移量；

e_4——床身上安装主轴箱和尾座的平导轨间的高度差。

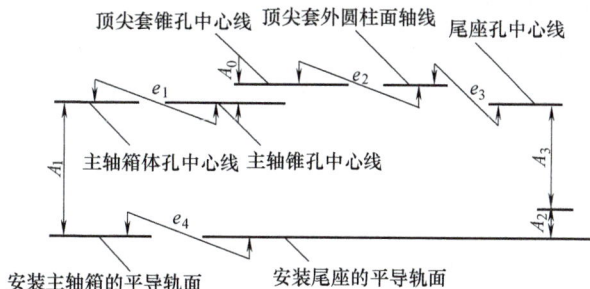

图 1-4-16 车床主轴与尾座套筒中心线等高装配尺寸

由于 e_1、e_2、e_3、e_4 的数值相对 A_1、A_2、A_3 的误差是较小的，故装配尺寸链可简化。但在精密装配中，应计入对装配精度有影响的所有因素，不可随意简化。

（2）尺寸链组成的最短路线原则　由尺寸链的基本理论可知，在装配要求给定的条件下，组成环数目越少，则各组成环所分配到的公差值越大，零件的加工越容易和经济。

在查找装配尺寸链时，每个相关的零件、部件只能有一个尺寸作为组成环列入装配尺寸链，即将连接两个装配基准面间的位置尺寸直接标注在零件图上。这样，组成环的数目就应等于有关零件、部件的数目，即一件一环，这就是装配尺寸链的最短路线原则。

图 1-4-17a 所示的齿轮装配轴向间隙尺寸链就体现了一件一环的原则。如果把图中的主轴尺寸标注成图 1-4-17b 所示的两个尺寸，则违反了一件一环的原则，如主轴以两个尺寸进入装配尺寸链，显然会缩小各环的公差。

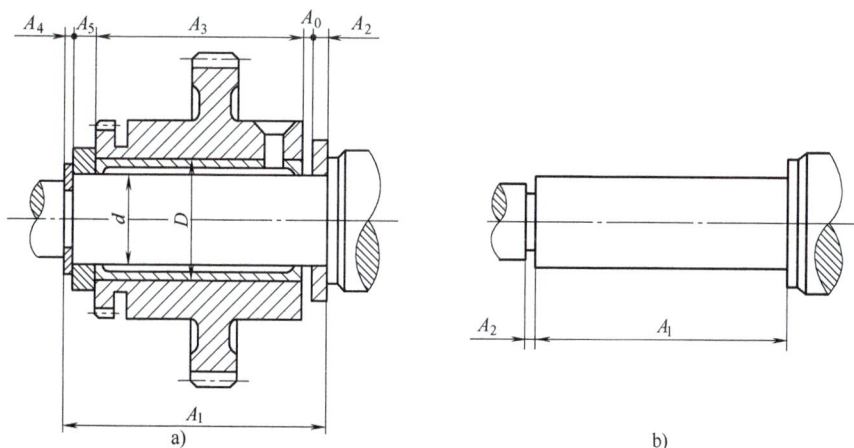

图 1-4-17 装配尺寸链一件一环原则

3. 装配尺寸链的计算方法

（1）极值法　极值法的基本公式是 $T_0 \geqslant \sum T_i$。有关计算式用于装配尺寸链时，常有下列几种情况。

1）正计算：用于验算设计图样中某项精度指标是否能够达到，即装配尺寸链中的各组成环的公称尺寸和公差确定得正确与否，这项工作在制订装配工艺规程时也是必须进行的。

2）反计算：就是已知封闭环，求解组成环。用于产品设计阶段。根据装配精度指标来计算和分配各组成环的公称尺寸和公差。这种问题解法多样，需根据零件的经济加工精度和恰当的装配工艺方法来具体确定分配方案。

3）中间计算：常用在结构设计时，将一些难加工的和不宜改变其公差的组成环的公差先确定下来，其公差值应符合国家标准，并按"入体原则"标注。然后将一个比较容易加工或容易装拆的组成环作为试凑对象，这个环称为"协调环"。

（2）概率法　概率法的基本算式是 $T_0 = \sqrt{\sum T_i^2}$ 。

极值法的优点是简单可靠。但其封闭环与组成环的关系是在极端情况下推演出来的。即各项尺寸要么是上极限尺寸，要么是下极限尺寸。这种出发点与批量生产中工件尺寸的分布情况显然不符，因此，造成组成环公差很小，制造困难。在封闭环要求高，组成环数目多时，尤其是这样。

从加工误差的统计分析中可以看出，加工一批零件时，尺寸处于公差中心附近的零件属多数，接近极限尺寸的是极少数。在装配中，碰到极限尺寸零件的机会不多，而在同一装配中的零件恰恰都是极限尺寸的机会就更为少见。所以应从统计角度出发，把各个参与装配的零件尺寸当作随机变量才是合理的、科学的。

用概率法的好处在于放大了组成环的公差，而仍能保证达到装配精度要求。对于这个问题，在前面进行过论述。尚需说明的是：由于应用概率法时需要考虑各环的分布中心，算起来比较繁琐。因此，在实际计算时常将各环改写成平均尺寸，公差按双向等偏差标注。计算完毕后，再按"入体原则"标注。

4. 装配尺寸链解算举例

例1-4-6　图1-4-18所示为双联转子泵的轴向装配关系图，要求的轴向间隙为0.05～0.15mm，$A_1 = 41mm$，$A_3 = 7mm$，$A_2 = A_4 = 17mm$。求各组成环的公差及偏差。

解：本题属于"反计算"问题。各组成环公差可利用"相依尺寸公差法"进行。即选定一个"相依尺寸"。现就"极值法"和"概率法"分别计算如下。

（1）极值法计算

1）分析和建立尺寸链，尺寸链如图1-4-19所示。封闭环的尺寸是 $A_0 = 0^{+0.15}_{+0.05}mm$，验算封闭环的尺寸为

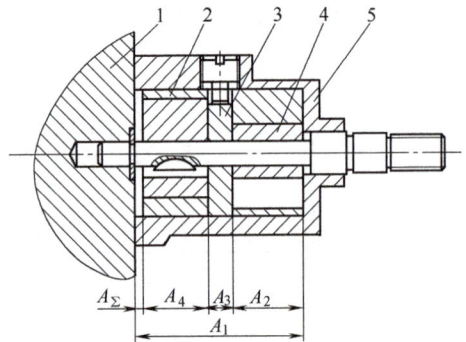

图1-4-18　双联转子泵的轴向装配关系图

1—机体　2—外转子　3—隔板　4—内转子　5—壳体

$$A_0 = \overrightarrow{A_1} - (\overleftarrow{A_2} + \overleftarrow{A_3} + \overleftarrow{A_4}) = 41mm - (17 + 7 + 17)mm = 0$$

各环的公称尺寸正确。

2）确定各组成环公差。隔板3容易在平面磨床上磨削，精度容易达到，公差可以给小些，因此，选定为协调件，其尺寸 A_3 就是"相依尺寸"。如果用符号 $T(A)$ 表示尺寸 A 的公差，则有

因为 $T(A_0) = (0.15 - 0.05)mm = 0.1mm$

所以 $T_{CP}(A_i) = \dfrac{T(A_0)}{n-1} = \dfrac{0.1}{5-1}mm = 0.025mm$

根据加工的难易程度调整各组成环的公差为

$T(\overrightarrow{A_1}) = 0.049\text{mm}$，$T(\overleftarrow{A_2}) = T(\overleftarrow{A_4}) = 0.018\text{mm}$，"相依尺寸"公差为

$$T(\overleftarrow{A_3}) = T(A_0) - [T(\overrightarrow{A_1}) + T(\overleftarrow{A_2}) + T(\overleftarrow{A_4})]$$

$$= [0.1 - (0.049 + 0.018 + 0.018)]\text{mm} = 0.015\text{mm}$$

在调整各组成环的公差时，可根据零件上各加工面的经济加工精度以及生产实践的经验进行。

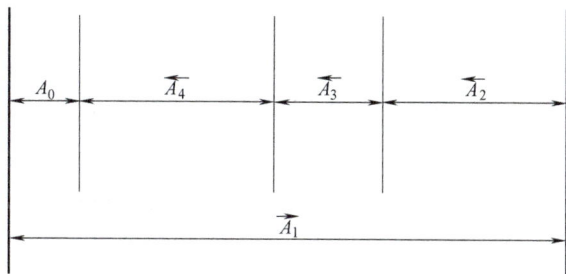

图 1-4-19　轴向装配尺寸链简图

3）计算"相依尺寸"极限偏差。按单向"入体原则"确定各组成环极限偏差：$\overleftarrow{A_2} = \overleftarrow{A_4} = 17_{-0.018}^{0}\text{mm}$，$\overrightarrow{A_1} = 41_{0}^{+0.049}\text{mm}$，由于相依尺寸是减环，"相依尺寸"$A_3$的极限偏差可由尺寸链计算公式求得。若用 $B_s(A)$ 表示尺寸 A 的上极限偏差；$B_x(A)$ 表示尺寸 A 的下极限偏差，则有

$$B_s(\overleftarrow{A_3}) = -B_x(A_0) + B_x(\overrightarrow{A_1}) - B_s(\overleftarrow{A_2}) - B_s(\overleftarrow{A_4})$$

$$= (-0.05 + 0 - 0 - 0)\text{mm} = -0.05\text{mm}$$

$$B_x(\overleftarrow{A_3}) = -B_s(A_0) + B_s(\overrightarrow{A_1}) - B_x(\overleftarrow{A_2}) - B_x(\overleftarrow{A_4})$$

$$= [-0.15 + 0.049 - (-0.018) - (-0.018)]\text{mm} = 0.065\text{mm}$$

所以相依尺寸的极限偏差为 $\overleftarrow{A_3} = 7_{-0.065}^{-0.05}\text{mm}$。

（2）概率法计算

1）分析与建立尺寸链，并验算相依尺寸。

$$\overleftarrow{A_3} = -A_0 + \overrightarrow{A_1} - \overleftarrow{A_2} - \overleftarrow{A_4} = (0 + 41 - 17 - 17)\text{mm} = 7\text{mm}$$

2）计算相依尺寸公差。先求各环的平均公差

$$T_{cp}(A_i) = \frac{T(A_0)}{\sqrt{n-1}} = \frac{0.10}{\sqrt{4}}\text{mm} = 0.05\text{mm}$$

再根据各零件加工难易程度及经济加工精度确定各环公差，并按"入体原则"，求得 $\overrightarrow{A_1} = 41_{0}^{+0.07}\text{mm}$，$\overleftarrow{A_2} = \overleftarrow{A_4} = 17_{-0.043}^{0}\text{mm}$。$A_3$ 因为容易加工，将其确定为"相依尺寸"，并且是减环，故 A_3 的公差为

$$T(\overleftarrow{A_3}) = \sqrt{T(A_0)^2 - T(\overrightarrow{A_1})^2 - T(\overleftarrow{A_2})^2 - T(\overleftarrow{A_4})^2}$$

$$= \sqrt{0.1^2 - 0.07^2 - 0.043^2 - 0.043^2}\text{mm} = 0.037\text{mm}$$

3）求相依尺寸的平均偏差。按平均偏差的定义，可知各环的平均偏差为

$$B_M(\overrightarrow{A_1}) = \frac{0.07}{2}\text{mm} = 0.035\text{mm}$$

$$B_M(\overleftarrow{A_2}) = B_M(\overleftarrow{A_4}) = \frac{0-0.043}{2}\text{mm} = -0.0215\text{mm}$$

$$B_M(A_0) = \frac{0.15+0.05}{2}\text{mm} = 0.1\text{mm}$$

$$B_M(\overleftarrow{A_3}) = -B_M(A_0) + B_M(\overrightarrow{A_1}) - B_M(\overleftarrow{A_2}) - B_M(\overleftarrow{A_4})$$
$$= (-0.1+0.035+0.0215+0.0215)\text{mm} = -0.022\text{mm}$$

4）求相依尺寸的上、下极限偏差。

$$B_s(\overleftarrow{A_3}) = \left(-0.022 + \frac{0.037}{2}\right)\text{mm} = -0.0035\text{mm}$$

$$B_x(\overleftarrow{A_3}) = \left(-0.022 - \frac{0.037}{2}\right)\text{mm} = -0.0405\text{mm}$$

5）求相依尺寸。

$$A_3 = 7^{-0.0035}_{-0.0405}\text{mm}$$

例 1-4-7　车床的主轴与尾座锥孔的等高度计算，其装配尺寸链如图 1-4-20 所示。

已知主轴轴线到车床床身的距离 $A_1 = 202\text{mm}$，尾座高度 $A_3 = 156\text{mm}$，底板厚度 $A_2 = 46\text{mm}$，封闭环为主轴轴线与尾座锥孔中心线的不等高度 $A_0 = 0^{+0.06}_{0}\text{mm}$，只允许尾座高于主轴轴线。采用修配法。

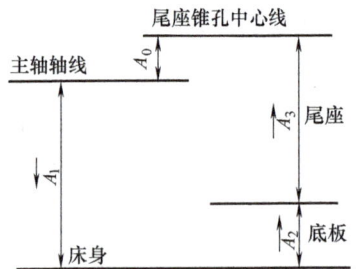

图 1-4-20　车床装配尺寸链

解：计算修配法装配尺寸链时应注意正确选择好修配环，在保证修配量足够且最小原则下计算修配环尺寸。修配环被修配后对封闭环尺寸变化的影响有两种情况，解尺寸链时应分别保证如下条件。

1）随着修配环尺寸的修配（减小），而封闭环尺寸变大，则必须使封闭环的实际上极限尺寸 $A_{0\text{max}}$ 等于装配要求所规定的最大尺寸 $A'_{0\text{max}}$，即 $A_{0\text{max}} = A'_{0\text{max}}$。

2）随着修配环尺寸的修配（减小），而封闭环尺寸变小，则必须使封闭环的实际下极限尺寸 $A_{0\text{min}}$ 等于装配要求所规定的最小尺寸 $A'_{0\text{min}}$，即 $A_{0\text{min}} = A'_{0\text{min}}$。

解题步骤如下。

1）确定修配环，判别修配后对封闭环的影响。根据修配环选择原则，确定 A_2 为修配环，修配后 A_2 减小，使封闭环的尺寸也减小，属于第二种情况。

2）确定各组成环的公差及修配环以外的各组成环的极限偏差。根据各种加工方法的经济精度确定各组成环的公差值（查工艺有关手册），并按对称分布标注除修配环以外各组成环的极限偏差。标注为：$A_1 = 202\pm0.05\text{mm}$，$A_3 = 156\pm0.05\text{mm}$，$T(A_2) = 0.15\text{mm}$（精刨）。

3）确定修配方法及最小修配余量。如采用刮研法进行修配，则最小修配余量 $Z_n = 0.15\text{mm}$（查表，或按经验确定）。

4）计算最大的修配余量。

$$Z_k = \sum_{i=1}^{n-1} T(A_i) - T(A_0) + Z_n$$

$$= [(0.1+0.1+0.15) - 0.06 + 0.15]\text{mm} = 0.44\text{mm}$$

式中　A_i——所有的组成环。

5）计算修配环的偏差。因为只允许后顶尖高，当前后顶尖中心线刚好重合时，$A_0 = 0$，最小修刮量为0。此时若 A_1 处于上极限尺寸，则 A_2、A_3 必处于下极限尺寸。因而有下列等式

$$A_{1\max} = A_{2\min} + A_{3\min}$$

由此可求出 $A_{2\min} = A_{1\max} - A_{3\min} = (202.05 - 155.95)\text{mm} = 46.10\text{mm}$。由于 $T(A_2) = 0.15\text{mm}$，所以 $A_2 = 46.15^{+0.15}_{0}\text{mm} = 46^{+0.40}_{+0.25}\text{mm}$。

但是，这时修刮量为0。为保证接触刚度，必须保证最小修刮量0.15mm。那么 A_2 需要加厚0.15mm。即

$$A_2 = 46.15^{+0.25}_{+0.10}\text{mm} = 46^{+0.40}_{+0.25}\text{mm}$$

至此，各组成环公称尺寸及上、下极限偏差确定完毕。运用这些尺寸可以计算出最大修刮量为0.44~0.50mm。这个数值对修刮加工来说偏大。

为了减小最大修刮量，可改用合并加工修配法。就是将尾座与尾座垫板组装后镗削尾座套筒孔。此时 A_2、A_3 两个尺寸由一个合并加工尺寸 A_{32} 代替进入装配尺寸链，将原来的4环尺寸链变为3环尺寸链。

若仍取 $T(A_1) = 0.1\text{mm}$，则 $A_1 = 202 \pm 0.05\text{mm}$，$A_{32} = 202\text{mm}$，$T(A_{32})$ 也取0.1mm，其公差带布置需经计算确定。仍按前述算法，当中心线重合时，有 $A_{1\max} = A_{32\min} = 202.05\text{mm}$，因此

$$A_{32} = 202.05^{+0.1}_{0}\text{mm} = 202^{+0.15}_{+0.05}\text{mm}$$

再考虑到最小修刮量0.15mm，则

$$A_{32} = 202.15^{+0.15}_{+0.05}\text{mm} = 202^{+0.3}_{+0.2}\text{mm}$$

各尺寸及极限偏差确定完毕。按此，可算出最大修刮量为0.29~0.35mm。与前面计算相比，刚好减少一个精刨的经济公差0.15mm。这就是由合并加工修配法所得到的效果。

例1-4-8　图1-4-21a所示为车床主轴大齿轮装配图。按装配技术要求，当隔套（$\overleftarrow{A_2}$）、齿轮（$\overleftarrow{A_3}$）、垫圈固定调整件（$\overleftarrow{A_k}$）和弹性挡圈（$\overleftarrow{A_4}$）装在轴上后，齿轮的轴向间隔 A_0 应在0.05~0.2mm范围内。其中 $\overrightarrow{A_1} = 115\text{mm}$，$\overleftarrow{A_2} = 8.5\text{mm}$，$\overleftarrow{A_3} = 95\text{mm}$，$\overleftarrow{A_4} = 2.5\text{mm}$，$A_k = 9\text{mm}$。试确定各尺寸的极限偏差及调整件各组尺寸与极限偏差。

解：装配尺寸链如图1-4-21b所示。

各组成环其公差与极限偏差按经济加工精度及偏差"入体原则"确定如下。

$$\overrightarrow{A_1} = 115^{+0.20}_{+0.05}\text{mm}, \overleftarrow{A_2} = 8.5^{0}_{-0.10}\text{mm}, \overleftarrow{A_3} = 95^{0}_{-0.10}\text{mm}, \overleftarrow{A_4} = 2.5^{0}_{-0.12}\text{mm}$$

按极值法计算，应满足下式

$$T_0 \geqslant T_1 + T_2 + T_3 + T_4 + T_k$$

代入各公差值，上式为

$$0.15\text{mm} \geqslant 0.15\text{mm} + 0.1\text{mm} + 0.1\text{mm} + 0.12\text{mm} + T_k$$

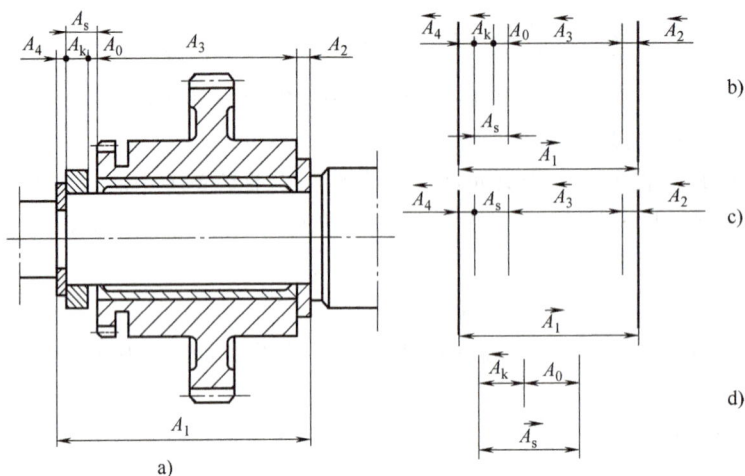

图 1-4-21 固定调整法装配示意图

$$0.15\text{mm} \geq 0.47\text{mm} + T_k$$

上式中，$T_1 \sim T_4$ 的累积值为 0.47mm，已大于封闭环公差 $T_0 = 0.15$mm，故无论调整环公差 T_k 是何值，均无法满足尺寸链的公差关系式，也即无法补偿封闭环公差的超差部分。为此，可将尺寸链中未装入调整件 A_k 时的轴向间隙（称为"空位"尺寸，用 A_s 表示）分成若干尺寸段，相应调整环也分成同等数目的尺寸组，不同尺寸段的空位尺寸用相应尺寸组的调整环装入，使各段空位内的公差仍能满足尺寸链的公差关系。

固定调整法计算主要是确定调整环的分组数及各组调整环尺寸。

1）确定调整环的分组数。为便于分析，现将图 1-4-21b 分解为图 1-4-21c 和图 1-4-21d，分别表示含空位尺寸 A_s 及空位尺寸 A_s 内的尺寸链。

图 1-4-21c 中，空位尺寸 A_s 可视为封闭环。则

$$T_s = T_1 + T_2 + T_3 + T_4 = 0.47\text{mm}$$

$$\begin{aligned}
A_{s\max} &= \overrightarrow{A}_{1\max} - (\overleftarrow{A}_{2\min} + \overleftarrow{A}_{3\min} + \overleftarrow{A}_{4\min}) \\
&= [115.20 - (8.4 + 94.9 + 2.38)]\text{mm} = 9.52\text{mm}
\end{aligned}$$

$$\begin{aligned}
A_{s\min} &= \overrightarrow{A}_{1\min} - (\overleftarrow{A}_{2\max} + \overleftarrow{A}_{3\max} + \overleftarrow{A}_{4\max}) \\
&= [115.05 - (8.5 + 95 + 2.5)]\text{mm} = 9.05\text{mm}
\end{aligned}$$

由此得 $A_s = 9^{+0.52}_{+0.05}$mm。

由图 1-4-21d 所示尺寸链中，A_0 为封闭环。

现将空位尺寸 A_s 均分为 Z 段（相应调整环 A_k 也分为 Z 组），则每一段空位尺寸的公差为 $\dfrac{T_s}{Z}$。若各组调整环的公差相等，均为 T_k，则各段空位尺寸内的公差关系应满足下式

$$\frac{T_s}{Z} + T_k \leq T_0$$

由此得出空位尺寸的分段数（也即调整环 A_k 的分组数）的计算公式为

$$Z \geq \frac{T_s}{T_0 - T_k}$$

本例中，按经济精度，取 $T_k = 0.03\text{mm}$ 代入

$$Z \geqslant \frac{0.47}{0.15 - 0.03} = \frac{0.47}{0.12} = 3.9$$

分组数不宜过多，以免给制造、装配和管理等带来不便，一般取 3~4 组为宜。当计算所得的分组数过多时，可调整有关组成环或调整环公差。

2）确定各组调整环的尺寸。本例中 $T_s = 0.47\text{mm}$ 均分 4 段，则每段空位尺寸的公差为 0.1185mm，取 0.12mm，可得各段空位尺寸为 $A_{s1} = 9^{+0.52}_{+0.40}\text{mm}$，$A_{s2} = 9^{+0.40}_{+0.28}\text{mm}$，$A_{s3} = 9^{+0.28}_{+0.16}\text{mm}$，$A_{s4} = 9^{+0.16}_{+0.04}\text{mm}$。

调整环相应也分成四组，根据尺寸链计算公式，可求

$$\overleftarrow{A}_{k1max} = \overrightarrow{A}_{s1min} - \overrightarrow{A}_{0min} = (9.40 - 0.05)\text{mm} = 9.35\text{mm}$$

$$\overleftarrow{A}_{k1min} = \overrightarrow{A}_{s1max} - \overrightarrow{A}_{0max} = (9.52 - 0.20)\text{mm} = 9.32\text{mm}$$

同理可求其余组调整件极限尺寸。按单向"入体原则"标注，各组调整件尺寸及极限偏差如下

$$A_{k1} = 9.35^{0}_{-0.03}\text{mm} \quad A_{k2} = 9.23^{0}_{-0.03}\text{mm}$$

$$A_{k3} = 9.11^{0}_{-0.03}\text{mm} \quad A_{k4} = 8.99^{0}_{-0.03}\text{mm}$$

3）列出补偿表。为方便装配，列出补偿表。调整件补偿作用表见表 1-4-24。

表 1-4-24　调整件补偿作用表　　　　　　　　　　　　　（单位：mm）

空位尺寸	调整件尺寸级别	调整件分级尺寸增量	装配后间隙
9.52~9.40	$A_{k1} = 9.35^{0}_{-0.03}$	-0.03~0	0.05~0.20
9.40~9.28	$A_{k2} = 9.23^{0}_{-0.03}$	0.09~0.12	0.05~0.20
9.28~9.16	$A_{k3} = 9.11^{0}_{-0.03}$	0.21~0.24	0.05~0.20
9.16~9.04	$A_{k4} = 8.99^{0}_{-0.03}$	0.33~0.36	0.05~0.20

1.4.4　任务实施

学生工作页

项目名称	项目1　编制轴类零件机械加工工艺				
任务名称	任务4　编制传动轴零件工艺文件		日　期		
班　级		姓　名		学　号	
任务分析与实施				学习方法	
1）按照图样加工传动轴需要哪些设备和刀具？ 2）根据传动轴图样确定传动轴加工的技术难点是什么？ 3）根据工艺路线，计算各道工序尺寸。				独立思考 小组讨论	
练　习　题					
一、选择题 　1. 某法兰盘零件上有一孔 $\phi 58^{+0.013}_{0}\text{mm}$，孔径的设计尺寸为 $\phi 58^{+0.013}_{0}\text{mm}$，工艺过程为粗镗、半精镗、磨削，各工序的工序尺寸为磨削 $\phi 58\text{mm}$，半精镗 $\phi 57.6\text{mm}$，粗镗 $\phi 56\text{mm}$，毛坯孔 $\phi 49\text{mm}$，则各工序的工序余量为：磨削_____，半精镗_____，粗镗_____，毛坯余量_____。					

2. 有一轴类零件经过粗车——半精车——粗磨——精磨达到设计尺寸 $\phi 30_{-0.013}^{0}$ mm。各工序的加工余量及工序尺寸公差见表1-4-25。试计算各工序尺寸及其极限偏差，并将其填入表中空白处。

表 1-4-25　各工序加工余量、尺寸公差及极限偏差

工序名称	加工余量/mm	工序尺寸公差/mm	工序尺寸及其极限偏差/mm
精磨	0.1	0.013	
粗磨	0.4	0.033	
半精车	1.5	0.052	
粗车	6	0.21	
毛坯		±1.5	

3. 某零件孔的设计要求为 $\phi 200_{0}^{+0.046}$ mm，表面粗糙度 Ra 值为 0.8μm，毛坯为铸铁件，其加工工艺路线为：毛坯——粗镗——半精镗——精镗——浮动镗，求各工序尺寸，填入表1-4-26。

表 1-4-26　各工序加工余量、尺寸公差及其极限偏差

工序名称	加工余量	工序尺寸公差/mm	工序尺寸及其极限偏差
浮动镗			
精镗			
半精镗			
粗镗			
毛坯			

二、计算题

1. 图 1-4-22 所示零件需要用铣削加工 P 平面，设计要求保证尺寸 A，$A = 15_{-0.03}^{+0.08}$ mm。已知：其尺寸 C 已经在前工序加工完成，测量得到尺寸变动范围 $C = 30_{+0.002}^{+0.007}$ mm，且知道本机床的加工精度，能够保证 B 尺寸精度为 $B = 15_{0}^{+0.09}$ mm，问：此工序能否保证尺寸 A 的设计要求？

2. 图 1-4-23 所示为轴套零件 1，在车床上已加工好外圆、内孔及各表面，现需在铣床上以端面 A 定位铣出表面 C，保证尺寸 $20_{-0.2}^{0}$ mm，试计算铣此缺口时的工序尺寸。

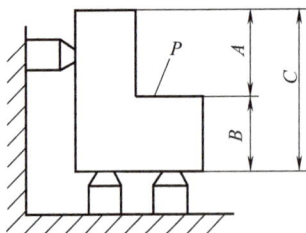

图 1-4-22　长方体零件

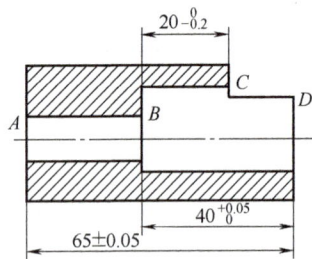

图 1-4-23　轴套零件 1

3. 图 1-4-24 所示为轴套零件 2，图样要求保证尺寸 10±0.1mm，但这一尺寸不便直接测量，只好通过度量尺寸 L 来间接保证。试求工序尺寸 L 及其上、下极限偏差。

4. 图 1-4-25 所示某轴类零件局部剖面图，设计要求为：轴径尺寸为 $\phi 40_{-0.05}^{0}$ mm，键槽深度尺寸为 34.5$_{-0.20}^{0}$ mm，其加工顺序为：①车外圆至尺寸 $\phi 40.4_{-0.10}^{0}$ mm；②铣键槽至尺寸 A；③磨外圆至尺寸 $\phi 40_{-0.05}^{0}$ mm。试确定铣键槽的工序尺寸 A。

（续）

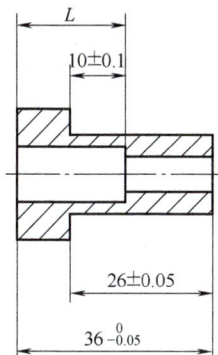

图 1-4-24　轴套零件 2

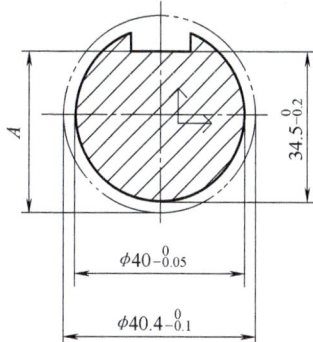

图 1-4-25　轴类零件

5. 在 CA6140 型车床上车削外圆,已知:

工件毛坯直径为 $\phi70$mm,加工长度为 400mm;加工后工件尺寸为 $\phi60_{-0.1}^{0}$mm,表面粗糙度 Ra 值为 3.2μm;工件材料为 40Cr($R_m = 700$MPa);采用焊接式硬质合金外圆车刀(牌号为 P10),刀杆截面尺寸为 16mm×25mm,刀具切削部分几何参数为 $\gamma_o = 10°$,$\alpha_o = 6°$,$\kappa_r = 45°$,$\kappa_r' = 10°$,$\lambda_s = 0°$,$\gamma_\varepsilon = 0.5$mm,$b_r = 0.2$mm。试为该工序确定切削用量(CA6140 型车床纵向进给机构允许的最大作用力为 3500N)。

任 务 总 结

请各小组对本阶段的内容进行汇总并以 PPT 形式汇报。

1.4.5　任务评价与反思

学生进行自评和互评,评价自己与同组同学是否能完成零件图的识读、零件图的工艺分析、编制工艺文件等,是否按时完成报告内容等成果资料、有无任务遗漏。教师对学生的评价内容包括:报告书写是否工整规范,报告内容数据是否真实合理、阐述是否详细、认识体会是否深刻等。

（1）学生进行自我评价,并将结果填入附表 1 中。

（2）学生以小组为单位,对以上学习任务中的过程和结果进行互评,将互评结果填入附表 2 中。

（3）教师对学生工作过程与工作结果进行评价,并将评价结果填入附表 3 中。

1.4.6　任务拓展

加工图 1-1-20 所示的轴零件,材料为 45,大批量生产,制订其加工工艺规程。

职业拓展——机械工业对国家发展的重要性

机械工业是我国调整经济结构的重头戏,关系到经济的造血能力、扩大内需能力、科技的蓄积能力和开发创新能力,发展机械工业也是提升生产效率最重要的手段之一。机械工业是各种科技人才的蓄水池,要求生产人员具备综合的素质和全面的技能。机械工业实力越强,科技人才效率越高,拉动社会生产力发展的效果越明显。

我国的机械工程科学虽已取得长足进展,但与国际先进水平仍存在很大差距。在本领域学术界，人们期待着诞生更多在国际上有重大影响的科技成果和著名科学家，拥有一大批国际一流的国家实验室和工程研究中心，创造大量自主创新的重大科技成果并转化为生产力。

而在科学向产业过渡的领域中，伴随着企业生产规模的日益扩大，面对优秀机械工程类人才稀缺的现状，机械工程师无疑将扮演越来越重要的角色，在机电、材料、制造、信息、电子等领域的研发、生产和管理工作中发挥作用。

请你谈一谈"机械工业对国家发展的重要性"的理解。

项目2　编制套筒类零件机械加工工艺

学习情境描述

　　某工厂生产管理部下发连接套零件图，该零件为中批量加工，车间技术组要求结合车间的设备情况，确定该连接套的毛坯规格，以便转交工厂采购部门备料；同时拟定该连接套零件工艺方案，编制该连接套零件的工艺文件并下发各车间加工班组，准备投入生产；然后车间生产调度下达车间加工工作任务，任务完成后提交成品及检验报告。

学习目标

终极目标

会编制套筒类零件的机械加工工艺。

促成目标

1）会分析连接套零件的工艺性能，会选用连接套零件的毛坯，并能够确定加工方案。

2）会确定连接套零件的加工顺序及工艺路线。

3）会编制连接套零件的机械加工工艺文件。

任务1　分析连接套零件工艺性能

2.1.1　任务单

项目名称	编制套筒类零件机械加工工艺	任务名称	分析连接套零件工艺性能	建议学时	4
任务描述	某设备企业需加工图 2-1-1 所示连接套零件,要求利用现有设备完成连接套零件的加工任务,生产件数为 5000 件。根据要求分析该连接套零件的工艺性能。				

（续）

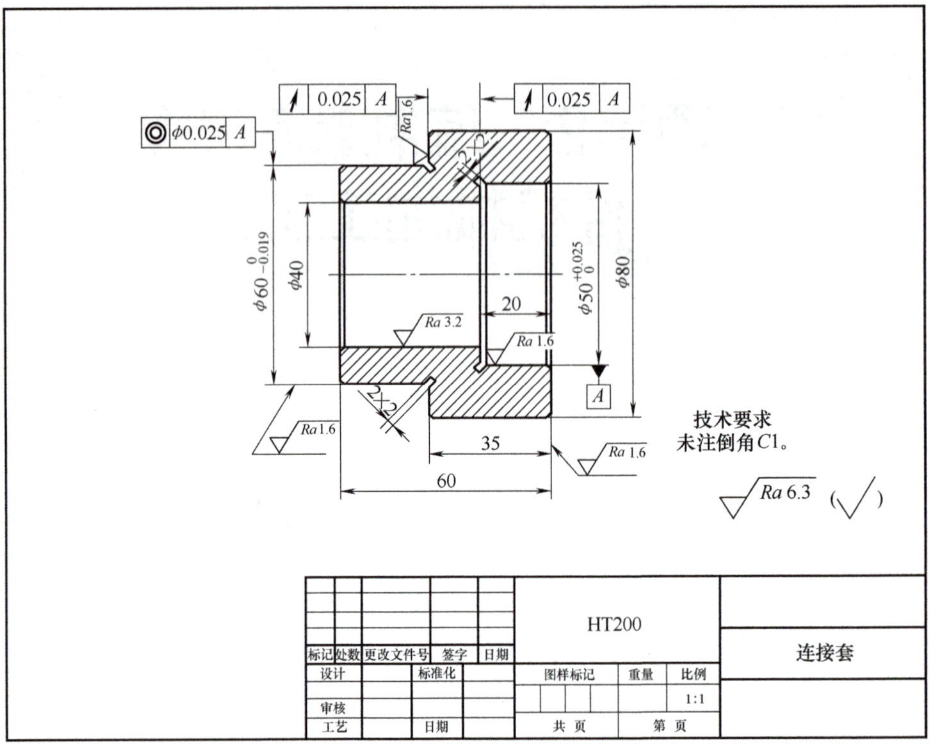

图 2-1-1　连接套零件图

	素养目标	知识目标	能力目标
任务 目标	1）增强自信自强。 2）锻炼审辨思维。 3）追求精益求精。 4）强化自我管理。 5）深化劳动观念。	1）掌握机床和工艺装备的选择原则。 2）掌握时间定额的定义和组成。 3）掌握工艺方案的经济分析。	1）能根据零件的技术要求，确定各工序采用的机床和工艺装备。 2）能根据零件的技术要求，计算时间定额。 3）能对工艺方案进行经济分析。

任务 要求	1. 根据要求完成分工并做好工作准备 1）为了高效高质量地完成本任务，采用自愿的方式组建项目团队。 2）小组需要收集相关信息，并将收集的资料进行汇总和整理。拟定一份思维导图，以确定小组需要查找的内容及组员分工。 3）小组需将整理后的资料展示给其他组学员，并思路清晰地进行讲述。 2. 根据所获取的信息进行分析处理 1）根据图样，获取连接套零件的形状、尺寸、加工质量要求信息。 2）分析连接套零件的各项技术要求。 3）根据连接套零件的技术要求，确定各工序采用的机床和工艺装备。 4）根据连接套零件的技术要求，计算时间定额，并对工艺方案进行经济分析。 3. 分组要求 4~6人一组，将分组情况与任务分工填入表 2-1-1 中。

(续)

表 2-1-1 学生任务分配表

任务要求	班级		组号		指导教师	
	组长		学号			
	组员	姓名	学号		任务分工	

考核方式	1)物化成果考核。 2)参与度考核。
物化成果	1)零件分析方案(含作业计划)。 2)汇报 PPT 等。

2.1.2 引导问题

1) 机床的选择有哪些原则?

2) 什么是时间定额?它由哪些组成?

3) 如何对产品进行经济分析?

2.1.3 任务资讯

一、相关实践知识

套筒类零件概述。

1. 套筒类零件的结构特点

套筒类零件在机器中的应用非常广泛,主要起着支承和导向作用,例如,支承回转轴的各种形式的滑动轴承、夹具中的钻套、内燃机上的气缸套、液压系统的液压缸及一般用途的套筒等都属于套筒类零件,如图 2-1-2 所示。

套筒类零件的结构因用途不同而异,但一般都具有以下特点。

1) 零件壁薄,易变形。

2) 零件结构简单,主要表面为同轴度要求较高的内外圆表面。

3) 外圆直径一般小于零件的长度,长径比大于 5 时为长套筒。

2. 套筒类零件的主要技术要求

套筒类零件的主要表面是内孔和外圆,它们在机器中所起的作用不同,技术要求差别也较大。根据使用情况可提出如下技术要求。

(1) 内孔的技术要求 套筒内孔主要起支承或导向作用,通常与运动着的轴、刀具或活塞配合。

1) 尺寸精度。内孔的直径尺寸公差等级一般为 IT7,精密轴套为 IT6,气缸和液压缸由

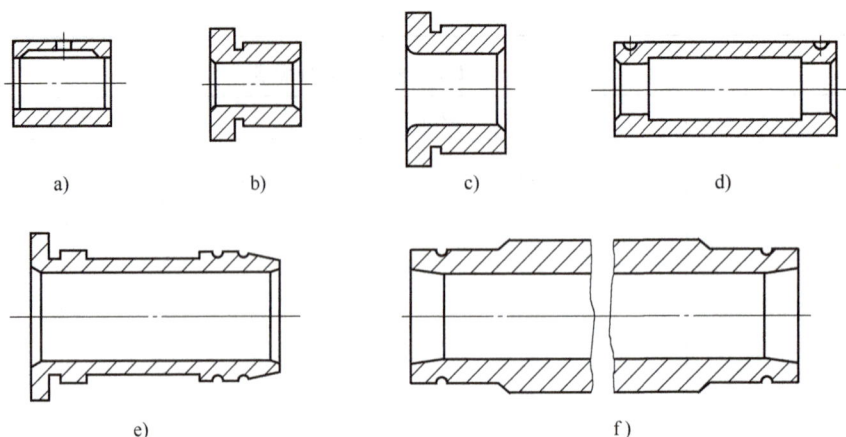

图 2-1-2　套筒类零件的结构形式

a)、b) 滑动轴承　c) 钻套　d) 轴承衬套　e) 气缸套　f) 液压缸

于与其相配的活塞上有密封圈，要求较低，通常为 IT9。

2）形状精度。内孔的形状精度应控制在孔径公差以内，一些精密套筒控制在孔径公差的 $1/3 \sim 1/2$，甚至更严格。对于较长的套筒，除了有圆度要求外，还应有孔的圆柱度要求。

3）表面质量。为了保证零件的功用和提高其耐磨性，孔的表面粗糙度值要求为 $Ra2.5 \sim 0.16\mu m$，某些精密套筒要求更高，可达 $Ra0.04\mu m$。

（2）外圆的技术要求　套筒类零件的外圆表面多以过盈或过渡配合与机架或箱体孔相配合起支承作用。

1）外径尺寸公差等级通常为 IT7 ～ IT6。

2）形状精度控制在外径公差以内。

3）表面粗糙度值为 $Ra3.2 \sim 0.63\mu m$。

（3）各主要表面间的位置精度要求

1）内外圆之间的同轴度。内外圆的同轴度一般要根据加工与装配要求而定。若套筒内孔是装入机座之后再进行最终加工的，对套筒内外圆间的同轴度要求较低；若内孔是在装配前进行最终加工的，则同轴度要求较高，公差一般为 $0.01 \sim 0.05mm$。

2）孔中心线与端面的垂直度。套筒端面（或凸缘端面）如果在工作中承受轴向载荷，或是作为定位基准和装配基准时，端面与孔中心线有较高的垂直度或轴向圆跳动要求，公差一般为 $0.02 \sim 0.05mm$。

图 2-1-3 所示为液压缸缸体简图，根据其使用和装配要求，提出主要技术要求如下。

① 若为铸件，组织应紧密，不得有砂眼、针孔及疏松，必要时用泵验漏。

② 内孔光洁无纵向刻痕。

③ 两端面对内孔中心线的垂直度公差为 0.03mm。

④ 内孔圆柱度公差为 0.04mm。

⑤ 内孔中心线的直线度公差为 0.03mm。

⑥ 内孔对两端支承外圆（$\phi82h6$）的同轴度公差为 0.04mm。

3. 防止套筒产生变形的工艺措施

套筒零件的工艺特点是壁薄，切削加工时常受夹紧力、切削力、内应力和切削热等因素

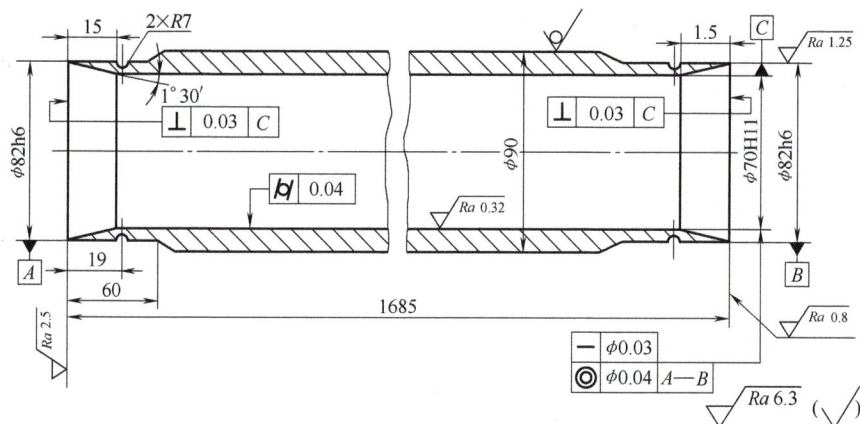

图 2-1-3　液压缸缸体

的影响而产生变形，为此应注意以下几点。

1）为减少切削力和切削热的影响，粗加工、精加工应分开进行。

2）为减少夹紧力的影响，将径向夹紧（图 2-1-4a）改为轴向夹紧（图 2-1-4b、c）；当需径向夹紧时，应尽量使径向夹紧力沿圆周均匀分布，或用弹性套来满足要求，如图 2-1-5 所示。

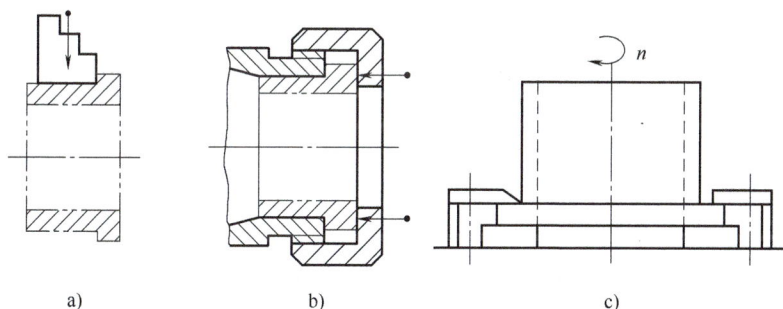

图 2-1-4　套筒的夹紧方式

3）为减小热处理变形的影响，将热处理工序安排在粗加工后、精加工前进行，并适当放大精加工余量，以便使热处理引起的变形在精加工中得以纠正。

4. 套筒类零件的材料及毛坯

套筒类零件一般是用钢、铸铁、青铜或黄铜等材料制成。有些滑动轴承为了节省贵重金属，提高轴承的使用寿命，常采用双金属结构，以离心铸造法

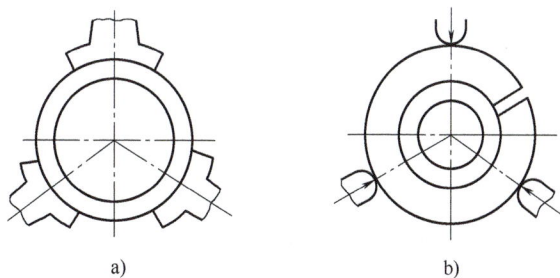

图 2-1-5　套筒的径向夹紧方式
a）采用专用卡爪夹紧　b）采用弹性套夹紧

在钢或铸铁套内壁上浇注巴氏合金等轴承合金材料。有些强度和硬度要求较高的套，如镗床主轴套筒等，可选用优质合金钢，如 18Cr2Ni4WA、38CrMoAlA 等。

套筒类零件的毛坯选择与其材料、结构尺寸有关。孔径较大（如 d>20mm）时，一般选

用带孔的铸件、锻件或无缝钢管；孔径较小（如 $d \leqslant 20\text{mm}$）时，可采用实心铸件或热轧、冷拉棒料。大批量生产时可采用冷挤压和粉末冶金等先进的毛坯制造工艺，既提高了生产率又节约了金属材料。

二、相关理论知识

（一）机床和工艺装备的确定

在拟定工艺路线时，必须同时确定各工序所采用的机床、设备及工艺装备。机床和工装的选择应尽量做到合理、经济，使之与被加工零件的生产类型、加工精度和零件的形状尺寸相适应。

1. 机床的选择

机床选择应考虑以下基本原则。

1）机床的加工规格范围应与零件的外部形状、尺寸相适应。

2）机床的精度应与工序要求的加工精度相适应。

3）机床的生产率应与被加工零件的生产类型相适应。单件小批量生产宜选通用机床，大批大量生产宜选高生产率的专用机床、组合机床或自动机床。

4）机床的选择应与现有条件相适应，做到尽量发挥现有设备的作用，并尽量做到设备负荷平衡。

2. 刀具的选择

刀具选择包括刀具的类型、构造和材料的选择。主要应根据加工方法，工序应达到的加工精度、表面粗糙度，工件的材料，以及生产率和经济性等因素加以考虑。原则上尽量采用标准刀具，必要时采用各种高生产率的复合刀具。

3. 量具的选择

1）量具的选择应做到量具的精度应与零件的加工精度相适应。

2）量具的量程应与被测零件的尺寸大小相适应。

3）量具的类型应与被测表面的性质（是孔或外圆，尺寸值还是形状位置值）、生产类型、生产方式相适应。

按量具的极限尺寸选择量具时，应保证

$$TK \geqslant \delta$$

式中　T——被测尺寸的公差值（mm）

　　　K——测量精度系数（表 2-1-2）；

　　　δ——测量工具和测量方法的最大允许误差（表 2-1-3）。

例如：为测量尺寸为 $\phi80\text{f}7 \left(^{-0.03}_{-0.06}\right)$ mm 的外圆，选用何种测量工具？

尺寸 $\phi80\text{f}6 \left(^{-0.03}_{-0.06}\right)$ mm，公差值 $T = 0.03\text{mm}$，在表 2-1-2 中查得 $K = 0.3$，则允许的度量误差为 $TK = 0.03 \times 0.3\text{mm} = 0.009\text{mm}$。

查表 2-1-3 可知这一尺寸可用 50~100mm 的外径千分尺测量。

部分通用量具的测量范围和用途见表 2-1-4。

表 2-1-2　测量精度系数 K

被测尺寸的公差等级	IT5	IT6	IT7	IT8	IT9	IT10	IT11~IT16
测量精度系数 K	0.325	0.30	0.275	0.25	0.20	0.15	0.10

表 2-1-3　千分尺和游标卡尺的最大允许误差

测量工具名称	被测尺寸分段/mm		
	0~50	>50~100	>100~150
	最大允许误差/μm		
外径千分尺	4	5	6
内径千分尺	4	5	6

测量工具名称	被测尺寸分段/mm		
	0~70	0~150	0~200
	最大允许误差/μm		
用分度值为 0.02mm 的游标卡尺			
测量外尺寸	±0.02	±0.03	±0.03
测量内尺寸	+0.02 0	+0.02 0	+0.02 0
用分度值为 0.05mm 的游标卡尺			
测量外尺寸	±0.05	±0.05	±0.05
测量内尺寸	+0.04 0	+0.04 0	+0.04 0

表 2-1-4　部分通用量具的技术特性　　　　　（单位：mm）

量具名称	用途	测量范围	分度值			
游标卡尺 （GB/T 21389—2008）	用于测量工件的内径、深度、外径、长度、高度	0~70	0.01	0.02	0.05	0.10
		0~150	0.01	0.02	0.05	0.10
		0~200	0.01	0.02	0.05	0.10
		0~300	0.01	0.02	0.05	0.10
游标深度卡尺 （GB/T 21388—2008）	用于测量工件的沟槽深、孔深、台阶高度及类似尺寸	0~100	0.01	0.02	0.05	0.10
		0~150	0.01	0.02	0.05	0.10
		0~200	0.01	0.02	0.05	0.10
		0~300	0.01	0.02	0.05	0.10
游标高度卡尺 （GB/T 21390—2008）	用于测量工件的高度和进行精密划线	0~150	0.01	0.02	0.05	0.10
		150~400	0.01	0.02	0.05	0.10
		400~600	0.01	0.02	0.05	0.10
指示表 （GB/T 1219—2008）	用于测量工件的几何形状和相互位置的正确性及位移量,并可用比较法测量工件的长、宽、高	≤5	0.001			
		≤10	0.002			
		≤100			0.01	0.10
内径指示表 （GB/T 8122—2004）	采用比较法测量工件的内径及其几何形状的正确性和位移量	6~450	0.001	0.01		
游标万能角度尺 （GB/T 6315—2008）	用于测量工件或样板的内、外角度	0°~320°	2′	5′		
		0°~360°	2′	5′		

（续）

量具名称	用途	测量范围	分度值
各种标准或专用的极限验规（塞规、量规、卡规、环规）	检验相应的孔径、外径、槽宽、螺钉及螺纹孔等	用于成批以上生产	
检验样板	检验相应的曲线、曲面或组合表面	用于成批以上生产	

（二）时间定额与经济分析

1. 时间定额

（1）定义　时间定额指在一定生产条件（生产规模、生产技术和生产组织）下规定生产一件产品或完成一道工序所需消耗的时间。时间定额是安排作业计划、进行成本核算、确定设备数量和人员编制等的重要依据。

（2）时间定额的组成　时间定额由基本时间（T_b）、辅助时间（T_a）、布置工作地时间（T_s）、休息与生理需要时间（T_r）以及准备与终结时间（T_e）组成。

1）基本时间 T_b：直接改变生产对象的尺寸、形状、相对位置以及表面状态等工艺过程所消耗的时间，称为基本时间。对机械加工而言，基本时间就是切去金属所消耗的时间。

2）辅助时间 T_a：各种辅助动作所消耗的时间，称为辅助时间。主要指装卸工件、开停机床、改变切削用量、测量工件尺寸、进退刀等动作所消耗的时间。辅助时间可查表确定。

3）作业时间 T_B：T_B = 基本时间 T_b + 辅助时间 T_a。

4）布置工作地时间 T_s：布置工作地时间指为正常操作服务所消耗的时间。主要指换刀、修整刀具、润滑机床、清理切屑、收拾工具等所消耗的时间，一般按操作时间的 2% ~ 7% 进行计算。

5）休息与生理需要时间 T_r：为恢复体力和满足生理卫生需要所消耗的时间，称为休息与生理需要时间，一般按操作时间的 2% 进行计算。

6）准备与终结时间 T_e：为生产一批零件，进行准备和结束工作所消耗的时间，称为准备与终结时间。主要指熟悉工艺文件、领取毛坯、安装夹具、调整机床、拆卸夹具等所消耗的时间，可根据经验进行估算。

单件时间 T_c 为

$$T_c = T_b + T_a + T_s + T_r + T_e/n$$

式中　n——一批工件的数量。

2. 工艺方案的经济分析

经济分析是研究如何用最少的社会消耗、最低的成本生产出合格的产品，即通过比较各种不同工艺方案的生产成本，选出其中最为经济的加工方案。

（1）生产成本　生产成本是指制造一个零件或产品所必需的一切费用的总和。生产成本包括两部分费用。

1）工艺成本（第一类费用）：与完成工序直接有关的费用称为第一类费用，也称为工艺成本。工艺成本占零件生产成本的 70% ~ 75%。工艺成本可分为可变费用和不变费用。

① 可变费用 V（元/件）：是与零件年产量直接有关的费用。它随产量的增长而增长，如材料和制造费、生产用电费等。

② 不变费用 C（元）：是与产品年产量无直接关系的费用。它不随产量的变化而变化，如设备的折旧费。

2）第二类费用：与完成工序无关而与整个车间的全部生产条件有关的费用，称为第二类费用。这类费用包括非生产人员开支、厂房折旧及维护费、照明费、取暖费、通风费、运输费等。

（2）工艺方案的工艺成本比较　对各种工艺方案进行经济分析时，只要分析工艺成本即可，因为在同一生产条件下第二类费用基本上是相等的。

1）单件工艺成本 $S_单$

$$S_单 = V + \frac{C_年}{N_零}$$

单件工艺成本 $S_单$ 与零件的年生产纲领 $N_零$ 成双曲线关系，如图 2-1-6a 所示。

2）年度工艺成本 $S_年$

$$S_年 = N_零 V + C_年$$

式中　$N_零$——零件的年生产纲领。

年度工艺成本 $S_年$ 与零件的年生产纲领 $N_零$ 成线性正比关系，如图 2-1-6b 所示。

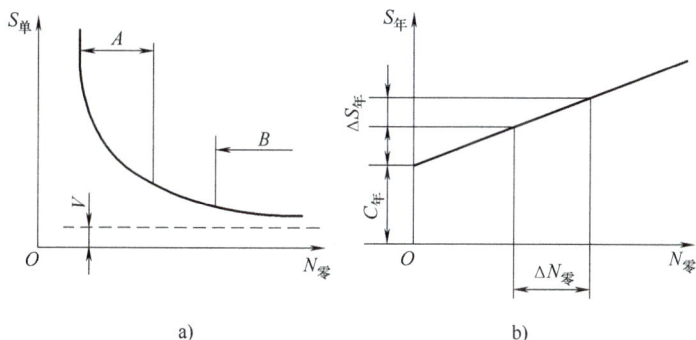

a)　　　　　　　　　b)

图 2-1-6　工艺成本与年生产纲领的关系

（3）分析比较　图 2-1-7 所示为两种加工方案的经济分析。其中，方案 I 采用通用机床加工；方案 II 采用数控机床加工。

由年度工艺成本 $S_年 = N_零 V + C_年$ 可知：

1）年度不变费用 $C_{年2} > C_{年1}$。

2）每件可变费用 $V_2 > V_1$

比较选择：

① 当 $N < N_c$ 时，宜采用方案 I 通用机床。

② 当 $N > N_c$ 时，宜采用方案 II 数控机床。

③ 当 $N = N_c$ 时，两种加工方案经济性相同。

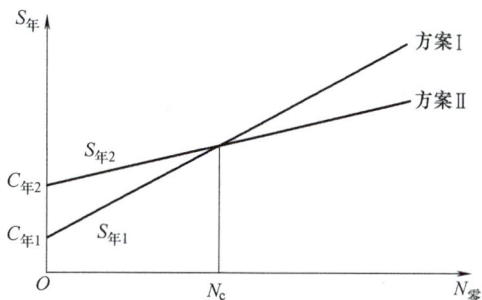

图 2-1-7　两种工艺方案的经济分析

2.1.4　任务实施

学生工作页

项目名称	项目2 编制套筒类零件机械加工工艺		
任务名称	任务1 分析连接套零件工艺性能	日　期	
班　级		姓　名	学　号

任务分析与实施	学习方法
1) 识读图 2-1-1 所示的连接套零件图,进行毛坯设计,并确定毛坯的种类、形状及尺寸。	
2) 本生产任务要加工的零件需要用哪种热处理方法? 为什么?	
3) 说明下面几何公差在连接套加工中的具体含义。 ◎ $\phi 0.025$ A　　 ╱ 0.025 A	独立思考 小组讨论
4) 要保证零件的技术要求,需采用哪些机床和工艺装备?	
5) 根据零件的时间要求,计算时间定额。	

练 习 题

一、填空题

1. 为了正确地确定时间定额,通常把完成一道工序所消耗的时间分为 _____、_____、_____、_____ 及 _____。

2. 布置工作地时间指为正常操作服务所消耗的时间,主要包括 _____、_____、_____、_____ 收拾工具等所消耗的时间。

3. 工艺成本按照与年产量的关系,分为 _____ 和 _____ 两部分。

二、判断题

1. 基本时间和辅助时间的总和称为作业时间。(　　　)

2. 提高劳动生产率的措施很多,技术性方面的措施涉及产品设计、制造工艺和组织管理等多个方面。(　　　)

3. 扩大零件的批量可以大大地缩减布置工作地时间。(　　　)

4. 布置工作地时间大部分消耗在更换刀具和调整刀具上,因此必须减少换刀次数,并缩减每次换刀时间和调刀时间。(　　　)

5. 采用主动测量或数字显示自动测量装置可以缩减辅助时间。(　　　)

6. 可变费用是与年产量有关,随年产量的增减而成比例变动的费用。(　　　)

三、单项选择题

1. 在机械加工中,直接改变生产对象的尺寸、形状、相对位置、表面状态或材料性质等的工艺过程所消耗的时间,称为(　　　)。
A. 单件时间　　　　B. 劳动时间　　　　C. 基本时间　　　　D. 辅助时间

2. 在零件的加工过程中,改变切削用量属于(　　　)。
A. 基本时间　　　　　　　　　　B. 布置工作地时间
C. 辅助时间　　　　　　　　　　D. 休息与生理需要时间

3. 在零件的加工过程中,引进或退出刀具属于(　　　)。
A. 基本时间　　　　　　　　　　B. 布置工作地时间
C. 辅助时间　　　　　　　　　　D. 休息与生理需要时间

4. 在零件的加工过程中,调整和更换刀具属于(　　　)。
A. 基本时间　　　　　　　　　　B. 布置工作地时间
C. 辅助时间　　　　　　　　　　D. 休息与生理需要时间

5. 在零件的加工过程中,清理切屑属于(　　　)。
A. 基本时间　　　　　　　　　　B. 布置工作地时间
C. 辅助时间　　　　　　　　　　D. 休息与生理需要时间

6. 在零件的加工过程中,刀具的切入和切出时间属于(　　　)。
A. 基本时间　　　　　　　　　　B. 布置工作地时间
C. 辅助时间　　　　　　　　　　D. 休息与生理需要时间

四、简答题

1. 加工图 2-1-8 所示的阶梯轴,材料为 45 钢,选择加工机床、车削加工用夹具和刀具。

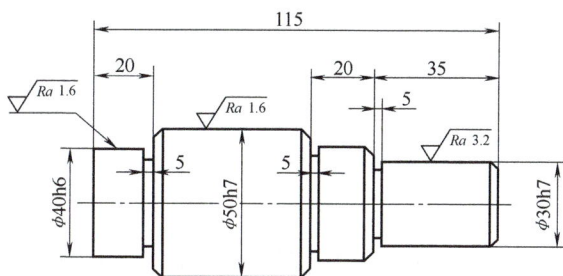

图 2-1-8 阶梯轴

2. 根据图 2-1-9 所示内容分析基本投资相近时,从经济性角度对不同工艺方案该如何选择?

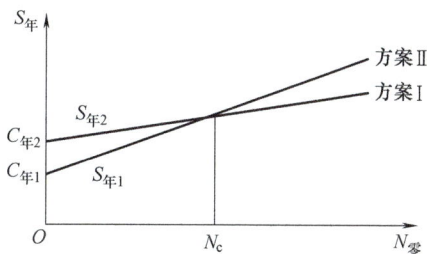

图 2-1-9 两种方案的经济分析

任 务 总 结

请各小组对本阶段的内容进行汇总并以 PPT 形式汇报。

2.1.5 任务评价与反思

学生进行自评和互评,评价自己与同组同学是否能完成零件图的识读、零件图的工艺分析、编制工艺文件等,是否按时完成报告内容等成果资料,有无任务遗漏。教师对学生的评价内容包括:报告书写是否工整规范,报告内容数据是否真实合理,阐述是否详细,认识体会是否深刻等。

1)学生进行自我评价,并将结果填入附表 1 中。

2)学生以小组为单位,对以上学习任务中的过程和结果进行互评,将互评结果填入附表 2 中。

3)教师对学生工作过程与工作结果进行评价,并将评价结果填入附表 3 中。

2.1.6 任务拓展

加工图 2-1-10 所示的滚筒零件,材料为 1060 挤压铝管,大批量生产,分析其工艺性能。

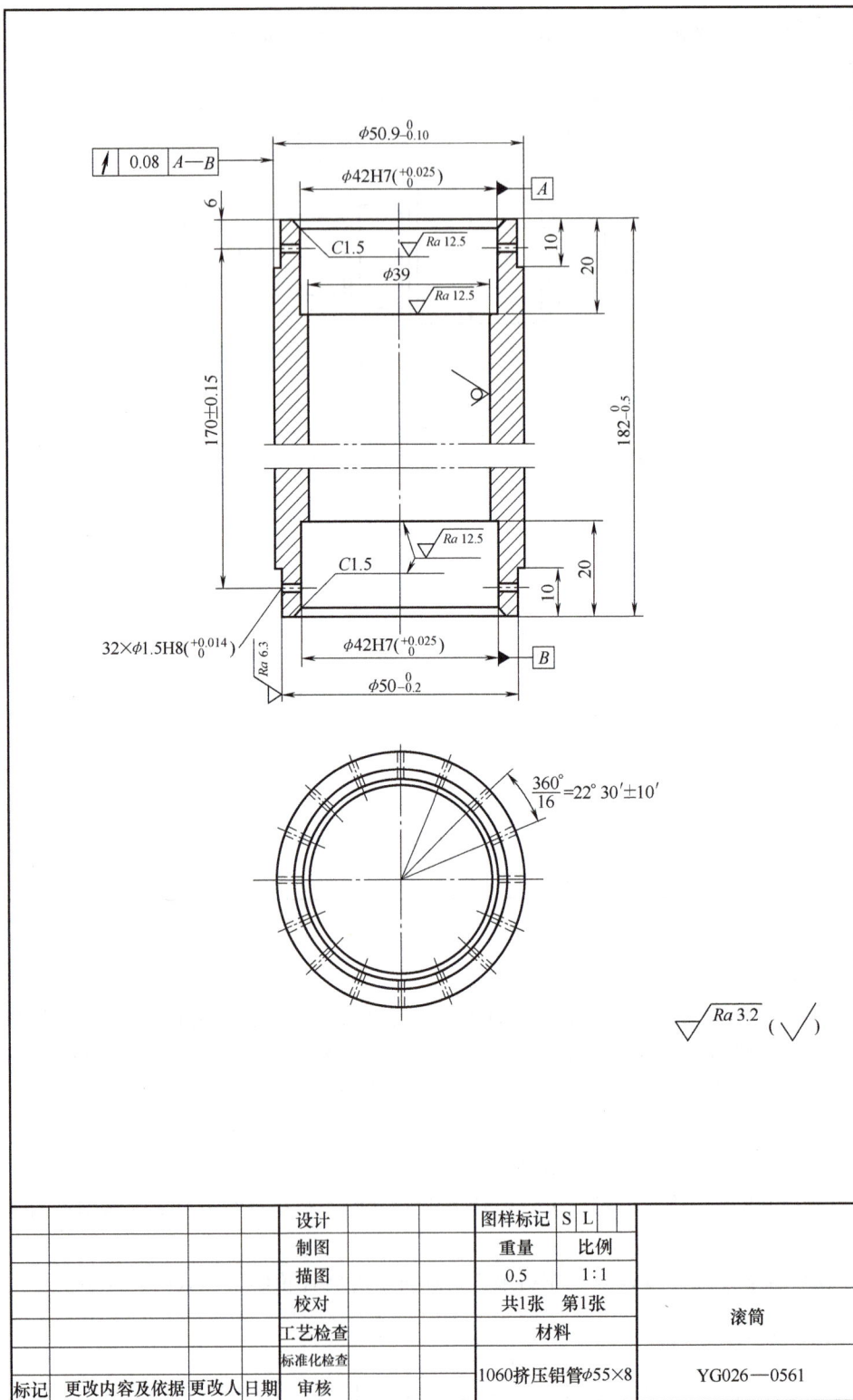

图 2-1-10 滚筒零件

					设计			图样标记	S	L			
					制图			重量		比例			
					描图			0.5		1:1			
					校对			共1张 第1张			滚筒		
					工艺检查			材料					
					标准化检查			1060挤压铝管φ55×8			YG026—0561		
标记	更改内容及依据	更改人	日期		审核								

任务2　确定连接套零件工艺方案

2.2.1　任务单

项目名称	编制套筒类零件机械加工工艺	任务名称	确定连接套零件工艺方案	建议学时	4
任务描述	某设备企业需加工图 2-2-1 所示连接套零件,要求利用现有设备完成连接套零件的加工任务,生产件数为5000件。根据要求确定连接套零件工艺方案。 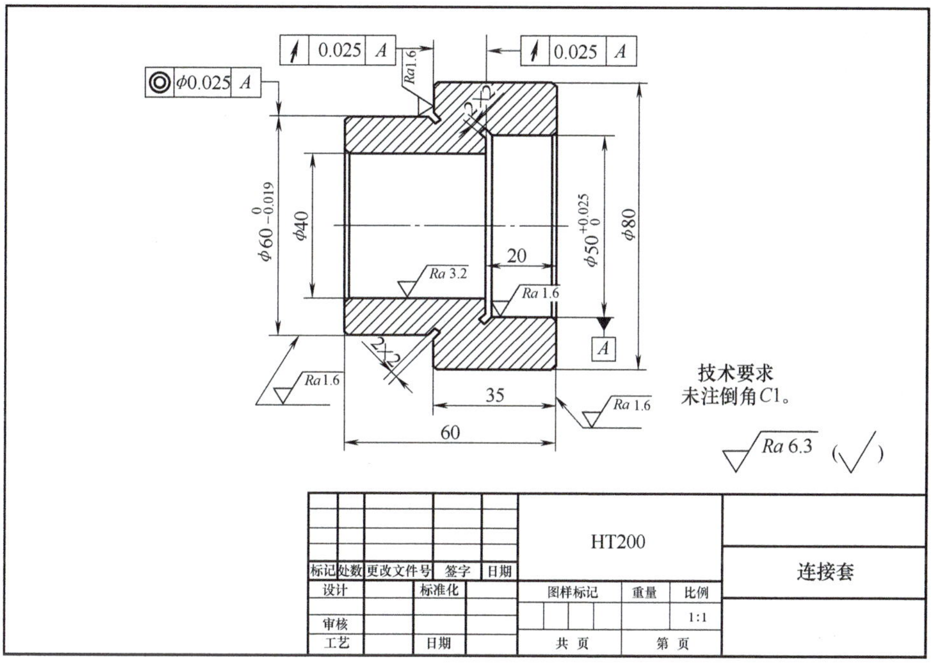 图 2-2-1　连接套零件图				
任务目标	**素养目标** 1)锻炼审辨思维。 2)增强创新意识。 3)加强自我管理。 4)深化劳动观念。 5)追求精益求精。	**知识目标** 1)掌握内孔加工方法的选择。 2)掌握加工精度和加工误差的概念。 3)掌握加工精度的获得方法。		**能力目标** 1)能根据零件的技术要求,确定各内孔表面的加工方案。 2)能根据不同的加工精度要求选择其获得方法。	
任务要求	1. 根据要求完成分工并做好工作准备 1)为了高效高质量地完成本任务,采用自愿的方式组建项目团队。 2)小组需要收集相关信息,并将收集的资料进行汇总和整理。拟定一份思维导图,以确定小组需要查找的内容及组员分工。 3)小组需将整理后的资料展示给其他组学员,并思路清晰地进行讲述。 2. 根据所获取的信息进行分析处理 1)确定连接套零件各表面的加工方案。 2)确定毛坯制造方法及毛坯尺寸。 3)根据各表面加工精度要求分析其获得的方法。				

（续）

任务要求	3. 分组要求 4~6 人一组,将分组情况与任务分工填入表 2-2-1 中。			

表 2-2-1　学生任务分配表

班级		组号		指导教师	
组长		学号			
组员	姓名	学号	任务分工		

考核方式	1)物化成果考核。 2)参与度考核。
物化成果	1)零件分析方案(含作业计划)。 2)汇报 PPT 等。

2.2.2　引导问题

1）什么是机械加工精度？加工精度的种类有哪些？

2）尺寸精度的获得方法有哪些？

3）形状精度的获得方法有哪些？

4）位置精度的获得方法有哪些？

2.2.3　任务资讯

一、相关实践知识

套筒类零件的机械加工工艺分析。

（1）加工方法的选择　大多数套筒类零件加工的关键主要是围绕如何保证内孔与外圆表面的同轴度、端面与其轴线的垂直度，相应的尺寸精度、形状精度和套筒零件易变形的工艺特点来进行的。在零件的加工顺序上，常采用以下两种方案。

微课 13：套筒类零件加工工艺

方案一：粗加工外圆——→粗加工、精加工内孔——→最终精加工外圆。这种方案适用于外圆表面是最重要表面的套筒类零件的加工。

方案二：粗加工内孔——→粗加工、精加工外圆——→最终精加工内孔。这种方案适用于内孔表面是最重要表面的套筒类零件的加工。

（2）保证套筒类零件表面位置精度的方法　套筒类零件内外表面的同轴度以及端面与孔中心线的垂直度一般均有较高的要求，为保证这些要求通常采用下列方法。

动画 13：支承块加工

1）在一次装夹中，完成内外表面及其端面的全部加工。这种安装方式可消除由于多次安装而带来的安装误差，获得较高的位置精度。但由于工序较集中，对尺寸较大的长套筒装夹不方便，故多用于尺寸较小轴套的车削加工。

2）主要表面的加工在几次装夹中完成。内孔与外圆互为基准，反复加工，每一工序都为下一工序准备了精度更高的定位基准面，因而可得到较高的位置精度。以精加工好的内孔作为定位基准面时，往往选用心轴作定位元件，心轴结构简单，且制造安装误差较小，可保证内外表面较高的同轴度要求，是套筒加工中常见的装夹方法。若以外圆为精基准加工内孔，因卡盘定心精度不高，易使套筒产生夹紧变形，故常采用经过修磨的自定心卡盘或弹性膜片卡盘等以获得较高的同轴度要求。

二、相关理论知识

（一）加工精度

1. 加工精度的概念

机器零件的加工质量包括加工精度和表面质量两个方面的指标，它们直接影响整台机器的使用性能和寿命。

在机械加工过程中，由于各种因素的影响，使刀具相对于工件的正确位置产生偏移，因而加工出的零件不可能与理想的要求完全符合。

所谓加工精度是指零件经过加工后几何参数（尺寸、形状及位置等参数）的实际值与理想值的符合程度。它们之间的差异值称为加工误差。任何加工方式都会存在一定的加工误差。加工精度在数值上通过加工误差的大小来表示，精度和误差是对同一问题的两种不同的描述，即精度越高、误差越小；精度越低、误差越大。

动画 14：
测量误差

零件的几何参数包括尺寸、形状和位置 3 个方面，故加工精度包括如下几项。

（1）尺寸精度　尺寸精度限制加工表面与其基准间的尺寸误差不超过一定的范围。

（2）形状精度　形状精度限制加工表面的宏观几何形状误差，如圆度、圆柱度、平面度和直线度。

（3）位置精度　位置精度限制加工表面与其基准间的相互位置误差，如平行度、垂直度、同轴度和位置度等。

加工精度的 3 个方面既有区别，又有联系。一般来说，形状精度应高于尺寸精度，而位置精度在大多数情况下也高于相应的尺寸精度。

2. 加工精度的获得方法

（1）尺寸精度的获得方法　机械加工中获得规定尺寸的方法有试切法、定尺寸刀具法、调整法和自动控制法。

1）试切法。先试切出很小一部分加工表面，测量试切所得尺寸，根据测量结果重新调整刀具位置，再试切，再测量，如此反复，直至测得的尺寸合格为止的加工方法，称为试切法。这种方法获得的尺寸精度取决于测量精度、机床进给机构的工作精度、刀具的切削性能、工艺系统的刚性以及操作工人的技术水平。此法的生产率比较低，一般只适用于单件小批生产。

微课 14：加工
精度的概念
及获得方法

2）定尺寸刀具法。利用刀具的相应尺寸来保证被加工表面的尺寸的加工方法，称为定尺寸刀具法。例如，用一定尺寸的钻头和铰刀来加工孔，用铣刀铣键槽，用丝锥加工螺纹

等。用这种方法获得的尺寸精度取决于刀具本身的尺寸精度和一系列其他的因素，如刀具和工件的安装、机床运动的准确性和稳定性、工件材料的性质、冷却润滑条件等。

3）调整法。根据要求的工件尺寸，利用机床上的定程装置或对刀装置预先调整好机床、刀具和工件的相对位置，再进行加工的加工方法，称为调整法。采用这种加工方法得到的加工精度除了受调整精度的影响之外，还受诸如工艺系统弹性变形之类的一些因素的影响，和试切法相比，由于其省去了重复多次的试切和测量工作，因而生产率比较高，适用于成批大量生产。

4）自动控制法。采用自动控制系统对加工过程中的刀具进给、工件测量和切削运动等进行自动控制，从而获得要求的工件尺寸的加工方法，称为自动控制法。这种加工方法生产率高，能够加工形状复杂的表面，且适应性好，已获得了日益广泛的应用。采用这种加工方法得到的工件尺寸精度取决于控制系统中各元件的灵敏度、系统的稳定性以及机械装置的工作精度。

（2）形状精度的获得方法　机械加工中获得一定形状表面的加工方法可以归纳为如下3种。

1）轨迹法。利用刀具的运动轨迹形成要求的表面几何形状的加工方法，称为轨迹法。刀尖的运动轨迹取决于刀具与工件的相对运动（成形运动）。例如，刨刀的直线运动和工件垂直于刀具运动方向的间断直线运动形成平面；工件的回转运动和车刀的直线运动可以形成圆柱面或圆锥面；工件的回转运动和车刀沿靠模所做的曲线运动可以形成特殊形状的回转表面等。用这种加工方法得到的形状精度取决于刀具与工件成形运动的精度。

2）成形法。利用成形刀具代替普通刀具来获得要求的几何形状表面的加工方法，称为成形法。机床的某些成形运动被成形刀具的切削刃所取代，从而简化了机床的结构，提高了劳动生产效率。例如，用成形车刀加工曲面、用成形铣刀铣削成形表面等。用这种方法获得的表面形状精度，既取决于切削刃的形状精度，又有赖于机床成形运动的精度。

3）展成法。利用刀具和工件做展成切削运动来获得加工表面的加工方法，称为展成法。展成法中切削刃的形状是被加工面的共轭曲线，它在啮合运动中的包络面就是被加工面，如在滚齿机上加工齿轮的齿面。展成法的加工精度取决于切削刃的几何形状精度和啮合运动的准确精度。

（3）位置精度的获得方法　机械加工中获得一定表面相互位置精度的加工方法主要有下面两种。

1）一次装夹获得法。零件上有相互位置精度要求的各表面是在同一次装夹中加工出来的方法，称为一次装夹获得法。这种加工法获得的表面相互位置精度是由机床有关部分的相互位置精度来保证的。

2）多次装夹获得法。零件上有相互位置精度要求的各表面被安排在不同的安装中加工的方法，称为多次装夹获得法。这种加工方法获得的零件表面的相互位置精度主要取决于安装精度。

（二）孔的加工方案选择

孔是组成零件的基本表面之一。在机械产品中，带孔零件一般要占零件总数的 50%~80%。孔可根据用途和在零件上的位置进行分类，如图 2-2-2、图 2-2-3 所示。

微课15：内孔加工方案的选择

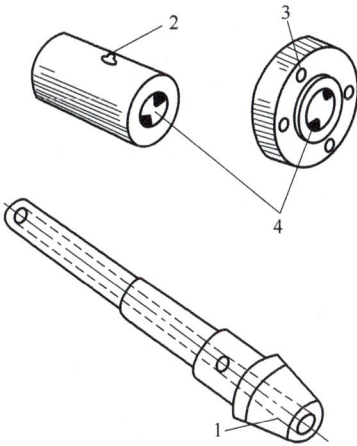

图 2-2-2 回转体零件上的孔

1—主轴锥孔 2—油孔 3—螺栓过孔 4—轴心孔

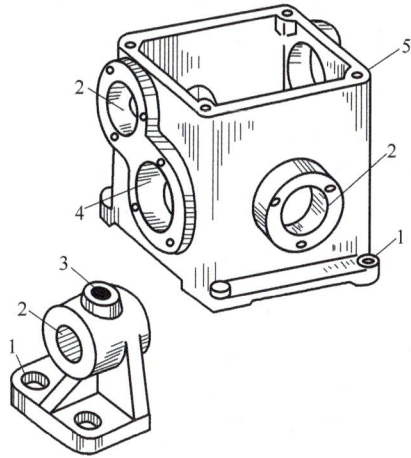

图 2-2-3 箱体及支架零件上的孔

1—螺栓过孔 2—轴承孔 3—油孔
4—轴套孔 5—螺栓孔

孔加工的方法较多，常用的有钻、扩、铰、镗、磨、拉、研和珩等。

1. 钻孔

钻孔是用钻头在实体材料上加工孔的方法，应用很广。钻孔多在钻床和车床上进行，也可在镗床或铣床上进行。

（1）钻孔的工艺特点 钻孔工艺有如下特点。

1）钻头引偏。钻头（图2-2-4）细长，刚度差，刃带与孔壁的接触刚度和导向作用很差，易引起钻孔后孔径扩大、孔歪斜（图2-2-5a）、孔不圆（图2-2-5b）等缺陷，通常称为"引偏"。

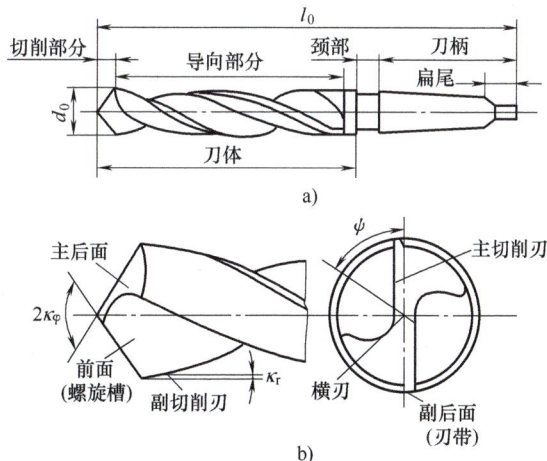

图 2-2-4 钻头

a）钻头结构 b）切削部分

钻头横刃处的前角为很大的负值，且横刃是一小段与钻头轴线近似垂直的直线刃，因此钻头切削时，横刃实际上不是在切削而是在挤刮金属，导致横刃处的轴向分力很大。横刃稍有偏斜，将产生相当大的附加力矩，使钻头弯曲。工件材料组织不均匀、加工表面倾斜等也会导致切削时钻头"引偏"。

此外，钻头的两条主切削刃制造和刃磨时，很难做到完全一致和对称，导致钻削时作用在两条主切削刃上的径向分力大小不一，也易"引偏"。

钻头引偏是导致加工精度下降的重要原因之一。实践中常采用如下措施使之改善。

① 预钻锥形定心坑（图2-2-6a）。用大直径、小锋角（90°～100°）短钻头预钻一个锥形坑起定心作用，然后再用所需钻头钻孔。

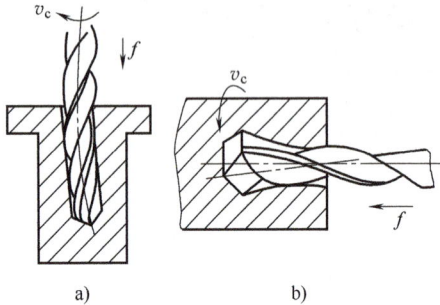

图 2-2-5　钻头引偏

a）孔歪斜　b）孔不圆

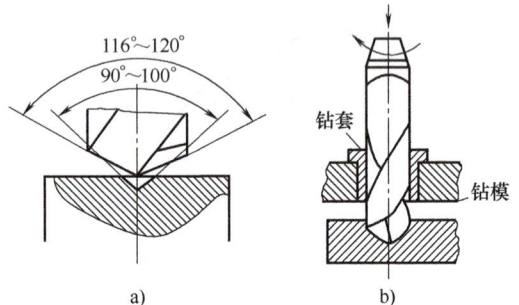

图 2-2-6　减少引偏的措施

a）钻锥形坑　b）用钻套

② 用钻套为钻头导向（图2-2-6b）。这可减少钻孔开始时钻头引偏。在斜面或曲面上钻孔时，尤为必要。

③ 刃磨时，尽量使两个主切削刃对称一致。

2）排屑困难。钻削时切屑较宽，螺旋槽的容屑空间不够且排屑不畅，因此，在排屑过程中，切屑会摩擦、挤压、刮伤已加工的孔壁，降低表面质量。有时切屑还会被阻塞在钻头螺旋槽内，卡住钻头，甚至将其扭断。

为解决排屑问题，较好的办法是在钻头上修磨出分屑槽（图2-2-7），使宽的切屑分成窄条，以利排屑。

3）冷却困难。与外圆车削不同，钻削属半封闭式切削，不仅切削液难以注入切削区实施有效的冷却和润滑，而且切削热难以传散，因此，钻削的切削温度高，刀具磨损快，限制了钻削用量及生产效率的提高。

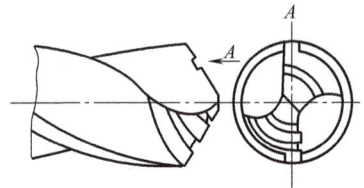

图 2-2-7　分屑槽

综上所述，用标准钻头钻孔，加工精度和表面质量均不理想，精度为IT13～IT11，表面粗糙度为 $Ra50～12.5\mu m$。

（2）钻孔的应用　钻孔属于粗加工，可用于质量要求不高的孔的终加工，如螺栓过孔、油孔等；也可用于技术要求高的孔的预加工或攻螺纹前的底孔加工。

钻孔适于单件、小批生产，也适于成批、大量生产，在生产中应用很广。

2. 扩孔

扩孔是用扩孔工具扩大工件已有孔径（钻出、铸出或锻出的孔）的加工方法。扩孔能提高孔的加工精度，并降低表面粗糙度值。扩孔钻和扩孔加工如图2-2-8和图2-2-9所示。

3. 铰孔

铰孔是用铰刀从工件孔壁上切除微量金属层，以提高其尺寸精度和降低表面粗糙度值的

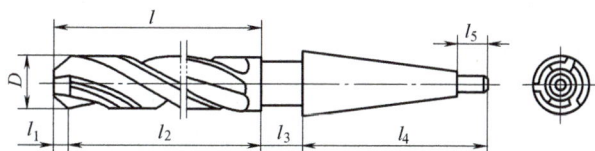

图 2-2-8 扩孔钻

方法。一般尺寸精度可达 IT9 ~ IT7，表面粗糙度值可达 $Ra1.6$ ~ $0.4\mu m$，应用很广，常用于扩孔或半精镗孔后的终加工。

铰刀分手用铰刀和机用铰刀两种。机用铰刀有直柄、锥柄和套式 3 种形式，其中锥柄铰刀应用较多。

铰刀的刀体分为切削部分和修光部分（图 2-2-10）。切削部分呈锥形，承担主要的切削工作。锥角 $2\kappa_r$ 的大小对铰削轴向力和定位精度有影响；κ_r 小，则铰刀切削部分增长，定位精度提高，轴向切削力减小；缺点是切屑变宽，不利排屑。一般手用铰刀 $\kappa_r = 30' \sim 1°30'$，机用铰刀 $\kappa_r = 5° \sim 15°$；铰削塑性材料时取大值，铰削脆性材料取小值。因铰削余量小，前角作用不大，一般取 $\gamma_o = 0°$。为保证刀齿强度，一般取后角 $\alpha_o = 5° \sim 8°$。

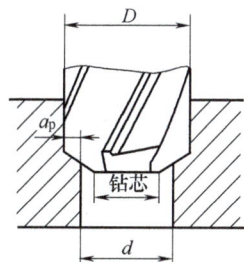

图 2-2-9 扩孔钻工作情况

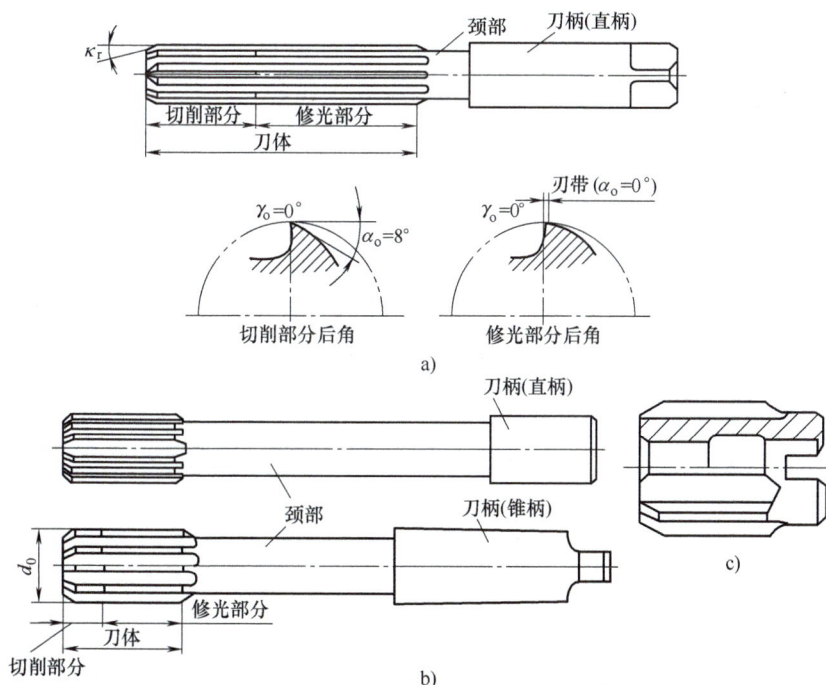

a)

b)

c)

图 2-2-10 铰刀

a）手用铰刀 b）直柄、锥柄机用铰刀 c）套式机用铰刀

修光部分（修光刃）的作用是修光孔壁、校正孔径和导向，起此作用的是 $\alpha_o = 0°$、宽度很窄（为 $0.05 \sim 0.3mm$）的刃带。修光刃的前半部分为圆柱部分，是真正起修光、校正和导向作用的部分，同时便于测量铰刀直径，后半部分为倒锥部分，其目的是减少铰刀与孔

壁的摩擦和减小孔径扩大量。

4. 镗孔（或在车床上车孔）

镗孔是用镗削方法扩大工件孔的方法，是常用的孔加工方法之一。对孔内环槽等内成形表面、直径较大的孔（$D>80mm$），镗削是唯一适宜的加工方法。一般镗孔的尺寸公差等级为 IT8~IT7，表面粗糙度 Ra 值为 $1.6~0.8\mu m$；精细镗时，尺寸公差等级为 IT7~IT6，表面粗糙度 Ra 值可达 $0.8~0.1\mu m$。

镗孔多在车床或镗床上进行。

（1）在车床上车孔 回转体零件上的轴心孔适宜在车床上加工（图 2-2-11），主运动和进给运动分别是工件的回转和车刀的移动。

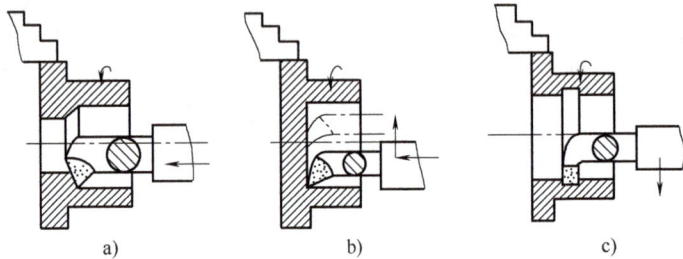

图 2-2-11 车床上车孔

a）车通孔 b）车不通孔 c）车阶梯孔

（2）在镗床上镗孔 箱体类零件上的孔和孔系（有若干个相互间有平行度或垂直度要求的孔）适宜在镗床上加工。

1）镗床。根据结构和用途不同，镗床可分为卧式镗床、坐标镗床、精镗床等，应用最广的是卧式镗床，如图 2-2-12 所示。

镗孔时，镗刀刀杆随主轴一起旋转，完成主运动；进给运动可由工作台带动工件纵向移动，也可由主轴带动镗刀刀杆轴向移动来实现（图 2-2-13）。镗大而浅的孔时，可悬臂安装粗而短的镗杆，镗深孔或距主轴端面较远的孔时，不能悬臂安装镗杆，否则，会因镗杆过长、刚性差而影响孔的加工精度。此时，应将镗杆的远端支承在镗床后立柱的尾座衬套内。

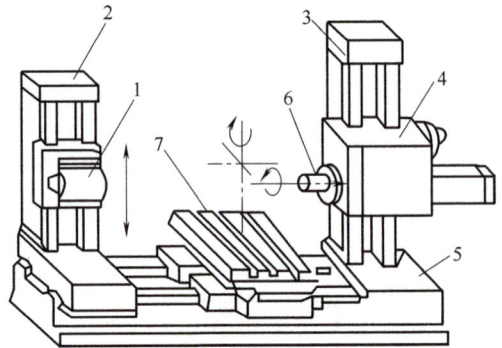

图 2-2-12 卧式镗床简图

1—尾座 2—后立柱 3—前立柱 4—主轴箱
5—床身 6—主轴 7—工作台

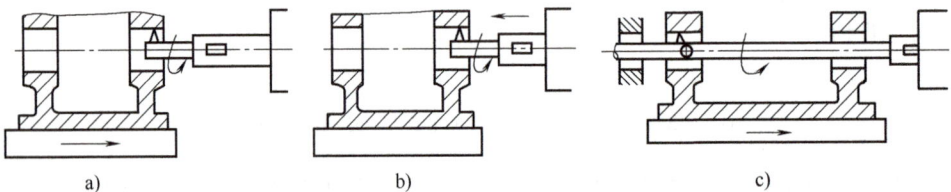

图 2-2-13 镗床上镗孔

a）单支承工件进给 b）单支承镗刀进给 c）双支承工件进给

2）镗刀及其镗孔的形式。在工程实践中，常使用单刃镗刀和浮动镗刀镗孔。

① 单刃镗刀镗孔。单刃镗刀的刀头结构与车刀类似。使用时，用紧固螺钉将其装夹在镗杆上，如图2-2-14所示。其中，图2-2-14a所示为不通孔镗刀，刀头倾斜安装，图2-2-14b所示为通孔镗刀，刀头垂直于镗杆轴线安装。

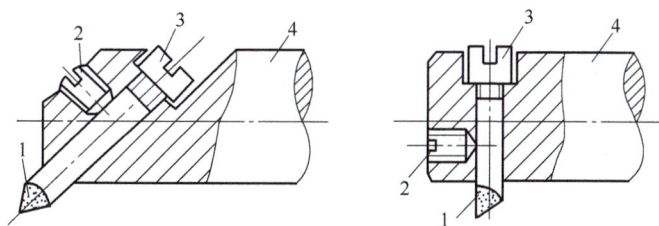

图 2-2-14　单刃镗刀

a）不通孔镗刀　b）通孔镗刀

1—刀头　2—紧固螺钉　3—调节螺钉　4—镗杆

单刃镗刀镗孔的工艺特点（与钻—扩—铰相比）如下。

a）适应性广。单刃镗刀结构简单、使用方便，一把镗刀可加工直径不同的孔（调整刀头的伸出长度即可），粗加工、半精加工、精加工均可适应。

b）可校正原有孔中心线的歪斜。镗床本身精度较高，镗杆直线性好，靠多次进给即可校正孔的中心线。

c）制造、刃磨简单方便，费用较低。

d）生产率低。镗杆受孔径（尤其是小孔径）的限制，一般刚度较差。为了减少镗孔时引起镗杆的振动，只能采用较小的切削用量；只一个切削刃参与切削；需花时间调节镗刀头的伸出长度来控制孔径尺寸精度。

② 浮动镗刀镗孔。浮动镗刀（图2-2-15a）在对角线的方位上有两个对称的切削刃（属多刃镗刀），两个切削刃间的尺寸 D 可以调整，以镗削不同直径的孔。调整时，先松开螺钉1，再旋动螺钉2以改变刀块3的径向位移尺寸，并用千分尺检验两切削刃间尺寸，使之符合被镗孔的孔径尺寸，最后拧紧螺钉1即可。

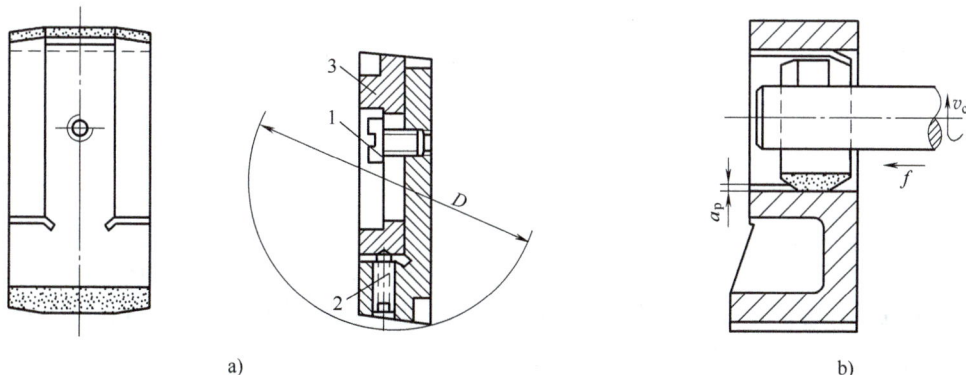

a)　　　　　　　　　　　　　　　　b)

图 2-2-15　浮动镗刀及工作示意图

a）可调节浮动镗刀　b）浮动镗刀镗孔

1,2—螺钉　3—刀块

镗孔时，浮动镗刀插在镗杆的长方孔中，但不紧固，因此，它能沿镗杆径向自由滑动，靠作用在两个对称切削刃上的径向切削力自动平衡其切削位置。

浮动镗刀镗孔的工艺特点如下。

a）加工质量较高。镗刀的浮动可自动补偿因刀具安装误差或镗杆偏摆所产生的不良影响，精度较高，较宽的修光刃可修光孔壁，降低表面粗糙度值。

b）生产率较高。有两个主切削刃参加切削，且操作简单，故生产率较高。

c）刀具成本较单刃镗刀高。

d）与铰孔相似，不能校正原有孔的中心线的歪斜。

镗床镗孔除适宜加工孔内环槽、大直径孔外，特别适于箱体类零件孔系的加工。镗床的主轴箱和尾座均能上、下移动，工作台能横向移动和转动，因此，放在工作台上的工件能在一次装夹中，把若干个孔依次加工出来，避免了因工件多次装夹产生的安装误差。

此外，装上不同的刀具，在卧式镗床上还可以完成钻孔、车端面、铣端面、车螺纹等多项工作。

5. 磨孔

磨孔是用高速旋转的砂轮精加工孔的方法，其尺寸公差等级可达IT7，表面粗糙度 Ra 值可达 $1.6 \sim 0.4 \mu m$。

磨孔是用磨削方法加工工件的孔。磨孔多在内圆磨床上进行，也可在外圆磨床上完成。

磨孔时，砂轮旋转为主运动，工件低速旋转为圆周进给运动（其旋转方向与砂轮旋转方向相反）；砂轮直线往复为轴向进给运动；切深运动为砂轮周期性的径向进给运动。

在内圆磨床上，可磨通孔、不通孔（图2-2-16a、b），还可在一次装夹中同时磨出孔内的端面（图2-2-16c），以保证孔与端面的垂直度和轴向圆跳动公差要求。在外圆磨床上，除可磨孔、端面外，还可在一次装夹中磨出外圆，以保证孔与外圆的同轴度公差的要求。

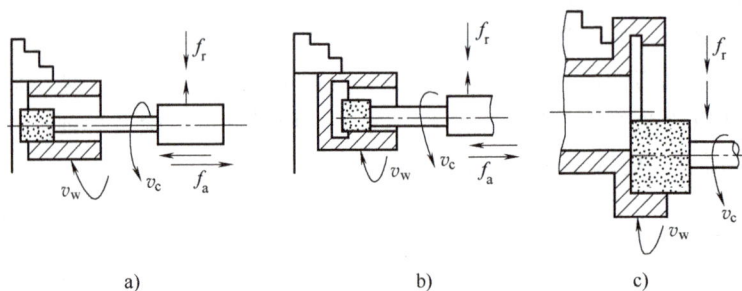

图 2-2-16　磨孔加工示意图

a）磨通孔　b）磨不通孔　c）磨孔及内端面

6. 拉孔

拉孔是用拉削方法加工工件上的孔。一般尺寸公差等级可达IT7，表面粗糙度 Ra 值可达 $0.8 \sim 0.4 \mu m$。用拉刀可以拉削各种截形的通孔，也可以拉削平面、沟槽（图2-2-17）等。

（1）拉刀　圆拉刀（图2-2-18）各组成部分作用如下。

1）头部 l_1：拉刀的夹持部分，传递动力。

2）颈部 l_2：头部与过渡锥的连接部分。颈部也是标记部位。

3）过渡锥 l_3：使拉刀前导部易引入工件孔中，起对准中心作用。

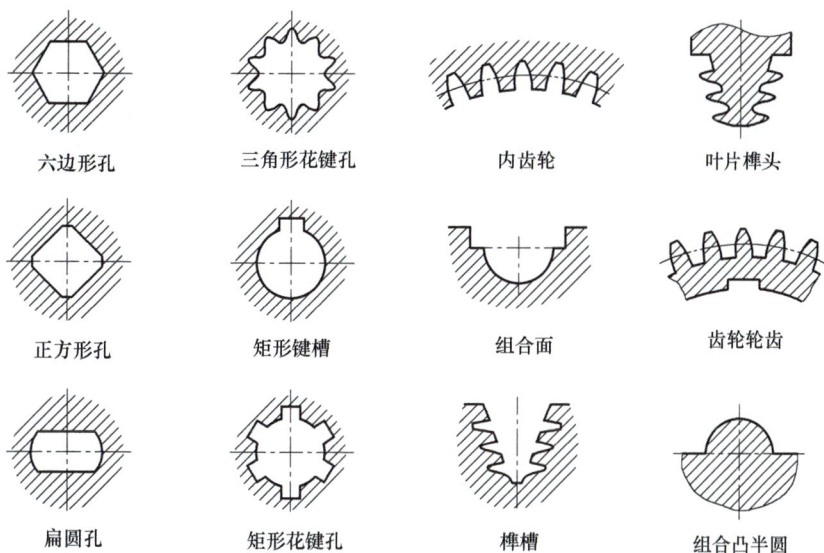

图 2-2-17　典型拉削截形

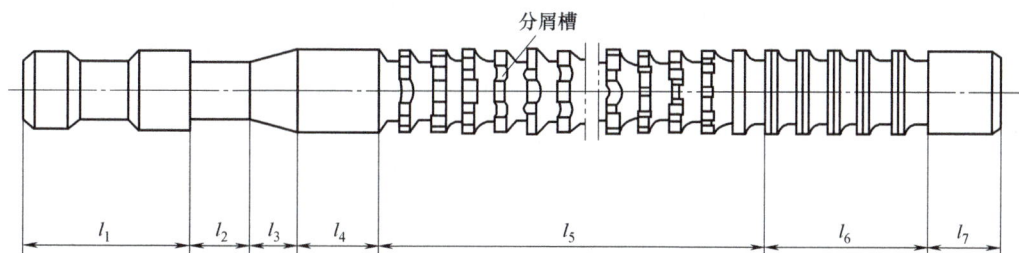

图 2-2-18　圆拉刀

4）前导部 l_4：防止拉刀在孔中歪斜，起引导作用。

5）切削部 l_5：切除全部加工余量，分粗切齿、过渡齿和精切齿 3 部分。相邻两齿的齿升量 f_z 即是每齿的进给量。一般 $f = 0.2 \sim 0.02\text{mm}$，粗切齿取较大值，精切齿取较小值。

6）校准部 l_6：校准齿无齿升量，起刮光孔壁和校准孔径的作用，以提高加工精度和表面质量。

7）后导部 l_7：保证拉刀最后一个刀齿与工件间的正确位置，防止孔壁被最后一齿刮伤或损坏刀齿。

（2）拉削过程和拉削方法　拉削时，一般工件不动，拉刀做主运动（直线运动或直线运动和旋转运动）；进给运动由拉刀的齿升量实现，如图 2-2-19 所示。

圆孔拉削如图 2-2-20 所示，工件的预制孔不必精加工（钻或粗镗后即可），工件也不需夹紧，只以工件端面作支承面，这就需要原孔中心线与端面间有垂直度要求。若孔的中心线与端面不垂直，应将工作端面贴在球面垫板上。这样，在拉削力作用下，工件连同球面垫板能略做转动，使工件孔的中心线自动调整

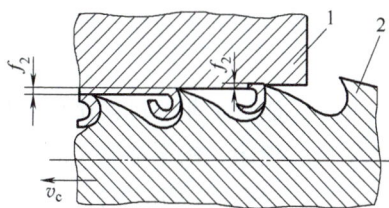

图 2-2-19　拉削过程
1—工件　2—拉刀

到与拉刀轴线一致的方向。

7. 研孔

研孔是用研磨方法加工工件的孔，用于对精铰、精镗或精磨后的孔做进一步的光整加工，其尺寸公差等级可达 IT7~IT6，表面粗糙度 Ra 值可达 $0.1~0.008\mu m$，形状精度也有所提高。

所用研磨材料、研磨余量以及研磨方法和特点等均与研磨外圆相似。

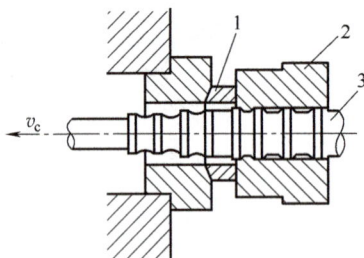

图 2-2-20　圆孔拉削
1—球面垫板　2—工件　3—拉刀

8. 珩孔

珩孔是用珩磨方法加工工件上的孔。珩磨时珩磨工具（珩磨头）对工件表面施加一定压力，同时做相对旋转和直线往复运动，以切除工件上极小的余量（图 2-2-21a）。

工作时，安装在机床工作台上的工件固定不动，珩磨头（由几条磨料粒度很细的磨条组成）下端插入精加工过的孔中，上端与机床主轴浮动连接，由主轴带动进行低速回转的同时，沿轴向做直线往复运动，速度一般为 0.16~1.6 往复行程/s。

磨条调节到以一定的压力与孔壁接触，可从工件表面上切去极薄的一层金属，并在孔壁上按 1~4 路线留下交叉而不重复的网纹磨痕（图 2-2-21b）。为保证孔的圆柱度，磨头行程应保证一定的越程量 a。

珩磨孔时需施加切削液，以便润滑、冷却和冲除切屑及脱落的磨粒。加工钢和铸铁件时通常用煤油。

磨条材料依工件材料选择。加工钢件，一般选用氧化铝；加工铸铁、不锈钢和非铁金属，一般选用碳化硅。

珩磨孔多在专用的珩磨机上进行。在单件、小批生产中，也可在改装的立式钻床上进行。珩磨余量一般为 0.03~0.2mm。

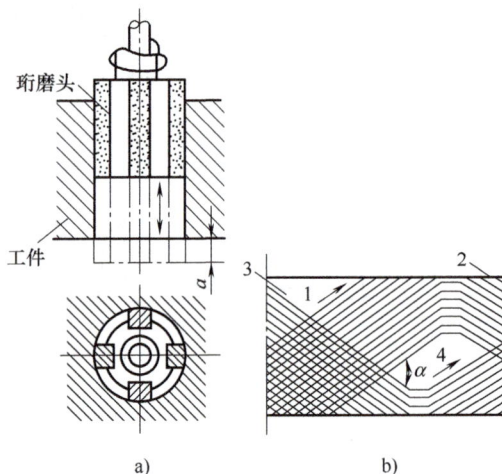

图 2-2-21　珩磨加工
a）珩磨头　b）珩磨网纹

9. 孔加工方案的分析及选择

孔加工方案的选择比外圆加工要复杂，方法有钻、扩、铰、镗、磨、拉、研磨、珩磨等多种。

此外，能加工孔的机床比加工外圆的机床种类多。例如，同一个孔如需钻—扩—铰，车床、钻床、镗床、铣床都能完成。

同时，因孔的功用不同，孔径、深径比及孔的技术要求等多种多样，差别很大，带孔零件的结构（回转体、箱体、支架等）也形态各异。这些均对孔加工方案的选择有很大影响，需综合分析才能选定。

（1）机床的选择

1）回转体零件的轴心孔。这些零件的轴心孔大多是基准面，与外圆、端面一般有同轴度、垂直度的要求，最适合在车床上装夹和加工，以保证轴心孔与外圆、端面的位置精度要求。尺寸精度要求高的孔或淬火孔，可在磨床上精加工。生产批量大、适合拉削的孔可在拉床上加工。

2）箱体、支架类零件的轴承孔。这些零件的轴承孔也多是基准面，与零件上的其他孔和端面一般有同轴度、垂直度要求，最适合在卧式镗床上加工，以保证轴承孔与其他孔、端面的位置精度要求。小型箱体和支架上的轴承孔也可在卧式铣床上加工。

3）紧固孔和辅助孔。这些孔因精度要求不高，可视零件大小在各类钻床上加工。

（2）孔加工方案的选择　常用的孔加工方案如图 2-2-22 所示。图中所列是指在一般的加工条件下，各种加工方法所能达到的经济精度和表面粗糙度，具体分析如下。

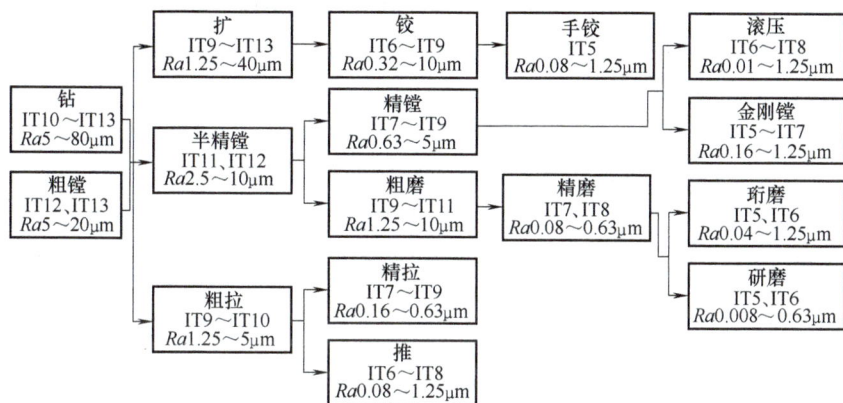

图 2-2-22　孔加工方案

1）IT10 以下的实体孔（淬火钢除外）钻孔即可。

2）IT9 实体孔孔径小于 10mm，可采用钻——铰；孔径小于 30mm，可用钻模钻孔，或钻——扩；孔径大于 30mm，一般采用钻——粗镗。

3）IT8 实体孔孔径小于 20mm，可采用钻——铰。孔径大于 20mm，可视具体情况，选择如下方案：①钻——扩（或镗）——铰，此方案适用于除淬火钢以外的各种金属，但孔径不得大于 80mm；②钻——粗镗——精镗；③钻——拉；④淬火钢的终加工采用磨削。

4）IT7 实体孔孔径小于 12mm，一般采用钻——粗铰——精铰。孔径大于 12mm，可视具体情况，选择如下方案：①钻——扩（或镗）——粗铰——精铰；②钻——拉（普通拉刀）——精拉（校正拉刀）；③钻——扩（或镗）——粗磨——精磨。

5）IT6 实体孔与 IT7 孔的加工顺序大致相同，但最后工序要视具体情况分别采用精细镗、手铰、精磨、研磨、珩磨等精细加工方法。

6）铸（或锻）件上已铸出（或锻出）的孔，这些孔的孔径一般均大于 30mm，可直接扩孔或镗孔；孔径大于 100mm 的孔，更适于直接镗孔。后续半精加工、精加工等工序，可参照上述方案选用。

三、拓展性知识

螺纹加工按用途不同，螺纹可分为以下两类。

（1）连接螺纹 连接螺纹用于零件间的固定连接，常见的普通螺纹、管螺纹均属于连接螺纹，其牙型多为三角形，摩擦力大，利于自锁。

（2）传动螺纹 传动螺纹用于传递动力和运动，如机床的丝杠螺纹、测微螺杆的螺纹等，其牙型为梯形、矩形或锯齿形，强度高，利于传递动力。

与其他类型表面一样，对螺纹表面也有精度及表面质量的要求。但是，由于螺纹的用途和使用要求不同，所以对不同的螺纹的技术要求也有所不同。

对连接螺纹及无传动精度要求的传动螺纹，一般只对中径和顶径（外螺纹大径、内螺纹小径）有精度要求。

对有传动精度要求或用于读数的螺纹（如千分尺测量杆的螺纹等），除对中径和顶径提出精度要求外，还对螺距和牙型角规定有精度要求，以保证传动和读数的准确性；同时对螺纹表面质量和硬度等也有较高的要求。

螺纹的加工方法很多，生产中应根据工件形状、螺纹牙型、螺纹的尺寸和精度、工件材料及热处理、生产批量等综合因素选择适宜的加工方法。常见螺纹加工方法有如下几种。

1. 攻螺纹和套螺纹

单件、小批生产中，可用手用丝锥攻螺纹；批量较大时，则用机用丝锥在车床、钻床或攻螺纹机上攻螺纹。对小尺寸的内螺纹，攻螺纹几乎是唯一有效的加工方法。套螺纹一般用于螺纹直径不大于 16mm 的场合，按批量大小或手工操作，或在机床上加工。

攻螺纹和套螺纹应用较广，但因其加工精度较低，主要用于加工精度要求不高的普通螺纹。

2. 车螺纹

单件、小批生产中，可用具有螺纹牙型廓形的成形车刀在卧式车床上车削各种形状、尺寸和精度的内、外螺纹，特别适于加工尺寸较大的螺纹，适应性广、刀具简单，但生产率低，加工质量取决于机床、刀具的精度及工人的技术水平。

批量较大时，则常采用螺纹梳刀车削，以提高生产率。螺纹梳刀（图 2-2-23）是一种多齿的螺纹车刀，只需一次进给即可车出全部螺纹，分平体、棱体和圆体 3 种，以圆体螺纹梳刀最常见。梳刀具有主偏角 κ_r，可使切削负荷均匀分布在多个刀齿上，使刀齿磨损均匀。螺纹梳刀不能加工精密螺纹和螺纹附近有轴肩的工件。

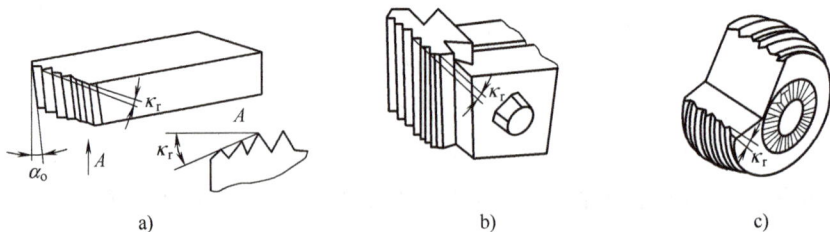

图 2-2-23 螺纹梳刀

a）平体螺纹梳刀 b）棱体螺纹梳刀 c）圆体螺纹梳刀

3. 铣螺纹

铣螺纹比车螺纹的生产率高，在成批和大量生产中应用较广。铣螺纹一般需在螺纹铣床上进行。

按铣刀结构不同，铣螺纹有以下 3 种方法。

（1）盘形螺纹铣刀铣削　盘形螺纹铣刀一般用于铣削螺距较大的传动螺纹。铣削时，铣刀轴线与工件轴线倾斜 φ 角（螺纹升角），如图 2-2-24 所示。由于加工精度较低，所以只用于粗加工，还需车削或磨削作为精加工。

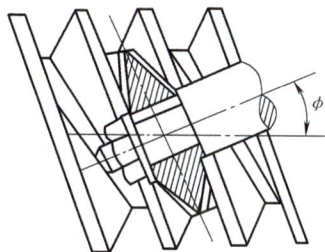

图 2-2-24　盘形螺纹铣刀铣螺纹

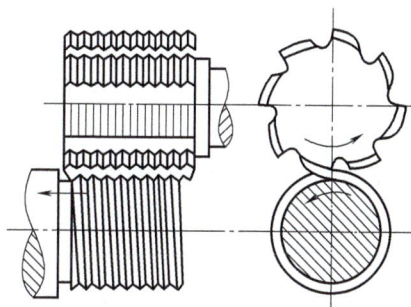

图 2-2-25　梳形螺纹铣刀铣螺纹

（2）梳形螺纹铣刀铣削　梳形螺纹铣刀一般用于加工短而螺距不大的三角形内、外螺纹。铣刀切削部分长度一般应大于工件被切的螺纹长度（图 2-2-25）。加工时工件只需转一周多一点即可切出全部螺纹，生产率很高，同时，不需要退刀槽即可加工靠近轴肩或不通孔底部的螺纹。缺点是加工精度低。

（3）旋风铣螺纹　利用装在特制旋转刀盘上的多个硬质合金刀头高速地铣削内、外螺纹的加工方法（图 2-2-26），称为旋风铣。铣削时，铣刀盘高速回转（17~50r/s），并沿工件轴向移动，工件则慢速回转（0.05~0.5r/s），工件每转一周，铣刀盘轴向移动一个导程（单线螺纹为螺距）。由于铣刀盘（即刀架）回转中心与工件回转中心有一偏心距，因此，切削刃只在其圆弧轨迹的 1/6~1/3 圆弧上与工件接触，呈断续切削状态，刀头散热条件好。旋风铣比上述铣削方法生产率高 2~8 倍，常用于螺杆、丝杠的粗加工。

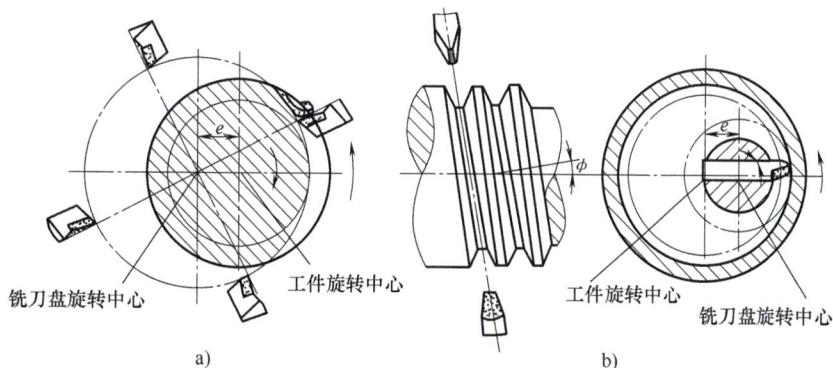

铣刀盘旋转中心　　工件旋转中心　　工件旋转中心　　铣刀盘旋转中心

a)　　　　　　　　　　b)

图 2-2-26　旋风铣螺纹
a）铣外螺纹　B）铣内螺纹

4. 磨螺纹

磨螺纹是高精度的螺纹加工方法，常用于淬硬螺纹的精加工，如精密螺杆丝锥、滚丝轮、螺纹量规等。

磨螺纹一般在螺纹磨床上进行，磨前需用车、铣等方法粗加工；对小尺寸的精密螺纹，也可不经粗加工直接磨出。

依照砂轮形状不同，外螺纹磨削分为单线砂轮磨削（图 2-2-27a）和梳形砂轮磨削（图 2-2-27b）。

对于用单线砂轮磨螺纹，砂轮修形方便、加工精度高，而且可以磨削较长和螺距较大的螺纹；梳形砂轮磨螺纹生产率高，但砂轮修形困难、加工精度较低，仅适于磨削较短的螺纹。直径大于 30mm 的内螺纹也可用单线砂轮磨削。

5. 搓螺纹与滚压螺纹

搓螺纹与滚压螺纹是借助外力使工件材料产生塑性变形的无屑加工方法。

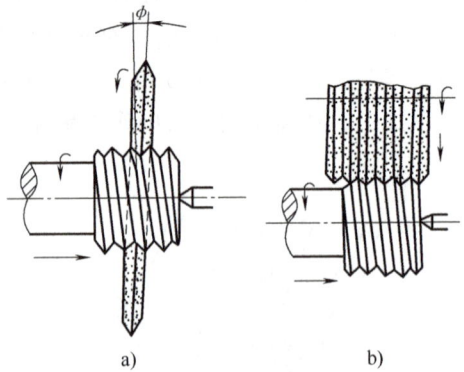

图 2-2-27　磨螺纹

a）单线砂轮磨削　b）梳形砂轮磨削

（1）搓螺纹　搓螺纹是用一对螺纹模板（搓丝板）轧制出工件的螺纹（图 2-2-28）。螺纹模板分上、下两块，其工作面的截形与被加工螺纹截形（牙型）相吻合，螺纹方向相反。工作时，上模板做直线往复运动，下模板固定，工件在两模板间滚动便被轧出螺纹。

搓螺纹的最大坯料直径为 25mm，适于大批、大量生产中加工外螺纹。

（2）滚压螺纹　滚压螺纹是用一副螺纹滚轮滚轧出工件的螺纹（图 2-2-29）。两滚轮工作面截形与被加工螺纹截形（牙型）相同，两滚轮转向相同、转速相等。加工时，左轮轴心固定，右轮径向进给，逐渐滚轧至螺纹成形。

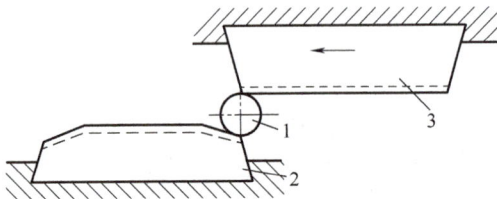

图 2-2-28　搓螺纹

1—工件　2—下模板　3—上模板

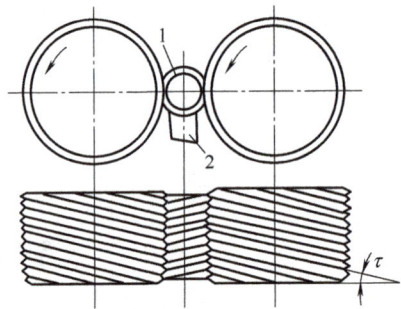

图 2-2-29　滚压螺纹

1—工件　2—支承

滚压螺纹的坯料直径为 0.3~120mm，适于大批、大量生产中加工外螺纹。

滚压螺纹与搓螺纹相比，滚压螺纹精度高、表面粗糙度值低。原因是滚轮工作面经热处理后，可在螺纹磨床上精磨，而搓螺纹用的模板热处理后精加工很难。但滚压螺纹生产率稍低。

与切削螺纹相比，搓螺纹和滚压螺纹具有如下优点。

（1）生产率高　每分钟可加工 10~16 件，工件直径越小，生产率越高。

（2）螺纹强度高　金属纤维未被切断，有较高的抗剪强度；塑性变形产生的表层加工硬化及较高的表面质量使疲劳强度提高。

（3）节省材料　因属无屑加工，可节省材料 16%~25%。

（4）加工成本低　机床结构简单，加之批量大、生产率高，故加工成本低。

这两种螺纹加工方法的缺点是：只能加工直径较小的外螺纹，对坯料尺寸精度要求高，材料硬度不能过高（小于 37HRC）。

2.2.4 任务实施

学生工作页

项目名称	项目2　编制套筒类零件机械加工工艺				
任务名称	任务2　确定连接套零件工艺方案			日期	
班级		姓名		学号	
任务分析与实施					学习方法
1）分析连接套零件图，列出需加工部位。					独立思考 小组讨论
2）确定 $\phi 50^{+0.025}_{0}$ mm 的孔的加工方法。					
3）确定 $\phi 60^{0}_{-0.019}$ mm 外圆的加工方法。					

练　习　题

一、填空题

1. 机械加工中，获得位置精度的方法有______________、______________。
2. 加工精度包括______________精度、______________精度和______________精度 3 个方面。
3. 零件的机械加工过程中，获得尺寸精度的方法有__________、__________、__________和__________。
4. 机械加工中获得工件形状精度的方法有__________、__________、__________。
5. 钻、扩、铰 3 种孔加工方法中，____方法加工孔的精度最高。
6. 车床钻孔与钻床钻孔产生的“引偏”，________易纠正。
7. IT6 的中小尺寸孔的加工方案是______________。
8. 加工 ϕ20H7 孔，淬火，表面粗糙度 Ra 值为 0.4μm，其加工方案是______________。
9. ϕ20H7 齿轮轴孔，材料为 HT200，表面粗糙度 Ra 值为 1.6μm，单件生产的加工方案是______________。
10. ϕ100H8 套孔，表面粗糙度 Ra 值为 0.8μm，调质处理，其加工方案是______________。
11. 小批生产 ZL104（铸铝）套尺寸为 ϕ35H8，表面粗糙度 Ra 值为 1.6μm，其加工方案是______________。
12. 镗床镗孔最适合于加工____零件上的孔和__________。

二、判断题

1. 在相同的工艺条件下，加工后的工件精度与毛坯的制造精度无关。（　　）
2. 传动比小，特别是传动链末端传动副的传动比小，则传动链中其余各传动元件误差对传动精度的影响就越小。（　　）
3. 考虑被加工表面技术要求是选择加工方法的唯一依据。（　　）
4. 钻孔易产生轴线偏斜的原因就是钻头刚性差。（　　）
5. 钻—扩—铰是加工各种尺寸孔的典型加工工艺。（　　）

三、分析题

确定图 2-2-30 所示隔套和衬套内圆的加工方案。

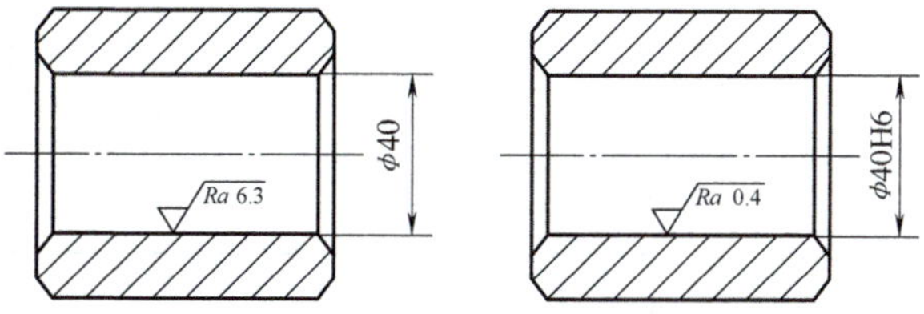

隔套　HT200 2件　　　衬套　HT200 2件

图 2-2-30　隔套和衬套

任 务 总 结

请各小组对本阶段的内容进行汇总并以 PPT 形式汇报。

2.2.5 任务评价与反思

学生进行自评和互评，评价自己与同组同学是否能完成零件图的识读、零件图的工艺分析、编制工艺文件等，是否按时完成报告内容等成果资料，有无任务遗漏。教师对学生的评价内容包括：报告书写是否工整规范，报告内容数据是否真实合理，阐述是否详细，认识体会是否深刻等。

（1）学生进行自我评价，并将结果填入附表1中。

（2）学生以小组为单位，对以上学习任务中的过程和结果进行互评，将互评结果填入附表2中。

（3）教师对学生工作过程与工作结果进行评价，并将评价结果填入附表3中。

2.2.6 任务拓展

加工图2-1-10所示的滚筒零件，材料为1060挤压铝管，大批量生产，确定其工艺方案。

任务3 拟定连接套零件工艺路线

2.3.1 任务单

项目 名称	编制套筒类零件机械加工工艺	任务 名称	拟定连接套零件工艺路线	建议 学时	4
任务 描述		某设备企业需加工如图2-3-1所示连接套零件,要求利用现有设备完成连接套零件的加工任务,生产件数为5000件。根据要求拟定该连接套零件的工艺路线。 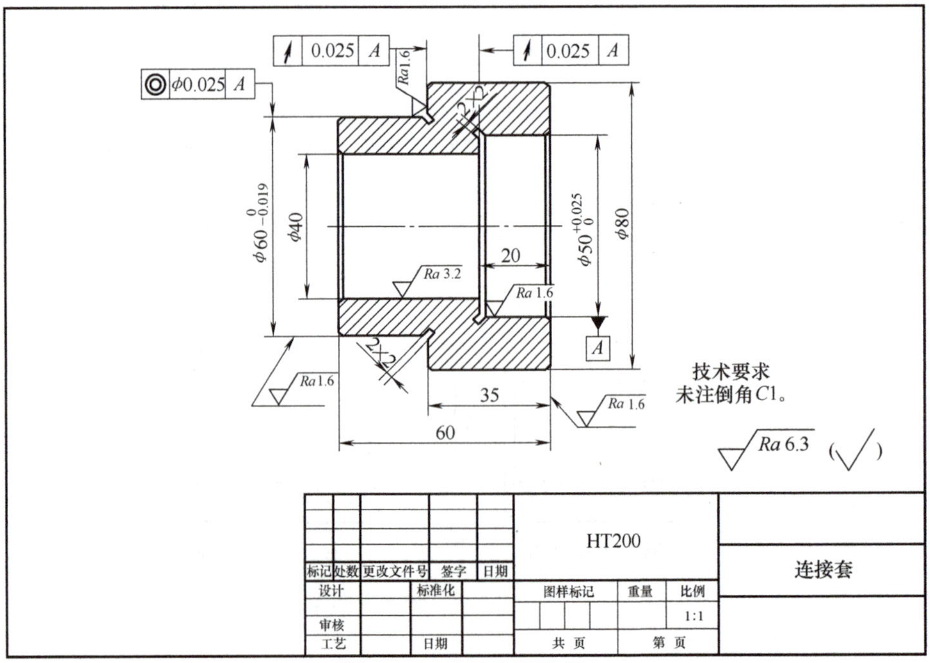 图2-3-1 连接套零件图

（续）

	素养目标	知识目标	能力目标
任务 目标	1)强化自我管理。 2)增强创新意识。 3)深化劳动观念。 4)追求精益求精。 5)加强团队协作。	1)掌握加工原理误差对加工精度的影响。 2)掌握主轴回转误差对加工精度的影响。 3)掌握机床导轨导向误差对加工精度的影响。 4)掌握机床传动链传动误差对加工精度的影响。	1)能分析加工原理误差对零件加工精度产生的影响。 2)能分析工艺系统静误差对零件加工精度产生的影响。 3)能根据工件的几何误差,分析其产生的原因。
任务 要求	* 见下文		
考核 方式	1)物化成果考核 2)参与度考核。		
物化 成果	1)零件分析方案(含作业计划)。 2)汇报 PPT 等		

任务要求栏内容:

1. 根据要求完成分工并做好工作准备

1)为了高效高质量地完成本任务,采用自愿的方式组建项目团队。

2)小组需要收集相关信息,并将收集的资料进行汇总和整理。拟定一份思维导图,以确定小组需要查找的内容及组员分工。

3)小组需将整理后的资料展示给其他组学员,并思路清晰地进行讲述。

2. 根据所获取的信息进行分析处理

1)确定连接套零件的粗基准和精基准。

2)安排各机械加工工序的顺序和热处理工序。

3)分别分析加工原理误差、主轴回转误差、机床导轨误差和机床传动链传动误差对连接套零件加工精度的影响。

3. 分组要求

4~6 人一组,将分组情况与任务分工填入表 2-3-1 中。

表 2-3-1　学生任务分配表

班级		组号		指导教师	
组长		学号			
组员	姓名	学号		任务分工	

2.3.2　引导问题

1）什么是加工原理误差?

2）主轴回转误差的基本形式有哪些?

3）主轴回转误差对加工精度有什么影响?

4）以在车床上车削外圆为例，分析导轨导向误差对加工精度的影响。

5）减少传动链传动误差有哪些措施？

2.3.3 任务资讯

一、相关实践知识

连接套的机械加工工艺过程分析如下。

图 2-3-1 所示为连接套的零件图。其主要加工表面为 $\phi60_{-0.019}^{0}$mm 外圆与 $\phi50_{0}^{+0.025}$mm 孔有较高的尺寸公差等级（分别为 IT6 和 IT7）和同轴度要求，内外台阶端面对 $\phi50_{0}^{+0.025}$mm 内孔的中心线有较高轴向跳动要求，并且表面粗糙度值较小。上述 4 个面不可能在一次装夹中加工完成，而 $\phi50_{0}^{+0.025}$mm 内孔的深度较短，又有台阶，不便采用可胀心轴装夹加工其他表面。因此，可将设计中的 $\phi40$mm、$Ra2.5\mu$m 的内孔改为 $\phi40_{0}^{+0.025}$mm、$Ra1.6\mu$m 以满足工艺要求，并与 $\phi50_{0}^{+0.025}$mm 内孔和台阶面在一次装夹中车削，最终一起磨削出来。再以 $\phi40_{0}^{+0.025}$mm 内孔定位安装在心轴上磨削 $\phi60_{-0.019}^{0}$mm 外圆和台阶面，即可保证图样要求。这个 $\phi40_{0}^{+0.025}$mm、$Ra1.6\mu$m 的内孔称为工艺孔。

动画 15：轴套加工

1. 确定毛坯

连接套为中批量生产，要求采用铸铁材料 HT200，其毛坯尺寸确定为 $\phi85$mm×65mm。而零件上的内孔较大，可在铸件上预制 $\phi30$mm 通孔。

2. 确定主要表面的加工方法

该零件的主要加工表面为 $\phi60$mm 外圆、$\phi50$mm 内孔、两个端面及 $\phi40$mm 工艺孔。其中，内孔、外圆精度较高，表面粗糙度 Ra 值为 1.6μm，批量生产时，车削加工很难达到该尺寸公差等级和表面粗糙度要求，需采用磨削加工。内孔的加工方案为：粗镗——半精镗——磨削。

因 $\phi60_{-0.019}^{0}$mm 外圆和孔有同轴度要求，表面粗糙度 Ra 值为 1.6μm，最终加工需要以孔定位磨削。外圆表面的加工方案为：粗车——半精车——磨削。

两个端面对 $\phi50_{0}^{+0.025}$mm 内孔的中心线有较高的端面跳动要求，在加工相应的外圆和内孔时一起带出（车削和和磨削）。

3. 确定定位基准

$\phi60_{-0.019}^{0}$mm 外圆及其台阶面经半精加工后采用自定心卡盘进行定位，粗车及半精车内孔，以保证在车削时就有一定的位置精度。上磨床后，再以该外圆及其台阶定位磨削加工内孔及台阶面，再用可胀心轴以 $\phi40_{0}^{+0.025}$mm 孔定位磨削加工 $\phi60_{-0.019}^{0}$mm 外圆及其台阶面。在车和磨工序中，充分应用基准统一和互为基准原则，逐步提高定位置精度（同轴度和轴向圆跳动）。

4. 划分加工阶段

对精度要求较高的零件，其粗加工、精加工应分开，以保证零件的质量。根据以上的加工方法，车和磨分别为两道工序，粗加工、精加工已经分开，车加工时为简化操作，内孔和外圆粗加工、半精加工可在一次装夹中完成。

5. 加工尺寸和切削用量

磨削加工的磨削余量可取 0.5mm，半精车余量可取 1.5mm。具体加工尺寸参见该零件加工工艺卡的工序内容。

车削用量的选择，可根据加工情况由工人确定；一般可由机械加工工艺手册或切削用量手册中选取。

6. 拟定工艺过程

综上所述，连接套的加工路线为：粗车、半精车外圆——→粗车、半精车内孔——→磨削内孔——→磨削外圆——→检验。

二、相关理论知识

零件的机械加工是在由机床、夹具、刀具和工件所组成的工艺系统中进行的。因此，零件的工艺系统中各方面的误差都有可能造成工件的加工误差，凡是能直接引起加工误差的各种因素都称为原始误差。

原始误差的存在，使工艺系统各组成部分之间的位置关系或速度关系偏离了理想状态，致使加工后的零件产生了加工误差。例如，在图 2-3-2 所示的活塞销孔精镗工序中存在以下一些原始误差：由于定位基准不是设计基准而产生的定位误差以及由于夹紧力过大而产生的夹紧误差称为工件装夹误差；由于加工前必须对机床、刀具和夹具进行调整，而产生了调整误差。

由于工艺系统在加工过程中受切削力、切削热和摩擦而产生的受力变形、受热变形和磨损，都会造成加工误差。这类在加工过程中产生的原始误差称为工艺系统的动误差。而把在加工前就已经存在的机床、刀具、夹具本身的制造误差称为工艺系统的几何误差，或工艺系统的静误差。

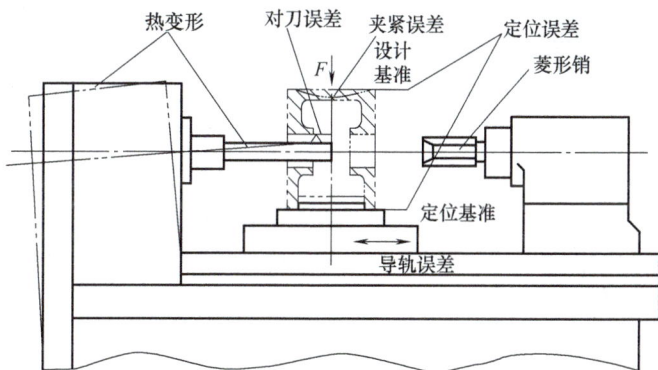

图 2-3-2　活塞销孔精镗工序中的原始误差

在加工完毕，对工件进行测量时，由于测量方法和量具本身的误差而产生度量误差。此外，工件在毛坯制造、切削加工和热处理时，由于力和热的作用而产生的内应力，也会引起工件变形而产生加工误差。有时由于采用了近似的成形方法进行加工，还会造成加工原理误差。原始误差可归纳分类如下。

（一）加工原理误差

加工原理误差是指采用了近似的成形运动或近似的切削刃轮廓进行加工而产生的误差。例如，在三坐标数控铣床上采用球头铣刀铣削复杂表面时（图 2-3-3），常采用"行切法"加工，加工时刀具与零件轮廓的切点轨迹是一行一行的。按这种方法加工，是将空间曲面视为众多的平面截线的集合。实际上，数控机床一般只具有直线插补功能，所以实际加工时是按照允许的逼近误差，用许多很短的折线去逼近要加工的曲线。因此，在曲线或曲面的

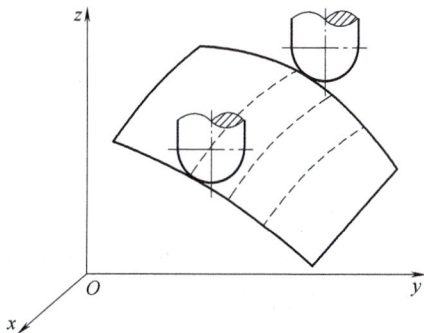

图 2-3-3　在三坐标数控
铣床上铣削复杂表面

数控加工中，刀具相对于工件的成形运动对于设计曲面来说是近似的。又如滚齿用的齿轮滚刀为了制造方便，采用阿基米德蜗杆或法向直廓蜗杆代替渐开线蜗杆而产生的切削刃齿廓近似误差；用模数铣刀铣削齿轮时，也采用近似切削刃齿廓，同样会产生加工原理误差。

采用近似的成形运动或近似的切削刃轮廓，虽然会带来加工原理误差，但往往可简化机构或刀具形状，或可提高工作效率，有时因机床结构或刀具形状的简化而使近似加工的精度比使用准确切削刃轮廓及准确成形运动进行加工所得到的精度还要高。因此，有加工原理误差的加工方法在生产中仍在广泛使用。

（二）工艺系统的静误差

1. 机床误差

机床误差包括机床的制造误差、安装误差和磨损等。机床误差的项目很多，这里主要分析对加工精度影响较大的主轴回转误差、导轨导向误差和传动链误差。

（1）主轴回转误差　机床主轴是用来装夹工件或刀具的基准件，进行切削运动并传递动力。它的回转精度是机床精度的重要指标，主要影响被加工零件的几何形状精度、位置精度和表面粗糙度。

微课 16：主轴回转误差

动画 16：机床主轴回转误差

1）主轴回转误差的基本形式。主轴回转时，其回转轴线的空间位置应该固定不变，实际上，由于主轴部件中轴承、轴颈、轴承座孔等的制造误差和装配质量、润滑条件，以及回转过程中多方面的动态因素的影响，主轴在每一瞬时回转轴线的空间位置都在变化，即存在着回转误差。

所谓主轴回转误差是指主轴实际回转线相对其理想回转轴线的漂移。实际上，理想回转轴线虽然客观存在，但却无法确定其位置，因此，通常是以平均回转轴线（各瞬时回转轴线的平均位置）来代替。

主轴回转轴线的运动误差可以分解为纯径向跳动、纯轴向窜动和纯倾角摆动 3 种基本形式，如图 2-3-4 所示。主轴回转精度可以通过传感器测量，并在示波器上显示出来。

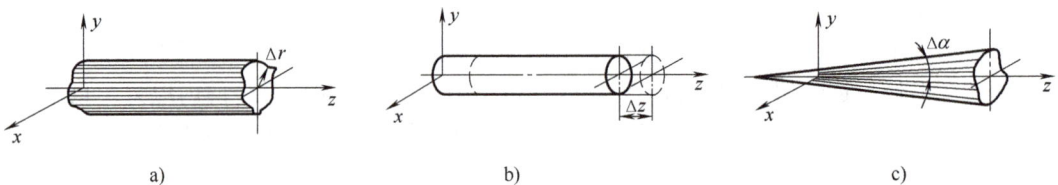

图 2-3-4　主轴回转误差的基本形式

a）纯径向跳动　b）纯轴向窜动　c）纯倾角摆动

2）主轴回转误差对加工精度的影响。主轴回转误差对加工精度的影响，取决于不同截面内主轴瞬时回转轴线相对于刀尖位置的变化情况。对于不同的加工方法和不同形式的主轴，回转误差所造成的加工误差通常不同。

① 主轴的径向跳动对加工精度的影响。主轴的径向跳动会使工件产生圆度误差，但径向跳动的方式和规律不同，加工方法不同（如车削和镗削），对加工精度影响也不同。

在镗床上镗孔如图 2-3-5 所示，刀具回转，工件不转。假设主轴回转中心在 y 方向上做简谐直线运动，其频率与主轴转速相同，振幅为 A，则镗刀刀尖的运动轨迹为一椭圆，而加工出的孔即呈现椭圆形状，其圆度误差为 A。

在车床上车外圆如图 2-3-6 所示，当工件旋转而刀具不动，若主轴径向跳动规律同前，则车削得到的工件表面接近于正圆。但由于加工面轴心 O_M 与工序定位基准轴心 O_0 不重合，可能造成加工面的同轴度误差。

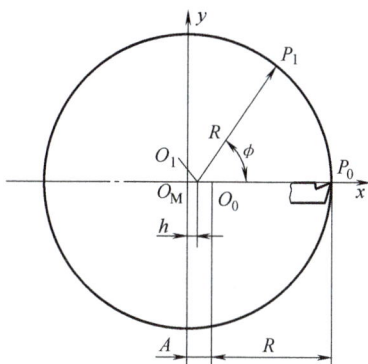

图 2-3-5　镗床上镗孔　　　　　　　图 2-3-6　车床上车外圆

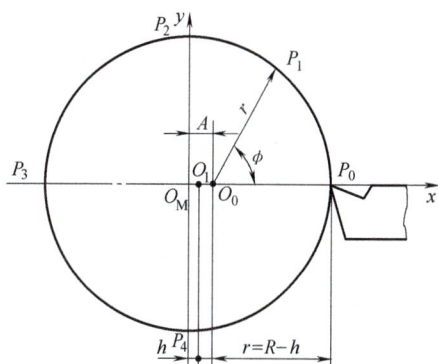

上面以特例说明了主轴径向跳动对加工误差的影响。实际上，主轴径向跳动规律很复杂，因而引起的工件圆度误差形式也很复杂，通常只能用实测的方法加以确定。

② 主轴的轴向窜动对加工精度的影响。主轴的轴向窜动对圆柱面的加工精度没有影响，但在加工端面时，会使车出的端面与圆柱面不垂直，如图 2-3-7a 所示。如果主轴回转一周的过程中跳动一次，则加工出的端面近似为螺旋面。加工螺纹时，主轴的轴向窜动将使螺距产生周期误差，如图 2-3-7b 所示。

因此，对机床主轴轴向窜动的幅值通常都有严格的要求，如精密车床的主轴轴向窜动允许值不能超过 $3\mu m$。

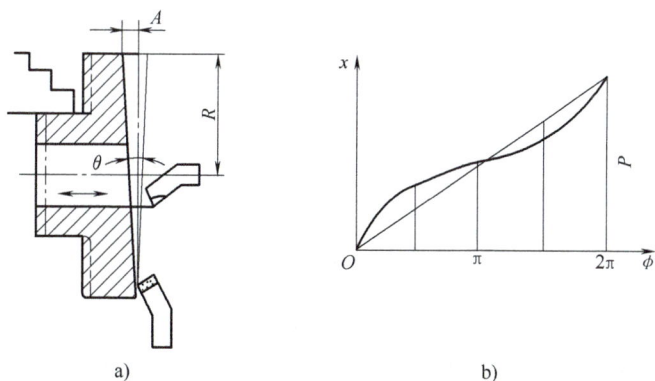

a)　　　　　　　　　　b)

图 2-3-7　主轴的轴向窜动对加工精度的影响

a）工件端面与圆柱面不垂直　b）螺距周期误差

③ 主轴的倾角摆动对加工精度的影响。主轴的倾角摆动对加工精度的影响与径向跳动对加工精度的影响相似，其区别在于倾角摆动不仅影响工件加工表面的圆度误差，而且影响工件加工表面的圆柱度误差。图 2-3-8 所示为在镗床上镗孔时倾角摆动对加工精度的影响。

还需指出，主轴实际工作时，其回转轴线的漂移运动通常是上述 3 种形式误差运动的合成，故由此而引起的加工误差很复杂，既有圆度误差，也有圆柱度误差，还有端面的形状误差。

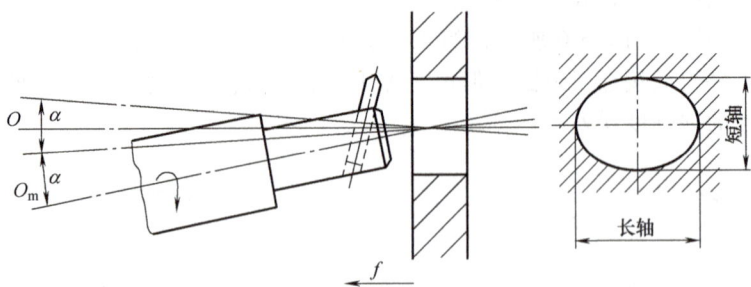

图 2-3-8　镗孔时主轴倾角摆动对加工精度的影响

3）影响主轴回转精度的主要因素。主轴回转误差与轴承的误差、轴承的间隙、轴承配合零件的误差以及主轴转速等多种因素有关。对于不同类型的机床和不同类型的主轴结构形式，其主轴轴承原始误差对主轴回转精度的影响不同。

① 滑动轴承误差对主轴回转精度的影响。主轴采用滑动轴承时，轴承误差主要来源于主轴轴颈和轴承孔的圆度误差和波纹度。

对于工件回转类机床，切削力的方向大体不变，主轴在切削力的作用下，主轴轴颈以不同部位和轴承孔的某一固定部位相接触。因此，影响主轴回转精度的主要是主轴轴颈的圆度和波纹度，而轴承孔的形状误差影响较小。如果主轴轴颈是椭圆形的，那么，主轴每回转一周，主轴回转轴线就径向跳动两次，如图 2-3-9a 所示。主轴轴颈表面如有波纹度，主轴回转时将产生高频的径向跳动。

对于刀具回转类机床，由于切削力方向随主轴的回转而变换，主轴轴颈在切削力作用下总是以某一固定部位与轴承孔内表面的不同部位接触。此时，对主轴回转精度影响较大的是轴承孔的圆度。如果轴承孔是椭圆形的，则主轴每回转一周，就径向跳动一次，如图 2-3-9b 所示。轴承内孔表面如有波纹度，主轴同样会产生高频径向跳动。上

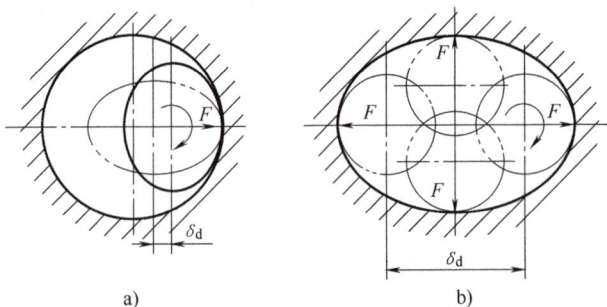

图 2-3-9　采用滑动轴承时主轴的径向跳动
a）工件回转类机床　b）刀具回转类机床

面的分析仅适用于单油楔动压轴承。如采用多油楔动压轴承，主轴回转时产生的几个油楔，把轴颈推向中央，油膜刚度也较单油楔为高，故主轴回转精度较高，此时主要影响回转精度的是轴颈的圆度。如果采用静压轴承，由于油膜压力是由液压泵提供的，与主轴转速无关，同时外载荷由油腔间的压力变化差来平衡，因此，油膜厚度变化引起的轴线漂移小于动压轴承。此外，静压轴承与动压轴承相比油膜厚度较厚，能对轴承孔或轴颈的圆度误差起均化作用，故可得到较高的主轴回转精度。

② 滚动轴承误差对主轴回转精度的影响。主轴采用滚动轴承时，滚动轴承的内圈、外圈和滚动体本身的几何精度将影响主轴回转精度。在分析时，可将滚动轴承的外圈滚道看成轴承孔，而滚动轴承的内圈滚道看成轴颈。因此，对于工件回转类机床，滚动轴承内圈滚道

圆度对主轴回转精度影响较大；而对于刀具回转类机床，滚动轴承外圈滚道圆度对主轴回转精度影响较大。滚动轴承的内、外圈滚道若有波纹度，则无论刀具回转类还是工件回转类机床都将引起主轴产生高频径向跳动。

推力轴承滚道端面误差会引起主轴轴向窜动，如图 2-3-10 所示。若只有一个端面滚道存在误差，对轴向窜动影响很小；只有当两个滚道端面均存在误差时，才会引起较大的窜动量。

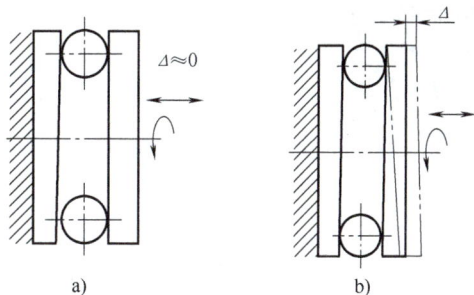

③ 轴承配合质量对主轴回转精度的影响。与轴承相配合零件的制造精度和装配质量对主轴回转精度有重要影响。由于轴承内、外圈或轴瓦很薄，受力后容易变形，因此与之相配合的轴颈或箱体支承孔的圆度误差，会使轴承圈或轴瓦发生变形而产生圆度误差，其结果造成主轴回转轴线的径向漂移。与轴承端面配合的零件，如果端面有平面度误差或与主轴回转轴

图 2-3-10 推力轴承滚道端面误差
a）一个滚道端面有误差 b）两个滚道端面均有误差

线不垂直，会使轴承圈滚道倾斜，造成主轴回转轴线的轴向漂移。

轴承间隙对主轴回转精度影响也很大，对于滑动轴承，过大的轴承间隙会使主轴工作时油膜厚度增大，油膜承载能力降低，当工作条件（载荷、转速等）变化时，引起油楔厚度变化，造成主轴轴线漂移。对于滚动轴承，轴承间隙过大也将造成主轴轴线的径向漂移。

4）提高主轴回转精度的措施。无论是刀具回转类还是工件回转类机床，回转精度对工件加工表面的形状精度都有重大影响，因此，提高主轴的回转精度是获得高精度加工表面的主要手段。提高主轴回转精度的措施包括如下几个方面。

① 提高主轴部件的设计与制造精度。首先应选用高精度的滚动轴承，或采用高精度的静压轴承或多油楔动压轴承。其次是提高主轴轴颈、箱体支承孔和其他与轴承相配合零件有关表面的加工精度。

② 对滚动轴承进行预紧。通过对滚动轴承施加适当的预紧力以消除轴承间隙，甚至产生微量过盈。这样既可增加轴承刚度，又能对轴承内、外圈滚道和滚动体的误差起均化作用，从而能有效提高主轴的回转精度。

③ 采用误差转移法。通过采用专用的工装夹具直接保证工件在加工过程中的回转精度，使主轴的误差不再反映到工件上，这是保证工件形状精度的简单而有效的方法。例如，在外圆磨床上磨削外圆柱面时，为了避免工件头架主轴回转误差的影响，工件采用两个固定顶尖支承，主轴只起传动作用，如图 2-3-11 所示。回转精度完全取决于顶尖和顶尖孔的形状误差和同轴度误差，而提高顶尖和顶尖孔的精度要比提高主轴部件的精度容易且经济得多。

（2）导轨导向误差 机床导轨是机床中确定主要部件相对位置的基准，也是运动的基准。

机床导轨的导向精度是指导轨副的运动件实际运动方向与理想运动方向的符合程度，这两者之间的

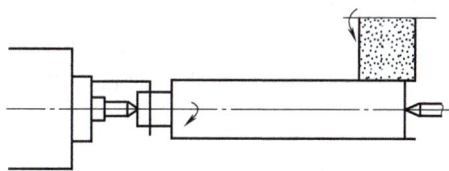

图 2-3-11 用两个固定顶尖支承磨外圆

微课 17：机床导轨误差

偏差值称为导向误差。由于机床导轨副的制造误差、安装误差、配合间隙以及磨损等因素影响，会使导轨产生导向误差。在机床的精度标准中，直线导轨的导向精度一般包括导轨在水平面内的直线度、导轨在垂直面内的直线度、前后导轨的平行度（扭曲）、导轨对主轴回转轴线的平行度（或垂直度）等。

动画 17：机床几
何误差
（导轨不平直）

1）导轨导向精度对加工精度的影响。对于不同的加工方法和加工对象，导轨导向误差所引起的加工误差也不一样。在分析导轨导向误差对加工精度的影响时，主要应考虑导轨误差引起刀具与工件在误差敏感方向的相对位移。下面以在车床上车削圆柱面为例，分析导轨导向误差对加工精度的影响。

① 导轨在水平面内的直线度误差。在卧式车床上车削外圆柱面时，若床身导轨在水平面内存在直线度误差 Δx，如图 2-3-12 所示，则由 Δx 引起的加工半径误差 $\Delta R = \Delta x$。由此可以看出车床导轨在水平面内的直线度误差对加工精度的影响较大。

② 导轨在垂直面内的直线度误差。导轨在垂直面内的直线度误差 Δy 引起的加工半径误差为

$$\Delta R = \frac{(\Delta y)^2}{D} \tag{2-1}$$

由于 Δy 引起的加工半径误差 ΔR 取决于 Δy 的二次方，数值很小，因而可以忽略。由此可见，同样大小的原始误差在不同方向所引起的加工误差也不同。当原始误差的方向恰为加工表面的法线方向时，引起的加工误差最大。对加工精度影响最大的方向称为加工误差敏感方向。

③ 导轨扭曲误差。如图 2-3-13 所示，如果机床前后导轨不平行（扭曲），则引起被加工零件半径误差为

$$\Delta R = \Delta x = \alpha H \approx \frac{\delta H}{B} \tag{2-2}$$

式中　H——车床中心高；

　　　　B——导轨宽度；

　　　　α——导轨倾斜角；

　　　　δ——前后导轨的扭曲量。

一般卧式车床 $H/B \approx 2/3$，外圆磨床 $H \approx B$，因此，导轨扭曲引起的加工误差不容忽略。

2）影响机床导轨导向误差的因素。

① 机床制造误差。包括导轨的制造误差、溜板的制造误差以及导轨的装配误差等。

② 机床安装误差。机床安装不正确引起的导轨误差，往往远大于制造误差。特别是床身和导轨长度较长的大型机床，床身导轨刚性较差，在本身自重的作用下很容易变形。如果安装不正确，或者地基不良，就会造成导轨弯曲变形。因此，机床在安装时应有良好的基础，并严格进行测量和校正，而且在使用期间还应定期复校和调整。

③ 导轨磨损。由于使用程度不同及受力不均，机床使用一段时间后，导轨沿全长上各段的磨损量不等，并且在同一截面上各导轨面的磨损量也不相等。这会引起床鞍在水平面和垂直面内发生位移，且有倾斜，从而造成刀具位置误差。机床导轨副的磨损与工作的连续

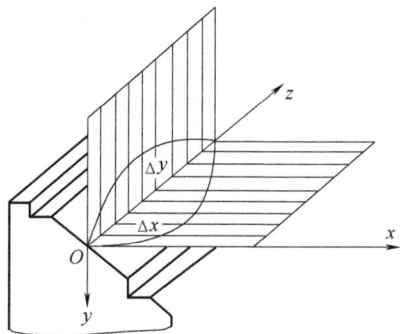

图 2-3-12 卧式车床导轨直线度误差

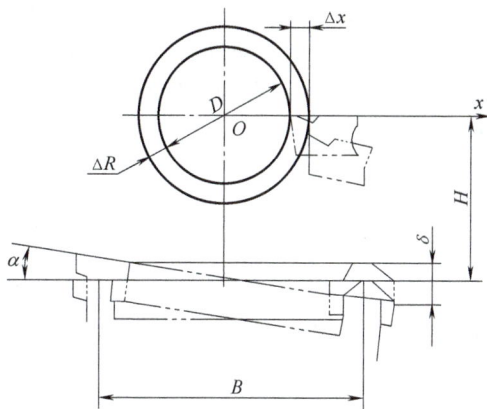

图 2-3-13 导轨扭曲误差

性、负荷特性、工作条件、导轨的材质和结构等有关。

为了提高机床导轨的导向精度，机床设计与制造时，应从结构、材料、加工工艺等方面采取措施，提高制造精度；机床安装时，应校正好水平和保证地基质量；使用时，要注意调整导轨配合间隙，同时保证良好的润滑和防护。

（3）传动链的传动误差

1）机床传动链传动误差及其对加工精度的影响。在加工螺纹、齿轮、蜗轮等成形表面时，刀具和工件之间的精确运动关系，是由机床的传动系统来保证的，它是影响加工精度的主要因素。传动链的传动误差是指传动链中首末两端传动元件之间相对运动的误差。对于机械传动机床，传动链一般由齿轮副、蜗杆副、丝杠副等组成。

微课 18：传动
链误差

图 2-3-14 所示为某滚齿机床用单头滚刀加工直齿轮时的传动链图。传动链中各组成环节的制造和装配误差通过传动链影响被切齿轮的精度，由于各传动件在传动链中所处的位置不同，它们对被切齿轮的加工精度（即末端件的转角误差）的影响程度也不同。

若齿轮 z_1 有转角误差 $\Delta\Phi_1$；而其他各传动件无误差，则由 $\Delta\Phi_1$ 产生的工件转角误差为

$$\Delta\Phi_{1n} = \Delta\Phi_1 \times \frac{80}{20} \times \frac{28}{28} \times \frac{28}{28} \times \frac{28}{28} \times \frac{42}{56} \times$$

$$i_c \frac{e}{f} \frac{a}{b} \frac{c}{d} \times \frac{1}{72} = k_1\Delta\Phi_1 \qquad (2-3)$$

式中 i_c——差动轮系的传动比，在滚切直齿时，$i_c = 1$；

k_1——z_1 到工作台的传动比。

图 2-3-14 齿轮机床传动链

这里 k_1 反映了齿轮 z_1 的转角误差对终端工作台转动精度的影响，称为误差传递系数。

同理，若第 j 个传动元件有转角误差 $\Delta\Phi_j$，则该转角误差通过相应的传动链传递到工作台上的转角误差为

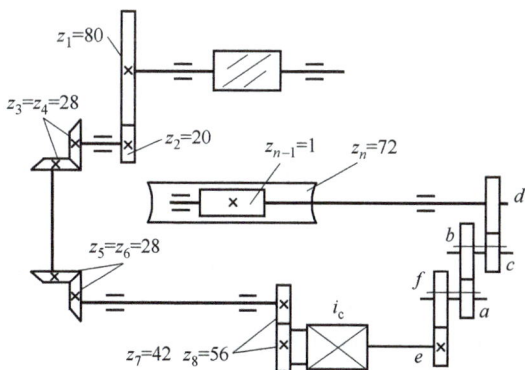

$$\Delta \Phi_{jn} = k_j \Delta \Phi_j \tag{2-4}$$

式中 k_j——第 j 个传动件的误差传递系数。

由于传动链中所有传动件都可能存在误差，因此，各传动件对被切齿轮精度影响的总和 $\Delta \Phi_\varepsilon$ 为

$$\Delta \Phi_\varepsilon = \sum_{j=1}^{n} \Delta \Phi_{jn} = \sum_{j=1}^{n} k_j \Delta \Phi_j \tag{2-5}$$

传动链的传动精度可用磁分度仪和光栅式分度仪等装置来测量。测量得到的传动误差曲线输入频谱分析仪，可以得到传动误差的各阶谐波分量，并可以根据各误差分量幅值的大小找出影响传动误差的主要环节。

2）减少传动链传动误差的措施。由以上的分析得出要减少传动链的传动误差，可以采取以下措施。

① 缩短传动链长度，减少传动链中传动件的数目。因为传动链的传动误差等于组成传动链各传动件传递误差之和。例如，在车床上加工较高精度螺纹时，不经过进给箱，而用交换齿轮直接传动丝杠，以缩短传动链长度，减少传动链的传动误差。

② 采用降速传动链。由前面分析可知，传动比小，传动元件误差对传动精度的影响就小，而传动链末端传动元件的误差对传动精度影响最大。因此，采用降速传动是保证传动精度的重要原则。对于螺纹或丝杠加工机床，为保证降速传动，机床传动丝杠的导程应大于工件螺纹导程；对于齿轮加工机床，分度蜗轮的齿数一般很大，目的也是为了得到大的降速传动比。

③ 提高传动元件，特别是提高末端传动元件的制造精度和装配精度。传动链中各传动件的加工、装配误差对传动精度均有影响，其中最后的传动件（末端件）的误差影响最大，如滚齿机上切出的齿轮的齿距误差及齿距累积误差，大部分是由分度蜗杆副引起的。所以，滚齿机上分度蜗杆副的精度等级应比被加工的齿轮的精度高 1~2 级。

④ 采用误差补偿的方法。采用测量仪器测出传动误差，根据此测量值在原传动链中人为地加入一个误差，其大小与传动链本身的误差相等而方向相反，从而使之相互抵消。例如，高精度螺纹加工机床可采用机械式的校正装置，或采用计算机控制的传动误差补偿装置，如图 2-3-15 所示，在车床主轴上安装光电编码器，用光栅位移传感器测量刀架的纵向位移。将主

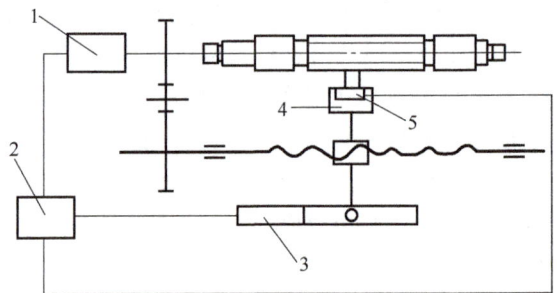

图 2-3-15 精密丝杠螺距误差补偿设置
1—光电编码器 2—计算机 3—光栅位移传感器
4—刀架 5—压电陶瓷微位移刀架

轴回转器信号与刀架位移信号同步输入计算机，计算得到误差数据后发出控制信号，驱动压电陶瓷微位移刀架做螺距误差补偿运动。

2. 刀具与夹具误差

（1）刀具误差 刀具误差包括刀具的制造误差、安装误差和磨损。刀具误差对加工精度的影响依刀具种类而异。对于定尺寸刀具，如钻头、铰刀、键槽铣刀、镗刀块及圆拉刀等，加工时刀具的尺寸精度直接影响工件的尺寸精度；采用成形车刀、成形铣刀、成形砂轮

等成形刀具加工时，刀具的形状精度将直接影响到工件的形状精度；采用展成法加工时，如齿轮滚刀、花键滚刀、插齿刀等，展成刀具的切削刃形状必须是加工表面的共轭曲线。因此，切削刃的形状误差和尺寸误差会影响加工表面的形状精度。

对于普通刀具，如车刀、镗刀、铣刀等，当采用轨迹法加工时，其制造精度对加工精度无直接影响。但刀具几何参数和形状将影响刀具寿命，会间接影响加工精度。

在切削过程中，刀具会逐渐磨损，使原有形状和尺寸发生变化，由此引起工件尺寸和形状误差。在加工工件较大或一次走刀需较长时间时，对尺寸精度会产生较大的影响；当用调整法加工一批工件时，刀具的磨损会扩大工件尺寸的分散范围。

（2）夹具误差　夹具的作用是使工件相对于刀具和机床具有正确的位置，因此，夹具的几何误差对机械加工误差（特别是位置误差）有很大影响。

夹具误差包括定位误差、夹紧误差、夹具安装误差及对刀误差等，这些误差主要与夹具的制造和装配精度有关。

1）夹具误差。夹具误差主要影响工件的位置精度，是由夹具的定位元件、刀具导向元件、对刀元件和夹具体等主要元件的制造误差引起的。

2）工件装夹误差。工件的装夹有两种方法：一是采用夹具装夹工件，其误差包括工件的定位误差、夹紧误差及夹具在机床上的安装误差；二是将元件直接装夹在机床的工作台上，其误差的大小取决于工件定位基准的选择、安装中的测量误差及夹紧误差等。

3）夹紧误差。加工容易产生变形的工件，采用夹具不合理时即容易产生夹紧误差，如使用自定心卡盘加工轴套时就容易出现夹紧误差，或者平口钳夹紧工件侧面加工厚度较小的表面时，如果夹紧力使工件产生弯曲变形，也会产生夹紧误差。

2.3.4　任务实施

学生工作页

项目名称		项目2　编制套筒类零件机械加工工艺			
任务名称		任务3　拟定连接套零件工艺路线		日期	
班级		姓名		学号	
任务分析与实施					学习方法
1）连接套零件的精基准和粗基准各为什么？为什么？					独立思考 小组讨论
2）$\phi50^{+0.025}_{0}$mm 的内孔和 $\phi60^{0}_{-0.019}$mm 的外圆两道工序的先后顺序是什么？为什么？					
3）为保证上表面几何公差，在加工时应采取怎样的工艺措施？					
4）分别分析加工原理误差、主轴回转误差、机床导轨导向误差和机床传动链传动误差对连接套零件加工精度的影响。					
练　习　题					
一、填空题 1. 镗床的主轴径向跳动将造成被加工孔的_____误差。 2. 机床主轴的回转误差分为_____、_____、_____。 3. 主轴回转做径向跳动及漂移时，所镗出的孔是_____。 4. 在普通车床上用两顶尖装夹长轴外圆，若机床刚度较低，则工件产生____的形状误差；若工件刚度较低，则工件产生_____的误差。 5. 普通车床上对加工精度影响较大的导轨误差是_____及_____。					

（续）

6. 主轴轴承外环滚道有形状误差则对____类机床的加工精度影响较大;内环滚道有形状误差则对____类机床的加工精度影响较大。

7. 车床主轴轴向窜动使被加工零件端面产生_____误差,加工螺纹时产生_____误差。

8. 机床主轴的轴向窜动产生于_____和_____与主轴轴线均不垂直时,其窜动量的大小等于其中垂直度误差_____的那一个。

二、选择题

1. 工件在车床自定心卡盘上一次装夹车削外圆及端面,加工后检验发现端面与外圆不垂直,其可能原因是( )。

A. 车床主轴径向跳动　　　　　　B. 自定心卡盘装夹面与车削主轴回转轴线不同轴

C. 车床主轴回转轴线与纵导轨不平行　D. 车床横导轨与主轴回转轴线不垂直

2. 薄壁套筒零件安装在车床自定心卡盘上,以外圆定位车内孔,加工后发现孔有较大圆度误差,其主要原因是( )。

A. 工件夹紧变形　　B. 工件热变形　　C. 刀具受力变形　　D. 刀具热变形

3. 车削细长轴时,由于工件刚度不足造成在工件轴向截面上的形状是( )。

A. 矩形　　　　　B. 梯形　　　　　C. 鼓形　　　　　D. 鞍形

4. 车床主轴产生轴向窜动,其原因可能是( )。

A. 主轴承向圆跳动量大　　　　　B. 主轴轴肩轴向圆跳动量大

C. 两者都有较大的轴向圆跳动量　　D. 主轴后端紧固螺母松动

5. 用自定心卡盘夹持镗削工件短孔,产生了倒锥,其原因可能是( )。

A. 刀具磨损　　　　　　　　　　B. 工件热变形

C. 机床导轨误差　　　　　　　　D. 床头箱因连接螺栓松动,使轴线与导轨不平行

6. 机床主轴承内环滚道有形状误差,对加工精度影响较大的是( )。

A. 外圆磨床　　B. 平面磨床　　C. 卧式镗床　　D. 车床

三、分析题

1. 试分析在车床上加工外圆时,工件产生圆柱度误差的几种原因。

2. 图 2-3-16 所示为在 3 台车床上加工外圆,加工后经度量 3 批工件分别有锥形、鞍形和腰鼓形的形状误差。试分别分析产生上述形状误差的主要原因。

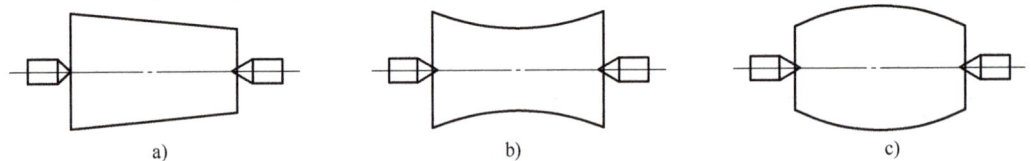

图 2-3-16　三台车床上加工的外圆表面
a)锥形　b)鞍形　c)腰鼓形

任 务 总 结

请各小组对本阶段的内容进行汇总并以 PPT 形式汇报。

2.3.5　任务评价与反思

学生进行自评和互评,评价自己与同组同学是否能完成零件图的识读、零件图的工艺分析、编制工艺文件等,是否按时完成报告内容等成果资料、有无任务遗漏。教师对学生的评价内容包括:报告书写是否工整规范,报告内容数据是否真实合理、阐述是否详细、认识体会是否深刻等。

1）学生进行自我评价,并将结果填入附表 1 中。

2）学生以小组为单位,对以上学习任务中的过程和结果进行互评,将互评结果填入附表 2 中。

3）教师对学生工作过程与工作结果进行评价,并将评价结果填入附表 3 中。

2.3.6　任务拓展

加工图 2-1-10 所示的滚筒零件，材料为 1060 挤压铝管，大批量生产，拟定其工艺路线。

任务4　编制连接套零件工艺文件

2.4.1　任务单

项目 名称	编制套筒类零件机械加工工艺	任务 名称	编制连接套零件工艺文件	建议 学时	4

任务 描述	某设备企业需加工图 2-4-1 所示连接套零件,要求利用现有设备完成连接套零件的加工任务,生产件数为 5000 件。根据要求编制机械加工工艺,填写工艺文件。 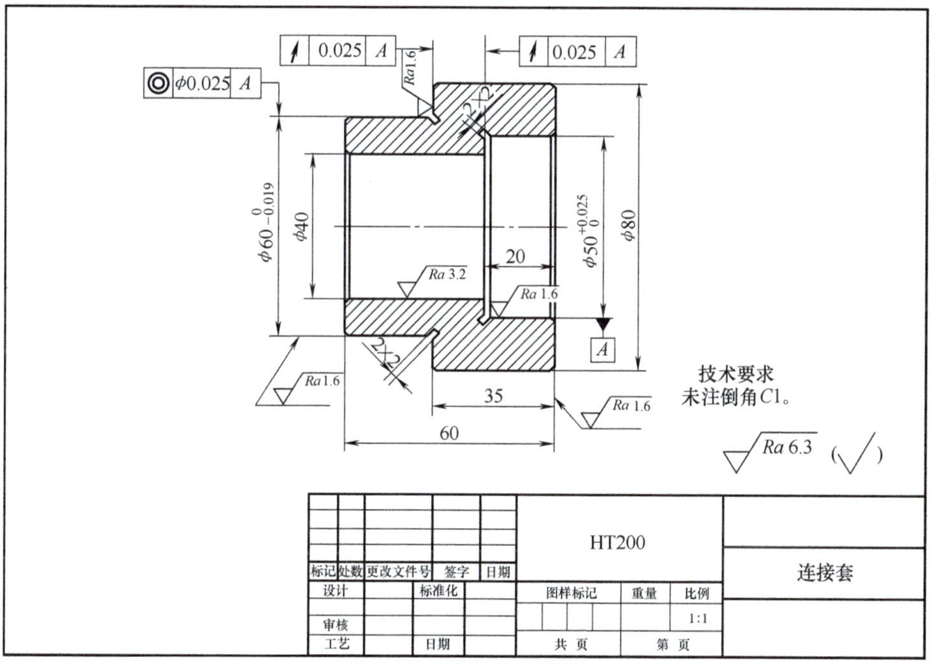 图 2-4-1　连接套零件图

	素养目标	知识目标	能力目标
任务 目标	1)强化自我管理。 2)增强创新意识。 3)深化劳动观念。 4)追求精益求精。 5)加强团队协作。	1)掌握工艺系统动误差对加工精度的影响。 2)掌握保证和提高加工精度的工艺措施。 3)掌握钻削用量的选择方法。	1)能分析工艺系统动误差对零件加工精度产生的影响。 2)能根据零件的技术要求,选择合理的钻削用量。 3)能根据工件的几何误差,确定提高加工精度的措施。

（续）

| 任务
要求 | 1. 根据要求完成分工并做好工作准备
1）为了高效高质量地完成本任务,采用自愿的方式组建项目团队。
2）小组需要收集相关信息,并将收集的资料进行汇总和整理。拟定一份思维导图,以确定小组需要查找的内容及组员分工。
3）小组需将整理后的资料展示给其他组学员,并思路清晰地进行讲述。
2. 根据所获取的信息进行分析处理
1）制订连接套零件的工艺流程,填写机械加工工艺卡片。
2）比较工艺方案,选择优化合理的加工工艺过程。
3）分析工艺系统误差对连接套零件加工精度产生的影响。
4）确定各工序切削用量,填写工序卡。
3. 分组要求
4~6 人一组,将分组情况与任务分工填入表 2-4-1 中。 |

表 2-4-1 学生任务分配表

班级		组号		指导教师	
组长		学号			
组员	姓名	学号	任务分工		

考核 方式	1）物化成果考核。 2）参与度考核。
物化 成果	1）零件分析方案(含作业计划)。 2）汇报 PPT 等。

2.4.2　引导问题

1）影响机床部件刚度的因素有哪些?

2）工艺系统刚度对加工精度有哪些影响?

3）减小工艺系统受力变形的措施有哪些?

4）什么是残余应力?产生的原因是什么?

5）保证和提高加工精度的工艺措施有哪些?

2.4.3　任务资讯

一、相关理论知识

（一）工艺系统的动误差

1. 工艺系统受力变形引起的误差

（1）工艺系统的刚度　切削加工时,由机床、夹具、刀具和工件组成的工艺系统,在切削力、夹紧力以及重力的作用下，将产生相应的变形。这种变形将破坏刀具和工件在静态下调整好的相互位置，并会使切削成形运动所需要的正确几何关系发生变化，而造成加工误差。例如，在车削细长轴时，工件在切削力的作用下会发生变形，使加工出的轴出现中间粗两头细的情况（图 2-4-2a）；在内圆磨床上采用径向进给磨孔时，由于内圆磨头主轴弯曲变形，磨出的孔会出现锥形的圆柱度误差（图 2-4-2b）。

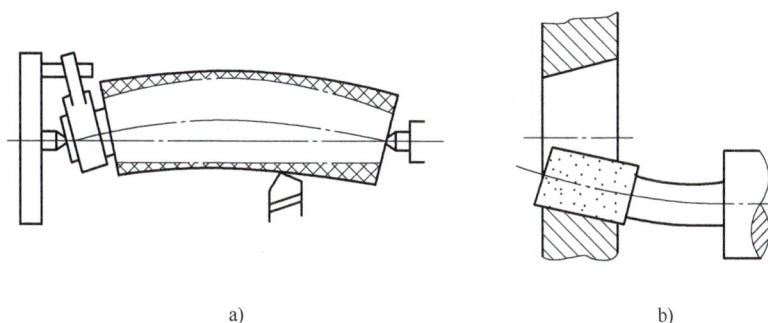

微课 19：工艺系统受力变形对加工精度的影响

动画 18：工艺系统受力变形（改善受力）

a)   b)

图 2-4-2   工艺系统受力变形对加工精度的影响

a）细长轴车削时，工件的受力变形   b）内圆磨头主轴弯曲变形

从影响加工精度的角度出发，工艺系统的刚度可定义为在加工误差敏感方向上工艺系统所受外力与变形量之比。

根据系统所受载荷的性质不同，工艺系统刚度可分为静刚度和动刚度两种。静刚度主要影响工件的几何精度，动刚度则反映系统抵抗动态力的能力，主要影响工件表面的波纹度和表面粗糙度。在此只讨论静刚度的问题。

（2）机床部件的刚度及其特点   在工艺系统的受力变形中，机床的变形最为复杂，且通常占主要成分。由于机床部件刚度的复杂性，很难用理论公式来计算，一般都用实验方法来测定（有关机床部件刚度的测定请参阅有关的实验指导书）。图 2-4-3 所示是对一台中心高为 200mm 的卧式车床刀架部件施加静载荷得到的变形曲线。图中曲线 I、II、III 分别表示 3 次加载。

由图 2-4-3 可看出机床部件刚度的特点如下。

1）作用力和变形不是线性关系，反映出刀架的变形不纯粹是弹性变形。

2）加载与卸载曲线不重合，两曲线间包容的面积代表了加载—卸载循环中所损失的能量，即外力在克服部件内零件间的摩擦力和接触面塑性变形所做的功。

图 2-4-3   车床刀架的静刚度特性曲线

3）卸载后曲线不回到原点，说明产生了残余变形。在反复加载—卸载后，残余变形逐渐接近于零。

4）部件的实际刚度远比按实体所估算的要小。由于机床部件的刚度曲线不是线性的，其刚度不是常数，一般取曲线两端点连线的斜率来表示其平均刚度。

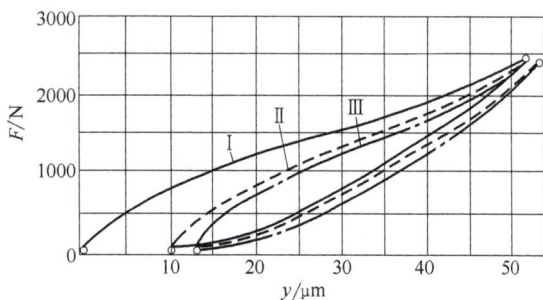

机床部件一般由多个零件组成，因而影响机床部件刚度的因素很复杂，主要因素包括以下几方面。

1) 连接表面间的接触变形。当外力作用时，由于零件表面几何形状误差和表面粗糙度的影响，使得零件之间接合表面的实际接触面积只是理论接触面的一小部分，真正处于接触状态的，只是一些凸峰。这些接触点处将产生较大的接触应力，并产生接触变形，其中有表面层的弹性变形，也有局部塑性变形。这就是部件刚度曲线不呈直线，以及部件刚度远比同尺寸实体的刚度要低得多的主要原因。

2) 薄弱零件的变形。在机床部件中，薄弱零件受力变形对部件刚度的影响很大。例如，刀架和溜板部件中的楔铁（图2-4-4a），由于其结构细长，加上又难以做到平直，以致装配后与导轨配合不好，容易产生变形。又如，滑动轴承衬套因形状误差而与壳体接触不良（图2-4-4b），受载后极易产生变形，故造成整个部件刚度大大降低。

3) 零件表面间摩擦力的影响。机床部件受力变形时，零件间接触表面会发生错动，加载时摩擦力阻碍变形的发生，卸载时摩擦力阻碍变形的恢复，造成加载和卸载刚度曲线不重合。

4) 接合面的间隙。部件中各零件间如果有间隙，那么只要受到较小的力（克服摩擦力）就会使零件相互错动，表现为刚度低。加工过程中，如果单向受载，那么在第一次加载消除间隙后对加工精度的影响较小；如果工作载荷不断改变方向（如镗床、铣床的切削力），则间隙的影响不容忽视。

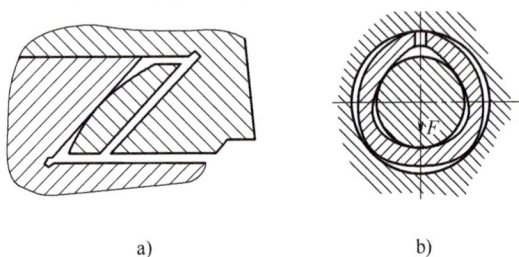

图 2-4-4 机床部件薄弱环节
a) 溜板的楔铁 b) 滑动轴承衬套

(3) 工艺系统刚度对加工精度的影响

1) 切削力作用点位置变化引起的工件形状误差。加工过程中，如果总切削力大小不变，但由于其作用点位置不断变化，使工艺系统刚度随之变化，将会引起工件形状误差。

如车床顶尖之间装夹加工光轴时，变形大的地方，从工件上切除的金属层薄；变形小的地方，切除的金属层厚，故加工出来的工件呈两端粗、中间细的鞍形，如图2-4-5所示。

2) 切削力大小变化引起的加工误差。机械加工中，由于毛坯形状误差或相互位置误差较大导致加工余量不均，或者材料硬度的不均匀，都会引起切削力大小变化，从而产生加工误差。图2-4-6所示为误差复映现象。车削一椭圆形横截面毛坯，加工时根据设定尺寸（双点画线圆的位置）调整刀具的切深，车削后的工件呈椭圆形，仍然具有圆度误差。也就是当车削具有圆度误差 $\Delta_m = a_{p1} - a_{p2}$ 的毛坯时，由于工艺系统受力变形，而使工件产生相应的圆度误差 $\Delta_g = \Delta_1 - \Delta_2$。这种毛坯误差部分地反映在工件上的现象称为"误差复映"，并称 $\varepsilon = \Delta_g / \Delta_m$ 为误差复映系数。由于 Δ_g 通常小于 Δ_m，所以 ε 是一个小于1的正数，它定量地反映了毛坯误差加工后减小的程度。当毛坯误差较大，一次走刀不能消除误差复映的影响时，可增加走刀次数来减小工件的复映误差，提高加工精度，但会降低生产率。

由以上分析可知，当工件毛坯有形状误差或相互位置误差时，加工后仍然会有同类的加工误差出现。在成批大量生产中用调整法加工时，如毛坯尺寸不一，那么加工后这批工件将会造成尺寸分散。毛坯材料硬度不均匀，同样会造成加工误差。

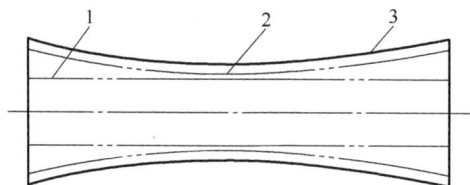

图 2-4-5 工件在顶尖上车削后的形状

1—车床没有变形的形状　2—考虑主轴、尾座变形后的形状
3—考虑主轴、尾座变形及刀架变形后的形状

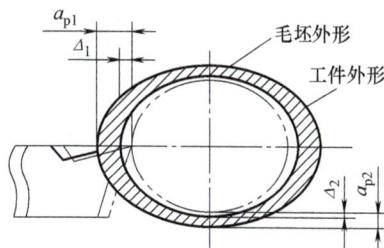

图 2-4-6 误差复映现象

3）其他作用力对加工精度的影响。加工过程中，工艺系统除受到切削力的作用外，还受到惯性力、传动力、夹紧力和重力的作用，在这些力的作用下，工艺系统产生变形，从而影响工件的加工精度。

例如，工件在装夹时，由于工件刚度较低或夹紧力着力点不当，会使工件产生相应的变形，造成加工误差。如图 2-4-7 所示，用自定心卡盘夹持薄壁套筒镗孔，假定毛坯件是正圆形，夹紧后坯件呈三棱柱形，虽镗出的孔为正圆形，但松开后，套筒弹性恢复使孔又变成三棱柱形。为了减少套筒因夹紧变形造成的加工误差，可采用开口过渡环或采用圆弧面卡爪夹紧，使夹紧力均匀分布。

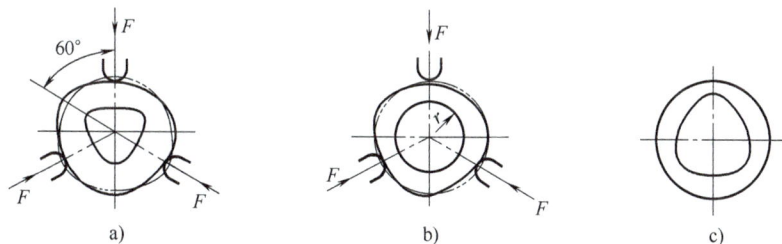

图 2-4-7 套筒夹紧变形误差

a）夹紧后　b）镗孔后　c）松开后

又如在平面磨床上磨削薄片零件，若工件坯件有翘曲，当它被电磁工作台吸紧时，会产生弹性变形，将工件磨平后取下，由于弹性恢复，使已磨平的表面又产生翘曲（图 2-4-8a～c 所

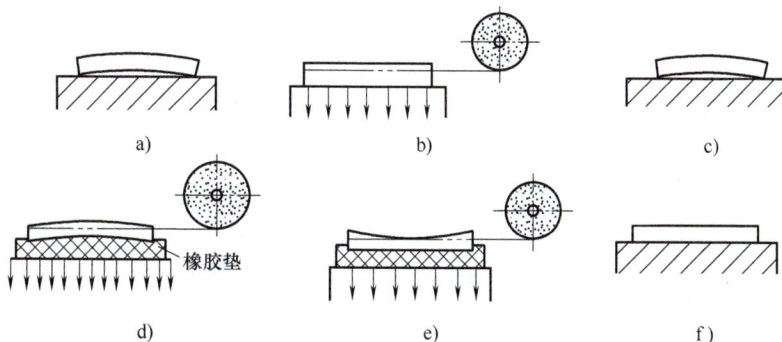

图 2-4-8 薄片工件的磨削

a）毛坯　b）磁性工作台吸紧　c）磨后松开　d）磨削凸面　e）磨削凹面　f）磨后松开，工件平直

示）。改进的办法是在工件和磁力吸盘之间垫入一层薄橡胶垫（0.5mm以下）或纸片，如图2-4-8d、e所示，当工作台吸紧工件时，橡皮垫受到不均匀的压缩，使工件变形减少，翘曲的部分就将被磨去，如此正反面多次磨削后，就可得到较平的平面（图2-4-8f）。

工艺系统有关零部件自身的重力所引起的相应变形，也会造成加工误差。图2-4-9所示为工件自重引起的加工误差，在靠模车床上加工尺寸较大的光轴时，由于尾座刚度比头架低，在工件重量的作用下，尾座的下沉变形比头架大，加工的外圆柱表面将产生圆柱度误差。而对于大型工件的加工（如磨削床身导轨面），工件自重引起的变形有时成为产生加工形状误差的主要原因。在实际生产中，装夹大型工件时，恰当地布置支承可以减小自重引起的变形。

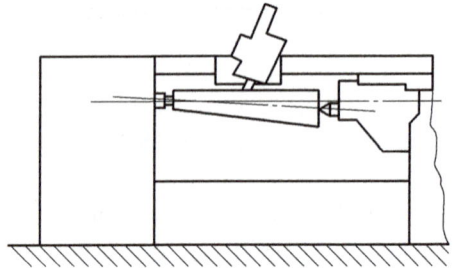

图 2-4-9 工件自重引起的加工误差

（4）减小工艺系统受力变形的措施 减小工艺系统受力变形是保证加工精度的有效途径之一。在生产实际中，常从两个主要方面采取措施予以解决：一方面采取适当的工艺措施减小载荷及其变化，如合理选择刀具几何参数和切削用量以减小切削力，特别是吃刀抗力，就可以减少受力变形；将毛坯分组，使一次调整中加工的毛坯余量比较均匀，也能减小切削力的变化，从而减小复映误差。另一方面是采取以下的措施提高工艺系统的刚度。

1）合理设计零部件结构。在设计工艺装备时，应尽量减少连接面数目，并注意刚度的匹配，防止有局部低刚度环节出现。在设计基础件、支承件时，应合理选择零件结构和截面形状。

2）提高连接表面的接触刚度。由于部件活动结合面的接触刚度大大低于实体零件本身的刚度，所以提高接触刚度是提高工艺系统刚度的重要措施。提高接触刚度的主要措施如下。

① 提高机床部件中零件间接合表面的质量。提高机床导轨的刮研质量，减小其表面粗糙度值等都能使实际接触面积增加，从而有效地提高表面的接触刚度。

② 给机床部件以预加载荷。此措施常用在各类轴承、滚珠丝杠副的调整之中。给机床部件以预加载荷，可消除接合面间的间隙，增加实际接触面积，减少受力后的变形量。

③ 采用合理的装夹方式和加工方式。加工细长轴时，工件的刚度差，采用中心架或跟刀架有助于提高工件的刚度。图2-4-10a所示为转塔车床采用导套和导杆辅助支承副提高刀架刚度的示例，图2-4-10b为采用导杆辅助支承提高镗刀杆刚度的示例。

2. 工件残余应力引起的误差

残余应力又称为内应力，是指在没有外力作用下或去除外力后仍残存在工件内部的应力。零件中的残余应力往往处于一种不稳定的平衡状态，在外界某种因素的影响下，它会使内部的组织很容易失去原有的平衡，并达到新的平衡。在这一过程中，内应力重新分布，导致工件变形产生，从而破坏零件原有的精度。

（1）残余应力产生的原因

1）毛坯制造和热处理过程中产生的残余应力。在铸、锻、焊、热处理等加工过程中，由于各部分冷热收缩不均匀以及金相组织转变而引起的体积变化，将会使毛坯内部产生残余

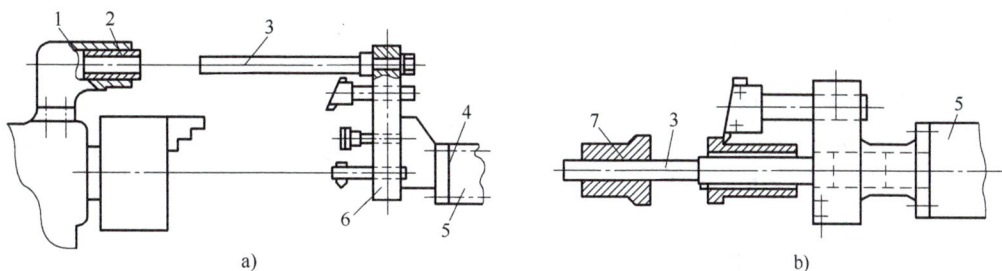

图 2-4-10　转塔车床提高刀架刚度的示例

a）采用导套　b）采用导杆辅助支承

1—支架　2—导套　3—导杆　4—刚度薄弱环节（接触面）　5—回转刀架　6—刀夹　7—导套（装在主轴孔内）

应力。毛坯的结构越复杂，各部分的厚度越不均匀，散热条件相差越大，则在毛坯内部产生的残余应力也越大。

　　具有残余应力的毛坯由于残余应力暂时处于相对平衡的状态，加工时切去一层金属后，就打破了这种平衡，残余应力将重新分布，零件就会产生明显的变形。

动画 19：工艺系统内应力引起的变形

　　例如，图 2-4-11 所示为一内外壁厚薄相差较大的铸件在铸造过程中产生残余应力的情形。铸件浇注后，由于壁 A 和 C 比较薄，容易散热，所以冷却速度较壁 B 快。当壁 A、C 从塑性状态冷却到了弹性状态时，壁 B 尚处于塑性状态。当 A、C 继续收缩时，B 不阻止其收缩，故不产生残余应力。当 B 也冷却到了弹性状态时，壁 A、C 的温度已降低很多，其收缩速度变得很慢，但这时 B 收缩较快，因而受到 A、C 的阻碍。因此，B 内就产生了拉应力，而 A、C 内就产生了压应力，形成相互平衡状态。如果在 A 上开一缺口，A 上的压应力消失，铸件在 B、C 的残余应力作用下，B 收缩，C 伸长，铸件就产生了弯曲变形，直至残余应力重新分布达到新的平衡状态为止。

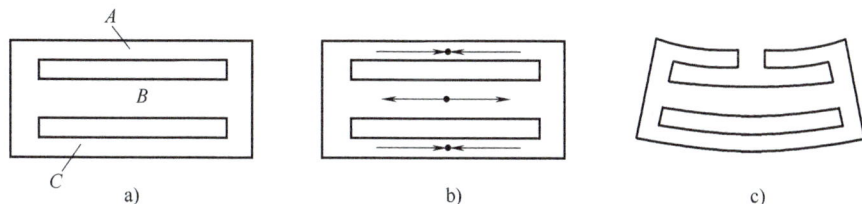

图 2-4-11　铸件残余应力的形成过程

a）壁厚不均的铸件　b）冷却时产生内应力　c）切口后产生变形

　　各种铸件都难免发生冷却不均匀而产生残余应力现象。例如，铸造后的机床床身，其导轨面和冷却快的地方都会出现压应力。粗加工导轨表面被切去一层后，残余应力就重新分布达到新的平衡，结果使导轨中部下凹（图 2-4-12）。

　　2）冷校直带来的残余应力。为了纠正细长轴类零件的弯曲变形，有时采用冷校直方法。此种方法是在与变形相反的方向上施加作用力，如图 2-4-13a 所示，使工件产

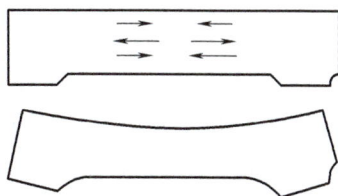

图 2-4-12　床身因内应力引起的变形

生反方向弯曲，并产生一定的塑性变形。当工件外层应力超过屈服强度时，其内层应力还未超过弹性极限，故其应力分布情况如图 2-4-13b 所示。去除外力后，由于下部外层已产生拉伸的塑性变形，上部外层已产生压缩的塑性变形，故里层的弹性恢复受到阻碍。结果上部外层产生残余拉应力，上部里层产生残余压应力；下部外层产生残余压应力，下部里层产生残余拉应力（图 2-4-13c）。冷校直后虽然弯曲减小了，但内部组织处于不稳定状态，经加工后，又会产生新的弯曲变形。

图 2-4-13　冷校直引起的残余应力

3）切削加工带来的残余应力。在切削加工中，工件表面在切削力、切削热作用下，也会产生残余应力。

（2）减小残余应力的措施

1）增加时效处理工序。对于一些精密零件，采用自然时效处理、振动时效处理等工序，可有效地减少或消除工件中的残余应力。

2）合理安排工艺过程。将粗加工、精加工安排在不同工序中进行，使粗加工后有一定时间让残余应力重新分布，以减少对精加工的影响。

在加工大型工件时，粗加工、精加工往往安排同一道工序中完成，这时应在粗加工后将工件松开，让工件有自由变形的可能，然后再进行精加工。对于精密丝杠这样的精密零件，在加工过程中不允许进行冷校直。

3）合理设计零件结构。如在设计铸锻件时，尽量使其壁厚均匀，焊接件尽量使其焊缝均匀分布，可减少残余应力的产生。

3. 工艺系统受热变形引起的加工误差

（1）概述　在机械加工过程中，工艺系统会受到各种热源的影响，使工艺系统各个组成部分产生复杂的变形，这种变形称为热变形，它将破坏刀具与工件间的正确几何关系和运动关系，造成工件的加工误差。例如，在精密加工和大件加工中，热变形所引起的加工误差有时会占到工件加工总误差的 40%～70%。

微课 20：工艺系统受热变形对加工精度的影响

1）工艺系统的热源。引起工艺系统热变形的热源可分为内部热源和外部热源两大类，内部热源主要包括切削热和摩擦热，外部热源主要包括环境温度及辐射等。切削热是切削加工过程中最主要的热源，它对工件加工精度的影响最为直接。在切削（磨削）过程中，消耗于切削的弹性、塑性变形能及刀具、工件和切屑之间摩擦的机械能，绝大部分都转变成了切削热。

工艺系统中的摩擦热，主要是机床和液压系统中运动部件产生的，如电动机、轴承、齿

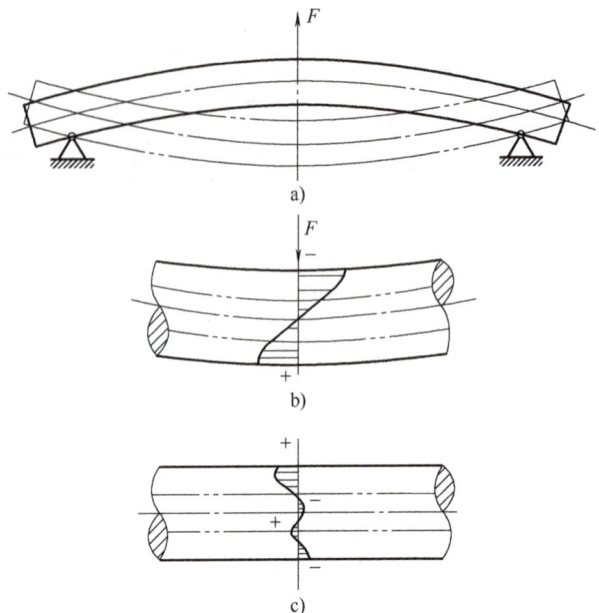

轮、丝杠副、导轨副、液压泵等各运动部分产生的摩擦热。尽管摩擦热比切削热少，但摩擦热在工艺系统中是局部发热，会引起局部温升和变形，破坏系统原有的几何精度。

外部热源的热辐射及周围环境温度对机床热变形的影响，有时也是不容忽视的。例如，在加工大型工件时，往往要昼夜连续加工，由于昼夜温度不同，从而影响了加工精度。又如照明灯光、加热器等对机床的热辐射往往是局部的，因而会引起机床各部分不同的温升和变形，这在大型、精密加工时不能忽视。

2）温度场与工艺系统热平衡。在各种热源作用下，工艺系统各部分温度不同，工艺系统各部分的温度分布称为温度场。工艺系统开始工作时，受到热源的作用温度会逐渐升高，处于一种不稳定状态，同时它们通过各种传热方式向周围的介质散发热量。此时，工艺系统各部分温度不仅是空间位置的函数，也是时间的函数。经过一段时间后，当工件、刀具和机床的温度达到某一数值时，单位时间内散发出的热量与热源传入的热量趋于相等，这时工艺系统就达到了热平衡状态。在热平衡状态下，工艺系统各部分的温度保持在一相对固定的数值上，不再随时间变化，形成稳定的温度场，此时工艺系统各部分的热变形也相应地趋于稳定。

目前，对于温度场和热变形的研究，仍然着重于模型试验与实测。传统的测温手段包括热电偶、热敏电阻、半导体温度计测量。近年来红外测温、激光全息照相、光导纤维测温等先进测量手段已开始在机床热变形研究中得到应用。例如利用红外热像仪可将机床的温度场拍摄成热像图，用激光全息技术拍摄变形场，用光导纤维引出发热信号而测出工艺系统内部的局部温升。此外，应用有限元方法和有限差分法来研究工艺系统热变形也取得了很大的进展。

（2）机床热变形对加工精度的影响　机床工作过程中，在内外热源的影响下，各部分的温度将逐渐升高。由于各部件的热源分布不均匀和机床结构的复杂性，形成不均匀的温度场，使机床各部件之间的相互位置发生变化，从而破坏了机床原有的几何精度，造成加工误差。由于各类机床的结构和工作条件相差较大，引起机床热变形的热源和变形形式也多种多样。

动画 20：工艺系统受热变形（切削热）

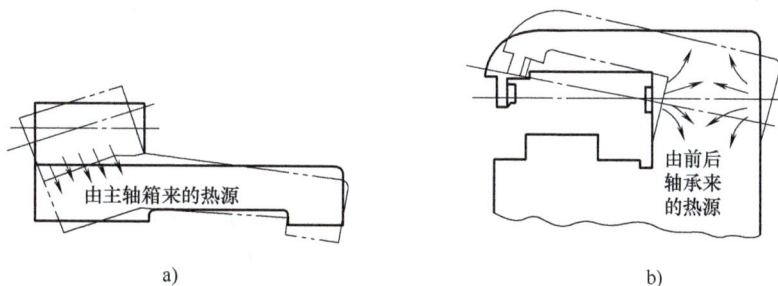

对于车、铣、钻、镗类机床，主轴箱中的齿轮、轴承摩擦发热和润滑油发热是其主要热源，使主轴箱及与之相连部分（如床身或立柱）的温度升高而产生较大变形。例如，车床主轴箱的温升将使主轴升高（图 2-4-14a），又因主轴前轴承的发热量大于后轴承发热量，主轴前端将比后端高。同时由于主轴箱的热量传给床身使床身导轨向上凸起，故而加剧了主轴的倾斜。对于图 2-4-14b 所示的万能铣床，主传动系统轴承的发热，使左箱壁温度升高，造成主轴轴线升高并倾斜。

由主轴箱来的热源

由前后轴承来的热源

a)　　　　　　　　　　　　　　b)

图 2-4-14　卧式车床和卧式铣床的热变形
a）卧式车床　b）卧式铣床

（3）刀具热变形对加工精度的影响 刀具热变形主要是由切削热引起的。通常传入刀具的热量虽然不多，但由于热量集中在切削部分，以及刀体小，热容量小，因此刀具切削部分的温度高，变化大。

连续切削时，刀具的热变形在切削初始阶段增加很快，随后变得较缓慢，经过 t_b 时间后便趋于热平衡状态。此后，热变形变化量就非常小，如图 2-4-15 中的曲线 A。间断切削时，由于刀具具有短暂的冷却时间 t_s，故其热变形曲线具有热胀冷缩的双重特性，且总的变形量比连续切削时要小一些，最后稳定在 Δ_1 范围内变动（图 2-4-15 曲线 C）。当切削停止时，刀具温度立即下降，开始冷却较快，以后逐渐减慢（图 2-4-15 中的曲线 B）。

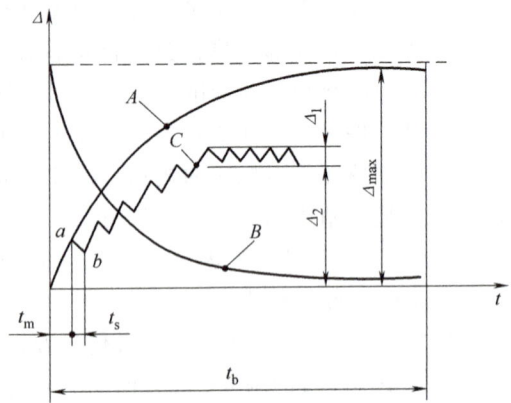

图 2-4-15　刀具热伸长量与切削时间的关系

加工大型零件，刀具热变形往往造成加工工件的几何形状误差。例如，车长轴或在立式车床上加工大直径平面时，由于刀具在长时间的切削过程中逐渐膨胀，往往造成工件圆柱度或平面度误差。

（4）工件热变形对加工精度的影响 工件主要受切削热的影响而产生热变形。对于不同形状和尺寸的工件，采用不同的加工方法，工件的热变形也不同。加工一些形状较简单的轴类、套类、盘类零件的内、外圆时，工件受热比较均匀。此时，可依据物理学公式计算工件长度或者直径上的热变形量

$$\Delta L = \alpha_1 L \Delta t \tag{2-6}$$

式中　L——工件原有长度或直径（mm）；

　　　α_1——工件材料的线膨胀系数；

　　　Δt——温升（℃）。

一般来说，如杆件的长度尺寸精度要求不高，热变形引起的伸长可以不用考虑。但当工件以两顶尖定位，工件受热伸长时，如果顶尖不能轴向位移，则工件受顶尖的压力将产生弯曲变形，这对加工精度影响就大了。因此，当加工精度较高的轴类零件时，如磨外圆、丝杠等，宜采用弹性或液压尾顶尖。

工件热变形在精加工中影响比较严重。例如，丝杠磨削时的温升会使工件伸长，产生螺距累积误差。若丝杠的长度为 400mm，如果工件温度相对于机床丝杠升高 1℃，则丝杠将产生 4.4μm 累积误差。而 5 级丝杠积累误差在全长上不允许超过 5μm，由此可见热变形的严重性。

对于工件受热不均匀的零件，在铣、刨、磨加工时，由于工件单面受到切削热的作用，上下表面间的温差将导致工件向上拱起，加工时中间凸起部分被切去，冷却后工件变成下凹，造成平面度误差。例如，在磨床上进行机床导轨的磨削加工时，床身的上下温差可达 3℃，在垂直面内的热变形可达 0.1mm，严重影响导轨的磨削加工精度。

（5）减少热变形对加工精度影响的措施

1）减少热源的发热和隔离热源。在精加工中，为了减小切削热和降低切削区域温度，

应合理选择切削用量和刀具几何参数，并给予充分冷却和润滑。如果粗加工、精加工在一个工序内完成，粗加工的热变形将影响精加工精度。一般可以在粗加工后停机一段时间使工艺系统冷却，同时还应将工件松开，待精加工时再夹紧。这样就可减少粗加工热变形对精加工精度的影响。当零件精度要求较高时，则粗加工、精加工分开为宜。

为减少工艺系统中机床的发热，凡是有可能从主机中分离出去的热源，如电动机、变速箱、液压系统、冷却系统等最好放置在机床外部，使之成为独立单元。对于不能和主机分离的热源，如主轴轴承、高速运动的导轨副等，则可以从结构、润滑等方面改善其摩擦特性，减少发热，也可用隔热材料将发热部件和机床大件（如床身、立柱等）隔离开来。

对发热量大的热源，如果既不能从机床内部移出，又不便隔热，则可采用强制性风冷、水冷等散热措施。例如，一台坐标镗床的主轴箱采用恒温喷油循环强制冷却后，主轴与工作台之间在垂直方向的热变形减少到 $15\mu m$，且机床运转不到 2h 时就达到热平衡。而不采用强制冷却时，机床运转 6h 后，上述热变形产生了 $190\mu m$ 的位移，而且机床尚未达到热平衡。因此，目前大型数控机床、加工中心机床普遍采用冷冻机对润滑油、切削液进行强制冷却，以提高冷却效果。精密丝杠磨床的母丝杠中则通以冷却液，以减少其热变形。

2）均衡温度场。图 2-4-16 所示为立式平面磨床采用热空气加热温升较低的立柱后壁，以均衡立柱前后壁的温升，减小立柱的向后倾斜。图中热空气从电动机风扇排出，通过特设的软管引向立柱的后壁空间。采用这种措施后，磨削平面的平面度误差可降到未采取措施前的 $1/4 \sim 1/3$。

3）采用合理的机床结构。在变速箱中，将轴、轴承、传动齿轮等对称布置，可使箱壁温升均匀，箱体变形减小。机床大件的结构和布局对机床的热态特性有很大影响。以加工中心为例，在热源影响下，单立柱结构会产生较大的扭曲变形，而双立柱结构由于左右对称，仅产生垂直方向的热位移，很容易通过调整的方法予以补偿。

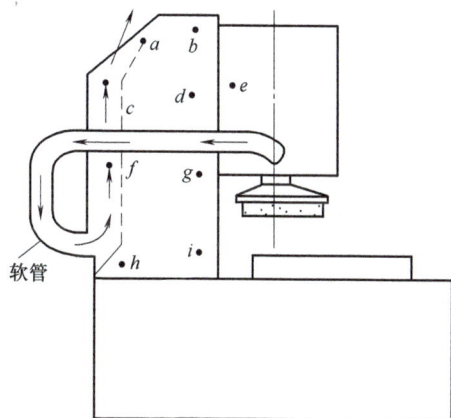

图 2-4-16　均衡立柱前后壁的温度场

4）控制环境温度，加速达到热平衡状态。精密机床应安装在恒温车间，其恒温精度一般控制在 $\pm 1℃$ 以内。对于精密机床特别是大型机床，达到热平衡的时间较长。为了缩短这个时间，可以在加工前，使机床做高速空运转，或人为地给机床加热，使机床较快地达到热平衡状态，然后进行加工。

（二）保证和提高加工精度的工艺措施

保证和提高加工精度的工艺措施可分成两大类。

一类是误差预防，指减少原始误差或减少原始误差的影响。实践表明，当加工精度要求高于某一程度后，利用误差预防技术来提高加工精度所花费的成本将按指数规律增长。

另一类是误差补偿，通过分析、测量误差源，建立数学模型，然后人为地在系统中引入附加误差，使之与系统中现存的表现误差相抵消，以减少或消除零件的加工误差。在现有工艺系统条件下，误差补偿技术是一种有效而经济的方法，特别是借助计算机辅助技术，可以达到很好的效果。

1. 减少误差法

直接减少误差最根本的方法是合理采用先进的工艺与设备。在制订零件的加工工艺规程时，应对零件每道加工工序的能力进行评价，并应合理地采用先进的工艺和装备，以使每道工序都具备足够的工序能力。生产中为了有效地提高加工精度，首先要查明影响加工精度的主要原始误差因素，然后设法将其消除或减少。

2. 误差转移法

误差转移法是把影响加工精度的原始误差转移到误差的非敏感方向上。

3. 误差分组法

机加工中有时某工序的加工状态是稳定的，但如果毛坯误差较大，误差复映的存在会造成加工误差扩大。解决这类问题可采用分组调整的方法，把毛坯按误差大小分为 n 组，每组毛坯的误差就缩小为原来的 $1/n$；然后按各组分别调整刀具与工件的相对位置或选用合适的定位元件，就可大大缩小整批工件的尺寸分散范围。

4. 误差平均法

研磨时，研具的精度并不是很高，分布在研具上的磨料粒度大小也可能不一样。但由于研磨时工件和研具间有复杂的相对运动轨迹，使工件上各点均有机会与研具的各点相互接触并受到均匀的微量切削。同时，工件和研具相互修整，精度也逐步共同提高，进一步使误差均化，因此，可获得精度高于研具原始精度的加工表面。

5. 误差补偿法

误差补偿的方法就是人为地加入一个附加输入，尽量使得引入的误差与原始误差之间大小相等，方向相反，从而达到减少加工误差，提高加工精度的目的。

图 2-4-17 所示为大型龙门铣床，由于横梁立铣头自重的影响，产生向下的弯曲变形。生产实际中，通过刮研横梁导轨，按照变形曲线使导轨面预先产生一个向上凸的变形，从而抵消由于铣头自重产生向下的弯曲变形，保证机床的加工精度。

用误差补偿的方法来消除或减小常值系统误差一般来说是比较容易的，因为用于抵消常值系统误差的补偿量是固定不变的。对于变值系统误差的补偿就不是一种固定的补偿量所能解决的，于是生产中就发展了所谓积极控制的误差补偿方法。

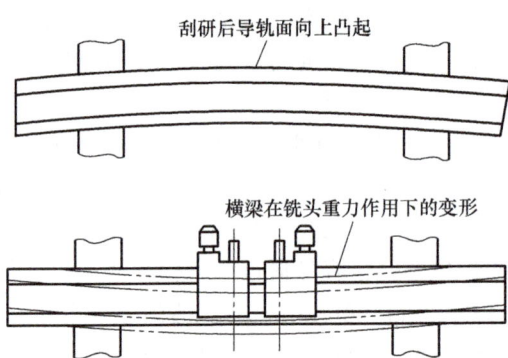

图 2-4-17　龙门铣床横梁导轨预加变形

偶件自动配磨法是将互配件中的一个零件作为基准，去控制另一个零件的加工精度。在加工过程中自动测量工件的实际尺寸，并和基准件的尺寸比较，直至达到规定的差值时机床就自动停止加工，从而保证精密偶件间要求很高的配合间隙。柴油机高压油泵柱塞的自动配磨采用的就是这种形式的积极控制。图 2-4-18 所示为以自动测量出柱塞套的孔径为基准去磨削柱塞的外径，该装置除了能够连续测量工件尺寸和自动操纵机床动作以外，还能够按照偶件预先规定的间隙，自动决定磨削的进给量，在粗磨到一定尺寸后自动变换为精磨，达到要求的配合尺寸后自动停机。

另外，在线自动补偿法是在加工中随时测量出工件的实际尺寸（形状、位置精度），根据测量结果按一定的模型或算法，随时给刀具以附加的补偿量，从而控制刀具和工件间的相对位置，使工件尺寸的变动范围始终在控制之中。

（三）钻、扩、铰切削用量的确定

1. 钻孔切削用量

（1）钻削要素

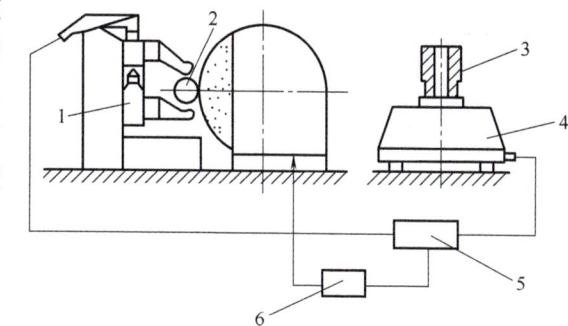

图 2-4-18　高压油泵偶件自动配磨装置示意图

1—测轴仪　2—柱塞　3—柱塞套　4—测孔仪
5—比较控制仪　6—执行机构

a_p：背吃刀量，单位为 mm，$a_p = \dfrac{d_0}{2}$。

d_0：钻头直径，单位为 mm。

f：进给量，单位为 mm/r。

v：切削速度，单位为 m/s。

$$v = \frac{\pi d_0 n}{1000}$$

式中　n——钻头（或工件）的转速（r/s）。

（2）钻削用量选择举例　已知工件材料：45 钢（$R_m = 0.628\text{GPa}$），热轧；钻孔直径 $d_0 = 20\text{mm}$；孔深 $l = 100\text{mm}$，通孔，孔的公差等级为 IT13；采用乳化液冷却。

1）选择钻头及机床。选用高速钢麻花钻，直径 $d_0 = 20\text{mm}$，机床选用 Z525 钻床。

2）选择切削用量。高速钢钻头钻孔时的切削用量可参考表 2-4-2～表 2-4-4。

$$\text{背吃刀量}：a_p = \frac{d_0}{2} = \frac{20}{2}\text{mm} = 10\text{mm}$$

进给量：根据表 2-4-2 查得 $f = 0.35 \sim 0.43\text{mm/r}$，由于 $l/d = 100/20 = 5$，故允许进给量需乘以修正系数 $K_{lf} = 0.9$，故 $f = 0.32 \sim 0.39\text{mm/r}$。

按机床说明书，取 $f = 0.36\text{mm/r}$。

切削速度：由表 2-4-3 查得 $v = 0.33\text{m/s}$，按公式计算主轴转速为

$$n = \frac{1000v}{\pi d_0} = \frac{1000 \times 0.33}{3.14 \times 20}\text{r/s} = 5.25\text{r/s}$$

根据机床说明书，取 $n = 4.53\text{r/s}$，故实际切削速度为

$$v = \frac{3.14 \times 20 \times 4.53}{1000}\text{m/s} = 0.28\text{m/s}$$

表 2-4-2　高速钢钻头钻孔时的进给量

钻头直径/mm	钢 R_m/GPa			铸铁、钢及铝合金（HBW）	
	<0.784	0.784~0.981	>0.981	≤200	>200
	进给量 f/（mm/r）				
≤2	0.05~0.06	0.04~0.05	0.03~0.04	0.02~0.11	0.05~0.07
>2~4	0.08~0.10	0.06~0.08	0.04~0.06	0.08~0.22	0.11~0.13

（续）

钻头直径/mm	钢 R_m/GPa			铸铁、钢及铝合金（HBW）	
	<0.784	0.784~0.981	>0.981	≤200	>200
	进给量 f/（mm/r）				
>4~6	0.14~0.18	0.10~0.12	0.08~0.10	0.27~0.33	0.18~0.22
>6~8	0.18~0.22	0.12~0.15	0.11~0.13	0.36~0.44	0.22~0.26
>8~10	0.22~0.28	0.17~0.21	0.13~0.17	0.47~0.57	0.28~0.34
>10~13	0.25~0.31	0.19~0.23	0.15~0.19	0.52~0.64	0.31~0.39
>13~16	0.31~0.37	0.22~0.28	0.18~0.22	0.61~0.75	0.37~0.45
>16~20	0.35~0.43	0.26~0.32	0.21~0.25	0.70~0.86	0.43~0.53
>20~25	0.39~0.47	0.29~0.35	0.23~0.29	0.78~0.96	0.47~0.57
>25~30	0.45~0.55	0.32~0.40	0.27~0.33	0.9~1.1	0.54~0.66
>30~60	0.60~0.70	0.40~0.50	0.30~0.40	1.0~1.2	0.7~0.8

表 2-4-3　孔深度修正系数

钻孔深度（孔深以直径的倍数表示）	3d	5d	7d	10d
修正系数 K_{lf}	1.0	0.9	0.8	0.75

表 2-4-4　高速钢钻头钻孔时的切削速度

加工材料	布氏硬度（HBW）	切削速度/（m/s）
低碳钢	100~125	0.45
	125~175	0.40
	175~225	0.35
中高碳钢	125~175	0.37
	175~225	0.33
	225~275	0.25
	275~325	0.20
合金钢	175~225	0.30
	225~275	0.25
	275~325	0.20
	325~375	0.17
灰铸铁	100~140	0.55
	140~190	0.45
	190~220	0.35
	220~260	0.25
	260~320	0.15
球墨铸铁	140~190	0.50
	190~225	0.35
	225~260	0.28
	260~300	0.20
铸钢	低碳	0.40
	中碳	0.30~0.40
	高碳	0.25

2. 扩钻、扩孔及锪钻的切削用量

扩钻和扩孔的切削用量见表2-4-5。用麻花钻扩孔称为扩钻，用扩孔钻扩孔称为扩孔。锪沉头孔及孔口端面时，切削速度为钻孔切削速度的1/3~1/2。

表2-4-5　扩钻与扩孔的切削用量

加工方法	背吃刀量 a_p	进给量 f	切削速度 v
扩钻	$(0.15 \sim 0.25)D$[①]	$(1.2 \sim 1.8)f_{钻}$[②]	$(1/2 \sim 1/3)v_{钻}$[③]
扩孔	$0.05D$	$(2.2 \sim 2.4)f_{钻}$	$(1/2 \sim 1/3)v_{钻}$

① D 为加工孔径。

② $f_{钻}$ 为钻孔进给量。

③ $v_{钻}$ 为钻孔切削速度。

3. 铰削的切削用量

用机铰刀铰孔时的进给量见表2-4-6。高速钢铰刀铰碳钢及合金钢时的切削速度见表2-4-7。金属材料的加工性等级见表2-4-8。高速钢铰刀铰灰铸铁时的切削速度见表2-4-9。硬质合金铰刀铰孔时的切削用量见表2-4-10。

表2-4-6　机铰刀铰孔时的进给量

铰刀直径 /mm	高速钢铰刀				硬质合金铰刀			
	钢		铸铁		钢		铸铁	
	$R_m \leq 0.880$ /GPa	$R_m > 0.880$ /GPa	硬度不大于170HBW 的铸铁、铜及铝合金	硬度大于170HBW	未淬火钢	淬火钢	硬度不大于170HBW	硬度大于170HBW
≤5	0.2~0.5	0.15~0.35	0.6~1.2	0.4~0.8				
>5~10	0.4~0.9	0.35~0.7	1.0~2.0	0.65~1.3	0.35~0.5	0.25~0.35	0.9~1.4	0.7~1.1
>10~20	0.65~1.4	0.55~1.2	1.5~3.0	1.0~2.0	0.4~0.6	0.30~0.40	1.0~1.5	0.8~1.2
>20~30	0.8~1.8	0.65~1.5	2.0~4.0	1.2~2.6	0.5~0.7	0.35~0.45	1.2~1.8	0.9~1.4
>30~40	0.95~2.1	0.8~1.8	2.5~5.0	1.6~3.2	0.6~0.8	0.4~0.5	1.3~2.0	1.0~1.5
>40~60	1.3~2.8	1.0~2.3	3.2~6.4	2.1~4.2	0.7~0.9		1.6~2.4	1.25~1.8
>60~80	1.5~3.2	1.2~2.6	3.75~7.5	2.6~5.0	0.9~1.2		2.0~3.0	1.5~2.2

注：1. 表内进给量用于加工通孔，加工不通孔时进给量应取0.2~0.5mm/r。

2. 最大进给量用于在钻孔或扩孔之后，精铰孔之前的粗铰孔。

3. 中等进给量用于粗铰之后精铰公差等级为IT7的孔；精镗之后精铰公差等级为IT7的孔。硬质合金铰刀用于精铰公差等级为IT9、表面粗糙度 Ra 为 0.8~0.4μm 的孔。

4. 最小进给量用于抛光或珩磨之前的精铰孔；用一把铰刀铰公差等级为IT9的孔；硬质合金铰刀用于精铰公差等级为IT7、表面粗糙度 Ra 为 0.4~0.2μm 的孔。

表2-4-7　高速钢铰刀铰碳钢及合金钢时的切削速度（用切削液）

钢的加工性等级	粗　铰								
	进给量 $f/(mm/r)$								
1	1.3	1.6	2.0	2.5	3.2	4.0	5.0		
2	1.0	1.3	1.6	2.0	2.5	3.2	4.0	5.0	
3	0.8	1.0	1.3	1.6	2.0	2.5	3.2	4.0	5.0

（续）

粗　铰												
钢的加工性等级	进给量 f/（mm/r）											
4	0.63	0.8	1.0	1.3	1.6	2.0	2.5	3.2	4.0	5.0		
5	0.50	0.63	0.8	1.0	1.3	1.6	2.0	2.5	3.2	4.0	5.0	
6		0.5	0.63	0.8	1.0	1.3	1.6	2.0	2.5	3.2	4.0	5.0
7			0.5	0.63	0.8	1.0	1.3	1.6	2.0	2.5	3.2	4.0	5.0
8				0.5	0.63	0.8	1.0	1.3	1.6	2.0	2.5	3.2	4.0
9					0.5	0.63	0.8	1.0	1.3	1.6	2.0	2.5	3.2
10						0.5	0.63	0.8	1.0	1.3	1.6	2.0	2.5
11							0.5	0.63	0.8	1.0	1.3	1.6	2.0
铰刀直径/mm	切削速度/（m/s）											
10~20	0.275	0.238	0.216	0.176	0.153	0.131	0.113	0.098	0.085	0.073	0.063	0.055	0.04
21~80	0.238	0.216	0.176	0.153	0.131	0.113	0.098	0.085	0.073	0.063	0.055	0.046	0.04

精　铰		
公差等级	加工表面粗糙度 Ra/μm	切削速度/（m/s）
IT6~IT7	0.2~0.1	0.033~0.05
	0.4~0.2	0.066~0.083

注：1. 粗铰切削用量可得到 IT8~IT11 和表面粗糙度 Ra3.2μm 的孔。
　　2. 精铰时，切削速度上限用于铰正火钢，下限用于铰韧性钢。
　　3. 粗铰的切削速度是根据加工余量（直径上）为 0.2~0.4mm 计算的，当加工余量变动 1.5~2 倍时，切削速度的变动为 8~12%。
　　4. 钢的加工性等级见表 2-4-8。
　　5. 当铰刀材料为 9SiCr 时，切削速度应乘以修正系数 0.85。

表 2-4-8　金属材料的加工性等级

加工性等级	名称及种类		相对加工性	代表性材料
1	很容易切削材料	一般有色金属	3.0 以上	ZCuSn5Pb5Zn5 锡青铜，ZCuAl10Fe3 铝铜合金，铝镁合金
2	容易切削材料	易切削钢	2.5~3.0	退火 15Cr 钢（$R_m = 0.372~0.441$GPa）自动机钢（$R_m = 0.392~0.490$GPa）
3	容易切削材料	较易切钢	1.6~2.5	正火 30 钢（$R_m = 0.441~0.549$GPa）
4	普通材料	一般钢及铸铁	1.0~1.6	45 钢、灰铸铁、结构钢
5	普通材料	稍难切削材料	0.65~1.0	20Cr13 调质（$R_m = 0.833$GPa）85 号轧制结构钢（$R_m = 0.882$GPa）
6	难加工材料	较难切削材料	0.5~0.65	45Cr 调质（$R_m = 1.030$GPa）60Mn 调质（$R_m = 0.931~0.981$GPa）
7	难加工材料	难切削材料	0.15~0.5	50CrV 调质，06Cr19Ni10 不锈钢，某些钛合金
8	难加工材料	很难切削材料	0.15 以下	某些钛合金、耐热钢

表 2-4-9　高速钢铰刀铰灰铸铁时的切削速度

铸铁硬度（HBW）	进给量 $f/(mm/r)$													
140~152	0.79	1.0	1.3	1.6	2.0	2.6	3.3	4.1	5.2					
153~166	0.62	0.79	1.0	1.3	1.6	2.0	2.6	3.3	4.1	5.2				
167~181		0.62	0.79	1.0	1.3	1.6	2.0	2.6	3.3	4.1	5.2			
182~199			0.62	0.79	1.0	1.3	1.6	2.0	2.6	3.3	4.1	5.2		
200~217				0.62	0.79	1.0	1.3	1.6	2.0	2.6	3.3	4.1	5.2	
218~250					0.62	0.79	1.0	1.3	1.6	2.0	2.6	3.3	4.1	5.2
铰刀直径 d_0/mm	切削速度 $v/(m/s)$													
10~20	0.278	0.25	0.22	0.195	0.173	0.155	0.136	0.121	0.108	0.096	0.085	0.076	0.068	0.06
21~80	0.25	0.22	0.195	0.173	0.155	0.136	0.121	0.108	0.096	0.085	0.076	0.068	0.06	0.053

注：1. 上列切削用量可得到 IT7~IT9 和表面粗糙度 Ra 为 1.6~0.8μm 的孔，如达不到要求，可将切削速度降至 0.066m/s。

2. 切削速度是根据加工余量（直径上）为 0.2~0.4mm 计算的。当加工余量变动 1.5~2 倍时，切削速度的变动为 5%~7%。

3. 当铰刀材料为 9SiCr 时，切削速度应乘修正系数 0.6。

表 2-4-10　硬质合金铰刀铰孔时的切削用量

加工材料	材料的力学性能	铰刀直径 /mm	进给量 $f/(mm/r)$	粗铰		精铰	
				硬质合金牌号	切削速度 $v/(m/s)$	硬质合金牌号	切削速度 $v/(m/s)$
碳素结构钢及合金结构钢	$R_m = 0.539GPa$	10~25 25~50 50~80	0.3~0.65 0.45~0.9 0.7~1.2	P10	0.966~0.433 0.6~0.283 0.366~0.2	P01	1.35~0.6 0.833~0.4 0.516~0.283
	$R_m = 0.63GPa$	10~25 25~50 50~80	0.3~0.65 0.45~0.9 0.7~1.2	P10	0.833~0.383 0.516~0.25 0.316~0.160	P01	1.166~0.33 0.733~0.35 0.45~0.233
	$R_m = 0.735GPa$	10~25 25~50 50~80	0.3~0.65 0.45~0.9 0.7~1.2	P10	0.733~0.332 0.45~0.216 0.283~0.15	P01	1.033~0.466 0.633~0.3 0.4~0.216
	$R_m = 0.833GPa$	10~25 25~50 50~80	0.3~0.65 0.45~0.9 0.7~1.2	P10	0.65~0.3 0.4~0.2 0.25~0.133	P01	0.916~0.416 0.566~0.283 0.35~0.183
淬火钢	$R_m = 1.569~1.765GPa$	10~25 25~50 50~80	0.2~0.33 0.25~0.43 0.35~0.5	P10	0.916~0.366 0.533~0.216 0.283~0.166	P01	1.166~0.516 0.75~0.3 0.4~0.233
灰铸铁	170HBW	10~25 25~50 50~80	0.8~1.6 1.1~2.2 1.5~3.0	K01	1.15~0.633 0.733~0.466 0.516~0.35	K01	1.233~0.683 0.783~0.5 0.5~0.383
	190HBW	10~25 25~50 50~80	0.8~1.6 1.1~2.2 1.5~3.0	K01	1.05~0.633 0.766~0.466 0.533~0.366	K01	1.133~0.683 0.816~0.5 0.566~0.4
	210HBW	10~25 25~50 50~80	0.6~1.3 0.9~1.8 1.1~2.2	K01	0.933~0.566 0.666~0.416 0.466~0.333	K01	1~0.6 0.716~0.45 0.5~0.366
	230HBW	10~25 25~50 50~80	0.6~1.3 0.9~1.8 1.1~2.2	K01	0.833~0.483 0.6~0.366 0.416~0.283	K01	0.9~0.516 0.65~0.4 0.45~0.3

二、相关实践知识

连接套机械加工工艺过程卡见表 2-4-11。

连接套机械加工工序 2 的加工工序卡见表 2-4-12。

表 2-4-11　连接套机械加工工艺过程卡

机械加工工艺过程卡		产品型号	CQJ	零部件图号	CQJ-002		共 1 页	第 1 页
		产品名称	花边裁切机	零部件名称	连接套			
材料牌号	毛坯种类	毛坯外形尺寸		每毛坯可制件数		每台件数		
HT200	铸铁	φ85mm×65mm		1		2		

工序号	工序名称	工序内容	设备	夹具	刀具	量具	准备	单件
1	铸	φ85mm×65mm						
2	车	1）夹外圆，伸出长度为 20mm，车平左端面；粗车、半精车外圆 φ60mm 至 φ60.5mm，长 24.8mm，长废余量为 0.2mm；割槽，倒角 2 处 2）调头夹 φ60mm 外圆，靠台阶，车平右端面保证总长 60mm；粗车、精车外圆 φ80mm 至尺寸；粗镗、半精镗 φ40mm 孔及 φ50mm 沉孔，内孔留余量 0.5mm；割槽、倒角	车床	自定心卡盘	车刀	游标卡尺（0~125mm）		
3	磨	夹 φ60mm 外圆，靠台阶，磨 $\phi40^{+0.025}_{0}$ mm（工艺要求）、$\phi50^{+0.025}_{0}$ mm，带磨出内台阶面	磨床	自定心卡盘	砂轮	内径千分尺（0~50mm），百分表		
4	磨	以 $\phi40^{+0.025}_{0}$ mm 内孔定位，磨削另一端 $\phi60^{+0.025}_{0}$ mm 外圆，长为 25mm，带磨出台阶面	磨床	心轴	砂轮	外径千分尺（0~100mm），百分表		
编制	日期		校对	日期	审核	日期		

机械加工工序卡

表 2-4-12 连接套机械加工工序卡

机械加工工序卡	产品型号及规格	CQJ 花边靠切机	图　号	CQJ-002	名　称	连接套	工序名称	车	工艺文件编号

	材料牌号及名称	HT200		零件毛重		设备型号	CA6140	设备名称	卧式车床	毛坯外形尺寸	$\phi85mm\times65mm$	硬度	

| | 机动时间 | 5min | | 单件工时定额 | 25min | | 专用工艺装备 | | 零件净重 | | 每台件数 | | 代　号 | | 技术等级 | | 切削液 | 煤油 |

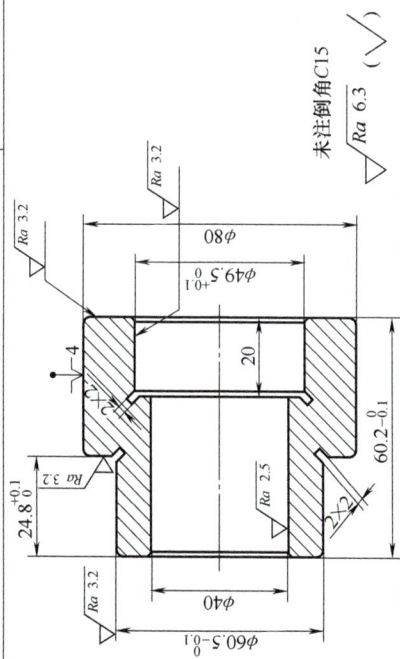

未注倒角C15

$\sqrt{Ra\,6.3}$ ( )

工序号	工步号	工序及工步内容	刀具名称规格	量检具名称规格	切削用量		
					背吃刀量/mm	进给量/(mm/r)	转速/(r/min)
	1	夹 $\phi80mm$ 外圆，伸出长度为20mm，车平左端面	45°外圆车刀	内、外卡钳、钢直尺、游标卡尺(0~125mm)、样板规	实测	手动	520
	2	粗车、半精车 $\phi60mm$ 外圆至 $\phi60.5_{-0.1}^{\ 0}mm$，长 $24.8_{\ 0}^{+0.1}mm$	90°外圆车刀		实测,3刀	0.41	520
	3	割槽	外圆割槽成形车刀			手动	730
	4	倒角外圆 2 处	45°外圆车刀			手动	520
2	5	镗 $\phi40mm$ 内孔至尺寸，长度为全长并倒角	45°内孔车刀		实测,2刀	0.2	730
	6	调头夹 $\phi60mm$ 外圆面，车平右端面，总长为 $60.2_{-0.1}^{\ 0}mm$	45°外圆车刀		实测	手动	520
	7	车 $\phi80mm$ 外圆至 $\phi60mm$ 外圆面，靠合阶、半精镗 $\phi50mm$ 孔至	90°外圆车刀		实测,2刀	0.41	400
	8	再次装夹 $\phi60mm$ 外圆面，半精镗 $\phi50mm$ 孔至 $\phi49.5_{\ 0}^{+0.1}mm$，长为 20mm	90°内孔车刀		实测,2刀	0.2	730
	9	割槽	内孔割槽成形车刀			手动	730
	10	倒角内、外圆各 1 处	45°内、外圆车刀			手动	520

				编制		校对		会签		复制
修改标记	处数	文件号	签字	日期	修改标记	处数	文件号	签字	日期	

2.4.4 任务实施

学生工作页

项目名称	项目2 编制套筒类零件机械加工工艺			
任务名称	任务4 编制连接套零件工艺文件		日期	
班级		姓名	学号	
任务分析与实施				学习方法

任务分析与实施	学习方法
1)加工图2-4-1所示连接套需要哪些设备和刀具？ 2)根据图2-4-1确定连接套零件加工的技术难点。 3)确定 $\phi50^{+0.025}_{0}$ mm 的内孔和 $\phi60^{0}_{-0.019}$ mm 的外圆两道工序的切削用量。 4)分析工艺系统误差对连接套零件加工精度产生的影响。	独立思考 小组讨论

练 习 题

一、填空题

1. 刀具磨损属于_____误差，可以通过计算后输入_____来补偿。

2. 工艺系统的振动分为两大类即_____与_____，其中振幅随切削用量而变的是_____。

3. 切削加工后，引起表面残余应力的主要原因有_____、_____、_____。

4. 精密机床加工零件时，为了减少热变形，加工前应具备两个条件，分别是_____、_____。

5. 弯曲的轴进行冷校直后，原来凸出处会产生__应力，原来凹下处产生__应力。

6. 磨削长薄片状工件时若在长度方向两端顶住，在热影响下工件发生____的变形，冷后具有____的形状误差。

7. 误差复映规律说明：_____是_____在工件上的复映，当工件材料、切削用量选定之后，误差复映系数的大小主要与工艺系统____有关。

8. 工艺系统的热源来自_____、_____、_____ 3个方面。其中影响刀具和工件热变形的主要是_____；影响机床热变形的主要是_____。

9. 工件表面烧伤对表面层物理性能和力学性能的影响主要表现在表面层的_____。

10. 为减少误差复映，通常采用的方法有_____、_____、_____。

二、判断题

1. 细长轴加工后呈纺锤形，产生此误差的主要原因是工艺系统的刚度。（　　）

2. 由工件内应力造成的零件加工误差属于随机性误差。（　　）

3. 由于冷校直而产生的工件表面应力为拉应力。（　　）

4. 误差复映是由工艺系统受力变形引起的。（　　）

5. 时效用于各种精密工件消除切削加工应力，保持尺寸稳定性。（　　）

6. 减小误差复映的有效方法是减少毛坯的加工余量。（　　）

7. 冷校直会产生内应力。（　　）

8. 误差复映是指机床的几何误差反映到被加工工件上的现象。（　　）

三、选择题

1. 在车床两顶尖上装夹车削光轴，加工后检验发现中间直径偏小，两端直径偏大，其最可能的原因是（　　）。

A. 两顶尖处刚度不足　　　　　　　B. 刀具刚度不足

C. 工件刚度不足　　　　　　　　　D. 刀尖高度位置不准确

2. 车削加工中大部分切削热传给了（　　）。

A. 机床　　B. 工件　　　C. 刀具　　　D. 切屑

3. 工艺系统刚度（　　）其实体刚度。

A. 大于　　B. 小于　　　C. 等于　　　D. 大于或等于

4. 下列影响加工误差的因素中，造成变值系统误差的因素是（　　）。

A. 调整误差　　　　　　　B. 工艺系统几何误差

C. 工艺系统受力变形　　　D. 工艺系统热变形

5. 切削时刀具热变形的热源主要是（　　）。

（续）

A. 切削热　　　　　　　　　　B. 运动部件的摩擦热

C. 辐射热　　　　　　　　　　D. 对流热

6. 重型立式车床出厂检验标准中规定导轨只允许中凸,主要是考虑( )。

A. 导轨工作时的受力变形　　　B. 导轨工作时的热变形

C. 导轨磨损　　　　　　　　　D. 机床安装误差

7. 车床上加工大刚度轴外圆产生中凹的原因可能是( )

A. 机床刚度差　　　　　　　　B. 刀具热变形

C. 工件热变形　　　　　　　　D. 刀具磨损

E. 工件刚度差

8. 车削一长轴外圆,其产生锥度误差的原因可能是( )

A. 工件热变形　　　　　　　　B. 刀具热变形

C. 刀具磨损　　　　　　　　　D. 机床水平面导轨与主轴轴线不平行

E. 机床垂直面导轨与主轴不平行

四、分析题

1. 在加工薄壁套筒零件时,怎样防止受力变形对加工精度的影响?

2. 识读图 2-4-19 所示的缸套零件图,选择孔的加工方法和刀具。

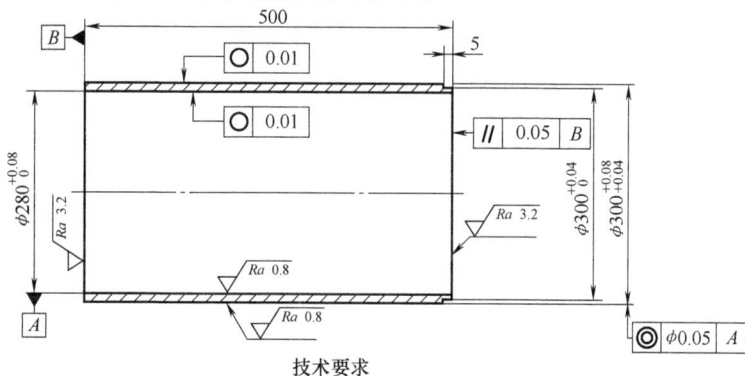

技术要求

1. 正火190～207HBW。

2. 未注倒角C1。

3. 材料:QT600-3。

图 2-4-19　缸套零件

任 务 总 结

请各小组对本阶段的内容进行汇总并以 PPT 形式汇报。

2.4.5　任务评价与反思

学生进行自评和互评,评价自己与同组同学是否能完成零件图的识读、零件图的工艺分析、编制工艺文件等,是否按时完成报告内容等成果资料、有无任务遗漏。教师对学生的评价内容包括:报告书写是否工整规范,报告内容数据是否真实合理、阐述是否详细、认识体会是否深刻等。

1）学生进行自我评价,并将结果填入附表 1 中。

2）学生以小组为单位,对以上学习任务中的过程和结果进行互评,将互评结果填入附表 2 中。

3）教师对学生工作过程与工作结果进行评价,并将评价结果填入附表 3 中。

2.4.6 任务拓展

加工图 2-1-10 所示的滚筒零件，材料为 1060 挤压铝管，大批量生产，制订其加工工艺规程。

职业拓展——为什么技术工人对国家发展很重要？

2022 年 4 月 27 日，习近平总书记在致首届大国工匠创新交流大会的贺信中指出，"技术工人队伍是支撑中国制造、中国创造的重要力量。我国工人阶级和广大劳动群众要大力弘扬劳模精神、劳动精神、工匠精神，适应当今世界科技革命和产业变革的需要，勤学苦练、深入钻研，勇于创新、敢为人先，不断提高技术技能水平，为推动高质量发展、实施制造强国战略、全面建设社会主义现代化国家贡献智慧和力量"。

我国的产业技术工人是一个庞大的社会劳动群体，也是国家经济建设和科学技术进步不可缺少的技能型人才群体，更是全社会的宝贵财富。无数优秀的产业技术工人在我国经济建设和社会发展的不同时期、不同行业的不同岗位上做出了巨大的贡献。他们勤奋学习、钻研技术、爱岗敬业、默默奉献，不断促进着科学研究成果的技术转化，并创造出了许多像"两弹一星""神舟五号"一样令人瞩目的辉煌成就。

事实证明，一个国家、一个企业要发展，没有技术工人不行，不重视技能人才也不行，特别是中、高级技能人才更是不可忽视的重要人才资源。有关资料表明，目前我国的高级技术工只占技术工人总数的 5%（发达国家高达 38%），这其中技师、高级技师更是少之又少。由于受多种复杂因素的影响，目前许多企业中一线技术工人青黄不接的现象十分普遍。操作技能强、综合素质高的高级技能人才的匮乏，已严重阻碍了企业的生存和发展。有人在对国内外的技术状况调研并做出对比后认为：我国和国外的许多高精尖产品的差距，并不完全是因为我们科研能力和设计水平的低下，而是科研成果向应用领域转化过程中生产制造水平的差距造成的。

随着改革开放的不断深入，我国经济的发展已步入良性循环。在加入世界贸易组织后，我们面对着更加激烈的市场竞争，因此，必须清醒地认识到：市场的竞争是人才的竞争，优秀的技术工人就是人才！拥有一支综合素质较高的技能人才队伍，是一个企业生存和发展的制胜法宝。

请谈一谈你对"为什么技术工人对国家发展很重要？"的看法。

项目3　编制箱体类零件机械加工工艺

学习情境描述

　　某工厂生产管理部下发减速器箱体零件图样，该零件为中批量加工，车间技术组要求结合车间的设备情况，确定该减速器箱体的毛坯规格并转交工厂采购部门备料；同时拟定该减速器箱体零件的工艺方案，编制该减速器箱体零件的工艺文件，下发各车间加工班组准备投入生产；然后车间生产调度下达车间加工工作任务，任务完成后提交成品及检验报告。

学习目标

终极目标

会编制箱体类零件的机械加工工艺。

促成目标

1）会分析减速器箱体零件的工艺性能，会选用减速器箱体零件的毛坯，并能够确定加工方案。

2）会确定减速器箱体零件的加工顺序及工艺路线。

3）会制订减速器箱体零件的机械加工工艺文件。

任务1　分析减速器箱体零件工艺性能

3.1.1　任务单

项目名称	编制箱体类零件机械加工工艺	任务名称	分析减速器箱体零件工艺性能	建议学时	4
任务描述	某设备企业需加工图 3-1-1 所示减速器箱体零件,要求利用现有设备完成减速器箱体零件的加工任务,生产件数为 5000 件。根据要求分析该减速器箱体零件的工艺性能。				

（续）

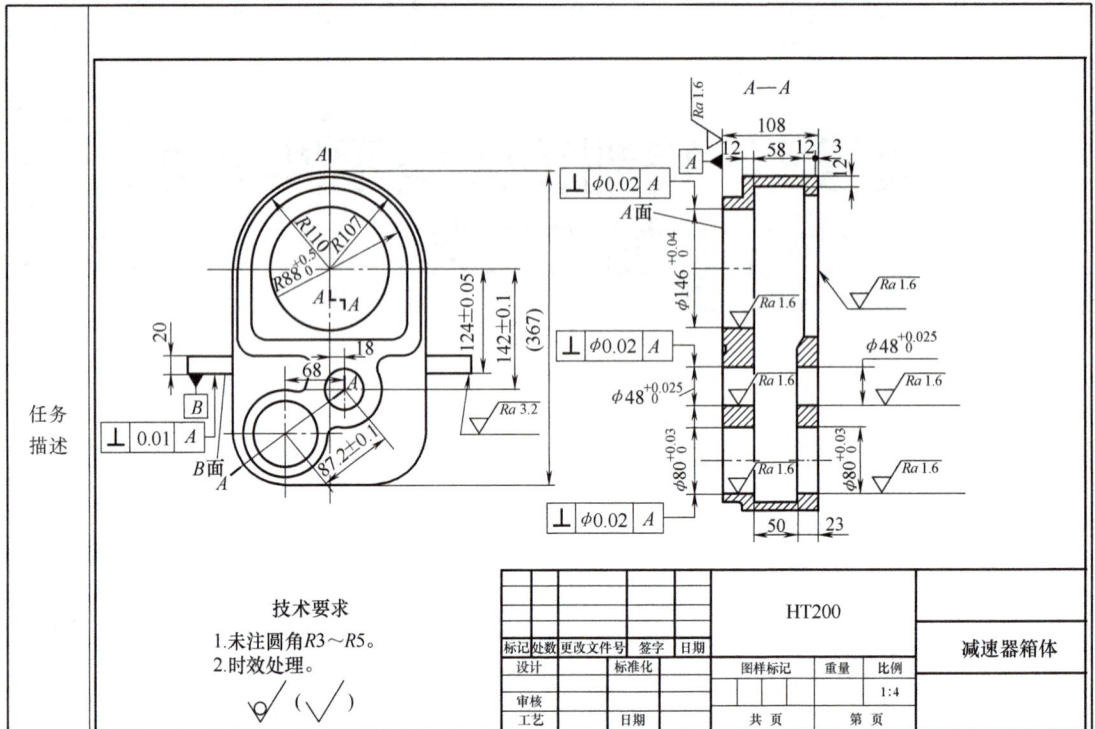

图 3-1-1　减速器箱体零件图

	素养目标	知识目标	能力目标
任务 目标	1）加强团队协作。 2）增强责任担当。 3）锻炼审辨思维。 4）提高自主学习。 5）增强自信自强。	1）理解机械加工表面质量的含义。 2）理解表面粗糙度对零件使用性能的影响。 3）掌握控制表面粗糙度的方法。 4）掌握控制表面层物理力学性能的措施。	1）能根据零件的表面粗糙度要求，选择合适的加工方案。 2）能根据零件的表面粗糙度要求，选择合适的工艺设备。
任务 要求	1. 根据要求完成分工并做好工作准备 1）为了高效高质量地完成本任务，采用自愿的方式组建项目团队。 2）小组需要收集相关信息，并将收集的资料进行汇总和整理。拟定一份思维导图，以确定小组需要查找的内容及组员分工。 3）小组需将整理后的资料展示给其他组学员，并思路清晰地进行讲述。 2. 根据所获取的信息进行分析处理 1）根据图样，获取减速器箱体零件的形状、尺寸、加工质量要求信息。 2）分析减速器箱体零件的各项技术要求。 3）分析减速器箱体零件的结构工艺性。 4）根据零件表面粗糙度要求，选择合适的终加工方案。 3. 分组要求 4~6 人一组，将分组情况与任务分工填入表 3-1-1 中。		

（续）

表 3-1-1 学生任务分配表

任务要求	班级		组号		指导教师	
	组长		学号			
	组员	姓名	学号		任务分工	

考核方式	1）物化成果考核。 2）参与度考核。
物化成果	1）零件分析方案（含作业计划）。 2）汇报 PPT 等。

3.1.2 引导问题

1）什么是机械加工表面质量？

2）表面粗糙度对零件使用性能有什么影响？影响表面粗糙度的因素有哪些？

3）加工表面层的物理力学性能有哪几种？

4）冷作硬化的含义及其影响因素是什么？

3.1.3 任务资讯

一、相关实践知识

（一）箱体类零件概述

1. 箱体类零件的功用与结构特点

箱体是机器的基础零件，它将机器中有关部件的轴、套、齿轮等相关零件连接成一个整体，并使之保持正确的相互位置，以传递转矩或改变转速来完成规定的运动。故箱体的加工质量，直接影响到机器的性能、精度和寿命。

箱体类零件的结构复杂，壁薄且不均匀，加工部位多，加工难度大。统计资料表明，一般中型机床制造厂花在箱体类零件的机械加工工时占整个产品加工工时的 15%~20%。

2. 箱体类零件的主要技术要求

箱体类零件中，机床主轴箱的精度要求较高，可归纳为以下 5 项精度要求。

（1）孔径精度　孔径的尺寸误差和几何形状误差会造成轴承与孔的配合不良。孔径过大，配合过松，使主轴回转轴线不稳定，并降低了支承刚度，易产生振动和噪声；孔径太小，会使配合偏紧，轴承将因外环变形，不能正常运转而缩短寿命。装轴承的孔不圆，也会使轴承外环变形而引起主轴径向圆跳动超差。

从上面分析可知，对孔的精度要求是较高的。主轴孔的尺寸公差等级为IT6，其余孔为IT8~IT7。孔的几何形状精度未作规定的，一般控制在尺寸公差的1/2范围内即可。

（2）孔与孔的位置精度　同一轴线上各孔的同轴度误差和孔端面对轴线的垂直度误差，会使轴和轴承装配到箱体内出现歪斜，从而造成主轴径向跳动和轴向窜动，也加剧了轴承磨损。孔系之间的平行度误差会影响齿轮的啮合质量。一般孔距公差为±0.025~±0.060mm，而同一中心线上的支承孔的同轴度约为最小孔尺寸公差之半。

（3）孔和平面的位置精度　主要孔对主轴箱装配基准面的平行度，决定了主轴与床身导轨的相互位置关系。这项精度是在总装时通过刮研来达到的。为了减少刮研工作量，一般规定在垂直和水平两个方向上，只允许主轴前端向上和向前偏。

（4）主要平面的精度　装配基准面的平面度影响主轴箱与床身连接时的接触刚度，加工过程中作为定位基准面则会影响主要孔的加工精度，因此，规定了底面和导向面必须平直。为了保证箱盖的密封性，防止工作时润滑油泄出，还规定了顶面的平面度要求。当大批量生产将顶面用作定位基准面时，对它的平面度要求更高。

（5）表面粗糙度　一般主轴孔的表面粗糙度 Ra 为 0.4μm，其他各纵向孔的表面粗糙度 Ra 为 1.6μm；孔的内端面的表面粗糙度 Ra 为 3.2μm，装配基准面和定位基准面的表面粗糙度 Ra 为 2.5~0.63μm，其他平面的表面粗糙度 Ra 为 10~2.5μm。

3. 箱体类零件的材料及毛坯

箱体类零件材料常选用各种牌号的灰铸铁，因为灰铸铁具有较好的耐磨性、铸造性和可加工性，而且吸振性好，成本又低。某些负荷较大的箱体可采用铸钢件。也有某些简易箱体为了缩短毛坯制造的周期而采用钢板焊接结构的。

（二）箱体结构的工艺性

箱体类零件机械加工的结构工艺性对实现优质、高产、低成本的生产具有重要的意义。

1. 基本孔

箱体的基本孔，可分为通孔、阶梯孔、不通孔、交叉孔等几类。通孔工艺性最好，通孔内又以孔长 L 与孔径 D 之比 $L/D \leqslant 1.5$ 的短圆柱孔工艺性为最好；$L/D>5$ 的孔，称为深孔，若深孔精度要求较高、表面粗糙度值较小时，加工就很困难。

阶梯孔的工艺性与"孔径比"有关。孔径相差越小则工艺性越好；孔径相差越大，且其中最小的孔径又很小，则工艺性越差。相贯通的交叉孔的工艺性也较差。

不通孔的工艺性最差，因为在精镗或精铰不通孔时，要用手动送进，或采用特殊工具送进。此外，不通孔的内端面的加工也特别困难，故应尽量避免。

2. 同轴孔

同一轴线上孔径大小向一个方向递减（如 CA6140 的主轴孔），可使镗孔时，镗杆从一端伸入，逐个加工或同时加工同轴线上的几个孔，以保证较高的同轴度和生产率。单件小批生产时一般采用这种分布形式。

同轴线上的孔的直径大小从两边向中间递减（如 CA6140 主轴箱轴孔），镗孔时，可使刀杆从两边进入，这样不仅缩短了镗杆长度，提高了镗杆的刚度，而且为双面同时加工创造了条件。所以大批量生产的箱体，常采用此种孔径分布形式。

同轴线上孔的直径的分布形式，应尽量避免中间隔壁上的孔径大于外壁的孔径。因为加工这种孔时，要将刀杆伸进箱体后装刀、对刀，结构工艺性差。

3. 装配基准面

为便于加工、装配和检验，箱体的装配基准面尺寸应尽量大，形状应尽量简单。

4. 凸台

箱体外壁上的凸台应尽可能安排在同一个平面上，以便于在一次走刀中加工出来。而无须调整刀具的位置，使加工简单方便。

5. 紧固孔和螺纹孔

箱体上的紧固孔和螺纹孔的尺寸规格应尽量一致，以减少刀具数量和换刀次数。

此外，为保证箱体有足够的动刚度与抗振性，应酌情合理使用肋板、肋条，加大圆角半径，收小箱口，加厚主轴前轴承口厚度等。

二、相关理论知识

（一）机械加工的表面质量概述

经过机械加工的表面，虽然看起来很光亮，实际上都存在着不同程度的凹凸不平和内部组织缺陷层。这个缺陷层虽然很薄，但它对零件使用性能的影响却很大。表面质量指零件表面的几何特征和表面层的物理力学性能。表面的几何特征包括表面粗糙度和波纹度，物理力学性能包括塑性变形、组织变化和表层金属中的残余内应力。

微课21：机械加工表面质量概述

1. 加工表面的几何形状

加工后的表面几何形状总是以"峰""谷"交替形式出现，如图 3-1-2 所示。

（1）表面粗糙度　表面粗糙度是指加工表面的微观几何形状误差，$L/H < 50$ 属于微观几何形状偏差，称为表面粗糙度。国家标准规定，表面粗糙度用在一定长度内（称为基本长度）轮廓的算术平均偏差值 Ra 或轮廓最大高度 Rz 作为评定指标。

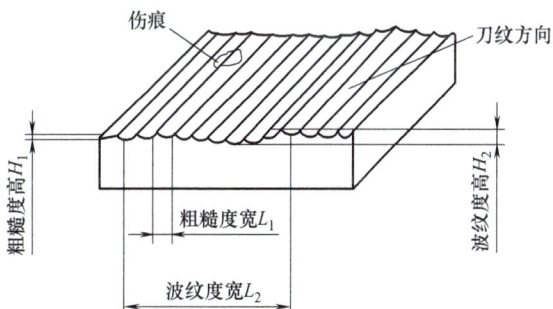

（2）表面波纹度　表面波纹度是介于宏观几何形状与微观几何形状误差（即表面粗糙度）之间的周期性几何形状

图 3-1-2　加工后的表面几何形状

误差。$L/H = 50 \sim 1000$ 称为表面波纹度。表面波纹度通常是由于加工过程中工艺系统的低频振动造成的。

2. 加工表面层的物理力学性能

表面层的材料在加工时会产生物理、力学和化学性质的变化，图 3-1-3a 所示为加工表面层沿深度的变化。在最外层生成氧化膜或其他化合物，并吸收、渗进了气体粒子，故称为吸附层。在加工过程中由切削力造成的表面塑性变形区称为压缩区，厚度在几十至几百微米之内，随加工方法的不同而变化。其上部为纤维层，它由被加工材料与刀具间的摩擦力造成。另外切削热也会使表面层产生各种变化，如同淬火、回火一样，使材料产生相变以及晶粒大小的变化等。表面层的物理力学性能不同于基体，它包括如下 3 方面。

（1）表面层的加工硬化　工件在机械加工过程中，表面层产生的塑性变形使晶体间发生剪切滑移，晶格被扭曲，晶粒被拉长并产生破碎和纤维化，引起材料的强化，使表面层的强度和硬度都有所提高，这种现象称为表面加工硬化，如图 3-1-3b 所示。

（2）表面层残余应力的形成　在切削或磨削加工过程中，由于切削变形和切削热的影响，加工表面层会产生残余应力，即在加工后表面层与基体材料间产生的互相平衡的弹性应力，如图 3-1-3c 所示。

（3）表面层的金相组织变化　机械加工特别是磨削加工中，工件表面在切削热产生的高温作用下，常会发生不同程度的金相组织变化。

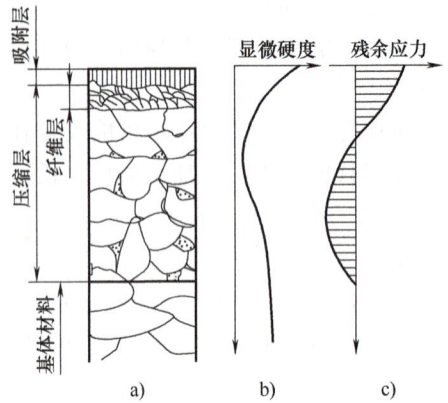

图 3-1-3　加工表层沿深度的变化

（二）表面粗糙度对零件使用性能的影响

1. 对零件耐磨性的影响

零件表面越粗糙，配合表面间的实际有效接触面积越小，单位面积压力越大，表面越易磨损。但过于光滑的表面不利于润滑油的储存，还会增加两表面的分子吸附作用，磨损也会加剧。

具有一定表面粗糙度的两表面相贴合时，往往是凸峰顶部先接触。因此，实际接触面积远远小于理论接触面积，表面越粗糙，实际接触面积越小。在初期磨损阶段，因实际接触面积极小，所以磨损较快。随着磨损的加大，实际接触面积逐渐增大，单位面积载荷逐渐下降，磨损过程减缓而趋向稳定，进入正常磨损阶段。最后磨损继续发展，实际接触面积越来越大，产生了金属分子间的亲和力，使表面容易咬焊，从而进入了急剧磨损阶段。

表面粗糙度对初期磨损量有直接影响（图 3-1-4），在一定工作情况下，摩擦副表面有一个最佳表面粗糙度值，过大或过小的表面粗糙度值都会使初期磨损量增大，使总耐磨时间缩短。

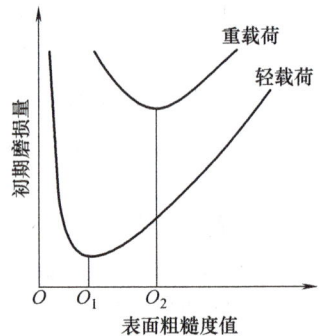

图 3-1-4　表面粗糙度与初期磨损量的关系

2. 对零件配合性能的影响

在间隙配合中，如果配合表面粗糙度值较大，则在初期磨损阶段磨损量就大，造成零件的尺寸发生变化，使配合间隙量增大，改变了配合性质。

在过盈配合中，如果配合表面粗糙，则装配后表面的凸峰将被挤压平整，从而使实际过盈量减小，减弱了过盈配合的结合强度。因此，在设计零件时，对于配合精度要求高的零件应该规定较小的表面粗糙度值。

3. 对零件疲劳强度的影响

在交变载荷作用下，零件上的应力集中区容易产生和发展成疲劳裂纹，导致疲劳损坏。由于表面粗糙度的凸峰部在交变载荷作用下容易形成应力集中，因此，表面粗糙度对零件疲劳强度有较大的影响。表面粗糙度值大（特别是在零件上应力集中区）将降低零件的疲劳强度。

4. 对零件耐蚀性的影响

零件的表面粗糙度对耐蚀性也有影响，当零件在潮湿的空气中或在腐蚀性介质中工作时，会发生化学腐蚀或电化学腐蚀。由于粗糙表面的凹谷处容易积聚腐蚀性介质而发生化学腐蚀，或在两种材料表面粗糙度的凸峰间容易产生电化学作用而引起电化学腐蚀。所以，减小表面粗糙度值可以提高零件的耐蚀性。

5. 对零件接触刚度的影响

表面粗糙度对零件的接触刚度有很大的影响，表面粗糙度值越小，则接触刚度越高。故减小表面粗糙度值是提高接触刚度的一个最有效的措施。

另外，表面粗糙度对零件间的密封性和摩擦因数也有很大的影响，表面粗糙度值小则密封性好、摩擦因数小；反之，则密封性差、摩擦因数大。

（三）影响表面粗糙度的因素及其控制

影响加工表面粗糙度的因素主要有几何因素、物理因素和机械加工振动因素。

1. 切削加工的表面粗糙度

切削加工的表面粗糙度主要取决于切削残留波纹的高度，并与切削表面塑性变形及积屑瘤的产生有关。

（1）影响切削残留波纹高度的因素　车削、刨削加工时残留波纹高度计算如图 3-1-5 所示。如果使用直线切削刃切削，切削残留波纹高度为

$$H = \frac{f}{\cot\kappa_r + \cot\kappa_r'} \tag{3-1}$$

如果使用圆弧切削刃切削，其残留波纹的高度为

$$H = \frac{f^2}{8r_\varepsilon} \tag{3-2}$$

可见，减小主偏角 κ_r、副偏角 κ_r' 及进给量 f，增大刀尖圆弧半径 r_ε'，能够降低切削残留波纹高度。

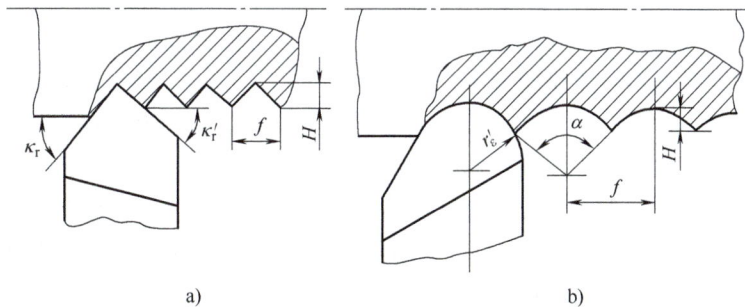

图 3-1-5　车削、刨削时残留波纹高度的计算
a）直线切削刃　b）圆弧切削刃

（2）影响切削表面积屑瘤和鳞刺的因素　加工塑性材料时，切削速度对表面粗糙度的影响较大。切削速度 v 处于 $20\sim50\mathrm{m/min}$ 时，表面粗糙度值最大，这是由于产生积屑瘤或鳞刺所致。当切削速度超过 $100\mathrm{m/min}$ 时，表面粗糙度值下降，并趋于稳定。在实际切削低碳

钢、低合金钢等塑性金属时，选择低速宽刀精切和高速精切，往往可以得到较小的表面粗糙度值。

一般说来，材料韧性越大或塑性变形趋势越大，被加工表面粗糙度值就越大。切削脆性材料比切削塑性材料容易达到表面粗糙度的要求。对于同样的材料，金相组织越粗大，切削加工后的表面粗糙度值就越大。为减小切削加工后的表面粗糙度值，常在精加工前进行调质等处理，目的在于得到均匀细密的晶粒组织和较高的硬度。

此外，合理选择切削液，适当增大刀具法前角，提高刀具的刃磨质量等，均能有效地减小加工表面粗糙度值。

2. 磨削加工的表面粗糙度

影响磨削加工表面粗糙度的因素主要包括与磨削过程和砂轮结构有关的几何因素，与磨削过程和工件的塑性变形有关的物理因素及工艺系统的振动因素等。

（1）砂轮对表面粗糙度的影响

1）砂轮粒度。仅从几何因素考虑，砂轮粒度越细，磨削的表面粗糙度值越小。但磨粒太细时，砂轮易被磨屑堵塞，使加工表面塑性变形增大，增大表面粗糙度值；若导热情况不好，还容易在加工表面产生烧伤。

2）砂轮硬度。砂轮的硬度是指磨粒在磨削力的作用下从砂轮上脱落的难易程度。砂轮太硬，磨粒不易脱落，磨钝了的磨粒不能及时被新磨粒替代，使表面粗糙度值增大。砂轮太软，磨粒易脱落，磨削作用减弱，也会使表面粗糙度值增大。

3）砂轮组织。砂轮的组织是指磨粒、结合剂和气孔的比例关系。紧密组织中的磨粒比例大，气孔小，在成形磨削和精密磨削时，能获得高精度和较小的表面粗糙度值。疏松组织的砂轮不易堵塞，适于磨削软金属、非金属软材料和热敏性材料（不锈钢、耐热钢等），可获得较小的表面粗糙度值。

4）砂轮磨粒材料。砂轮磨粒材料选择适当，可获得满意的表面粗糙度。氧化物（刚玉）砂轮适用于磨削钢类零件；碳化物（碳化硅、碳化硼）砂轮适于磨削铸铁、硬质合金等材料。

5）砂轮修整。砂轮修整对表面粗糙度也有重要影响。修整砂轮时，金刚石笔的纵向进给量越小，砂轮表面磨粒的等高性越好，被磨工件的表面粗糙度值就越小。

另外，采用超硬磨料（人造金刚石、立方氮化硼和陶瓷）砂轮进行磨削，可以获得很小的表面粗糙度值，这是目前精密和超精密磨削的主要方法。砂轮的修整方法也不同于普通砂轮，如金刚石超声波修整等，经过修整后的砂轮，其磨粒具有很高的微刃性、等高性和自锐性，能切除极薄的被加工工件材料，甚至是在工件晶粒内进行，可以对各种高硬度、高脆性材料（如硬质合金、陶瓷、玻璃等）和高温合金材料进行精密及超精密加工，在航空、航天、汽车、刀具等行业中应用广泛，并顺应了磨削加工向高精度、高效率和高硬度方向发展的趋势。

采用超硬磨料磨削与普通磨削的最大区别在于超微量切除，可能还伴有塑性流动和弹性破坏等作用，其磨削机理目前还处于探索过程中，在此主要介绍普通磨削对表面质量的影响及其控制。

（2）磨削用量对表面粗糙度的影响　砂轮的速度越高，单位时间内通过被磨表面的磨粒数就越多，工件表面的表面粗糙度值就越小。另一方面，砂轮速度越高，就有可能使表面金属塑性变形的传播速度小于切削速度，工件材料来不及变形，致使表层金属的塑性变形减小，磨削表面粗糙度值也将减小。工件速度对表面粗糙度的影响则与砂轮速度的影响相反，增大工件速度时，单位时间内通过被磨表面的磨粒数减少，表面粗糙度值将增加。

砂轮的纵向进给量减小，工件表面的每个部位被砂轮重复磨削的次数增加，被磨表面的表面粗糙度值将减小。磨削深度增大，表层塑性变形随之增大，被磨表面的表面粗糙度值也增大。

此外，工件材料的性质、切削液的选用等对磨削表面的表面粗糙度也有明显的影响。

（四）影响表面层物理力学性能的因素及其控制

1. 表面层的加工硬化

（1）影响切削加工表面加工硬化的因素

1）切削用量的影响。切削用量中以进给量和切削速度的影响最大。加大进给量时，切削力增大，表层金属的塑性变形加剧，加工硬化程度增大，表层金属的显微硬度将随之增大。但这种情况只是在进给量比较大时出现；如果进给量很小，如背吃刀量为 $0.05 \sim 0.06\mathrm{mm}$ 时，继续减小进给量，表层金属的加工硬化程度不仅不会减小，反而会增大。

切削速度对加工硬化程度的影响是力因素和热因素综合作用的结果。当切削速度增大时，刀具与工件的作用时间减少，使塑性变形的扩展深度减小，因而有减小加工硬化程度的趋势。但切削速度增大时，切削热在工件表面层上的作用时间也缩短了，又有使加工硬化程度增加的趋势。背吃刀量对表层金属加工硬化的影响不大。

2）刀具几何形状的影响。切削刃钝圆半径的大小对切屑形成过程有较大的影响。实验证明，已加工表面的显微硬度随着切削刃钝圆半径的加大而明显增大。这是因为切削刃钝圆半径增大，径向切削分力也将随之加大，表层金属的塑性变形程度加剧，导致加工硬化加剧。

前角在 $\pm 20°$ 范围内变化时，对表层金属的加工硬化没有显著的影响。后角、主偏角、副偏角等对表层金属的加工硬化影响不大。

刀具磨损对表层金属的加工硬化影响很大，这是由于磨损宽度加大后，刀具后刀面与被加工工件的摩擦加剧，塑性变形增大，导致表面加工硬化增大。

3）加工材料性能的影响。工件材料的塑性越大，加工硬化倾向越大，加工硬化程度也越严重。碳钢中碳的质量分数越大，强度越高，其塑性越小，因而加工硬化程度越小。非铁合金材料的熔点低，易回复，加工硬化现象比钢材轻得多。

（2）影响磨削加工表面加工硬化的因素

1）工件材料性能的影响。磨削加工中，工件材料主要从塑性和导热性两个方面影响表面加工硬化。磨削高碳工具钢 T8，加工表面加工硬化程度平均可达 $160\% \sim 165\%$，个别可达 200%；而磨削纯铁时，加工表面加工硬化程度可达 $175\% \sim 180\%$，有时可达 $240\% \sim 250\%$。其原因是纯铁的塑性好，磨削时的塑性变形大，强化倾向大。此外，纯铁的导热性比高碳工具钢高，热不容易集中于表面层，弱化倾向小。

2）磨削用量的影响。磨削深度增大，磨削力随之增大，磨削过程的塑性变形加剧，表面加工硬化倾向增加。加大纵向进给速度，每颗磨粒的切削厚度随之增大，磨削力加大，加工硬化增大。但提高纵向进给速度，有时又会使磨削区产生较大的热量而使加工硬化减弱。因此，加工表面的加工硬化状况取决于上述两种因素综合作用的结果。

提高工件转速会缩短砂轮对工件热作用的时间，使软化倾向减弱，因而表面层的加工硬化增大。提高磨削速度，每颗磨粒切除的切削厚度变小，减弱了塑性变形程度，而且磨削区的温度增高，弱化倾向增大。所以，高速磨削时加工表面的加工硬化程度比普通磨削时低。

3）砂轮的影响。砂轮粒度越大，每颗磨粒的载荷越小，加工硬化程度也越小。砂轮磨钝修整不良，热回复作用加大，表面硬化现象减弱。

2. 表层的残余应力

（1）影响切削表层残余应力的因素

1）切削用量影响。切削速度增加，使表面沿速度方向的塑性变形减少，工件表层产生的残余拉应力，随速度的提高而下降。但加工 20CrNiMo 钢时，如果再增加切削速度，表层温度逐渐增高至淬火温度，表层金属产生局部淬火，因而在表层金属中产生压缩残余应力。加大进给量，会使表层金属塑性变形增加，切削区产生的热量也增加，其结果会使残余应力的数值及扩展深度相应增大。

2）刀具角度的影响。前角对表层金属残余应力的影响很大。前角的变化不仅影响残余应力的数值和符号，而且在很大程度上影响残余应力的扩展深度。切削 45 钢的实验表明，当前角由正值变为负值或继续增大负前角，拉伸残余应力的数值减小。刀具负前角很大（如 $\gamma_0 = -30°$）时，表层金属发生淬火反应，使表层金属产生压缩残余应力。此外，刀具切削刃钝圆半径、刀具磨损状态等都对表层金属残余应力的性质及分布有影响。

3）工件材料的影响。塑性大的材料，切削加工后表面层一般产生残余拉应力；脆性材料如铸铁，切削时由于后刀面的挤压与摩擦，表面层产生残余压应力。

（2）影响磨削表层残余应力的因素　磨削加工中，热因素和塑性变形对磨削表面残余应力的影响都很大。在一般磨削过程中，若热因素起主导作用，工件表面将产生拉伸残余应力。若塑性变形起主导作用，工件表面将产生压缩残余应力。当工件表面温度超过相变温度且又冷却充分时，工件表面出现淬火烧伤，此时，金相组织变化因素起主导作用，工件表面将产生压缩残余应力。

1）磨削用量的影响。磨削深度对表面层残余应力的性质、数值有很大影响。例如，磨削低碳钢时，当背吃刀量很小（如 $a_p = 0.005\text{mm}$）时，塑性变形起主要作用，因此磨削表面形成压缩残余应力。继续加大磨削深度，塑性变形加剧，磨削热随之增大，热因素的作用逐渐占主导地位，在表面层产生拉伸残余应力；且随着磨削深度的增大，拉伸残余应力的数值将逐渐增大。当 $a_p > 0.025\text{mm}$ 时，尽管磨削温度很高，但因低碳钢的碳的质量分数极低，不可能出现淬火现象，此时塑性变形因素逐渐起主导作用，表层金属的拉伸残余应力数值逐渐减小。当 a_p 取值很大时，表层金属呈现压缩残余应力状况。

提高砂轮速度，磨削区温度增高，而每颗磨粒所切除的金属厚度减小，此时热因素的作用增大，塑性变形因素的影响减小，因此，提高砂轮速度将使表面金属产生拉伸残余应力的倾向增大。

加大工件的圆周速度和进给速度，将使砂轮与工件的热作用时间缩短，热因素的影响逐渐减小，塑性变形因素的影响逐渐加大。这样，表面金属中产生拉伸残余应力的趋势逐渐减小，而产生压缩残余应力的趋势逐渐增大。

2）工件材料的影响。一般来说，工件材料的强度越高、导热性越差、塑性越低，在磨削时表面金属产生拉伸残余应力的倾向就越大。

3. 表层金属金相组织的变化

机械加工过程中，在工件的加工区及其邻近的区域，温度会急剧升高，当温度升高到超过工件材料金相组织变化的临界点时，就会发生金相组织变化。特别在磨削加工中，由于磨削比压大，磨削速度高，切除金属所产生的热大部分（约80%）将传给加工表面，使工件表面达到很高的温度。高温使表层金属的金相组织产生变化，造成表层金属硬度下降，工件表面呈现氧化膜颜色，这种现象称为磨削烧伤。磨削烧伤将会严重影响零件的使用性能。

发生磨削烧伤的根本原因是磨削温度过高，因此，避免和减轻磨削烧伤的基本途径是减少热量的产生和加速热量的散失，具体措施如下。

（1）正确选择砂轮 为避免产生烧伤，应选择较软的砂轮。选择具有一定弹性的结合剂（如橡胶结合剂、树脂结合剂），也有助于避免烧伤现象的产生。

（2）合理选择磨削用量 背吃刀量 a_p 对磨削温度影响最大，从减轻烧伤的角度考虑，a_p 不宜过大。平磨时，加大切向进给量 f_t 有助于减轻烧伤。加大工件圆周速度 v_w，磨削表面的温度升高，但其增长速度与背吃刀量 a_p 的影响相比小得多；且 v_w 越大，热量越不容易传入工件内层，具有减小烧伤层深度的作用。但增大工件圆周速度 v_w 会使表面粗糙度值增大，为了弥补这一缺陷，可以相应提高砂轮圆周速度 v_s。实践证明，同时提高砂轮圆周速度 v_s 和工件圆周速度 v_w，可以避免烧伤。

从减轻烧伤而同时又尽可能地保持较高的生产率考虑，在选择磨削用量时，应选用较大的工件圆周速度 v_w 和较小的背吃刀量 a_p。

（3）改善冷却条件 内冷却是一种较为有效的冷却方法。其工作原理是：经过严格过滤的切削液通过中空主轴法兰套引入砂轮中心腔内，由于离心力的作用，这些切削液就会通过砂轮内部的孔隙向砂轮四周的边缘洒出，这样切削液就能直接进入磨削区，如图 3-1-6a 所示。

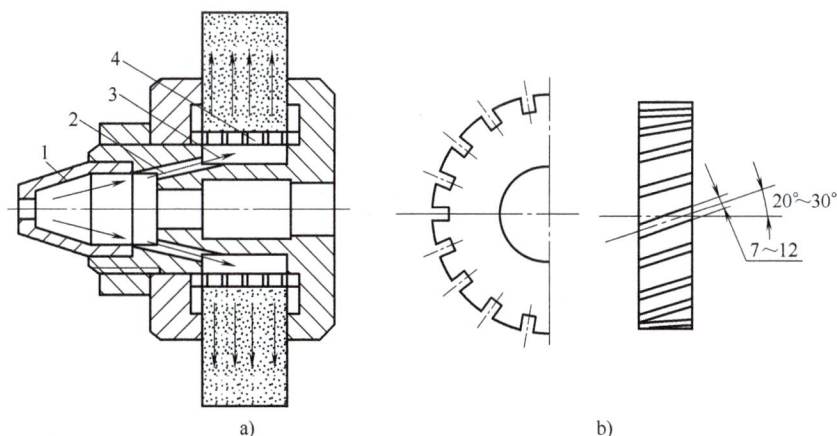

图 3-1-6 改善冷却条件的方法

a）内冷却砂轮 b）开槽砂轮

1—锥形盖 2—切削液通孔 3—砂轮中心腔 4—开孔薄壁套

采用开槽砂轮也是改善冷却条件的一种有效方法。在砂轮的四周上开一些横槽，能使砂轮将切削液带入磨削区，从而提高冷却效果；砂轮开槽同时形成间断磨削，工件受热时间短，金相组织来不及转变。砂轮开槽还能起扇风作用，可改善散热条件，如图 3-1-6b 所示。因此，开槽砂轮可有效地防止烧伤现象的发生。

三、拓展性知识

（一）加工误差的性质

1. 系统误差

在顺序加工的一批工件中，如果加工误差的大小和方向都保持不变，或者按一定规律变化，则称为系统误差。系统误差又分为常值系统误差和变值系统误差两类。加工原理误差、机床（或刀具、夹具与量具）的制造误差、工艺系统静力变形等引起的加工误差均与加工时间无关，其大小和方向在一次调整中也基本不变，因此都属于常值系统误差。机床、刀具和夹具等在热平衡前的热变形误差以及刀具的磨损等，随加工过程（或加工时间）而有规律地变化，由此产生的加工误差属于变值系统误差。

2. 随机误差

在顺序加工的一批工件中，如果加工误差的大小和方向呈不规则的变化，则称为随机误差。随机误差是由许多相互独立因素随机综合作用的结果。如毛坯的余量大小不一致或硬度不均匀时将引起切削力的变化，在变化的切削力作用下由于工艺系统的受力变形而导致的加工误差就带有随机性，属于随机误差。此外，定位误差、夹紧误差、多次调整的误差、残余应力引起的工件变形误差等都属于随机误差。

（二）加工误差的统计分析方法

1. 分布曲线分析法

分布曲线分析法是将测量加工后所得一批工件的实际尺寸或误差，根据测量结果作出该批工件尺寸或误差的分布图，然后按照分布图来分析和判断加工误差的情况。

（1）实际分布曲线（直方图）　成批加工某种零件，随机抽取其中 n 个工件（称为样本）进行测量，由于随机误差和变值系统误差的存在，所测零件的加工尺寸或偏差（用 x 表示）是一个在一定范围内变动的随机变量。按工件尺寸或偏差大小将它们分成 k 组，分组数按表 3-1-2 选取，每一组中零件的尺寸处在一定的间隔范围（称为组距）内，同一尺寸间隔内的零件数量称为频数，频数与样本容量之比称为频率。

表 3-1-2　分组数 k 的选定

样本数 n	50~100	100~160	160~250	250 以上
分组数 k	7~10	8~11	9~12	10~20

以工件尺寸（或误差）为横坐标，以频数或频率为纵坐标，就可作出该批工件加工尺寸（或误差）的实际分布曲线图，即直方图。

为了分析该工序的加工精度情况，可在直方图上标出该工序的加工公差带位置，并计算出该样本的统计数字特征——平均值 $\bar{x}$ 和标准差 S。

样本的平均值 $\bar{x}$ 表示该样本的尺寸分布中心，其计算公式为

$$\bar{x} = \frac{1}{n} \sum_{i=1}^{n} x_i \qquad (3-3)$$

式中　x_i——各工件的实测尺寸（或偏差）。

样本的标准差反映了该样本的尺寸分散程度，其计算公式为

$$S = \sqrt{\frac{1}{n-1}\sum_{i=1}^{n}(x_i - \bar{x})^2} \qquad (3\text{-}4)$$

下面举例说明直方图的绘制步骤。

如在无心磨床上磨削一批轴承外圈，直径要求为 $\phi 30^{+0.015}_{+0.005}\mathrm{mm}$，绘制工件直径尺寸的直方图，具体步骤如下。

1）采集数据。首先确定样本容量。若样本容量太小，不能准确地反映总体的实际分布；若样本容量太大，则又增加了测量与计算的工作量。在实际生产中，通常取样本容量 $n = 50 \sim 250$。本例取 $n = 100$ 件。对随机抽取的 100 个样件，用外径千分尺逐个进行测量，将外径尺寸偏差的实测数据列于表 3-1-3 中。

表 3-1-3　外径尺寸偏差的实测值　　　　　　　（单位：μm）

10	8	10	7	14	8	4	8	9	10	8	9	11	10	9	9	6	6
5	10	6	12	9	10	8	8	13	10	9	5	11	9	9	10	8	8	7	7
13	9	11	10	10	5	6	11	9	9	9	12	7	7	10	9	9	6	8
10	10	11	11	7	9	9	4	7	7	12	9	7	6	9	5	8	8	8	11
5	10	9	8	11	9	7	8	9	8	12	10	8	8	7	6	10

2）确定分组数 k、组距 h、各组组界和组中值。

① 按表 3-1-2 初选分组数 $k = 10$。

② 确定组距。找出最大值 $x_{\max} = 14\mu\mathrm{m}$，最小值 $x_{\min} = 4\mu\mathrm{m}$，计算组距。外径千分尺的分度值为 1，组距应是分度值的整数倍，故取组距 $h = 1\mu\mathrm{m}$。

③ 确定分组数。

$$k = \frac{x_{\max} - x_{\min}}{h} + 1 = \frac{10}{1} + 1 = 11$$

④ 确定各组组界。

$$x_{\min} + (i-1)h \pm \frac{h}{2} \qquad (i = 1, 2, \cdots, k)$$

本例中各组的组界分别为 3.5，4.5，$\cdots$，14.5。

⑤ 统计各组频数。本例中各组频数分别为 2，6，8，12，19，21，17，8，4，2，1。

3）计算平均值和标准差。由式（3-3）和式（3-4）可得：$\bar{x} = 8.57$、$S = 2.04$。

4）画出直方图。直方图如图 3-1-7 所示，横坐标表示偏差值，纵坐标表示频数。

（2）理论分布曲线　研究加工误差时，常应用数理统计学中一些理论分布曲线来近似代替实验分布曲线，这样做常可使问题得到简化。与加工误差有关的常用理论分布曲线有以下几种。

1）正态分布曲线。概率论已经证明，相互独立的大量微小随机变量，其总和的分布符合正态分布。实验表明：在机械加工中，用调整法连续加工一批零件时，如不存在明显的变值系统误差因素，则加工后零件的尺寸近似于正态分布。

正态分布曲线的形状如图 3-1-8 所示，其具有如下性质。

① 曲线呈钟形，是关于直线 $x = \mu$ 的对称曲线。

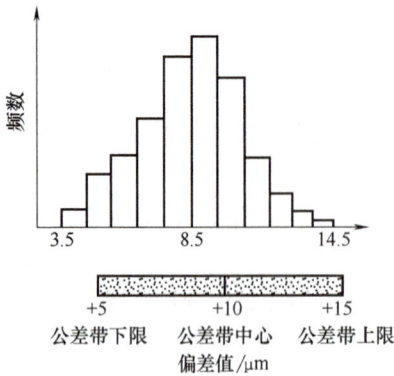

图 3-1-7　直方图

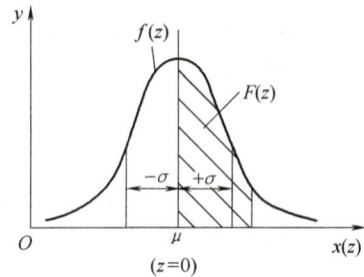

图 3-1-8　正态分布曲线图

② 当 $x=\mu$ 时，曲线取得最大值 $y_{max}=1/\sigma\sqrt{2\pi}$。由于分布曲线所围成的面积总是等于 1，因此 σ 越小，分布曲线两侧越向中间收紧。反之，当 σ 增大时，y_{max} 减小，分布曲线越平坦地沿横轴伸展（图 3-1-9a）。可见 σ 是表征分布曲线形状的参数，它反映了随机变量 x 取值的分散程度。

③ 如果改变 μ 值，分布曲线将沿横坐标移动而不改变其形状（图 3-1-9b），这说明 μ 是表征分布曲线位置的参数。

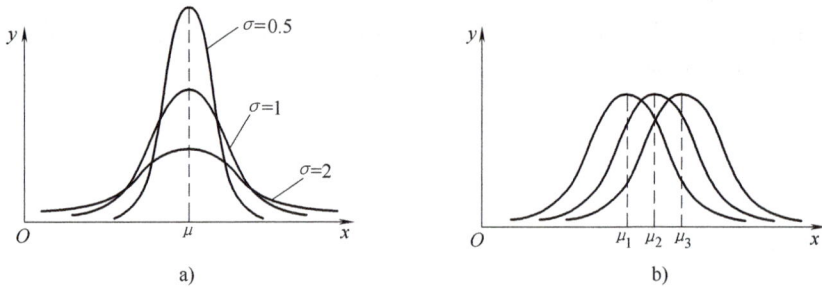

图 3-1-9　μ、σ 对正态分布曲线的影响
a）标准差 σ 变化　b）平均值 μ 变化

平均值 $\mu=0$，标准差 $\sigma=1$ 的正态分布，称为标准正态分布。由分布函数的定义可知，正态分布函数是正态分布概率密度函数的积分

$$F(x)=\frac{1}{\sigma\sqrt{2\pi}}\int_{-\infty}^{x}e^{-\frac{1}{2}\left(\frac{x-\mu}{\sigma}\right)^{2}}\mathrm{d}x \tag{3-5}$$

由式（3-5）可知，$F(x)$ 为正态分布曲线上下积分限间包含的面积，它表示了随机变量 x 落在区间（$-\infty$，x）上的概率。任何非标准的正态分布都可以通过坐标变换变为标准的正态分布，故可以利用标准正态分布的函数值，求得各种正态分布的函数值。

令 $z=(x-\mu)/\sigma$，则有

$$F(z)=\frac{1}{\sigma\sqrt{2\pi}}\int_{0}^{x}e^{\frac{z^{2}}{2}}\mathrm{d}z \tag{3-6}$$

$F(z)$ 为图 3-1-8 中有阴影部分的面积。对于不同 z 值的 $F(z)$，可由表 3-1-4 查出。

当 $z=\pm3$ 时，即 $x-\mu=3\sigma$ 时，由表 3-1-4 查得 $2F(3)=0.49865\times2=99.73\%$。这说明随机变量 x 落在 $\pm3\sigma$ 范围内的概率为 99.73%，落在此范围以外的概率仅 0.27%。因此，可以认为正态分布的随机变量的分散范围是 $\pm3\sigma$，就是所谓的 $\pm3\sigma$ 原则。

$\pm3\sigma$ 的概念在研究加工误差时应用很广，是一个重要的概念。6σ 的大小代表了某种加工方法在一定条件下所能达到的加工精度。所以在一般情况下，应使所选择的加工方法的标准差 σ 与公差带宽度 T 之间具有下列关系：

$$6\sigma \leqslant T \tag{3-7}$$

正态分布总体的 μ 和 σ 通常是未知的，但可以通过它的样本平均值 $\bar{x}$ 和样本标准差 S 来估计。这样成批加工一批工件，抽检其中一部分，即可判断整批工件的加工精度。

表 3-1-4　$F(z)$ 值

z	$F(z)$	z	$F(z)$	z	$F(z)$	z	$F(z)$	z	$F(z)$
0.05	0.0199	0.38	0.1480	0.68	0.2517	1.10	0.3643	2.10	0.4821
0.08	0.0319	0.40	0.1554	0.70	0.2580	1.20	0.3849	2.20	0.4861
0.10	0.0398	0.42	0.1628	0.72	0.2642	1.30	0.4032	2.30	0.4893
0.12	0.0478	0.44	0.1700	0.74	0.2703	1.40	0.4192	2.40	0.4918
0.14	0.0557	0.46	0.1772	0.76	0.2764	1.50	0.4332	2.50	0.4938
0.16	0.0636	0.48	0.1814	0.78	0.2823	1.55	0.4394	2.60	0.4853
0.18	0.0714	0.50	0.1915	0.80	0.2881	1.60	0.4452	2.70	0.4965
0.20	0.0793	0.52	0.1985	0.82	0.2039	1.65	0.4505	2.80	0.4974
0.22	0.0871	0.54	0.2004	0.84	0.2995	1.70	0.4554	2.90	0.4981
0.24	0.0948	0.56	0.2123	0.86	0.3051	1.75	0.4599	3.00	0.49865
0.26	0.1023	0.58	0.2190	0.88	0.3106	1.80	0.4641	3.20	0.49931
0.28	0.1103	0.60	0.2257	0.90	0.3159	1.85	0.4678	3.40	0.49966
0.30	0.1179	0.62	0.2324	0.94	0.3264	1.90	0.4713	3.60	0.499841
0.34	0.1331	0.64	0.2389	0.96	0.3315	1.95	0.4744	3.80	0.499928
0.36	0.1406	0.66	0.2454	1.00	0.3413	2.00	0.4772	4.00	0.499968

2）非正态分布曲线。工件尺寸的实际分布有时并不近似于正态分布。例如，将两次调整下加工的工件或两台机床加工的工件混在一起，尽管每次调整时加工的工件都接近正态分布，但由于其常值系统误差不同，即两个正态分布中心位置不同，叠加在一起就会得到图 3-1-10a 所示的双峰曲线。

当加工中刀具或砂轮的尺寸磨损比较显著，所得一批工件的尺寸分布如图 3-1-10b 所示。尽管在加工的每一瞬时，工件的尺寸呈正态分布，但是随着刀具和砂轮的磨损，不同瞬时尺寸分布的算术平均值是逐渐移动的（当均匀磨损时，瞬间平均值可看成是匀速移动），因此分布曲线呈现平顶形状。

当工艺系统存在显著的热变形时，由于热变形在开始阶段变化较快，以后逐渐减弱，直至达到热平衡状态，在这种情况下分布曲线呈现不对称状态，如图 3-1-10c 所示，称为偏态分布。又如试切法加工时，由于主观上不愿意产生废品，加工孔时宁小勿大，加工外圆时宁大勿小，使分布图也常常出现不对称现象。

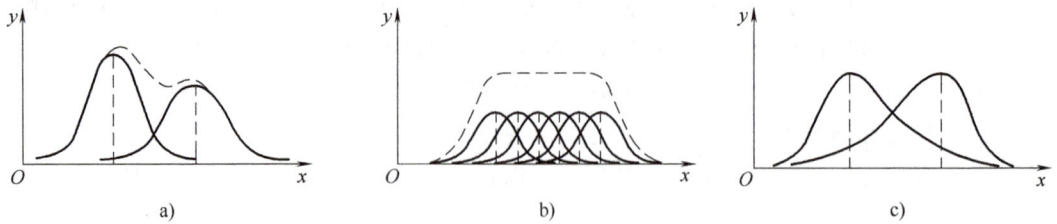

图 3-1-10　几种非正态分布图

a) 双峰分布　b) 平顶分布　c) 偏态分布

（3）分布曲线分析法的应用

1）判别加工误差性质。如果加工过程中没有明显的变值系统误差，其加工尺寸分布接近正态分布（几何误差除外），这是判别加工误差性质的基本方法之一。

生产中对工件抽样后算出 $\bar{x}$ 和 S，绘出分布图，如果 $\bar{x}$ 值偏离公差带中心，则加工过程中，工艺系统有常值系统误差，其值等于分布中心与公差带中心的偏移量。

正态分布的标准差 σ 的大小表明随机变量的分散程度。如样本的标准差 S 较大，说明工艺系统随机误差显著。

2）确定工序能力及其等级。所谓工序能力是指工序处于稳定、正常状态时，此工序加工误差正常波动的幅值。当加工尺寸服从正态分布时，根据 $\pm 3\sigma$ 原则，其尺寸分散范围是 6σ，所以工序能力就是 6σ。当工序处于稳定状态时，工序能力系数 C_p 按下式计算

$$C_p = \frac{T}{6\sigma} \tag{3-8}$$

式中　T——工序尺寸公差。

工序能力等级是以工序能力系数来表示的，它代表了工序能满足加工精度要求的程度。根据工序能力系数 C_p 的大小，可将工序能力分为 5 级，见表 3-1-5。一般情况下，工序能力不应低于二级，即要求 $C_p > 1$。

表 3-1-5　工序能力等级

工序能力系数	工序等级	说　明
$C_p > 1.67$	特级工艺	工艺能力过高，可以允许有异常波动，不经济
$1.67 \geq C_p > 1.33$	一级工艺	工艺能力足够，可以允许有一定的异常波动
$1.33 \geq C_p > 1.00$	二级工艺	工艺能力勉强，必须密切注意
$1.00 \geq C_p > 0.67$	三级工艺	工艺能力不足，会出现少量不合格品
$0.67 \geq C_p$	四级工艺	工艺能力很差，必须加以改进

必须指出，$C_p > 1$ 只说明该工序的工序能力可以满足加工精度要求，但加工中是否会产生不合格品，还要看调整得是否正确。如加工中有常值系统误差，μ 与公差带中心位置 A_M 不重合，只有当 $T \geq 6\sigma + 2|\mu - A_M|$ 时才不会出现不合格品。如 $C_p < 1$，则无论怎样调整，不合格品总是不可避免的。

3）估算合格品率或不合格品率。如在表 3-1-4 中，查得 $F(z) = 0.4599$，则不合格品率即为 $Q = 0.5 - F(z) = 0.0401 = 4.01\%$。

分布曲线分析法的缺点在于没有考虑一批工件加工的先后顺序，不能反映误差变化的趋势，难以区别变值系统误差与随机误差的影响，而且必须等到一批工件加工完毕后才能绘制

分布图，因此，不能在加工过程中及时提供控制精度的信息。采用下面介绍的控制图分析法，可以弥补这些不足。

2. 控制图分析法

控制图是按加工顺序展开的各瞬时工件尺寸的分布图。利用控制图可分析工艺过程的稳定性，以便及时检查和调整机床，达到预防废品产生的目的。控制图有多种形式，下面介绍单值控制图和 $\bar{x}$-R 图两种。

（1）单值控制图　按加工顺序逐个测量一批工件的尺寸，以工件序号为横坐标，工件尺寸（或误差）为纵坐标，就可作出图 3-1-11a 所示的控制图。为了缩短控制图长度，可将顺次加工出的几个工件编为一组，以工件组序为横坐标，而纵坐标保持不变，同一组内各工件可根据尺寸，分别点在同一组号的垂直线上，就可以得到图 3-1-11b 所示控制图。假如把控制图的上、下极限点包络成两条平滑的曲线，并作出两条曲线的平均值曲线，就能较清楚地揭示出加工过程中误差的性质及其变化趋势，如图 3-1-11c 所示。平均值曲线表示了瞬时分散中心的变化情况，而上下两条包络线的宽度则反映了分散范围随时间变化的情况。

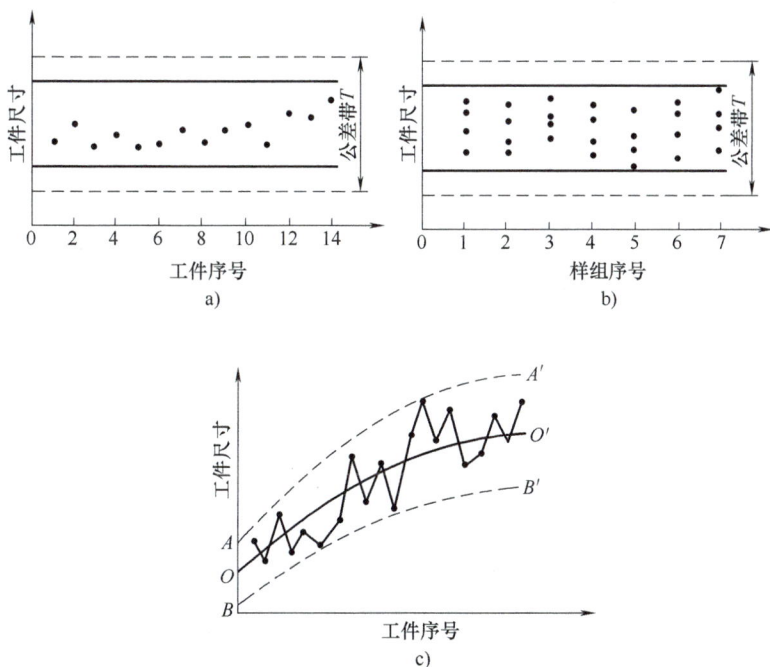

图 3-1-11　单值点图

a）单值控制图形式 Ⅰ　b）单值控制图形式 Ⅱ　c）单值控制图的平均值曲线

单值控制图上画有上下两条控制界限线（图 3-1-11 中用实线表示）和两条极限尺寸线（图 3-1-11 中用虚线表示），作为控制不合格品的参考界限。

（2）$\bar{x}$-R 图　$\bar{x}$-R 图是平均值 $\bar{x}$ 控制图和极差 R 控制图联合使用时的统称。前者控制工艺过程质量指标的分布中心，后者控制工艺过程质量指标的分散程度。

在 $\bar{x}$-R 图上，横坐标是按时间先后采集的小样本（称为样组）的组序号，纵坐标分别为各小样本的平均值 $\bar{x}$ 和极差 R。在 $\bar{x}$-R 图上各有三条线，即中心线和上、下控制线。

绘制$\bar{x}$-R图是以小样本顺序随机抽样为基础的。在加工过程中，每隔一定时间连续抽取容量$n=2\sim10$件的一个小样本，求出小样本的平均值$\bar{x}$和极差R。经过若干时间后，就可取得若干个（如k个）小样本，将各组小样本的$\bar{x}$和R值分别点在相应的$\bar{x}$图和R图上，即制成了$\bar{x}$-R图。

由概率论可知，当总体是正态分布时，$\bar{x}$的分散范围是$\mu\pm3\sigma/\sqrt{n}$。R的分布虽然不是正态分布，但当$n\leqslant10$时，其分布与正态分布也是比较接近的，因而R的分散范围也可取为$\bar{R}+3\sigma_R$（$\bar{R}$、σ_R分别是R分布的均值和标准差）。

（3）$\bar{x}$-R控制图分析　控制图上数据点的变化反映了工艺过程是否稳定。例如，在自动车床上加工一批销轴，按时间顺序先后抽4组，每组取样5件。作出的$\bar{x}$-R图如图3-1-12所示。从图中可以看出，有4个点越出控制线，表明工艺过程不稳定，应及时查找原因，加以解决。

控制图上数据点的波动通常有两种情况，一是随机性波动，其特点是浮动的幅值一般不大，这种正常波动是工艺系统稳定的表现；二是工艺过程中存在某种占优势的误差因素，以致控制图上的数据点具有明显的上升或下降倾向，或出现幅值很大的波动，这种情况称为工艺系统不稳定。$\bar{x}$在一定程度上代表了瞬时的分布中心，R在一定程度上代表了瞬时的尺寸分散范围，故必须将主要反映系统误差及其变化趋势的$\bar{x}$控制图和反映随机误差及其变化趋势的R控制图结合起来应用，才能全面反映加工误差情况。

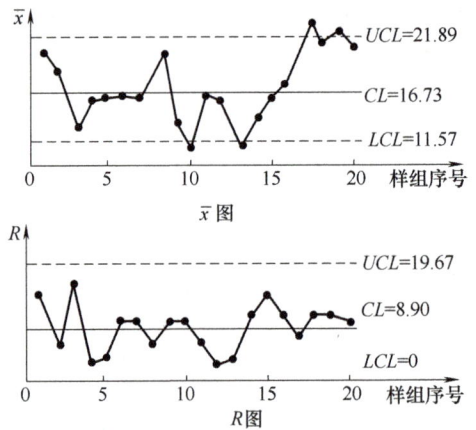

图 3-1-12　$\bar{x}$-R图

3. 工件加工误差的计算机辅助检测与统计分析

工件加工误差的统计分析是一项非常复杂、繁琐的工作，随着传感器技术及计算机技术的普及与发展，可利用它们自动、方便、准确地对工件进行检验或误差分析。

图3-1-13所示为对某一工件进行尺寸检测及误差分析的系统示意图。工件放在测试平台或测量夹具上，系统通过电感测微仪测得工件尺寸，并将其转化为电压信号，经模-数（A-D）转换送入计算机进行分析和处理。该系统由硬件和软件两部分组成，能自动完成工件尺寸检测，及时处理现场质量数据，自动绘制分布图及控制图，进行工序能力判断，打印加工质量报告，并及时反馈给操作者，起到真正指导生产的作用。

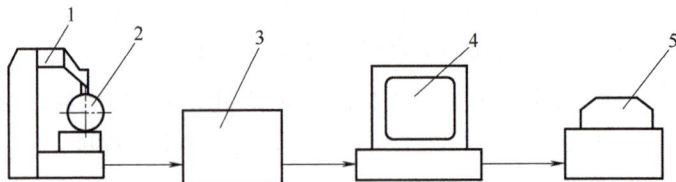

图 3-1-13　计算机辅助检测与分析系统示意图

1—电感测微仪　2—工件　3—A/D转换器　4—计算机　5—打印机

3.1.4　任务实施

学生工作页

项目名称	项目3　编制箱体类零件机械加工工艺				
任务名称	任务1　分析减速器箱体零件工艺性能		日期		
班级		姓名		学号	
任务分析与实施					学习方法
1）减速器箱体零件一般有哪些结构特点和技术要求？					独立思考 小组讨论
2）列举常用箱体类零件的种类有哪些？通常使用哪些材料？					
3）说明下面几何公差在减速器箱体零件加工中的具体含义。 $\perp$ |0.02|A　　$\perp$ |0.01|A					
4）根据零件的表面粗糙度要求，选择合适的加工方案。					

练习题

一、填空题

1. 工件表面烧伤对表面层物理力学性能的影响主要表现在表面层的_____。
2. 零件的表面粗糙度值越低，疲劳强度越_____。
3. 磨削加工时工件表层裂纹是由于有_____作用的结果。
4. 表面质量对零件_____、耐疲劳性、配合性质、耐蚀性的影响很大。
5. 内应力的特点是它始终处于_____的状态。

二、判断题

1. 零件的表面粗糙度值越低，疲劳强度越高。（　　）
2. 表面的微观几何性质主要是指表面粗糙度。（　　）
3. 切削加工时，进给量和切削速度对表面粗糙度的影响不大。（　　）
4. 零件的表面粗糙度值越低越耐磨。（　　）
5. 滚压加工是利用淬火过的滚压工具对工件表面施加压力，使其硬度增加，并使表面产生加工硬化层和残余压应力，从而提高零件的耐蚀性和疲劳强度。（　　）
6. 滚压加工的目的主要是使工件表面上的凸峰填充到相邻的凹谷中，从而减小加工表面的表面粗糙度值。（　　）
7. 表面加工硬化程度越高，零件的耐磨性越高。（　　）

三、单项选择题

1. 加工过程中若表面层以冷塑性变形为主，则表面层产生（　　）应力；若以热塑性变形为主，则表面层产生（　　）应力。

A. 拉应力　　　B. 不定　　　C. 压应力　　　D. 金相组织变化

2. 在切削加工时，下列（　　）因素对表面粗糙度没有影响。

A. 刀具几何形状　B. 切削用量　　C. 工件材料　　D. 检测方法

3. 当零件表面层有残余压应力时，（　　）表面层耐蚀性。

A. 降低了　　　B. 增加了　　　C. 不影响　　　D. 有时会影响

4. 磨削表层裂纹是由于表面层（　　）的结果。

A. 残余应力作用　B. 氧化　　　C. 材料成分不匀　D. 产生回火

5. 磨削光轴时，若切削条件相同，哪种工件材料磨削后表面粗糙度值小？（　　）

A. 20钢　　　B. 45钢　　　C. 铸铁　　　D. 铜

四、应用计算题

1. 车削一铸铁零件的外圆表面，若进给量 $f = 0.5\text{mm/r}$，车刀刀尖的圆弧半径 $r = 4\text{mm}$，问能达到的表面粗糙度值为多少？
2. 磨削淬火钢时，加工表面层的硬度可能升高或降低，试分析其原因。

任务总结

请各小组对本阶段的内容进行汇总并以PPT形式汇报。

3.1.5　任务评价与反思

学生进行自评和互评，评价自己与同组同学是否能完成零件图的识读、零件图的工艺分析、编制工艺文件等，是否按时完成报告内容等成果资料、有无任务遗漏。教师对学生的评价内容包括：报告书写是否工整规范，报告内容数据是否真实合理、阐述是否详细、认识体会是否深刻等。

1）学生进行自我评价，并将结果填入附表 1 中。

2）学生以小组为单位，对以上学习任务中的过程和结果进行互评，将互评结果填入附表 2 中。

3）教师对学生工作过程与工作结果进行评价，并将评价结果填入附表 3 中。

3.1.6 任务拓展

加工图 3-1-14 所示的下轴承座零件，材料为 HT200，大批量生产，分析其工艺性能。

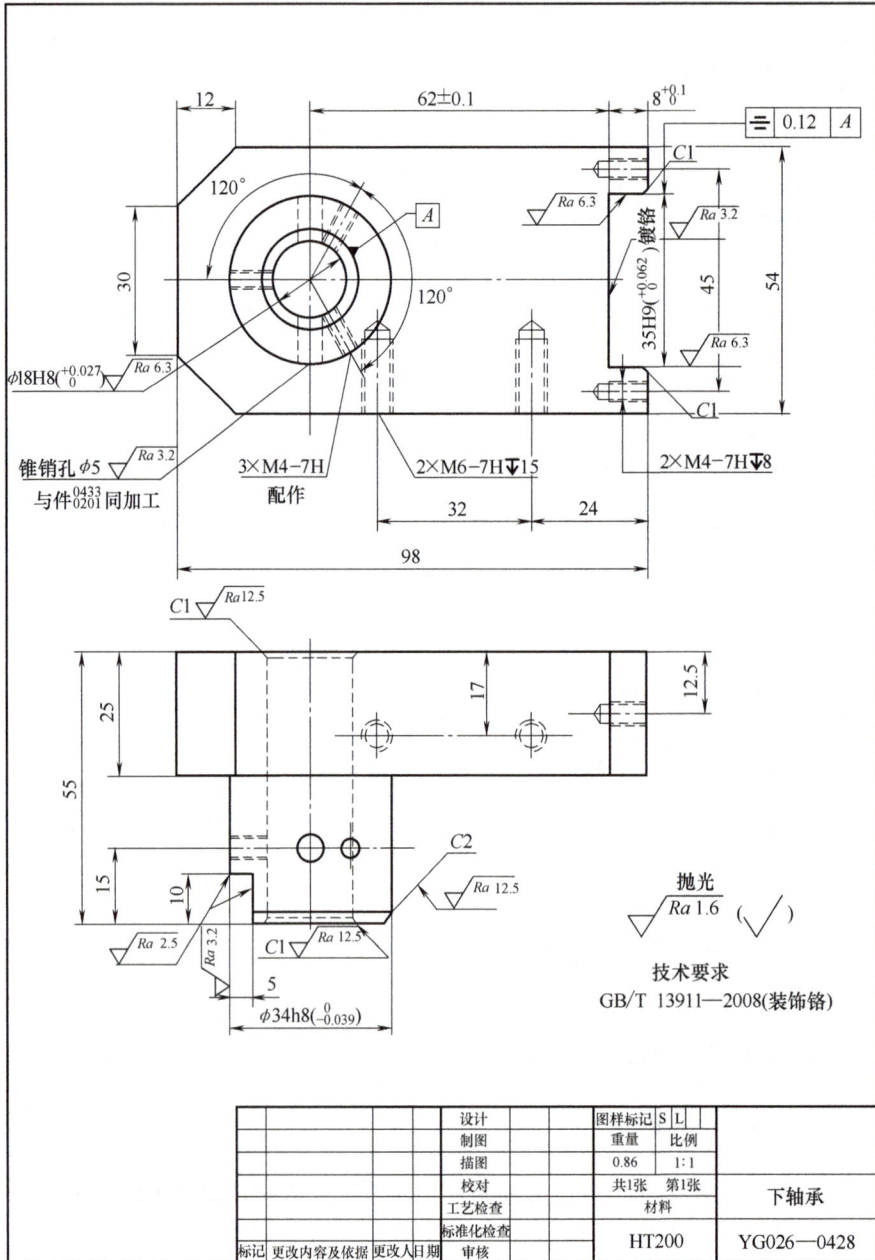

图 3-1-14 下轴承座零件

任务2　确定减速器箱体零件工艺方案

3.2.1　任务单

项目名称	编制箱体类零件机械加工工艺	任务名称	确定减速器箱体零件工艺方案	建议学时	4
任务描述	某设备企业需加工图 3-2-1 所示减速器箱体零件,要求利用现有设备完成减速器箱体零件的加工任务,生产件数为 5000 件。根据要求确定减速器箱体零件工艺方案。 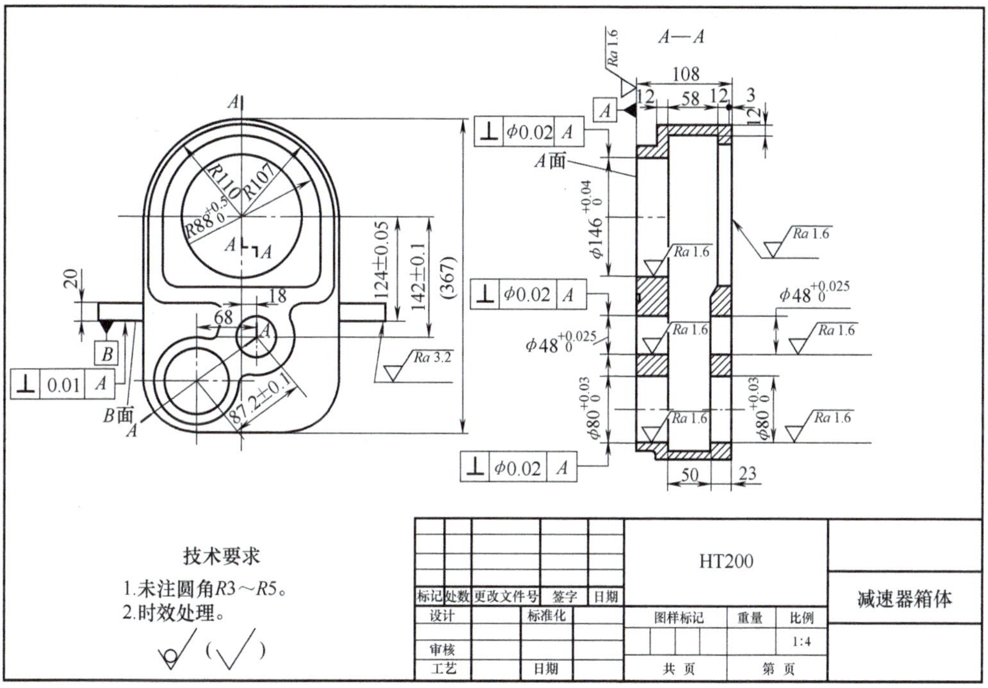 **图 3-2-1　减速器箱体零件图**				
任务目标	**素养目标** 1)加强团队协作。 2)增强责任担当。 3)锻炼审辨思维。 4)加强亲和友善。 5)强化自我管理。	**知识目标** 1)了解机械加工中产生振动的原因。 2)掌握抑制机械加工振动的措施。 3)掌握平面加工方法。		**能力目标** 1)能根据零件的技术要求,确定各平面的加工方案。 2)能根据零件的技术要求,分析产生加工振动的原因。 3)能根据零件的技术要求,选择抑制加工振动的措施。	
任务要求	1. 根据要求完成分工并做好工作准备 1)为了高效高质量地完成本任务,采用自愿的方式组建项目团队。 2)小组需要收集相关信息,并将收集的资料进行汇总和整理。拟定一份思维导图,以确定小组需要查找的内容及组员分工。 3)小组需将整理后的资料展示给其他组学员,并思路清晰地进行讲述。				

（续）

<table>
<tr><td rowspan="9">任务
要求</td><td colspan="7">2. 根据所获取的信息进行分析处理
1）确定减速器箱体零件各表面的加工方案。
2）选择合理的热处理方式。
3）确定减速器箱体毛坯的制造方法及毛坯尺寸。
4）根据零件的技术要求，分析产生加工振动的原因。
3. 分组要求
4~6 人一组，将分组情况与任务分工填入表 3-2-1 中。</td></tr>
<tr><td colspan="7" align="center">表 3-2-1 学生任务分配表</td></tr>
<tr><td>班级</td><td></td><td>组号</td><td></td><td>指导教师</td><td></td></tr>
<tr><td>组长</td><td></td><td>学号</td><td colspan="3"></td></tr>
<tr><td rowspan="5">组员</td><td>姓名</td><td>学号</td><td colspan="3">任务分工</td></tr>
<tr><td></td><td></td><td colspan="3"></td></tr>
<tr><td></td><td></td><td colspan="3"></td></tr>
<tr><td></td><td></td><td colspan="3"></td></tr>
<tr><td></td><td></td><td colspan="3"></td></tr>
<tr><td>考核
方式</td><td colspan="7">1）物化成果考核。
2）参与度考核。</td></tr>
<tr><td>物化
成果</td><td colspan="7">1）零件分析方案（含作业计划）。
2）汇报 PPT 等。</td></tr>
</table>

3.2.2 引导问题

1）机械加工中振动有哪些种类？
2）如何抑制机械加工中产生的振动？
3）减小受迫振动的措施有哪些？

3.2.3 任务资讯

一、相关实践知识

在拟定箱体零件机械加工工艺规程时，应该遵循一些基本原则。

微课23：箱体
类零件加工工艺

1. 先面后孔

先加工平面，后加工孔是箱体加工的一般规律。平面面积大，用其定位稳定可靠；支承孔大多分布在箱体外壁平面上，先加工外壁平面可切去铸件表面的凹凸不平及夹砂等缺陷，这样可减少钻头引偏，防止刀具崩刃等，对孔加工有利。

2. 粗精分开、先粗后精

箱体的结构形状复杂，主要平面及孔系加工精度高，一般应将粗加工、精加工工序分阶段进行，先进行粗加工，后进行精加工。

3. 基准的选择

箱体零件一般都用其上面的重要孔和另一个相距较远的孔作为粗基准，以保证孔加工时余量均匀。精基准选择一般采用基准统一的方案，常以箱体零件的装配基准或专门加工的一面两孔为定位基准，使整个加工工艺过程基准统一，夹具结构类似，基准不重合，使误差降至最小甚至为零（当基准重合时）。

4. 工序集中，先主后次

箱体零件上相互位置要求较高的孔系和平面，一般尽量集中在同一工序中加工，以保证其相互位置要求和减少装夹次数。紧固螺纹孔、油孔等次要工序，一般在平面和支承孔等主要加工表面的精加工之后再进行。

二、相关理论知识

（一）平面加工方案的选择

平面是组成零件的基本表面之一。箱体类、支架类、盘类及板块类零件上的平面往往是其主要表面。常见平面种类有以下几种。

（1）固定连接平面　如轴承座的安装底平面，卧式车床主轴箱体与床身的连接平面等。

（2）导向平面　如各类机床上对实现部件间相对运动起导向作用的导轨，一般其技术要求很高。

（3）回转体零件的端平面　如轴类零件的轴肩、盘套类件的端面等。此类平面一般与回转轴线有垂直度、平面间的平行度及表面粗糙度等技术要求。通常在车内圆面的同一次安装中加工出端平面，以保证各加工面的位置精度。

微课 24：平面加工方案的选择

（4）板块类零件的平面　如 V 形块、垫铁、量块、检验平板、平尺等，其加工精度和表面质量要求很高。

加工平面的方法有刨削、插削、铣削、拉削、磨削、刮削、研磨和车削等。

1. 刨削平面与插削平面

（1）刨削运动　刨削常用的机床有牛头刨床和龙门刨床。在牛头刨床上刨削时，刨刀的直线往复移动为主运动，工件随工作台的间歇移动为进给运动。

由于牛头刨床的结构特点，一般只适合中小型零件的加工。在龙门刨床上刨削时，工作台带动工件做的直线往复移动为主运动，刀具的间歇移动为进给运动。由于其主运动行程较长，工作台面积大，所以龙门刨床适于大型零件或多件的加工。典型刨削加工如图 3-2-2 所示。

刨削加工质量较低。精刨平面的尺寸公差等级为 IT9～IT8，表面粗糙度 Ra 值为 3.2～1.6μm，但刨削的直线度较高。

（2）宽刃细刨平面　宽刃细刨是利用图 3-2-3 所示的宽刃细刨刀，以低速、大进给量和小的背吃刀量从工件上切去极薄金属层的精加工方法。因切削力小，切削热少和变形小，所以表面粗糙度 Ra 值可达 1.6～0.4μm，直线度为 0.02mm/m。

宽刃细刨平面是在精刨平面的基础上进行的。它可以代替刮研，例如，机床导轨面采用宽刃细刨，能提高生产率和减轻劳动强度。宽刃细刨是一种有效、先进的精加工平面的方法。

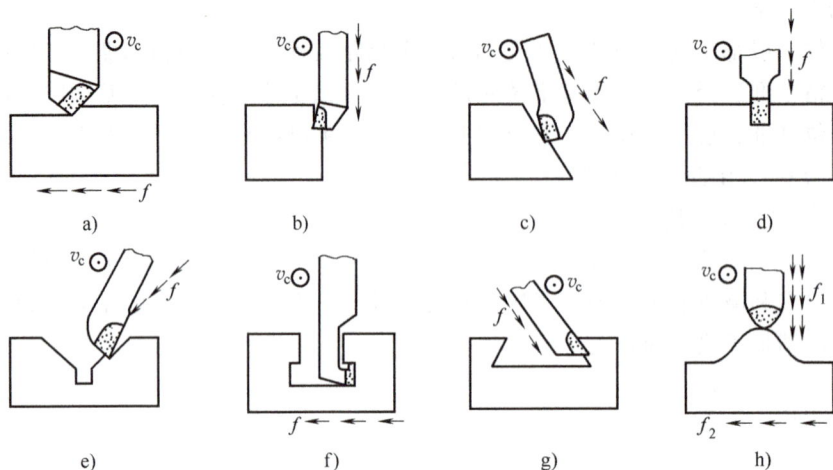

图 3-2-2 典型刨削加工形式

a）刨水平面 b）刨直槽 c）刨斜面 d）刨竖直面 e）刨 V 形槽

f）刨 T 形槽 g）刨燕尾槽 h）刨成形面

（3）插床与插削平面 插床可视为立式牛头刨床（图 3-2-4）。滑枕带动刀具的上下直线往复运动是主运动；工作台带动工件做纵向、横向或圆周进给运动。

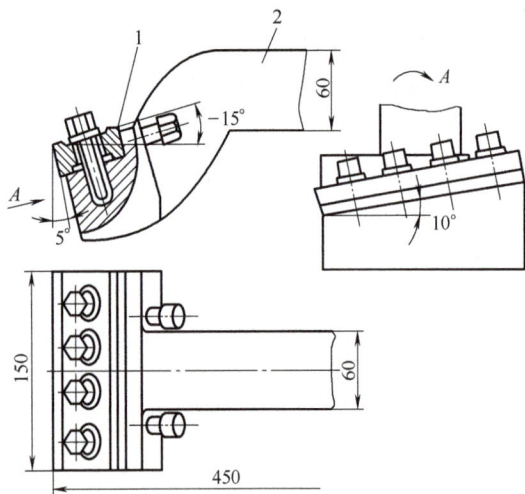

图 3-2-3 宽刃细刨刀

1—刀片 2—刀体

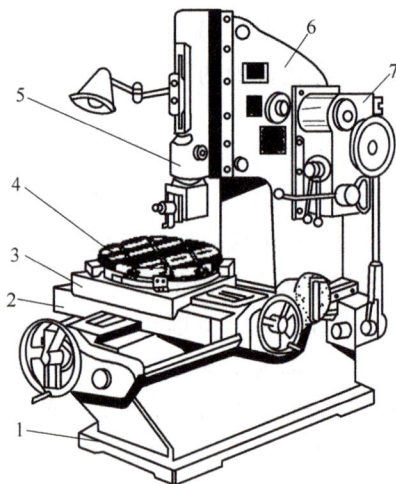

图 3-2-4 插床

1—床身 2—下滑座 3—上滑座 4—工作台

5—滑枕 6—立柱 7—变速箱

插削主要用于加工内平面，如键槽（图 3-2-5）、方孔等，也可加工某些零件的外表面。因刀杆刚度差，故冲击振动大。插削的表面粗糙度 Ra 值为 $6.3 \sim 1.6\mu m$。插削生产率低，多用于单件、小批生产或维修。

2. 铣削平面

（1）铣削运动及铣床 铣削也是平面加工的主要方法之一。铣刀的旋转是主运动，工件随工作台的运动是进给运动。铣削平面的机床，常用的有卧式（或立式）升降台铣床，适于单件、小批生产中加工中小型工件；而龙门铣床的结构类似于龙门刨床，工作台面积大，立柱和横梁上有 3~4 个铣头。适于加工大型工件或同时加工多个中小型工件，生产率较高，多应用于成批、大量生产。

（2）铣削平面的方式及特点　铣削平面的方式有端面铣法及周边铣法。端面铣法是用铣刀端面上的切削刃铣削工件，铣刀的回转轴线与被加工表面垂直，所用刀具称为面铣刀（图 3-2-6a）；周边铣法是用铣刀圆周表面上的切削刃铣削工件，铣刀的回转轴线和工件被加工表面平行，所用刀具称为圆柱铣刀（图 3-2-6b）；此外，还可用圆周表面和端面都有切削刃的立铣刀或三面刃铣刀同时进行周边铣和端面铣（图 3-2-6c）。

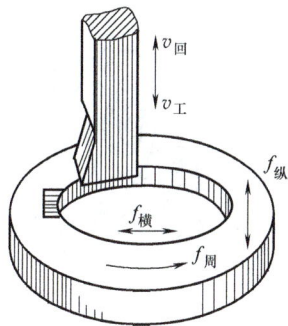

图 3-2-5　插键槽

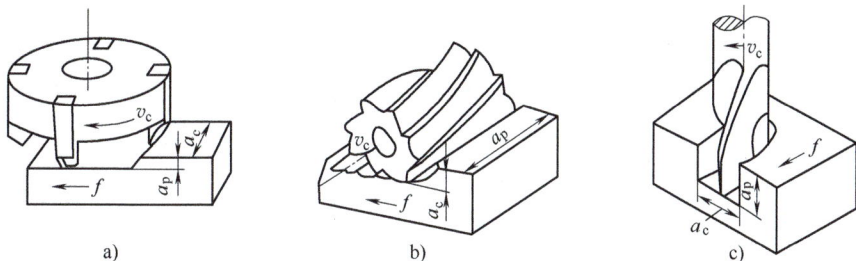

图 3-2-6　铣削方式及运动

a）端面铣　b）周边铣　c）端面铣和周边铣

端面铣的加工质量好于周边铣的加工质量。面铣刀的副切削刃起修光已加工表面的作用，残留面积小。而周边铣时，圆周表面的切削刃依次切削，使加工表面形成圆弧形波纹，残留面积较大。此外，端面铣同时参与工作的切削刃比周边铣多，而且切削厚度变化也比周边铣小，切削力变化小，铣削过程平稳，振动小。所以端面铣获得的表面粗糙度 Ra 的值比周边铣获得的小。

端面铣生产率高于周边铣。面铣刀可采用镶装硬质合金刀齿的结构，而周边铣所用圆柱铣刀多为高速钢刀具；面铣刀一般直接安装在主轴端部，悬伸长度较小，刀具系统的刚度好，而周边铣的圆柱铣刀多装在细长的刀轴上，刀具系统的刚度差；此外，面铣刀的刀盘直径较大。所以，端面铣可采用较大切削用量，生产率较高。

周边铣的适应性好于端面铣。周边铣便于使用多种结构形式的铣刀铣削沟槽、台阶面、成形面及组合平面等。

综上所述，由于端面铣的加工质量和生产率高于周边铣，所以在大平面加工中，目前多采用端面铣，但因周边铣适应性较广，故生产中仍然经常使用。

3. 磨削平面

平面磨削是在铣、刨基础上的精加工。经磨削后两平面间的尺寸公差等级可达 IT6~IT5，表面粗糙度 Ra 值达 0.8~0.2μm。

平面磨削的机床，常用的有卧轴、立轴矩台平面磨床和卧轴、立轴圆台平面磨床，其主运动都是砂轮的高速旋转，进给运动是砂轮、工作台的移动（图 3-2-7）。

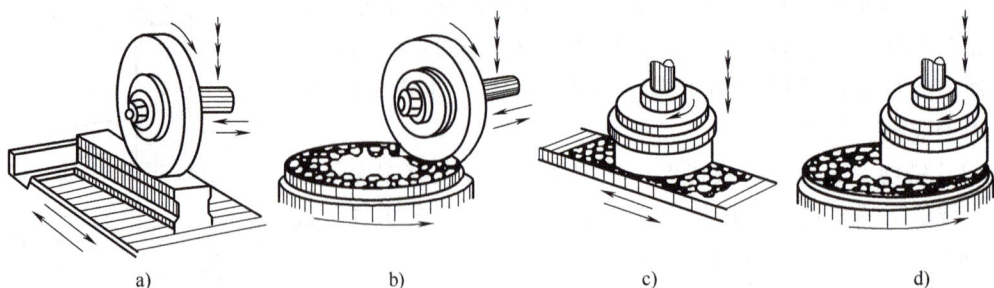

图 3-2-7 平面磨床及切削运动

a)、b) 卧轴矩台、圆台平面磨床 c)、d) 立轴矩台、圆台平面磨床

平面磨削有周边磨削和端面磨削两种基本方式。周边磨削是用砂轮圆周表面进行磨削（图 3-2-7a、b），磨削时砂轮与工件接触面积小，磨削力小，磨削热少，冷却与排屑条件好，砂轮磨损均匀，所以能获得高的精度和低的表面粗糙度值，常用于各种批量生产中对中小型件的精加工。端面磨削是以砂轮端面进行磨削（图 3-2-7c、d），磨削时砂轮与工件接触面积大，磨削力大，磨削热多，冷却与排屑条件差，砂轮端面沿径向各点圆周速度不同，砂轮磨损不均匀，所以端面磨削精度低于周边磨削。但是，端面磨削的砂轮轴悬伸长度短，又垂直于工作台面，承受的主要是轴向力，刚度好，加之这种磨床功率较大，故可采用大的磨削用量，生产率高于周边磨削，常用于大批、大量生产中代替刨削和铣削进行粗加工。

4. 拉削平面

平面拉削如图 3-2-8 所示，类似于内孔拉削。因拉刀一次行程中能切除被加工平面的全部余量，完成粗加工、精加工，故生产率很高。拉床多采用液压传动，传动平稳；切削速度较低，不易产生积屑瘤；拉刀的校准部分具有修光已加工表面的作用，所以拉削平面质量较高。平面间的尺寸公差等级可达 IT8～IT6，表面粗糙度 Ra 值为 $0.8 ~ 0.2 \mu m$。但拉刀的制造、刃磨复杂，刀具费用高，所以拉削主要用于大批、大量生产。当拉削面积较大的平面时，为减小拉削力，可采用图 3-2-9 所示的渐进式拉刀进行。

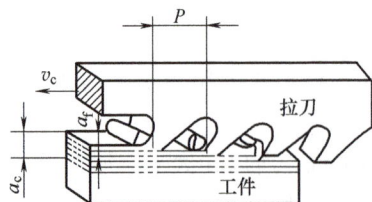

图 3-2-8 拉削平面

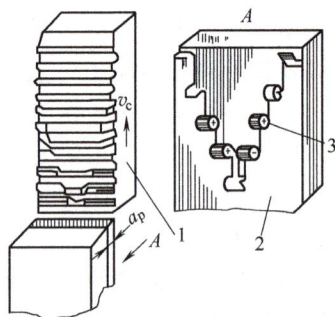

图 3-2-9 渐进式拉刀拉削平面

1—拉刀 2—工件 3—切屑

5. 刮削平面

刮削是利用刮刀刮除工件表面薄层金属的加工方法。刮削有如下特点。

（1）刮削质量高 刮削前的平面经过精加工，留给刮削的余量较小，一般为 0.05 ～

0.40mm。对于刮削加工，切削用量小，切削力小，切削热少，故工件变形小。另外，刮削时工件表面多次反复地受到刮刀的推挤和压光作用，不仅使工件表面组织变得紧密，而且表面粗糙度 Ra 值小（$Ra0.8 \sim 0.2\mu m$），平面的直线度可达 0.01mm/m 或更高。经过刮花的平面（图 3-2-10），表面形成比较均匀的微浅凹坑，可在有相对运动的两平面间形成储油空隙，减小摩擦，提高工件的耐磨性。

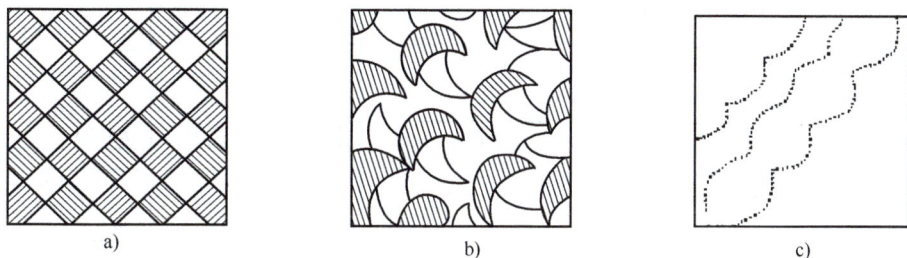

图 3-2-10　刮削的花纹

a）斜纹花　b）鱼鳞花　c）半月花

（2）设备和工具费用低　刮削所用刮刀、研点和检验工具比较简单。

（3）生产率较低　因刮削属于手工操作，刮削、研点及检验过程需多次反复进行，所以生产率低，劳动强度大，常用于单件、小批生产和维修中刮削未淬硬、要求高的固定连接平面、导轨面及大型精密平板和直尺等。在大批大量生产中，多由专用磨床磨削和宽刃精刨代替刮削。

6. 研磨平面

研磨是平面的光整加工。研磨后两平面的尺寸公差等级可达 IT5 ～ IT3，表面粗糙度 Ra 值为 0.1 ～ 0.008μm，还可以提高平面的形状精度。

（1）研具和研磨剂　研磨平面的研具平板分有槽和光滑两种。有槽平板用于粗研，工件易被压平，不致产生凸弧面；光滑平板则用于精研。研磨剂与研磨外圆和孔时所使用的相同。

（2）研磨平面的方法　在平板上涂以适当的研磨剂，工件沿平板的全部表面以 8 字形和直线相结合的运动轨迹进行研磨。目的是使磨料不断在新的方向起研磨作用。

研磨过程中，研磨压力和速度应适当；如压力过大，表面粗糙度值会增大，甚至会因磨料压碎而划伤工件表面。一般在研磨小而硬的工件或粗研时，可用较大压力、较低速度进行，而研磨大工件或精研时应用较小的压力、较快的速度进行。

若工件发热，应暂停研磨，避免工件热变形而影响研磨精度。

研磨常用来加工平尺及量块的精密测量平面。单件、小批生产一般用手工研磨，大批、大量生产多用机器研磨。

7. 平面加工方案的分析及选择

在确定平面加工方案时，除了应考虑平面的技术要求外，还要考虑生产类型、零件的结构尺寸、工件材料及热处理等因素。图 3-2-11 所示为平面的典型加工方案，图框中精度为平面间的尺寸公差等级，表面粗糙度值单位为 μm。

1）粗刨、精车、初磨、粗铣和粗插主要用于加工非接触平面。

2）粗刨——精刨——刮研，此方案适合加工未淬硬的各种导向平面，如机床的导轨面。生产批量较大时，可以采取宽刃细刨代替刮研。但多数导轨面需淬火，故应精刨，淬火后在导轨磨床上进行精磨。

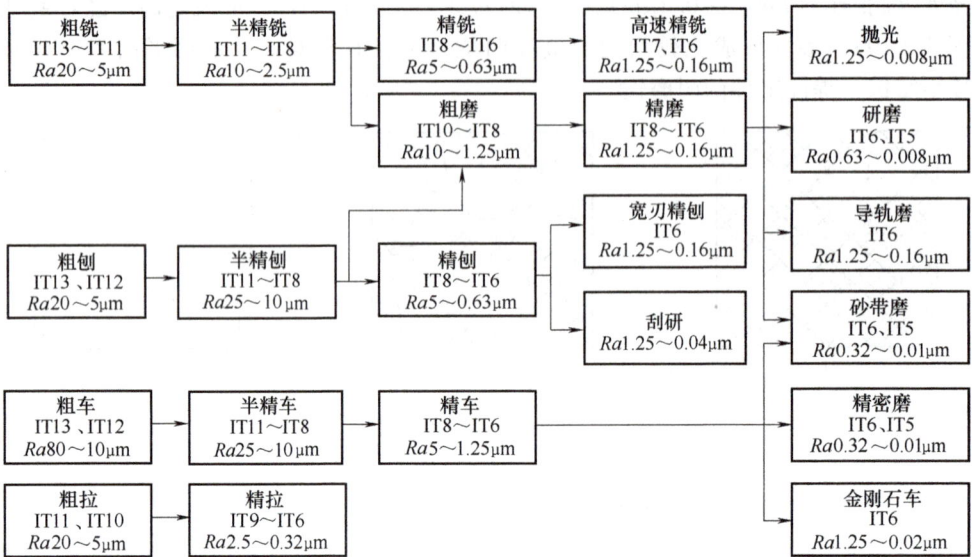

图 3-2-11　平面加工方案

3）粗车——半精车——磨削，此方案适合盘套类和轴类零件端面的加工，容易保证端面之间及端面与其他表面之间的位置精度。不论零件是否淬火，此方案都适宜，但淬火应安排在半精车之后，这种方案适合各种生产类型。

4）粗磨——精磨，此方案适合毛坯精度较高、余量较小的淬火或非淬火件的加工，如淬火薄片件的加工宜选择此方案。

5）粗铣——精铣——高速精铣，此方案适合非铁金属零件大平面的加工。因刨削易扎刀，磨削易堵塞砂轮，均难以保证质量。对于铸铁及钢件，无论淬火与否，可在精铣后安排磨削加工，箱体、支架类零件的固定连接平面多采用此方案。

6）粗插——精插，主要适合单件、小批生产中方孔、内花键等内平面的加工。当生产率要求较高，可在粗插后安排拉削。拉削还可以加工面积不大的外平面。此方案只适合未淬火件的加工。

7）对于精度要求更高、表面粗糙度值更低的平面，可以在上述方案后安排研磨。

（二）机械加工中的振动及其控制

1. 振动对机械加工的影响

1）振动会使工件加工表面出现振纹，降低了工件的加工精度和表面质量。

2）振动会使刀具受到附加动载荷，加速刀具磨损，有时甚至会导致崩刃。

3）振动使机床、夹具等的连接部分松动，从而增大间隙，降低刚度和精度，缩短设备使用寿命，严重时甚至使切削加工无法继续进行。

4）强烈的振动及伴随而来的噪声，还会污染环境，危害操作者的身心健康。为减小加工过程中的振动，有时不得不降低切削用量，使机械加工生产率降低。

2. 机械加工中振动的种类、特征及抑制措施

（1）自由振动　由于工艺系统受一些偶然因素的作用（如外界传来的冲击力；机床传

动系统中产生的非周期性冲击力；加工材料的局部硬点等引起的冲击力等），系统的平衡被破坏，只靠其弹性恢复力来维持的振动，称为自由振动（占5%）。振动的频率就是系统的固有频率。由于工艺系统的阻尼作用，这类振动会很快衰减，如图3-2-12a所示。

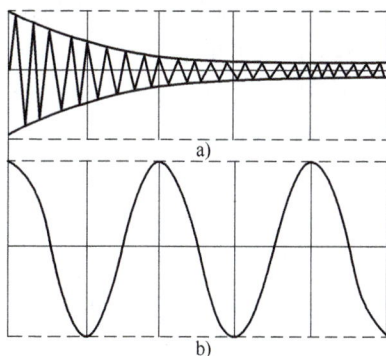

图 3-2-12　自由振动和强迫振动
a）自由振动　b）强迫振动

（2）强迫振动　系统在周期性激振力（干扰力）持续作用下产生的振动，称为强迫振动（占35%）。强迫振动的稳态过程是谐振动，只要有激振力存在，振动系统就不会被阻尼衰减掉。如图3-2-12b所示。强迫振动的振源有来自于机床内部的机内振源和来自机床外部的机外振源。

1）机床上回转件不平衡所引起的周期性变化的离心力，如由于电动机或卡盘、带轮回转不平衡引起的振动。

2）机床传动零件缺陷所引起的周期性变化的传动力，如因刀架、主轴轴承、拖板塞铁等机床部件松动或齿轮、轴承等传动零件的制作误差而引起的周期性振动。

3）切削过程本身不均匀性所引起的周期性变化的切削力，如车削多边形或表面不平的工件及在车床上加工外形不规则的毛坯工件。

4）往复运动部件运动方向改变时产生的惯性冲击，如平面磨削过程的方向改变或瞬时改变机床的回转方向。

5）由外界其他振源传来的干扰力，如在锻造车间附近，因空气锤的振动引起其他机床的强迫振动，甚至共振。

抑制措施：

受迫振动是由于外界周期性干扰力引起的，因此为了消除受迫振动，应先找出振源，然后采取适应的措施加以控制。

1）消除或减小内部振源。机床上的高速回转零件必须满足动平衡要求；提高传动元件及传动装置的制造精度和装配精度，保证传动平稳；使动力源与机床本体分离。

2）调整振源的频率。通过改变传动比，使可能引起强迫振动的振源频率远离机床加工系统薄弱环节的固有频率，避免产生共振。

3）采取隔振措施。使振源产生的部分振动被隔振装置所隔离或吸收。隔振方法有两种，一种是主动隔振，阻止机内振源通过地基外传；另一种是被动隔振，阻止机外干扰力通过地基传给机床。常用的隔振材料有橡皮、金属弹簧、空气弹簧、矿渣棉、木屑等。

（3）自激振动　在实际加工过程中，由于偶然的外界干扰（如工件材料硬度不均、加工余量有变化等），会使切削力发生变化，从而使工艺系统产生自由振动。系统的振动必然会引起工件、刀具间的相对位置发生周期性变化，这一变化若又引起切削力的波动，则使工艺系统产生振动。这种由振动系统本身产生的交变力所激发和维持的振动，称为自激振动（占65%）。通常将自激振动看成是由振动系统（工艺系统）和调节系统（切削过程）两个环节组成的一个闭环系统。

抑制措施：

1）减小重叠系数。再生型颤振是由于在有波纹的表面上进行切削引起的，如果本转

（次）切削不与前转（次）切削振纹相重叠，就不会有再生型颤振发生。重叠系数越小，就越不容易产生再生型颤振。重叠系数值大小取决于加工方式、刀具的几何形状及切削用量等。适当增大刀具的主偏角和进给量，均可使重叠系数减小。

2）减小切削刚度。减小切削刚度可以减小切削力，可以降低切削厚度变化效应（再生效应）和振型耦合效应的作用。改善工件材料的可加工性、增大前角、增大主偏角和适当提高进给量等，均可使切削刚度下降。

3）合理布置振动系统小刚度主轴的位置。

（4）其他统一抑制措施：

1）改善工艺系统的动态特性。提高工艺系统薄弱环节的刚度，可以有效地提高机床加工系统的稳定性。提高各结合面的接触刚度，对主轴支承施加预载荷，对刚度较差的工件增加辅助支承等都可以提高工艺系统的刚度。

增大工艺系统中的阻尼，可通过多种方法实现。例如，使用高内阻材料制造零件，增加运动件的相对摩擦，在床身、立柱的封闭内腔中充填型砂，在主振方向安装阻振器等。

2）采用减振装置。减振装置通常都是附加在工艺系统中，用来吸收或消耗振动时的能量，达到减振的目的。它对抑制强迫振动和颤振同样有效，是提高工艺系统抗振性的一个重要途径，但它并不能提高工艺系统的刚度。减振装置主要有阻尼器和吸振器两种类型。

3.2.4 任务实施

学生工作页

项目名称	项目3 编制箱体类零件机械加工工艺		
任务名称	任务2 确定减速器箱体零件工艺方案	日 期	
班 级		姓 名	学 号	

任务分析与实施	学习方法
1）本生产任务要加工零件的毛坯是什么？毛坯尺寸是多少？	独立思考 小组讨论
2）确定 $\phi 80^{+0.03}_{0}$ mm、$\phi 48^{+0.025}_{0}$ mm 和 $\phi 146^{+0.04}_{0}$ mm 的孔系加工方法。	
3）确定 A 面和 B 面的加工方法。	
4）根据零件的技术要求，分析产生加工振动的原因。	

练　习　题

一、填空题

1. 在受迫振动中，当外激励频率近似等于系统频率时，会发生_____现象。

2. 解释自激振动的原理主要有_____，_____。

3. 工艺系统的振动分为两大类，即_____与_____，其中振幅随切削用量而变的是_____。

4. 除非连续切削之外，振幅随切削用量的改变而改变者属于_____。

5. 目前，平面铣削大都采用_____铣，其原因是_____。

6. 不能够加工平面的机床有_____。

7. 成形面加工按其加工原理可以分为_____和_____两种加工方式。

二、判断题

1. 零件的表面粗糙度值越低，疲劳强度越高。（　　　）

2. 表面的微观几何性质主要是指表面粗糙度。（　　　）

3. 切削加工时，进给量和切削速度对表面粗糙度的影响不大。（　　　）

4. 零件的表面粗糙度值越低越耐磨。（　　　）

（续）

5. 滚压加工的目的主要是使工件表面上的凸峰填充到相邻的凹谷中，从而减小加工表面的表面粗糙度值。（　　）

6. 表面加工硬化程度越高，零件的耐磨性越高。（　　）

7. 车削不能够加工平面。（　　）

8. 牛头刨床加工狭长表面时生产效率低。（　　）

9. 因为铣床丝杠传动有间隙，采用顺铣法铣削时，工作台会窜动。（　　）

10. 周铣法适应性较广，除加工平面外还可以加工沟槽、齿形和成形面等。（　　）

三、选择题

1. 机械加工时，工件表面产生波纹的原因有（　　）。

A. 塑性变形　　　　　　B. 切削过程中的振动　　　C. 残余应力　　　D. 工件表面有裂纹

2. 受迫振动系统在共振区消振最有效的措施是（　　）。

A. 增大系统刚度　　　　B. 增大系统阻尼　　　　　C. 增大系统质量

3. 刨削时，限制提高切削速度的原因是（　　）。

A. 刀具切入、切出时有冲击　　B. 回程不工作　　　　C. 单刃刀具

4. 图 3-2-13 所示加工方式是何种铣削方式？（　　）

A. 立铣　　　　　　　　B. 端面铣

C. 顺铣　　　　　　　　D. 逆铣

5. 铣削较薄零件时，夹紧力不能太大，常采用（　　）铣加工。

A. 逆铣　　　　　　　　B. 端面铣

C. 顺铣　　　　　　　　D. 均可

6. 因为铣床丝杠传动有间隙，采用（　　）铣法铣削时，工作台会窜动。

A. 逆铣　　　　　　　　B. 端面铣

C. 顺铣　　　　　　　　D. 均会

7. 逆铣是指铣削力的（　　）分力与工作台进给方向相反。

A. 轴向　　　　　　　　B. 径向

C. 水平　　　　　　　　D. 垂直

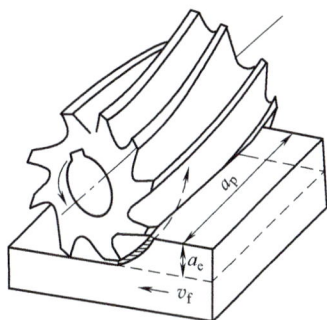

图 3-2-13　铣削

8. 铣削时，丝杠间隙一般存在于进给运动方向的（　　）。

A. 前方　　　　　　　　B. 后方　　　　　　　　C. 前后均有

四、分析题

1. 如何区别强迫振动与自激振动？

2. 何谓强迫振动？减少强迫振动的措施有哪些？

3. 为什么端面铣法比周边铣法加工质量好？

4. 确定图 3-2-14 所示挡块和平行垫铁的平面加工方案。

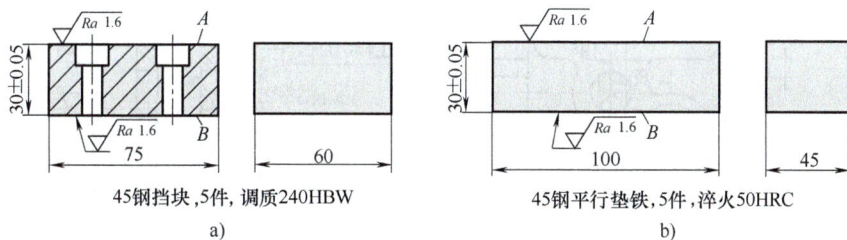

45钢挡块，5件，调质240HBW

a)

45钢平行垫铁，5件，淬火50HRC

b)

图 3-2-14　挡块和平行垫铁

任　务　总　结

请各小组对本阶段的内容进行汇总并以 PPT 形式汇报。

3.2.5　任务评价与反思

学生进行自评和互评，评价自己与同组同学是否能完成零件图的识读、零件图的工艺分

析、编制工艺文件等，是否按时完成报告内容等成果资料、有无任务遗漏。教师对学生的评价内容包括：报告书写是否工整规范，报告内容数据是否真实合理、阐述是否详细、认识体会是否深刻等。

1）学生进行自我评价，并将结果填入附表1中。

2）学生以小组为单位，对以上学习任务中的过程和结果进行互评，将互评结果填入附表2中。

3）教师对学生工作过程与工作结果进行评价，并将评价结果填入附表3中。

3.2.6　任务拓展

加工图 3-1-14 所示的下轴承座零件，材料为 HT200，大批量生产，确定其工艺方案。

任务3　拟定减速器箱体零件工艺路线

3.3.1　任务单

项目名称	编制箱体类零件机械加工工艺	任务名称	拟定减速器箱体零件工艺路线	建议学时	4
任务描述	某设备企业需加工图 3-3-1 所示减速器箱体零件,要求利用现有设备完成减速器箱体零件的加工任务,生产件数为 5000 件。根据要求拟定该减速器箱体零件的工艺路线。 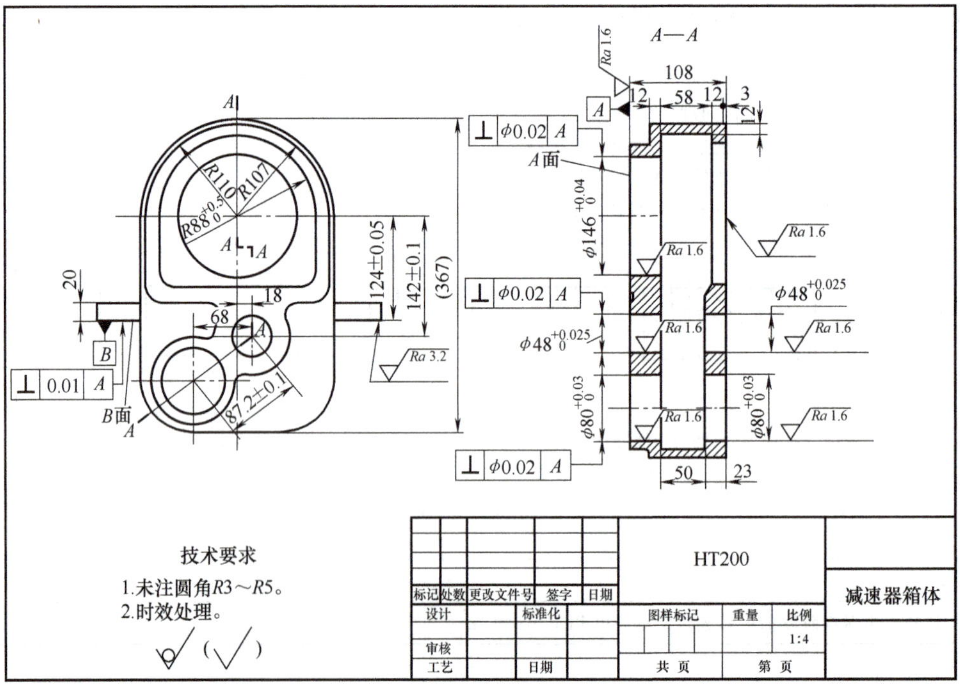 图 3-3-1　减速器箱体零件图				

（续）

	素养目标	知识目标	能力目标
任务目标	1）增强自信自强。 2）锻炼审辨思维。 3）追求精益求精。 4）加强团队协作。 5）深化劳动观念。	1）掌握箱体平面加工方法的选择。 2）掌握箱体孔系加工方法的选择。	1）能根据零件的技术要求,确定箱体各平面的加工方案。 2）能根据零件的技术要求,确定箱体各孔系的加工方案。
任务要求	1. 根据要求完成分工并做好工作准备 1）为了高效高质量地完成本任务,采用自愿的方式组建项目团队。 2）小组需要收集相关信息,并将收集的资料进行汇总和整理。拟定一份思维导图,以确定小组需要查找的内容及组员分工。 3）小组需将整理后的资料展示给其他组学员,并思路清晰地进行讲述。 2. 根据所获取的信息进行分析处理 1）确定减速器箱体零件的粗基准和精基准。 2）确定减速器箱体零件各孔系的加工方案。 3）安排各机械加工工序的顺序。 4）确定减速器箱体零件工艺路线。 3. 分组要求 4～6 人一组,将分组情况与任务分工填入表 3-3-1 中。 表 3-3-1　学生任务分配表 （见下表）		
考核方式	1）物化成果考核。 2）参与度考核。		
物化成果	1）零件分析方案（含作业计划）。 2）汇报 PPT 等。		

表 3-3-1　学生任务分配表

班级		组号		指导教师	
组长		学号			
组员	姓名	学号		任务分工	

3.3.2　引导问题

1）保证平行孔系孔距精度的方法有哪些?

2）单件小批生产中,同轴孔系的精度如何保证?

3）箱体零件的结构工艺性有哪些特点?

3.3.3　任务资讯

一、相关实践知识

减速器箱体机械加工工艺分析。

动画 21：减速箱壳体加工

1. 图样分析

图 3-3-1 所示为减速器箱体零件，在结构上壁薄而多孔，整个内腔为 3 组平行孔系所占据。为提高传动精度，应保证装在 3 组平行孔系中的轴承获得良好的配合精度，故 $\phi48^{+0.025}_{0}$mm、$\phi80^{+0.03}_{0}$mm 及 $\phi146^{+0.04}_{0}$mm 3 个孔均有较高的尺寸精度要求。除此以外，为保证传动平稳和减少噪声，3 组平行孔系之间还有较高的孔距公差，且孔中心线均对 A 面有较高的平行度要求。在减速器箱体的中间部位，有两块面积不大的外伸安装面，为整个减速器箱体的安装基准面，且与 $\phi146^{+0.04}_{0}$mm 孔中心线有较高的尺寸要求，其数值为 124 ± 0.05mm。保证箱体的尺寸和位置精度，就保证了传动精度。

2. 确定毛坯

减速器箱体的材料为 HT200，因此毛坯种类为铸件。

3. 定位基准的确定

批量生产时，应采用专用夹具定位、夹紧。由于 A 面与 3 组平行孔系均有 $\phi0.02$mm 的垂直度要求，B 面对 A 面有 0.01mm 的垂直度要求，且 B 面为安装基准面，为保证加工基准和设计基准重合及定位的稳定，粗加工、精加工孔时应以 A 面为主要基准（视为三点定位），辅以 B 面二点定位，再加一点侧面定位。从粗加工开始就必须注意保证该零件孔与面（A 面）、面与面（A 面和 B 面）的垂直度要求。粗加工时，先选大平面（A 面相对应面）和不加工的毛坯侧面作为粗基准，校正后粗加工 A 面，然后以 A 面作为基准粗加工相对的另一平面，再以 A 面为基准粗加工 B 面，以保证 A、B 面垂直。在进入精加工时，加工顺序和定位方法同粗加工一样。最后以 A、B 面作为基准面对 3 个孔依次进行粗镗、精镗。

4. 加工方法的确定

加工时应遵循基准（面）先行、先面后孔、先粗后精的原则。精加工时采用较小的夹紧力，以释放粗加工时的应力，确保箱体的高精度要求。基准面采用铣削，孔采用镗削加工；注意保证 3 组平行孔系孔间距获得较高的尺寸精度和平行度，并注意坐标尺寸的换算。

5. 拟定工艺过程

综上所述，减速器箱体的机械加工工艺路线为：

铸造──→时效──→平面粗加工──→平面精加工──→孔粗加工──→孔精加工──→去毛刺──→清洗──→检验。

要注意的是，这里的加工工艺是按中、小批量编制的，以前箱体镗孔时多用镗模或在普通镗床上安装数显装置来保证孔的位置精度，而目前多在加工中心上完成平面、孔的加工。如果是大批量生产，还可考虑采用专用机床。工序也可根据生产批量的增加适当分散。

二、相关理论知识

（一）箱体平面的加工方法

箱体平面加工的常用方法有刨、铣和磨 3 种。刨削和铣削常用作平面的粗加工和半精加工，而磨削则用作平面的精加工。

刨削加工的特点是刀具结构简单，机床调整方便，通用性好。在龙门刨床上可以利用几个刀架，在工件的一次安装中完成几个表面的加工，能比较经济地保证这些表面间的相互位置精度要求。精刨还可代替刮研来精加工箱体平面。精刨时采用宽直刃精刨刀，在经过拉修和调整的刨床上，以较低的切削速度（一般为 $4 \sim 12$m/min），在工件表面上切去一层很薄的金属（一般为 0.007 ~

动画 22：气门摇臂轴加工

0.1mm）。精刨后的表面粗糙度 Ra 值可达 $0.63 \sim 2.51 \mu m$，平面度可达 $0.002 mm/m$。因为宽刃精刨的进给量很大（$5 \sim 25 mm/$双行程），生产率较高。

铣削生产率高于刨削，在中批以上生产中多用铣削加工平面。当加工尺寸较大的箱体平面时，常在多轴龙门铣床上，用几把铣刀同时加工各有关平面，以保证平面间的相互位置精度并提高生产率。近年来面铣刀在结构、制造精度、刀具材料和所用机床等方面都有很大进展。如不重磨面铣刀的齿数少，平行切削刃的宽度大，每齿进给量 f_z 可达数毫米。

平面磨削的加工质量比刨削和铣削都高，而且还可以加工淬硬零件。磨削平面的表面粗糙度 Ra 值可达 $0.32 \sim 1.25 \mu m$。生产批量较大时，箱体的平面常用磨削来精加工。为了提高生产率和保证平面间的相互位置精度，还常采用组合磨削来精加工平面。

（二）箱体孔系的加工方法

箱体上若干有相互位置精度要求的孔的组合，称为孔系。孔系可分为平行孔系、同轴孔系和交叉孔系（图3-3-2）。孔系加工是箱体加工的关键，根据箱体加工批量的不同和孔系精度要求的不同，孔系加工所用的方法也是不同的，现分别予以讨论。

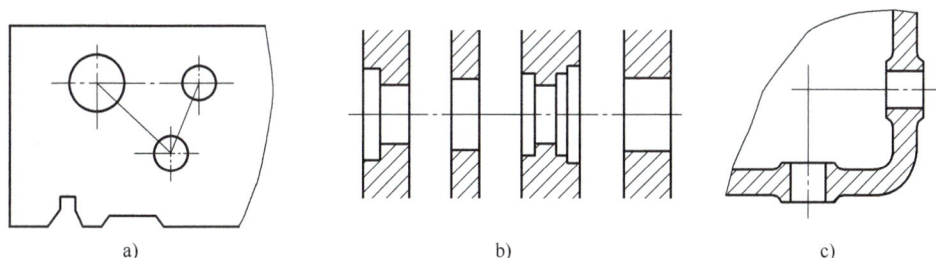

图 3-3-2　孔系分类

a）平行孔系　b）同轴孔系　c）交叉孔系

1. 平行孔系的加工

下面主要介绍如何保证平行孔系孔距精度的方法。

（1）找正法　找正法是在通用机床（镗床、铣床）上利用辅助工具来找正所要加工孔的正确位置的加工方法。这种找正法加工效率低，一般只适于单件小批生产。找正时除根据划线用试镗方法外，有时借用心轴和量块或用样板找正，以提高找正精度。

图3-3-3所示为心轴和量块找正法。镗第一排孔时将心轴插入主轴孔内（或直接利用镗床主轴），然后根据孔和定位基准的距离组合一定尺寸的量块来校正主轴位置，校正时用塞尺测定块与心轴之间的间隙，以避免量块与心轴直接接触而损伤量块（图3-3-3a）。镗第二排孔时，分别在机床主轴和已加工孔中插入心轴，采用同样的方法来校正主轴轴线的位置，以保证孔距的精度（图3-3-3b）。这种找正法其孔距精度可达±0.03mm。

图3-3-4所示为样板找正法，用 $10 \sim 20 mm$ 厚的钢板制成样板，装在垂直于各孔的端面上（或固定于机床工作台上），样板上的孔距精度较箱体孔系的孔距精度高（一般为±0.01 ~ ±0.03mm），样板上的孔径较工件的孔径大，以便于镗杆通过。样板上的孔径要求不高，但要有较高的形状精度和较小的表面粗糙度值，当样板准确地装到工件上后，在机床主轴上装一个千分表，按样板找正机床主轴，找正后，即换上镗刀加工。此法加工孔系不易出差错，找正方便，孔距精度可达±0.05mm。这种样板的成本低，仅为镗模成本的1/9~1/7，单件小批生产中大型的箱体加工可用此法。

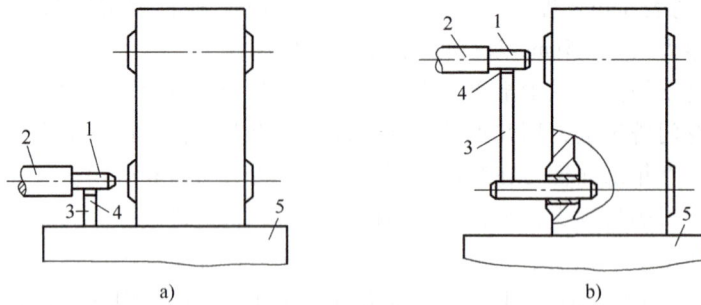

图 3-3-3　用心轴和量块找正

a）第一工位　b）第二工位

1—心轴　2—镗床主轴　3—量块　4—塞尺　5—镗床工作台

（2）镗模法　在成批生产中，广泛采用镗模加工孔系，如图 3-3-5 所示。工件装夹在镗模上，镗杆被支承在镗模的导套里，导套的位置决定了镗杆的位置，装在镗杆上的镗刀将工件上相应的孔加工出来。当用两个或两个以上的支承来引导镗杆时，镗杆与机床主轴必须浮动连接。当采用浮动连接时，机床精度对孔系加工精度影响很小，因而可以在精度较低的机床上加工出精度较高的孔系。孔距精度主要取决于镗模，一般可达 ± 0.05mm。能加工公差等级 IT7 的孔，其表面粗糙度 Ra 值可达 $5 \sim 1.25 \mu$m。当从一端加工，镗杆两端均有导向支承时，孔与孔之间的同轴度和平行度可达 $0.02 \sim 0.03$mm；当分别由两端加工时，可达 $0.04 \sim 0.05$mm。

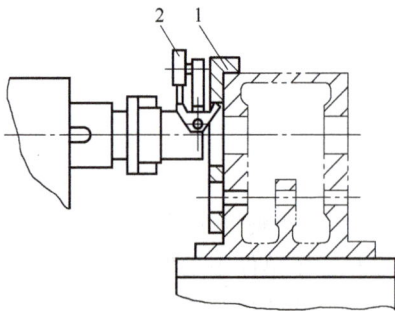

图 3-3-4　样板找正法

1—样板　2—千分表

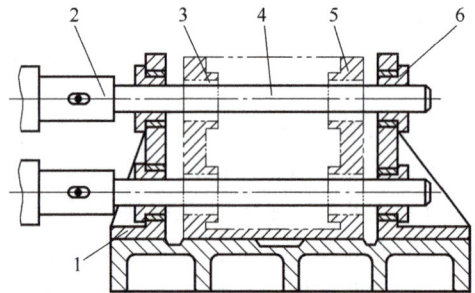

图 3-3-5　用镗模加工孔系

1—镗架支承　2—镗床主轴　3—镗刀

4—镗杆　5—工件　6—导套

用镗模法加工孔系，既可在通用机床上加工，也可在专用机床上或组合机床上加工，图 3-3-6 所示为在组合机床上用镗模加工孔系。

（3）坐标法　坐标法镗孔是在普通卧式镗床、坐标镗床或数控镗铣床等设备上，借助于精密测量装置，调整机床主轴与工件间在水平和垂直方向的相对位置，来保证孔距精度的一种镗孔方法。

采用坐标法加工孔系时，要特别注意选择基准孔和镗孔顺序，否则，坐标尺寸累积误差会影响孔距精度。基准孔应尽量选择本身尺寸精度高、表面粗糙度值小的孔（一般为主轴孔），这样在加工过程中，便于校验其坐标尺寸。孔距精度要求较高的两孔应连在一起加工；加工时，应尽量使工作台朝同一方向移动，因为工作台多次往复移动，其间隙会产生误差，影响坐标精度。

现在国内外许多机床厂，已经直接用坐标镗床或加工中心机床来加工一般机床箱体。这样就可以加快生产周期，适应机械行业多品种小批量生产的需要。

2. 同轴孔系的加工

成批生产中，箱体上同轴孔的同轴度几乎都由镗模来保证。单件小批生产中，其同轴度用下面几种方法来保证。

（1）用已加工孔作支承导向　如图 3-3-7 所示，当箱体前壁上的孔加工好后，在孔内装一导向套，以支承和引导镗杆加工后壁上的孔，从而保证两孔的同轴度要求。这种方法只适于加工箱壁较近的孔。

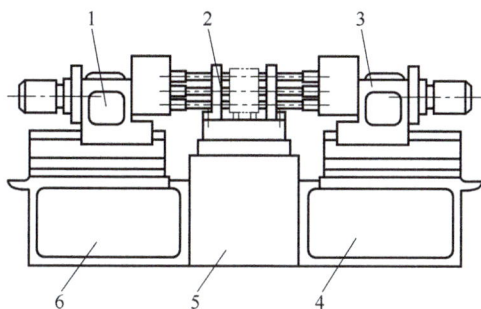

图 3-3-6　在组合机床上用镗模加工孔系

1—左动力头　2—镗模　3—右动力头
4、6—侧底座　5—中间底座

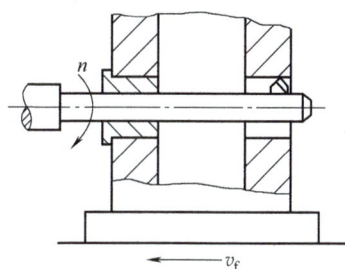

图 3-3-7　利用已加工孔导向

（2）利用镗床后立柱上的导向套支承导向　这种方法其镗杆系两端支承，刚性好。但此法调整麻烦，镗杆长，很笨重，故只适于单件小批生产中大型箱体的加工。

（3）采用调头镗　当箱体箱壁相距较远时，可采用调头镗。工件在一次装夹下，镗好一端孔后，将镗床工作台回转 180°，调整工作台位置，使已加工孔与镗床主轴同轴，然后再加工另一端孔。

当箱体上有一较长并与所镗孔中心线有平行度要求的平面时，镗孔前应先用装在镗杆上的百分表对此平面进行校正（图 3-3-8a），使其和镗杆轴线平行，校正后加工孔 B，孔 B 加工后，回转工作台，并用镗杆上装的百分表沿此平面重新校正，这样就可保证工作台准确地回转 180°，如图 3-3-8b 所示。然后再加工孔 A，从而保证孔 A、B 同轴。

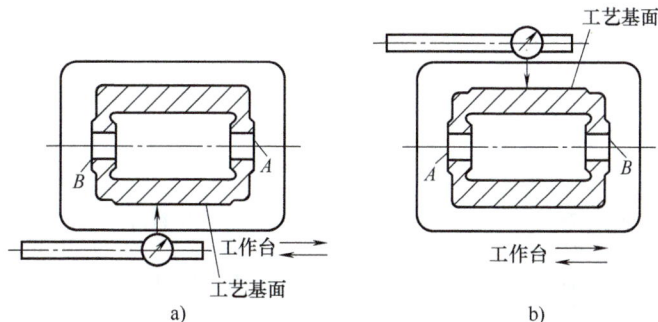

图 3-3-8　调头镗孔时工件的校正

a）第一工位　b）第二工位

3.3.4 任务实施

学生工作页

项目名称	项目3 编制箱体类零件机械加工工艺		
任务名称	任务3 拟定减速器箱体零件工艺路线	日 期	
班 级		姓 名	学 号
任务分析与实施			学习方法
1)减速器箱体零件的精基准和粗基准各为什么?为什么?			独立思考 小组讨论
2)确定减速器箱体零件各孔系的加工方案。			
3)为保证减速器箱体零件的几何公差,在加工时应采取怎样的工艺措施?			
4)拟定该减速器箱体零件的工艺路线。			

练 习 题

一、填空题

1. 箱体零件的_____,对箱体部件装配后的精度有着决定性的影响。

2. 箱体类零件的材料常采用各种牌号的_____。

3. 周边磨削指的是砂轮的工作面是_____。

4. 箱体零件的平面加工方法有_____、_____、_____和_____4种方法。

5. 孔系可分为_____、_____和_____。

6. 平行孔系的加工方法有_____、_____、_____。

7. 铸铁箱体上 $\phi160H6$ 孔应采用的加工方案是_____。

8. 加工 10 件,减速器箱体轴承孔 $\phi62J7$,$Ra0.8\mu m$,其加工方案是_____。

二、单项选择题

1. 交叉孔系的主要技术要求为各孔间的( )。

A. 平行度   B. 垂直度   C. 同轴度   D. 圆度

2. 箱体类零件主要平面的加工,对于大件一般在( )上进行。

A. 龙门刨床或龙门铣床   B. 车床

C. 普通铣床   D. 磨床

3. 分离式箱体最先加工的是箱盖和箱座的( )。

A. 前面   B. 后面   C. 对合面   D. 上面

4. 平行孔系的主要技术要求是各平行孔中心线之间及孔中心线与基准面之间的距离尺寸精度和( )。

A. 表面粗糙度   B. 同轴度   C. 垂直度   D. 相互位置精度

5. 成批生产中,箱体上同轴孔的同轴度几乎都是由( )来保证。

A. 车削   B. 铣削   C. 镗模   D. 磨削

6. 孔系可分为平行孔系、同轴孔系和( )。

A、交叉孔系   B. 倾斜孔系   C. 直立孔系   D. 水平孔系

7. 加工箱体类零件时,通常以箱体的( )面作为粗基准。

A. 底   B. 侧   C. 上   D. 轴承孔

三、多项选择题

1. 以下哪一项属于箱体类零件。( )

A. 组合机床主轴箱   B. 车床进给箱   C. 泵壳   D. 光轴

2. 常用的刮研方法包括( )。

A. 粗刮   B. 细刮   C. 精细刮   D. 精刮

3. 找正法不包括( )

A. 划线找正法   B. 测量找正法   C. 量块和心轴找正法   D. 样板找正法

4. 同轴孔系加工的同轴度用下面几种方法来保证。( )

A. 利用已加工孔作支承导向   B. 利用镗床后立柱上的导向套支承导向

C. 镗模法   D. 采用调头镗

（续）

5. 箱体类零件精基准选择常用两种原则。（　　　）

A. 基准统一　　　　B. 基准重合　　　　C. 互为基准　　　　D. 自为基准

6. 箱体类零件拟定工艺过程的原则包括（　　　）。

A. 先面后孔的加原则　　　　　　　　B. 粗加工、精加工分阶段进行原则

C. 先孔后面的原则　　　　　　　　　D. 合理地安排热处理工序原则

四、判断题

1. 箱体零件的加工质量，对箱体部件装配后的精度有着决定性的影响。（　　　）

2. 箱体的主要平面是指装配基准面和加工中的定位基准面。（　　　）

3. 箱体的基本孔可分为通孔、阶梯孔、不通孔和交叉孔等几类。（　　　）

4. 阶梯孔的孔径相差越小，工艺性越好。（　　　）

5. 孔系可分为平行孔系、同轴孔系和交叉孔系。（　　　）

6. 孔系加工所用的方法完全一样。（　　　）

7. 平行孔系的主要技术要求是各平行孔中心线之间及孔中心线与基准面之间的距离尺寸精度和相互位置精度。（　　　）

8. 划线找正法一般只用于单件小批生产。（　　　）

9. 采用坐标法加工孔系时，应特别注意基准孔和镗孔顺序的选择。（　　　）

10. 当箱体箱壁上的同轴孔相距较近时，采用调头镗较为合适。（　　　）

11. 交叉孔系的主要技术要求为各孔间的平行度。（　　　）

12. 为了降低成本，大型箱体类零件上的孔系可以采用普通铣床加工。（　　　）

13. 浮动安装刀具或工件时，适用于精加工，但不能提高位置精度。（　　　）

五、分析题

1. 编制箱体类零件工艺过程应遵循的原则有哪些？生产类型不同时又有哪些不同的要求？

2. 划线工序在箱体加工中起什么作用？

3. 图 3-3-9 所示箱体零件的工艺路线如下：①粗、精刨底面；②粗、精刨顶面；③粗、精铣两端面；④在卧式镗床上先粗镗——半精镗——精镗 ϕ80H7 孔，然后将工作台移动 ϕ100±0.03mm，再粗镗——半精镗——精镗 ϕ60H7 孔。该零件为中批生产，试分析上述工艺路线有无原则性错误，并提出改正方案。

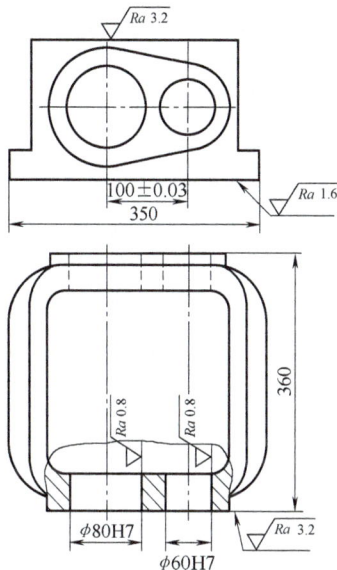

图 3-3-9　箱体零件工艺路线图

任 务 总 结

请各小组对本阶段的内容进行汇总并以 PPT 形式汇报。

3.3.5　任务评价与反思

学生进行自评和互评，评价自己与同组同学是否能完成零件图的识读、零件图的工艺分析、编制工艺文件等，是否按时完成报告内容等成果资料、有无任务遗漏。教师对学生的评价内容包括：报告书写是否工整规范，报告内容数据是否真实合理、阐述是否详细、认识体会是否深刻等。

1）学生进行自我评价，并将结果填入附表 1 中。

2）学生以小组为单位，对以上学习任务中的过程和结果进行互评，将互评结果填入附表 2 中。

3）教师对学生工作过程与工作结果进行评价，并将评价结果填入附表 3 中。

3.3.6　任务拓展

加工图 3-1-14 所示的下轴承座零件，材料为 HT200，大批量生产，拟定其工艺路线。

任务4 编制减速器箱体零件工艺文件

3.4.1 任务单

项目名称	编制箱体类零件机械加工工艺	任务名称	编制减速器箱体零件工艺文件	建议学时	4

任务描述

某设备企业需加工图 3-4-1 所示减速器箱体零件,要求利用现有设备完成减速器箱体零件的加工任务,生产件数为 5000 件。根据要求制订机械加工工艺,编制工艺文件。

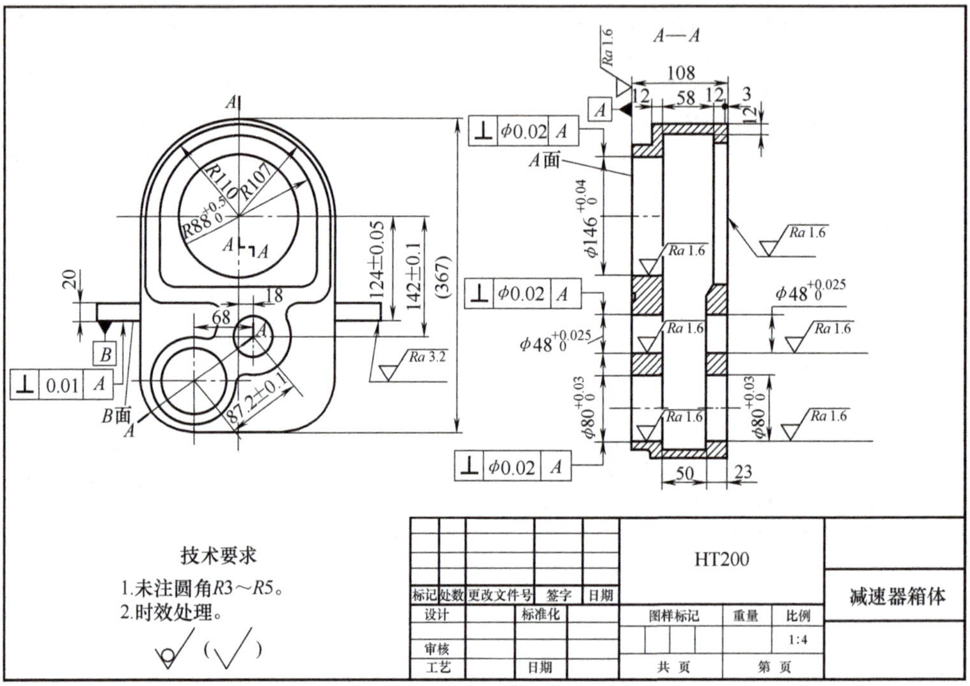

图 3-4-1 减速器箱体零件图

任务目标

素养目标	知识目标	能力目标
1)增强创新意识。 2)锻炼审辨思维。 3)追求精益求精。 4)强化自我管理。 5)深化劳动观念。	1)掌握影响磨削加工表面粗糙度的因素。 2)掌握影响磨削裂纹产生的因素。 3)掌握避免磨削烧伤的措施。	1)能分析影响磨削加工表面粗糙度的因素。 2)能根据零件的技术要求,选择改善磨削表面质量的措施。

任务要求

1. 根据要求完成分工并做好工作准备

1)为了高效高质量地完成本任务,采用自愿的方式组建项目团队。

2)小组需要收集相关信息,并将收集的资料进行汇总和整理。拟定一份思维导图,以确定小组需要查找的内容及组员分工。

3)小组需将整理后的资料展示给其他组学员,并思路清晰地进行讲述。

2. 根据所获取的信息进行分析处理

1)分析减速器箱体零件的加工工艺。

2)制订减速器箱体零件的工艺流程,填写机械加工工艺过程卡。

3)比较工艺方案,选择优化合理的加工工艺过程。

4)确定各工序切削用量,填写工序卡。

（续）

任务要求	3. 分组要求 4~6人一组,将分组情况与任务分工填入表 3-4-1 中。				
	表 3-4-1 学生任务分配表				
	班级		组号		指导教师
	组长		学号		
	组员	姓名	学号	任务分工	

考核方式	1)物化成果考核。 2)参与度考核。
物化成果	1)零件分析方案(含作业计划)。 2)汇报 PPT 等。

3.4.2 引导问题

1）磨削加工的工艺范围和加工特点有哪些。
2）什么是磨削烧伤？磨削烧伤的改善措施有哪些？
3）什么是砂轮硬度？砂轮硬度对磨削过程有何影响？如何选择？
4）铣削用量的选择顺序的什么？

3.4.3 任务资讯

一、相关理论知识

（一）磨削加工的表面质量

1. 磨削加工的特点

磨削精度高,通常作为终加工工序。但磨削过程比切削复杂。磨削加工采用的工具是砂轮。磨削时,虽然单位加工面积上磨粒很多,本应使加工表面的表面粗糙度值很小,但在实际加工中,由于磨粒在砂轮上分布不均匀,磨粒切削刃钝圆半径较大,并且大多数磨粒是负前角,很不锋利,加工表面是在大量磨粒的滑擦、耕犁和切削的综合作用下形成的,磨粒将加工表面刻划出无数细微的沟槽,并伴随着塑性变形,形成粗糙表面。同时,磨削速度高,通常 $v_{砂} = 40 \sim 50 \text{m/s}$,甚至高达 $v_{砂} = 80 \sim 200 \text{m/s}$,因而磨削温度很高,磨削时产生的高温会加剧加工表面的塑性变形,从而更加增大了加工表面的表面粗糙度值；有时磨削点附近的瞬时温度可高达 $800 \sim 1000 \text{℃}$,这样的高温会使加工表面金相组织发生变化,引起烧伤和裂纹。另外,磨削的径向切削力大,会导致机床发生振动和弹性变形。

2. 影响磨削加工表面粗糙度的因素

影响磨削加工表面粗糙度的因素有很多,主要的有砂轮、磨削用量和工件材料。

（1）砂轮的影响 砂轮的粒度越细，单位面积上的磨粒数越多，在磨削表面的刻痕越细，表面粗糙度值越小；但若粒度太细，加工时砂轮易被堵塞，反而会使表面粗糙度值增大，还容易产生波纹和引起烧伤。砂轮的硬度应大小合适，其半钝化期越长越好；砂轮的硬度太高，磨削时磨粒不易脱落，使加工表面受到的摩擦、挤压作用加剧，从而增加了塑性变形，使得表面粗糙度值增大，还易引起烧伤；但砂轮太软，磨粒太易脱落，会使磨削作用减弱，导致表面粗糙度值增加，所以要选择合适的砂轮硬度。砂轮的修整质量越高，砂轮表面的切削微刃数越多、各切削微刃的等高性越好，磨削表面的表面粗糙度值越小。

（2）磨削用量的影响 增大砂轮速度，单位时间内通过加工表面的磨粒数增多，每颗磨粒磨去的金属厚度减少，工件表面的残留面积减少；同时提高砂轮速度还能减少工件材料的塑性变形，这些都可使加工表面的表面粗糙度值降低。降低工件速度，单位时间内通过加工表面的磨粒数增多，使表面粗糙度值减小；但工件速度太低，工件与砂轮的接触时间长，传到工件上的热量增多，反而会增大表面粗糙度值，还可能使表面烧伤。增大磨削深度和纵向进给量，工件的塑性变形增大，会导致表面粗糙度值增大。径向进给量增加，磨削过程中磨削力和磨削温度都会增加，磨削表面塑性变形程度增大，从而会增大表面粗糙度值。为在保证加工质量的前提下提高磨削效率，可将要求较高的表面的粗磨和精磨分开进行，粗磨时采用较大的径向进给量，精磨时采用较小的径向进给量，最后进行无进给磨削，以获得表面粗糙度值很小的表面。

（3）工件材料 工件材料的硬度、塑性、导热性等对表面粗糙度的影响较大。塑性大的软材料容易堵塞砂轮，导热性差的耐热合金容易使磨料早期崩落，都会导致磨削表面粗糙度值增大。

另外，由于磨削温度高，合理使用切削液既可以降低磨削区的温度，减少烧伤，还可以冲去脱落的磨粒和切屑，避免划伤工件，从而降低表面粗糙度值。

3. 磨削表面层的残余应力——磨削裂纹问题

磨削加工比切削加工的表面残余应力更为复杂。一方面，磨粒切削刃为负前角，法向切削力一般为切向切削力的 $2 \sim 3$ 倍，磨粒对加工表面的作用引起冷塑性变形，产生压应力；另一方面，磨削温度高，磨削热量很大，容易引起热塑性变形，表面出现拉应力。当残余拉应力超过工件材料的强度极限时，工件表面就会出现磨削裂纹。磨削裂纹有的在外表层，有的在内层；裂纹方向常与磨削方向垂直，或呈网状；裂纹常与烧伤同时出现。

磨削用量是影响磨削裂纹的首要因素，磨削深度和纵向背吃刀量大，则塑性变形大，切削温度高，拉应力过大，可能产生裂纹。此外，工件材料碳的质量分数高者易裂纹。磨削裂纹还与淬火方式、淬火速度及操作方法等热处理工序有关。

为了消除和减少磨削裂纹，必须合理选择工件材料与砂轮；正确制订热处理工艺；逐渐减小切除量；积极改善散热条件，加强冷却效果，设法降低切削热。

4. 磨削表面层金相组织变化——磨削烧伤问题

磨削时，单位切削面积上的功率消耗远远超过其他加工方法，所转化热量的大部分会进入工件表面，因此，容易引起加工面金相组织的变化。在工艺参数、冷却方法和磨料状态选择不当的情况下，工件在磨削过程中极易出现相当深的金相组织变化层（即回火层），并伴随出现很大的表面残余应力，甚至导致出现裂纹，这就是磨削烧伤问题。

零部件的表面层烧伤将使产品性能和寿命大幅度下降，甚至根本不能使用，造成严重的质量问题。为此，生产企业一方面通过执行正确、科学的工艺规范，减轻和避免出现磨削烧伤现象；另一方面，加强对零部件的检验，及时发现不合格工件，并判断进行中的磨削工艺状况。

（二）铣削要素

a_p——背吃刀量，单位为 mm。它是指平行于铣刀轴线测量的被切削部分尺寸。

a_w——铣削宽度，单位为 mm。它是指垂直于铣刀轴线测量的被切削部分尺寸。

f——每转进给量，单位为 mm/r。

f_z——每齿进给量，单位为 mm/齿。

v_f——进给速度，单位为 mm/s。$v_f = fn_0 = a_f z n_0$

z——铣刀的齿数。

n_0——铣刀的转速，单位为 r/s。

v——切削速度，单位为 m/s。$v = \dfrac{\pi d_0 n_0}{1000}$

d_0——铣刀直径，单位为 mm。

（三）铣削用量选择

选择铣削用量时，应首先确定铣刀的种类和尺寸，特别是铣刀直径的大小。铣刀确定之后，切削用量的选择顺序是，首先选择背吃刀量 a_p（对于面铣刀）或铣削宽度 a_w（对于圆柱形铣刀），其次是选择进给量，最后才确定切削速度。

（1）确定背吃刀量 a_p 或铣削宽度 a_w　对于圆柱形铣刀是确定铣削宽度 a_w，其背吃刀量 a_p 等于工件宽度。当加工余量小于 5mm 时，一般应使 a_w 等于加工余量；当加工余量大于 5mm 或需精加工时，可分两次进给，第二次进给的 a_w 可取 0.5~2mm。对于面铣刀是确定背吃刀量 a_p，而铣削宽度 a_w 等于工件宽度。当加工余量小于 6mm 时，可取 a_p 等于加工余量；当加工余量大于 6mm 或需精加工时，可分多次进给，最后一次进给时的 a_p 一般可取 1mm。

（2）确定进给量　一般粗铣时，应首先选择每齿进给量 f_z，其数值可按表 3-4-2 和表 3-4-3 选取。然后用公式 $v_f = f_z n_0 z$ 来计算进给速度，并按机床说明书选用接近值。对于半精铣和精铣，应根据工件表面粗糙度要求，按表 3-4-4 选取每转进给量，然后用公式 $v_f = f n_0$ 算出进给速度，并按机床说明书选用接近值。

（3）确定切削速度 v　切削速度可根据表 3-4-5 选择。

表 3-4-2　高速钢面铣刀、圆柱形铣刀和槽铣刀加工时的进给量

铣床功率 /kW	工艺系统刚度	粗齿和镶齿铣刀				细齿铣刀			
		面铣刀和槽铣刀		圆柱形铣刀		面铣刀和槽铣刀		圆柱形铣刀	
		每齿进给量 f_z/（mm/齿）							
		钢	铸铁及铜合金	钢	铸铁及铜合金	钢	铸铁及铜合金	钢	铸铁及铜合金
>10	上等	0.2~0.3	0.3~0.45	0.25~0.35	0.35~0.50				
	中等	0.15~0.25	0.25~0.4	0.20~0.30	0.30~0.40				
	下等	0.10~0.15	0.20~0.25	0.15~0.20	0.25~0.30				

（续）

铣床功率/kW	工艺系统刚度	粗齿和镶齿铣刀				细齿铣刀			
		面铣刀和槽铣刀		圆柱形铣刀		面铣刀和槽铣刀		圆柱形铣刀	
		每齿进给量 f_z/(mm/齿)							
		钢	铸铁及铜合金	钢	铸铁及铜合金	钢	铸铁及铜合金	钢	铸铁及铜合金
5~10	上等	0.12~0.20	0.25~0.35	0.15~0.25	0.25~0.35	0.08~0.12	0.20~0.35	0.10~0.15	0.12~0.20
	中等	0.08~0.15	0.20~0.30	0.12~0.20	0.20~0.30	0.06~0.10	0.15~0.30	0.06~0.10	0.10~0.15
	下等	0.06~0.10	0.15~0.25	0.10~0.15	0.12~0.20	0.04~0.08	0.10~0.15	0.06~0.10	0.08~0.12
>5	中等	0.04~0.06	0.15~0.30	0.10~0.15	0.12~0.20	0.04~0.06	0.12~0.20	0.05~0.08	0.06~0.12
	下等	0.04~0.06	0.10~0.20	0.06~0.10	0.10~0.15	0.04~0.06	0.08~0.15	0.03~0.06	0.05~0.10

注：1. 表中大进给量用于小的背吃刀量和铣削宽度；小进给量用于大的背吃刀量和铣削宽度。

　　2. 铣削耐热钢时进给量与铣削钢时相同，但不大于0.3mm/齿。

　　3. 上述进给量用于粗铣。

表 3-4-3 高速钢立铣刀、角度铣刀、半圆铣刀、槽铣刀和锯片铣刀加工钢时的进给量

铣刀直径/mm	铣刀类型	铣削宽度 a_w/mm								
		3	5	6	8	10	12	15	20	30
		每齿进给量 f_z/(mm/齿)								
16	立铣刀	0.08~0.05	0.06~0.05							
20	立铣刀	0.10~0.06	0.07~0.04							
25	立铣刀	0.12~0.07	0.09~0.05	0.08~0.04						
32	立铣刀	0.16~0.10	0.12~0.07	0.10~0.05						
	半圆铣刀和角度铣刀	0.08~0.04	0.07~0.05	0.06~0.04						
40	立铣刀	0.20~0.12	0.14~0.08	0.12~0.07	0.08~0.05					
	半圆铣刀和角度铣刀	0.09~0.05	0.07~0.05	0.06~0.03	0.06~0.03					
	槽铣刀	0.009~0.005	0.007~0.003	0.01~0.007						
50	立铣刀	0.25~0.15	0.15~0.10	0.13~0.08	0.10~0.07					
	半圆铣刀和角度铣刀	0.1~0.06	0.08~0.05	0.07~0.04	0.06~0.03					
	槽铣刀	0.01~0.006	0.008~0.004	0.012~0.008	0.012~0.008					
63	半圆铣刀和角度铣刀	0.10~0.06	0.08~0.05	0.07~0.04	0.06~0.04	0.05~0.03				

（续）

铣刀直径 /mm	铣刀类型	铣削宽度 a_w/mm								
		3	5	6	8	10	12	15	20	30
		每齿进给量 f_z/(mm/齿)								
63	槽铣刀	0.013~0.008	0.10~0.005	0.015~0.01	0.015~0.01	0.015~0.01				
	锯片铣刀					0.02~0.01				
80	半圆铣刀和角度铣刀	0.12~0.08	0.10~0.06	0.09~0.05	0.07~0.05	0.06~0.04	0.06~0.03			
	槽铣刀		0.015~0.005	0.025~0.01	0.022~0.01	0.02~0.01	0.017~0.008	0.015~0.007		
	锯片铣刀			0.03~0.015	0.027~0.012	0.025~0.01	0.022~0.01	0.02~0.01		
100	半圆铣刀和角度铣刀	0.12~0.07	0.12~0.05	0.11~0.05	0.10~0.05	0.09~0.04	0.08~0.04	0.07~0.03	0.05~0.03	
	锯片铣刀			0.03~0.02	0.028~0.016	0.027~0.015	0.023~0.015	0.022~0.012	0.023~0.013	
125	锯片铣刀			0.03~0.025	0.03~0.02	0.03~0.02	0.025~0.02	0.025~0.015	0.02~0.01	
160								0.03~0.02	0.025~0.015	0.02~0.01

表 3-4-4 高速钢面铣刀、圆柱形铣刀和槽铣刀半精铣时的每转进给量

表面粗糙度 Ra/μm	高速钢面铣刀 和槽铣刀	圆柱形铣刀					
		铣刀直径 d/mm					
		40~80	100~125	160~250	40~80	100~125	160~250
		钢及铸钢			铸铁、铜及铝合金		
		每转进给量 f/(mm/r)					
6.3	1.2~2.7						
3.2	0.5~1.2	1.0~2.7	1.7~3.8	2.3~5.0	1.0~2.3	1.4~3.0	1.9~3.7
1.6	0.23~0.5	0.6~1.5	1.0~2.1	1.3~2.8	0.6~1.8	0.8~1.7	1.1~2.1

表 3-4-5 铣削时的切削速度推荐值

刀具材料	工件材料	碳钢	合金钢	工具钢	灰铸铁	可锻铸铁	铝镁合金
	硬度（HBW）	切削速度 v/(m/s)					
高速工具钢	≤140	0.417~0.70	0.35~0.60		0.40~0.60	0.70~0.83	3.00~5.00
	150~225	0.35~0.65	0.25~0.50	0.20~0.30	0.25~0.35	0.25~0.60	
	230~290	0.25~0.60	0.20~0.45	0.25~0.38	0.15~0.3	0.15~0.35	
	300~425	0.15~0.35	0.10~0.25				

注：1. 粗铣时切削负荷大，v 应取小值；精铣时为了降低表面粗糙度值，v 应取大值。

2. 经实际铣削后，如发现铣刀寿命太低，应适当减小 v。

3. 铣刀结构及几何角度改进后，v 可以超过表列值。

二、相关实践知识

减速器箱体机械加工工艺过程卡见表 3-4-6。

减速器箱体机械加工工序 6 的加工工序卡见表 3-4-7。

表 3-4-6 减速器箱体机械加工工艺过程卡

机械加工工艺过程卡		产品型号	JSQ	零部件图号	JSQ-001	共1页	第1页
		产品名称	减速器	零部件名称	减速器箱体	每台件数	1
材料牌号 ZL107	毛坯种类 铸铝	毛坯外形尺寸		每毛坯可制件数	1		

工序号	工序名称	工序内容	设备	夹具	刀具	量具	工时 准备	工时 单件
1	铸	铸造毛坯						
2	热	时效						
3	钳	划线（划孔中心位置线及 A、B 平面加工线）	平板	千斤顶、划针		钢直尺		
4	铣	1）按线找正平面，粗铣 A 面 2）以 A 面为基准粗铣另一大端面，厚度尺寸加工至 110mm 3）以 A 面为基准粗铣 B 面，注意垂直度要求	铣床	专用铣夹具、划针	铣刀	游标卡尺（0～125mm）、百分表		
5	铣	1）精铣 A 面及另一大端面，保证厚度尺寸至 108mm 及表面粗糙度要求 2）以 A 面为基准精铣 B 面，保证垂直度要求	铣床	专用铣夹具	铣刀	游标卡尺（0～125mm）、百分表		
6	镗	1）粗镗 $\phi146^{+0.040}_{0}$ mm 孔至 $\phi145$mm 2）粗镗 $\phi48^{+0.025}_{0}$ mm 孔至 $\phi47$mm 3）粗镗 $\phi80^{+0.030}_{0}$ mm 孔至 $\phi79$mm	镗床		镗刀	游标卡尺（0～200mm）		
7	镗	精镗 $\phi146^{+0.040}_{0}$ mm、$\phi48^{+0.025}_{0}$ mm 和 $\phi80^{+0.030}_{0}$ mm 3 个孔至要求	镗床	专用镗夹具	镗刀	内径百分表、心轴、直角尺、塞尺		
8	钳	清洗、去毛刺	钳工台					
9	检验	检验	平板			游标卡尺、内径百分表、心轴、直角尺、塞尺		

编制	校对	审核	日期
日期	日期	日期	

表 3-4-7　减速器箱体机械加工工序卡

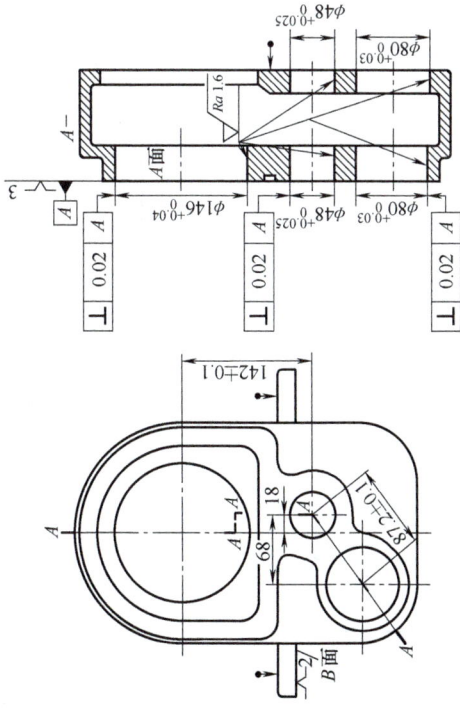

机械加工工序卡	产品型号及规格	JSQ 变速器	图号	JSQ-001	名称	减速器箱体	工序名称	精镗孔	工艺文件编号

材料牌号及名称	ZL107	毛坯外形尺寸		设备名称	卧式镗床
零件净重		硬度		设备型号	TX68
零件毛重		专用工艺装备	名称 精镗孔夹具 代号 T06J1		
单件工时定额 300min	机动时间 30min	技术等级	每合件数	切削液	

工序号	工步号	工步及工步内容	刀具名称规格	量检具名称规格	切削速度/(m/min)	背吃刀量/mm	进给量/(mm/r)	转速/(r/min)
6	1	精镗 φ146 $^{+0.040}_{0}$ mm 孔至要求	φ146mm 孔精镗刀	游标卡尺(0~200mm)、内径千分尺、心轴、直角尺、塞尺	50	实测	0.5	
	2	精镗 2×φ48 $^{+0.025}_{0}$ mm 孔至要求	φ48mm 孔精镗刀		50	实测	0.3	
	3	精镗 2×φ80 $^{+0.030}_{0}$ mm 孔至要求	φ80mm 孔精镗刀		50	实测	0.3	
			编制	校对	会签			复制
修改标记	处数	文件号	签字	日期	修改标记 处数 文件号 签字 日期			

3.4.4 任务实施

学生工作页

项目名称	项目3 编制箱体类零件机械加工工艺				
任务名称	任务4 编制减速器箱体零件工艺文件			日 期	
班 级		姓 名		学 号	
任务分析与实施				学习方法	

任务分析与实施	学习方法
1)按照图 3-4-1 加工减速器箱体需要哪些设备和刀具？	独立思考 小组讨论
2)根据图 3-4-1 确定减速器箱体零件加工的技术难点。	
3)确定精铣 A 面和精镗 $\phi 80^{+0.03}_{0}$ mm 的内孔两道工序的切削用量。	

练 习 题

一、填空题

1. 磨削加工的实质是磨粒对工件进行_____、_____和切削 3 种作用的综合过程。

2. 在外圆磨床上磨外圆时,其进给运动有_____、_____。

3. 磨削加工精度高是因为机床具有_____,_____,_____等特点。

4. 磨削长薄片状工件时若在长度方向两端顶住,在热影响下工件发生____的变形,冷后具有____的形状误差。

5. 淬火后的孔用____方法加工。

6. 磨削时,____是造成烧伤、裂纹的根源。

二、选择题

1. 磨削加工中,大部分切削热传给了(   )。

A. 机床　　　B. 工件　　　C. 砂轮　　　D. 切屑

2. 磨削能够加工硬度高的材料是因为(   )。

A. 磨粒硬度高　　　　　　B. 砂轮硬度高

C. 砂轮具有自锐性　　　　D. 砂轮组织紧密

3. 磨削硬材料要用(   )砂轮。

A. 硬　　　B. 软　　　C. 软硬均可

4. 铣削速度的计算公式 $v = \dfrac{\pi d_0 n_0}{1000}$ 中,d_0 是指(   )。

A. 铣刀直径　　　　　　　B. 工件已加工表面直径

C. 工件待加工表面直径　　D. 铣刀主切削刃最外侧点的旋转直径

5. 减轻磨削烧伤的措施有(   )。

A. 提高砂轮转速　　　　　B. 提高工件转速

C. 提高纵向移动速度　　　D. 降低纵向移动速度

E. 减少切削深度

三、简答题

1. 试比较外圆磨削时纵磨法、横磨法和综合磨法的特点及应用。

2. 外圆表面的精密加工方法有哪些？简述其加工特点。

3. 识读图 3-4-2 所示的箱体图样,确定其加工工艺路线。

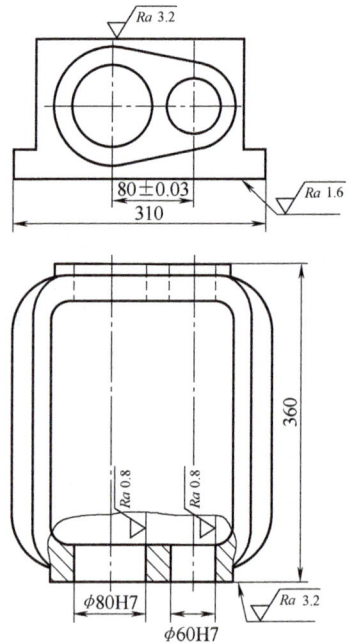

图 3-4-2　箱体零件

任 务 总 结

请各小组对本阶段的内容进行汇总并以 PPT 形式汇报。

3.4.5 任务评价与反思

学生进行自评和互评,评价自己与同组同学是否能完成零件图的识读、零件图的工艺分析、编制工艺文件等,是否按时完成报告内容等成果资料、有无任务遗漏。教师对学生的评价内容包括：报告书写是否工整规范，报告内容数据是否真实合理、阐述是否详细、认识体会是否深刻等。

1）学生进行自我评价，并将结果填入附表1中。

2）学生以小组为单位，对以上学习任务中的过程和结果进行互评，将互评结果填入附表2中。

3）教师对学生工作过程与工作结果进行评价，并将评价结果填入附表3中。

3.4.6 任务拓展

加工图3-1-14所示下轴承座零件，材料为HT200，大批量生产，制订其加工工艺规程。

职业拓展——科技创新，强国之本

2020年12月28日，中央广播电视总台发布了2020年国内十大新闻，其中科技创新的成绩单颇为亮眼。这一年里，我国在载人航天、探月工程、超级计算机、量子通信、载人深潜等领域都有丰硕成果，用实力令国人振奋，令全球刮目。

科技是国家强盛之本，创新是民族进步之魂。我国科学家在创新发展的道路上精于钻研、致力攻坚，向全国人民交出了满意的成绩单——

中科大团队在世界上率先实现500km级光纤量子通信传输；

长征五号、天问一号、北斗三号、嫦娥五号在漫漫太空留下足迹；

"奋斗者"号刷新我国载人潜水器"万米深潜"新纪录；

量子计算机原型机"九章"运算速度超越目前世界最快超级计算机……

历数这每一项新突破，无不体现了我国对科技发展的重视、对技术进步的坚持。这些卓著成果，是国盛民安、民族自信的中流砥柱，彰显着中华民族改革创新的发展理念，也成为国家实力不断提高的辉煌象征。

请你谈一谈"新发展理念"中创新的重要性。

项目4　编制圆柱齿轮类零件机械加工工艺

学习情境描述

学习情境描述

　　某工厂生产管理部下发直齿圆柱齿轮零件图，该零件为中批量加工，车间技术组要求结合车间的设备情况，确定该直齿圆柱齿轮的毛坯规格，并转交工厂采购部门备料；同时拟定该直齿圆柱齿轮零件的工艺方案，编制该直齿圆柱齿轮零件的工艺文件，下发各车间加工班组准备投入生产；然后车间生产调度下达车间加工工作任务，任务完成后提交成品及检验报告。

学习目标

终极目标

会编制圆柱齿轮类零件的机械加工工艺。

促成目标

1）会分析直齿圆柱齿轮零件的工艺性能，并确定加工方案。

2）会确定直齿圆柱齿轮零件的加工顺序及工艺路线。

3）会制订直齿圆柱齿轮零件的机械加工工艺文件。

任务1　分析直齿圆柱齿轮零件工艺性能

4.1.1　任务单

项目名称	编制圆柱齿轮类零件机械加工工艺	任务名称	分析直齿圆柱齿轮零件工艺性能	建议学时	4
任务描述	某企业需加工图4-1-1所示直齿圆柱齿轮，要求利用现有设备完成该齿轮零件的加工任务，生产件数为5000件。根据要求分析该齿轮零件的工艺性能。				

（续）

任务描述	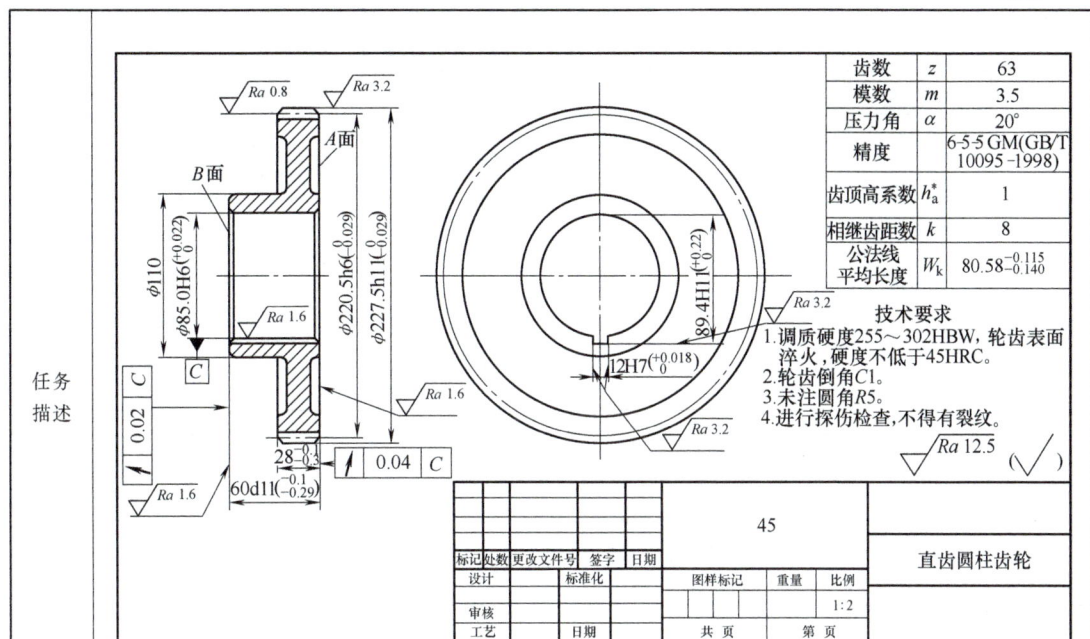

图 4-1-1　直齿圆柱齿轮零件图

	素养目标	知识目标	能力目标
任务目标	1）增强自信自强。 2）锻炼审辨思维。 3）追求精益求精。 4）强化自我管理。 5）深化劳动观念。	1）掌握齿轮的材料、热处理与毛坯的选择。 2）掌握齿轮毛坯的加工方案。 3）掌握滚齿与插齿的特点与区别。	1）能根据齿轮零件的技术要求，确定齿轮的材料、热处理与毛坯。 2）能根据齿轮零件的技术要求，确定齿轮毛坯的加工方案。 3）能根据齿轮零件的技术要求，确定齿轮齿形的粗加工方案。

任务要求	1. 根据要求完成分工并做好工作准备 1）为了高效高质量地完成本任务，采用自愿的方式组建项目团队。 2）小组需要收集相关信息，并将收集的资料进行汇总和整理。拟定一份思维导图，以确定小组需要查找的内容及组员分工。 3）小组需将整理后的资料展示给其他组学员，并思路清晰地进行讲述。 2. 根据所获取的信息进行分析处理 1）根据图 4-1-1，分析直齿圆柱齿轮零件的各项技术要求。 2）分析直齿圆柱齿轮零件的结构工艺性。 3）根据直齿圆柱齿轮零件的技术要求，确定齿轮的热处理方案和毛坯。 4）根据直齿圆柱齿轮零件的技术要求，确定齿轮的加工方案。 3. 分组要求 4~6 人一组，将分组情况与任务分工填入表 4-1-1 中。

（续）

表 4-1-1 学生任务分配表

任务要求	班级		组号		指导教师	
	组长		学号			
		姓名	学号		任务分工	
	组员					

考核方式	1）物化成果考核。 2）参与度考核。
物化成果	1）零件分析方案（含作业计划）。 2）汇报 PPT 等。

4.1.2 引导问题

1）大批大量生产和成批生产齿坯的工艺方案各是什么？

2）插齿的主要运动有哪些？

3）比较插齿与滚齿的工艺特点。

4.1.3 任务资讯

一、相关实践知识

圆柱齿轮类零件概述

圆柱齿轮是机械传动中应用极为广泛的零件之一，其功用是按规定的速比传递运动和动力。

1. 圆柱齿轮的结构特点

齿轮尽管由于在机器中的功用不同而被设计成不同的形状和尺寸，但总是可以把它们划分为齿圈和轮体两个部分。常见的圆柱齿轮的结构形式如图 4-1-2 所示，包括盘类齿轮、套类齿轮、内齿轮、轴类齿轮、扇形齿轮、齿条（即齿圈半径无限大的圆柱齿轮）。其中盘类齿轮应用最广。

一个圆柱齿轮可以有一个或多个齿圈。普通的单齿圈齿轮工艺性好；而双联或三联齿轮的小齿圈往往会受到轴肩的影响，限制了某些加工方法的使用，一般只能采用插齿。如果齿轮精度要求高，需要剃齿或磨齿时，通常将多齿圈齿轮做成单齿圈齿轮的组合结构。

2. 圆柱齿轮的精度要求

齿轮本身的制造精度，对整个机器的工作性能、承载能力及使用寿命都有很大影响。根据齿轮的使用条件，对齿轮传动提出以下几方面的要求。

（1）运动精度 要求齿轮能准确地传递运动，传动比恒定，即要求齿轮在一转中，转

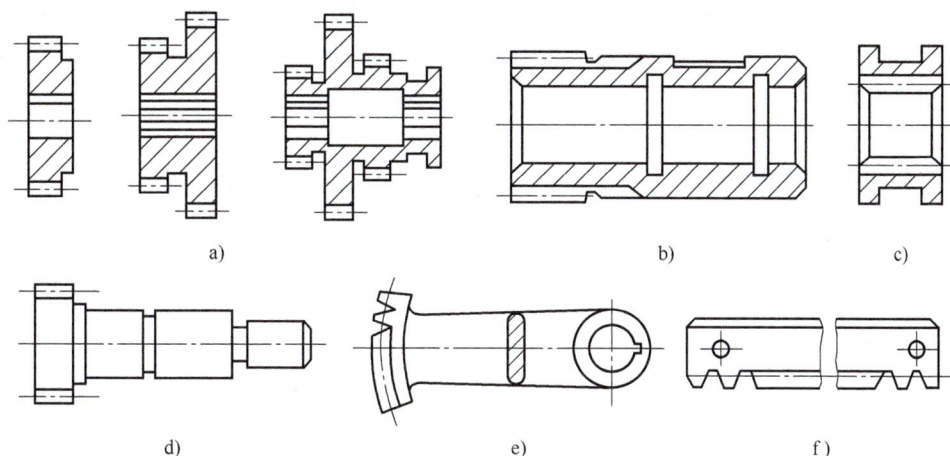

图 4-1-2　圆柱齿轮的结构形式

a）盘类齿轮　b）套类齿轮　c）内齿轮　d）轴类齿轮　e）扇形齿轮　f）齿条

角误差不超过一定范围。

（2）工作平稳性　要求齿轮传递运动平稳，冲击、振动和噪声要小。这就要求齿轮转动时瞬时速比的变化要小，也就是要限制短周期内的转角误差。

（3）接触精度　齿轮在传递动力时，为了不致因载荷分布不均匀使接触应力过大，引起齿面过早磨损，要求齿轮工作时齿面接触要均匀，并保证有一定的接触面积和符合要求的接触位置。

（4）齿侧间隙　要求齿轮传动时，非工作齿面间留有一定间隙，以储存润滑油，补偿因温度、弹性变形所引起的尺寸变化和加工、装配时的一些误差。

二、相关理论知识

（一）齿轮的材料、毛坯与热处理

1. 材料的选择

齿轮应按照使用的工作条件选用合适的材料。齿轮材料的选择对齿轮的加工性能和使用寿命都有直接的影响。

一般齿轮选用中碳钢（如 45 钢）和低、中碳合金钢，如 20Cr、40Cr、20CrMnTi 等。

要求较高的重要齿轮可选用 38CrMoAlA 渗氮钢，非传力齿轮也可以用铸铁、夹布胶木或尼龙等材料。

2. 齿轮的热处理

齿轮加工中根据不同的目的，安排以下两种热处理工序。

（1）毛坯热处理　在齿坯加工前后安排预备热处理正火或调质，其主要目的是消除锻造及粗加工引起的残余应力，改善材料的可加工性和提高综合力学性能。

（2）齿面热处理　齿形加工后，为提高齿面的硬度和耐磨性，常进行渗碳淬火、高频感应淬火、碳氮共渗和渗氮等热处理工序。

3. 齿轮毛坯

齿轮的毛坯形式主要有棒料、锻件和铸件。棒料用于小尺寸、结构简单且对强度要求低的齿轮；当齿轮要求强度高、耐磨和耐冲击时，多用锻件；直径大于 400mm 的齿轮，常用

铸造毛坯。为了减少机械加工量，对大尺寸、低精度齿轮，可以直接铸出轮齿；对于小尺寸、形状复杂的齿轮，可用精密铸造、压力铸造、精密锻造、粉末冶金、热轧和冷挤等新工艺制造出具有轮齿的齿坯，以提高劳动生产率、节约原材料。

（二）齿坯加工方案的选择

对于轴齿轮和套筒齿轮的齿坯，其加工过程和一般轴、套基本相似，现主要讨论盘类齿轮齿坯的加工过程。

齿坯的加工工艺方案主要取决于齿轮的轮体结构和生产类型。

1. 大批大量生产的齿坯加工

大批大量加工中等尺寸齿坯时，多采用"钻——拉——多刀车"的工艺方案。

1）以毛坯外圆及端面定位进行钻孔或扩孔。

2）拉孔。

3）以孔定位在多刀半自动车床上粗/精车外圆、端面、切槽及倒角等。

这种工艺方案由于采用高效机床，可以组成流水线或自动线，生产效率高。

2. 成批生产的齿坯加工

成批生产齿坯时，常采用"车——拉——车"的工艺方案。

1）以齿坯外圆或轮毂定位，精车外圆、端面和内孔。

2）以端面支承拉孔（或内花键）。

3）以孔定位精车外圆及端面等。

这种方案可由卧式车床或转塔车床及拉床实现。它的特点是加工质量稳定，生产效率较高。当齿坯孔有台阶或端面有槽时，可以充分利用转塔车床上的多刀来进行多工位加工，在转塔车床上一次完成齿坯的加工。

（三）齿形加工方案（滚齿与插齿）

一个齿轮的加工过程是由若干工序组成的。为了获得符合精度要求的齿轮，整个加工过程都是围绕着齿形加工工序服务的。齿形加工方法很多，按加工中有无切屑，可分为无屑加工和有屑加工两大类。

（1）无屑加工　无屑加工包括热轧齿轮、冷轧齿轮、精锻、粉末冶金等工艺。无屑加工具有生产率高，材料消耗少、成本低等一系列的优点，目前已推广使用。但因其加工精度较低，工艺不够稳定，特别是生产批量小时难以采用，这些缺点限制了它的使用。

（2）有屑加工　齿形的有屑加工具有良好的加工精度，目前仍是齿形的主要加工方法。按其加工原理可分为成形法和展成法两种。

1）成形法的特点是所用刀具的切削刃形状与被切齿轮轮槽的形状相同，如图 4-1-3 所示。用成形原理加工齿形的方法有用齿轮铣刀在铣床上铣齿、用成形砂轮磨齿、用齿轮拉刀拉齿等。这些方法由于存在分度误差及刀具的安装误差，所以加工精度较低，一般只能加工出 9～10 级精度的齿轮。此外，加工过程中需做多次不连续分齿，生产率也很低。因此，该方法主要用于单件小批量生产

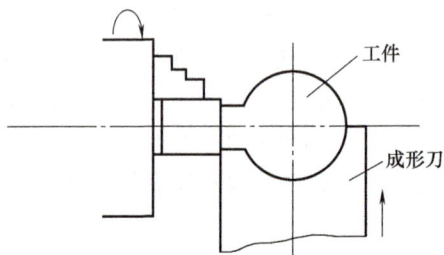

动画 23：盘形齿轮铣刀加工齿轮

图 4-1-3　成形法

工件

成形刀

和修配工作中加工精度不高的齿轮。

2）展成法是应用齿轮啮合的原理来进行加工的，用这种方法加工出来的齿形轮廓是刀具切削刃运动轨迹的包络线。齿数不同的齿轮，只要模数和压力角相同，都可以用同一把刀具来加工。用展成原理加工齿形的方法有滚齿、插齿、剃齿、珩齿和磨齿等方法。其中剃齿、珩齿和磨齿属于齿形的精加工方法。展成法的加工精度和生产率都较高，刀具通用性好，所以在生产中应用十分广泛。

1. 滚齿

（1）滚齿的特点　滚齿是齿形加工中生产率较高，应用最广的一种加工方法。滚齿加工通用性好，可加工圆柱齿轮、蜗轮等；可加工渐开线齿形、圆弧齿形、摆线齿形等。滚齿既可加工小模数、小直径齿轮，又可加工大模数、大直径齿轮，加工斜齿也很方便。

滚齿可直接加工 8～9 级精度齿轮，也可作为 7 级精度以上齿轮的粗加工和半精加工。滚齿可以获得较高的运动精度。因滚齿时齿面是由滚刀的刀齿包络而成，参加切削的刀齿数有限，故齿面的表面粗糙度值较大。为提高加工精度和齿面质量，宜将粗、精滚齿分开。

（2）滚齿加工质量分析

1）影响传动准确性的加工误差分析。影响传动准确性的主要原因是，在加工中滚刀和被加工齿轮的相对位置和相对运动发生了变化。相对位置的变化（几何偏心）产生齿轮径向偏差，它以径向圆跳动 F_r 来评定；相对运动的变化（运动偏心）产生齿轮切向偏差，它以公法线变动量 E_{bn} 来评定。下面分别加以讨论。

① 齿轮的径向偏差。齿轮的径向偏差是指滚齿时，由于齿坯的回转轴线与齿轮工作时的回转轴线不重合（出现几何偏心），使所切齿轮的轮齿发生径向位移而引起的齿距累积偏差，如图 4-1-4 所示。从图 4-1-4 可以看出，O 为切齿时的齿坯回转中心，O' 为齿坯基准孔的几何中心（即齿轮工作时的回转中心）。滚齿时，齿轮的基圆中心与工作台的回转中心重合于 O，这样切出的各齿形相对基圆中心 O 分布是均匀的，如图 4-1-4 中实线圆上的 $P_1 = P_2$，但齿轮工作时是绕基准孔中心 O' 转动的（假定安装时无偏心），这时各齿形相对分度圆心 O' 分布就不均匀了，如图 4-1-4 中双点画线圆上的 $P_1' \neq P_2'$。显然，这种齿距的变化是由于几何偏心使齿廓径向位移引起的，故又称为齿轮的径向偏差。

② 齿轮的切向偏差。齿轮的切向偏差是指滚齿时，因滚齿机分齿传动链误差，引起瞬时传动比不稳定，使机床工作台不等速旋转，工件回转时快时慢，所切齿轮的轮齿沿切向发生位移所引起的齿距累积偏差，如图 4-1-5 所示。由图 4-1-5 可以看出，当轮齿出现切向位移时，图中每隔一齿所测公法线的长度是不等的。如 2、8 齿间的公法线长度明显大于 4、6 齿间的公法线长度。据此可以看出，通过公法线变动量 E_{bn} 可以反映出齿轮齿距累积偏差（切向部分），因此在生产中，公法线长度变动可作为评定齿轮传递运动准确性的指标之一。

机床工作台的回转误差主要取决于分齿传动链的传动误差。在分齿传动链的各传动元件中，影响传动误差的最主要环节是工作台下面的分度蜗轮。分度蜗轮在制造和安装中产生的齿距累积误差，使工作台回转时发生转角误差，这些误差将直接地复映给齿坯，使其产生齿距累积偏差。

影响传动误差的另一重要因素是分齿交换齿轮，分齿交换齿轮的制造和安装误差，也会以较大的比例传递到工作台上。

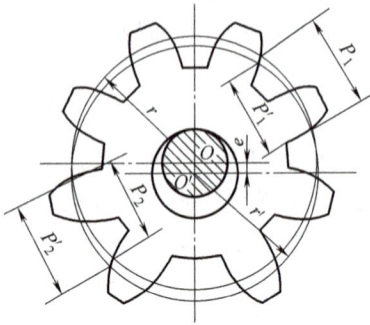

图 4-1-4 几何偏心引起的径向偏差

r—滚齿时的分度圆半径 r'—以孔中心 O'
为旋转中心时，齿圈的分度圆半径

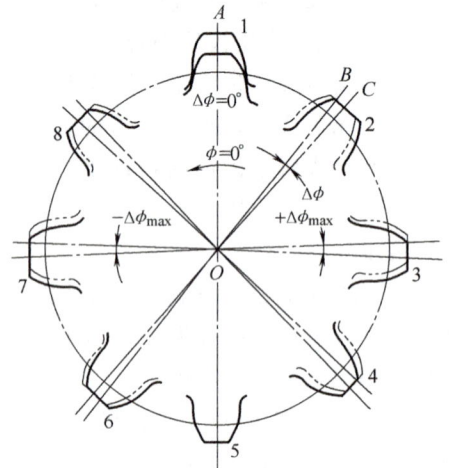

图 4-1-5 齿轮的切向偏差

为了减少齿轮的切向偏差，主要应提高机床分度蜗轮的制造和安装精度。对高精度滚齿机还可通过校正装置去补偿蜗轮的分度误差，使被加工齿轮获得较高的加工精度。

2）影响齿轮工作平稳性的加工误差分析。影响齿轮工作平稳性的主要偏差是齿形偏差、基节偏差等。

① 齿形偏差。滚齿后常见的齿形偏差如图 4-1-6 所示。其中齿面出棱、齿形不对称和根切等，可直接看出来，而压力角偏差和周期偏差需要通过仪器才能测出。应该指出，图 4-1-6 所示的偏差是齿形偏差的几种单独表现形式，实际齿形偏差常是上述几种形式的叠加。

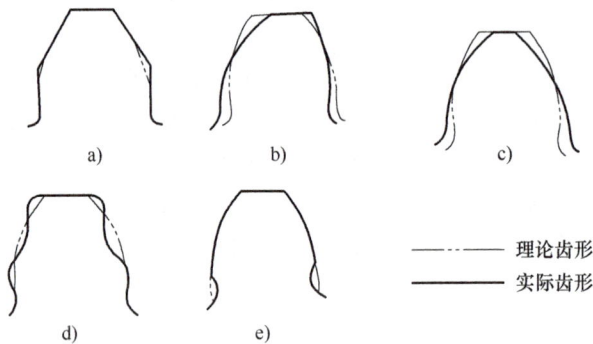

图 4-1-6 常见的齿形偏差

a）出棱 b）不对称 c）压力角偏差 d）周期偏差 e）根切

齿形偏差产生的主要原因是滚刀在制造、刃磨和安装中存在误差，其次是机床工作台回转中存在的小周期转角误差。下面分析这些误差对齿形偏差的影响。

a. 齿面出棱的主要原因。滚齿时齿面有时出棱，其主要原因是：滚刀刀齿沿圆周等分性不好和滚刀安装后存在较大的径向圆跳动及轴向窜动等，如图 4-1-7 所示。由图 4-1-7 看出，刀齿存在不等分误差时，各排刀齿相对准确位置有的超前、有的滞后，这种超前与滞后使刀齿上的切削刃偏离滚刀基本蜗杆的螺纹表面，因而在滚切齿轮的过程中，就会出现"过切"和"空切"，从而产生齿形偏差。图4-1-7c是从图4-1-7b中取出3个刀齿位置加以放大的示意图。图中双点画线表示无等分误差时刀齿的位置（和渐开线齿面相切），实线表示有等分误差时，刀齿2因滞后而引起刃口"空切"和刀齿3因超前而引起刃口"过切"的情况。刀齿等分性误差越大，这种"空切"和"过切"就越严重，齿面出棱越明显。刀齿等分性误差对不同曲率的渐开线齿形的影响是不同的，齿形曲率越大（即齿轮基圆越小）影响越大，这也就是齿数少的小齿轮为何齿面易出棱的缘故。

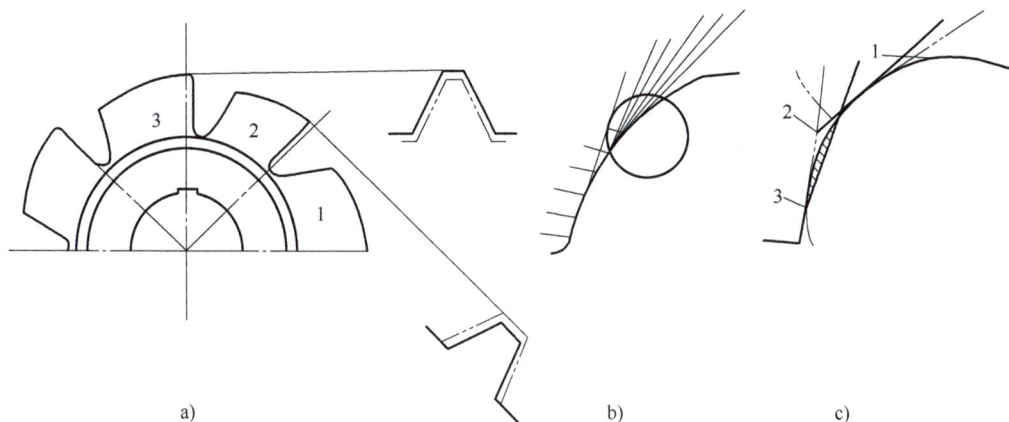

图 4-1-7　刀齿不等分引起的齿形误差
a）刀齿不等分　b）滚切过程　c）放大图

滚刀安装后，如果存在较大的径向圆跳动或轴向窜动，滚刀刀齿面同样会产生"过切"或"空切"，使齿面出棱。

b. 产生压力角偏差的主要原因。齿轮的压力角偏差主要决定于滚刀刀齿的压力角偏差。滚刀刀齿的压力角偏差，由滚刀制造时铲磨刀齿产生的压力角偏差和刃磨刀齿前刀面所产生的非径向性误差及非轴向性误差引起。

刀齿前刀面非径向性误差对压力角偏差的影响如图4-1-8所示。

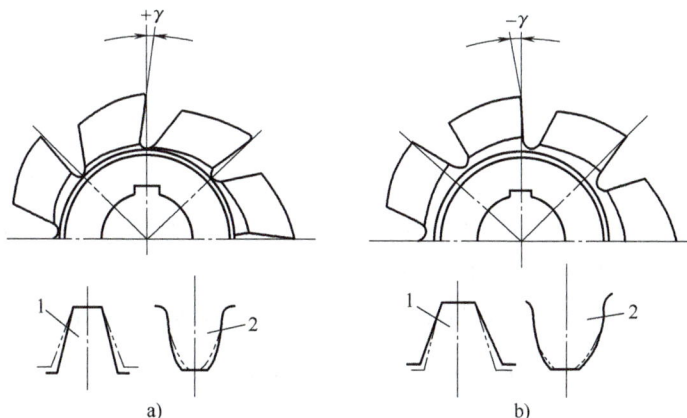

图 4-1-8　刀齿前刀面非径向性误差对压力角偏差的影响
a）前角大于0°　b）前角小于0°
1—滚刀　2—被加工齿轮

精加工所用滚刀的前角通常为0°（即刀齿前刀面在径向平面内），刃磨不好时会出现前角正或负。由于刀齿侧后面经铲磨后具有侧后角，因此，刀齿前角误差必然引起压力角变大，前角为正时，压力角变小，切出的齿形齿顶变"肥"（图4-1-8a）；前角为负时，压力角变大，切出的齿形齿顶变"瘦"（图4-1-8b）。

刀齿前刀面的非轴向性误差，是指直槽滚刀前刀面沿轴向对于孔中心线的平行度误差，如图4-1-9所示。这种误差使各刀齿偏离了正确的齿形位置，而且刀齿左右两侧刃偏离值不等，这样既产生轴向齿距偏差，又引起齿形歪斜。

c. 产生齿形不对称的主要原因。滚齿时有时出现齿形不对称偏差，除了刀齿前刀面非轴向性误差的影响外，主要是滚齿时滚刀对中不好。滚刀对中是指滚齿时滚刀所处的轴向位置应使其一个刀齿（或齿槽）的对称线通过齿坯中心，如图4-1-10所示。滚刀对中，切出的齿形就对称；反之则引起齿形不对称。滚刀包络齿面的刀齿数越少，工件齿形越大且齿面曲率越大时，齿形不对称就越严重，故对于模数较大且齿数较少的齿轮，滚齿前应认真使滚刀对中。

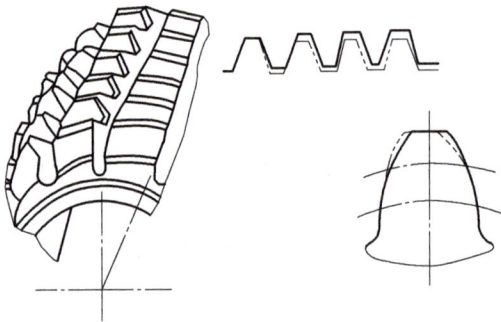

图 4-1-9　刀齿前刀面非轴向性误差对压力角偏差的影响

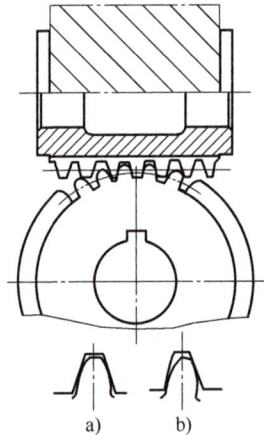

图 4-1-10　滚刀对中对齿形的影响
a）对中齿形　b）不对中齿形

d. 产生齿形周期圆偏差的主要原因。滚刀安装后的径向圆跳动和轴向窜动、机床分度蜗杆副中分度蜗杆的径向圆跳动和轴向窜动都是周期性的误差，这些都会使滚齿时出现齿面凹凸不平的周期偏差。

e. 减少齿形偏差的措施。从以上分析可知，影响齿形偏差的主要因素是滚刀的制造误差、安装误差和机床分齿传动链中蜗杆的误差。为了保证齿形精度，除了根据齿轮的精度等级正确地选择滚刀和机床外，还要特别注意滚刀的重磨精度和安装精度。

② 基节偏差。在滚齿加工时，齿轮的基节应等于滚刀的基节。滚刀的基节按下式计算

$$P_{b0} = P_{n0}\cos\alpha_0 = P_{t0}\cos\lambda_0\cos\alpha_0 \approx P_{t0}\cos\alpha_0 \qquad (4-1)$$

式中　　P_{b0}——滚刀的基节；

　　　　P_{n0}——滚刀的法向齿距；

　　　　P_{t0}——滚刀的轴向齿距；

α_0——滚刀的法向压力角；

λ_0——滚刀的分度圆螺旋升角，一般很小，故 $\cos\lambda_0 \approx 1$。

由此可以看出，要减少基节偏差，滚刀制造时应严格控制轴向齿距及压力角的偏差；对影响压力角偏差和轴向齿距偏差的刀齿前刀面的非径向性误差和非轴向性误差，也应加以控制。

3）影响齿轮接触精度的加工误差分析。齿轮接触精度受到齿宽方向接触不良和齿高方向接触不良的影响。影响齿高方向接触不良的主要因素是齿廓形状偏差 $f_{f\alpha}$ 和基节偏差 f_{pb}，影响齿宽方向接触不良的主要因素是齿轮的螺旋线总偏差 F_β。此处只分析影响螺旋线总偏差 F_β 的主要因素。

螺旋线总偏差 F_β 是指在分度圆柱面上，齿宽工作部分范围内，包容实际齿线且距离为最小的两条设计齿线之间的端面距离。

滚齿加工中引起螺旋线偏差的主要原因如下。

1）滚齿机刀架导轨相对工作台回转轴线存在平行度误差时，齿轮会产生螺旋线偏差，如图 4-1-11 所示。

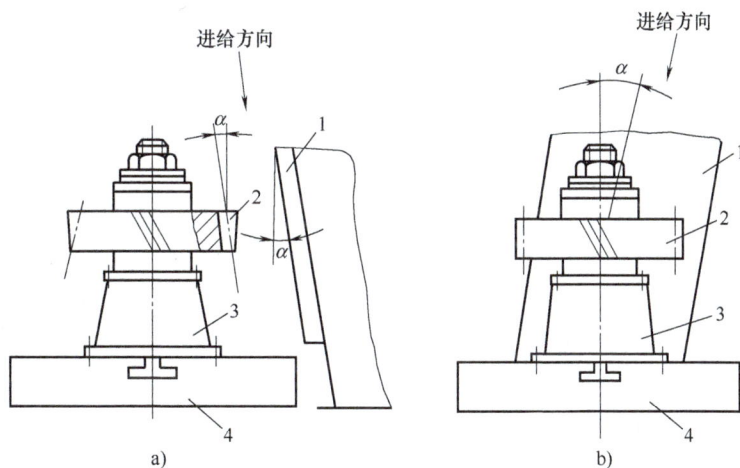

图 4-1-11　滚齿机刀架导轨误差对螺旋线偏差的影响

a）导轨不平行　b）导轨歪斜

1—刀架导轨　2—齿坯　3—夹具底座　4—机床工作台

2）夹具支承端面对回转轴线的垂直度误差，或齿坯孔与定位端面的垂直度误差等工件的装夹误差均会造成被切齿轮的螺旋线偏差，如图 4-1-12 所示。

3）滚切斜齿轮时，除上述影响因素外，机床差动交换齿轮的误差，也会影响齿轮的螺旋线偏差。

2. 插齿

插齿也是生产中普遍应用的一种切齿方法。

（1）插齿原理　从插齿原理上分析，插齿刀和工件相当于一对轴线相互平行的圆柱齿轮相啮合，插齿刀就像一个磨有前、后角且具有切削刃的高精度齿轮。

（2）插齿的主要运动　插齿时的运动如图 4-1-13 所示。

动画 24：

插齿原理

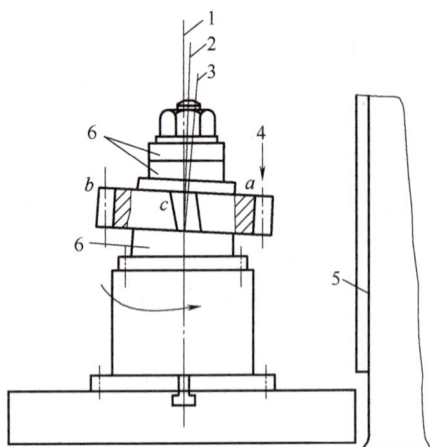

图 4-1-12　齿坯安装歪斜对螺旋线偏差的影响

1—工作台回转轴线　2—心轴轴线　3—齿坯内孔中心线
4—进给方向　5—刀架导轨　6—垫圈

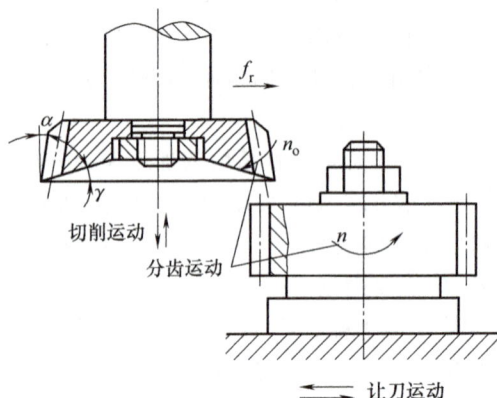

图 4-1-13　插齿时的运动

1）切削运动。插齿刀的上下往复运动。

2）分齿展成运动。插齿刀与工件间应保持正确的啮合关系。插齿刀每往复一次，工件相对刀具在分度圆上转过的弧长为加工时的圆周进给运动，故刀具与工件的啮合过程也就是圆周进给过程。

3）径向进给运动。插齿时，为逐步切至全齿深，插齿刀应有径向进给运动。

4）让刀运动。插齿刀做上下往复运动时，向下是工作过程。为了避免刀具擦伤已加工的齿面并减少刀齿磨损，在插齿刀向上运动时，工作台带动工件沿径向退出切削区一段距离，插齿刀工作行程时，工件恢复原位。在较大规格的插齿机上，让刀运动由插齿刀刀架部件来完成。

3. 插齿与滚齿工艺特点的比较

插齿与滚齿同为常用的齿形加工方法，它们的加工精度和生产率也大体相当。但在精度指标、生产率和应用范围等方面又各自有其特点。现分析比较如下。

（1）插齿的加工质量

1）插齿的齿形精度比滚齿高。这是因为插齿刀在制造时，可通过高精度磨齿机获得精确的渐开线齿形。

2）插齿后齿面的表面粗糙度值比滚齿小。其原因是插齿的圆周进给量通常较小，插齿过程中包络齿面的切削刃数较滚齿多，因而插齿后齿面的表面粗糙度值小。

3）插齿的运动精度比滚齿差。因为在滚齿时，一般只是滚刀某几圈的刀齿参加切削，工件上所有齿槽都是这些刀齿切出的；而插齿时，插齿刀上的各刀齿顺次切削工件各齿槽，因此，插齿刀上的齿距累积偏差将直接传给被切齿轮；另外，机床传动链的误差使插齿刀旋转产生的转角误差，也使得插齿后齿轮有较大的运动误差。

4）插齿的齿向偏差比滚齿大。插齿的齿向偏差主要决定于插齿机主轴往复运动轨迹对工作台回转轴线的平行度误差。插齿刀往复运动频率高，主轴与套筒的磨损大，因此，插齿的齿向偏差常比滚齿大。

（2）插齿的生产率 切制模数较大的齿轮时，插齿速度要受插齿刀主轴往复运动惯性和机床刚度的制约，切削过程又有空程时间损失，故生产率比滚齿加工要低。但在加工小模数、多联齿、齿宽小的齿轮时，插齿生产率会比滚齿高。

（3）滚插齿的应用范围

1）加工带有轴肩的齿轮以及空刀槽很窄的双联或多联齿轮，只能用插齿。这是因为插齿刀"切出"时只需要很小的空间，而滚齿则滚刀会与大直径部位发生干涉。

2）加工无空刀槽的人字齿轮，只能用插齿。

3）加工内齿轮，只能用插齿。

4）加工蜗轮，只能用滚齿。

5）加工斜齿圆柱齿轮，两者都可用。但滚齿比较方便。插制斜齿轮时，插齿机的刀具主轴上须设有螺旋导轨，来提供插齿刀的螺旋运动，并且要使用专门的斜齿插齿刀，所以很不方便。

4. 提高插齿生产率的途径

1）提高圆周进给量可减少机动时间，但圆周进给量和空行程时的让刀量成正比，因此，必须解决好刀具的让刀问题。

2）挖掘机床潜力，增加往复行程次数，采用高速插齿。有的插齿机每分钟往复行程次数可达 1200~1500 次/min，最高的可达到 2500 次/min，比常用的提高了 3~4 倍，使切削速度大大提高，同时也能减少插齿所需的机动时间。

3）改进刀具参数，提高插齿刀的寿命，充分发挥插齿刀的切削性能。如采用 W18Cr4V 插齿刀，切削速度可达到 60m/min；加大前角至 15°，后角至 9°，可提高刀具寿命 3 倍；在前刀面磨出 1~1.5mm 宽的平台，也可提高刀具寿命 30% 左右。

4.1.4 任务实施

学生工作页

项目名称	项目4 编制圆柱齿轮类零件机械加工工艺		
任务名称	任务1 分析直齿圆柱齿轮零件工艺性能	日 期	
班 级		姓 名	学 号
任务分析与实施			学习方法
1）直齿圆柱齿轮零件一般有哪些结构特点和技术要求？			
2）常用齿轮类零件种类有哪些？通常使用哪些材料？			独立思考 小组讨论
3）说明下面几何公差在直齿圆柱齿轮零件加工中的具体含义。 ⌀ 0.02 C ⌀ 0.04 C			
4）确定直齿圆柱齿轮的齿坯加工方案。			
练 习 题			

一、填空题

1. 滚齿时影响齿轮运动精度的主要是机床_____、_____。

2. 齿形常用加工方法中，_____齿的加工精度最高，_____齿的加工精度最低。

3. 齿形常用加工方法中，_____齿的生产率最高，_____齿的生产率最低。

4. 精度为 7 级的斜齿圆柱齿轮,其加工方法为_____。

5. 精度为 7 级的三联圆柱齿轮,其加工方法为_____。

6. 精度为 7 级的内齿轮,其加工方法为_____。

7. $\phi20H7$,HT200 齿轮轴孔,表面粗糙度 $Ra1.6\mu m$,单件生产的加工方案是_____。

二、判断题

1. 铣齿属于展成法加工。（　　）

2. 滚齿和插齿加工原理都是用展成法加工齿形。（　　）

3. 齿形加工也应从粗加工到半精加工再到精加工依次完成。（　　）

4. 用成形法加工齿轮或齿条,可以在铣床或刨床上进行。（　　）

三、选择题

1. 滚齿与插齿相比,滚齿的（　　）。

A. 运动精度高　　　　B. 齿形精度高　　　　C. 基节精度高

D. 生产率高　　　　　E. 齿面粗糙度值低

2. 滚齿时影响齿轮运动精度的机床误差主要有（　　）。

A. 分齿传动交换齿轮误差　　　　　　　B. 刀架进给误差

C. 分度蜗轮误差　　　　　　　　　　　D. 分度蜗杆误差

3. 铣削齿轮的特点是一把刀具可以加工（　　）齿轮。

A. 不同模数　　　　B. 相同模数　　　　C. 任意模数　　　　D. 任意齿数

E. 相同齿数　　　　F. 不同齿数　　　　G. 一定齿数段

4. 双联齿轮的齿形应用（　　）机床加工。

A. 珩齿　　　　　　B. 插齿　　　　　　C. 滚齿　　　　　　D. 剃齿

E. 磨齿　　　　　　F. 研齿　　　　　　G. 铣齿

5. 插齿机上能完成（　　）齿形表面的加工。

A. 直齿圆柱齿轮　　B. 外花键　　　　　C. 多联齿轮

D. 内齿轮　　　　　E. 蜗轮

6. 滚齿机上能完成（　　）齿形表面的加工。

A. 斜齿圆柱齿轮　　B. 外花键　　　　　C. 多联齿轮

D. 人字齿轮　　　　E. 蜗轮

7. 下列有关滚齿与插齿加工叙述中,正确的是（　　）。

A. 滚齿与插齿加工只能未淬硬齿轮齿形　　B. 滚齿与插齿都属于展成法加工

C. 滚齿与插齿是齿形的粗加工方法　　　　D. 滚齿与插齿能加工淬硬齿轮齿形

8. 在齿轮的齿坯加工前后安排正火或调质热处理的目的在于（　　）。

A. 消除锻造及粗加工引起的残余应力　　　B. 提高齿面的硬度

C. 改善材料的加工性能　　　　　　　　　D. 提高齿面的耐磨性

四、分析题

1. 确定图 4-1-14 所示 3 种齿轮孔（45 钢,$\phi35H7$,表面粗糙度 $Ra1.6\mu m$）的加工方案。

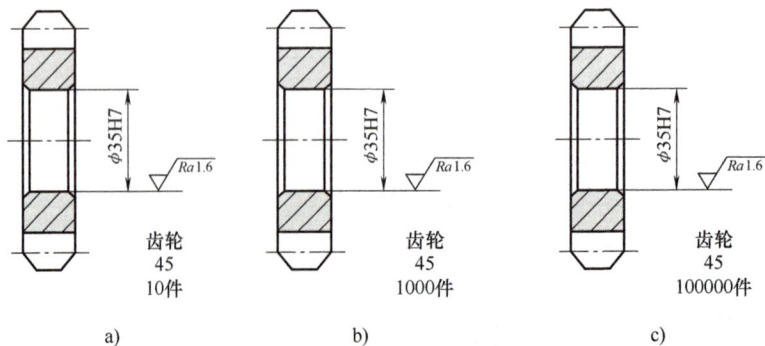

a)　　　　　　　　　　b)　　　　　　　　　　c)

图 4-1-14　3 种不同批量的齿轮

（续）

2. 试提出成批生产图 4-1-15 所示的圆盘零件机械加工工艺过程（从工序到工步），并指出各工序的定位基准,零件材料为 HT150,中批生产。

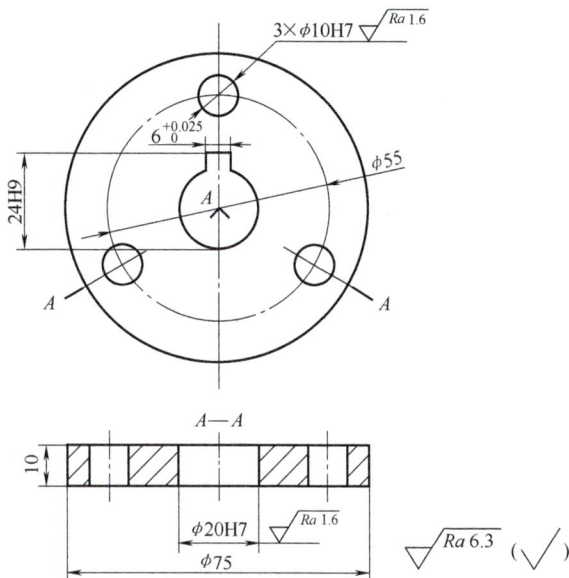

图 4-1-15　圆盘零件

任 务 总 结

请各小组对本阶段的内容进行汇总并以 PPT 形式汇报。

4.1.5　任务评价与反思

学生进行自评和互评，评价自己与同组同学是否能完成零件图的识读、零件图的工艺分析、编制工艺文件等，是否按时完成报告内容等成果资料、有无任务遗漏。教师对学生的评价内容包括：报告书写是否工整规范，报告内容数据是否真实合理、阐述是否详细、认识体会是否深刻等。

（1）学生进行自我评价，并将结果填入附表 1 中。

（2）学生以小组为单位，对以上学习任务中的过程和结果进行互评，将互评结果填入附表 2 中。

（3）教师对学生工作过程与工作结果进行评价，并将评价结果填入附表 3 中。

4.1.6　任务拓展

加工图 4-1-16 所示双联齿轮，材料为 40Cr，齿部硬度为 50HRC，大批量生产，分析其工艺性能。

$m_1=m_2=2, \alpha=20°, z_1=28, z_2=42,$ 精度7GK、7JL
齿轮材料: 40Cr, 齿部硬度为50HRC

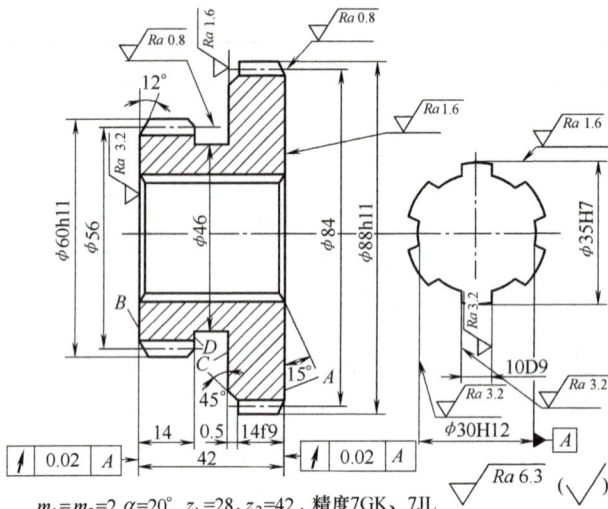

图 4-1-16　双联齿轮

任务 2　确定直齿圆柱齿轮零件工艺方案

4.2.1　任务单

项目名称	编制圆柱齿轮类零件机械加工工艺	任务名称	确定直齿圆柱齿轮零件工艺方案	建议学时	4
任务描述	某企业需加工图 4-2-1 所示直齿圆柱齿轮零件,要求利用现有设备完成直齿圆柱齿轮零件加工任务,生产件数为 5000 件。根据要求确定直齿圆柱齿轮零件工艺方案。 图 4-2-1　直齿圆柱齿轮零件图				

（续）

	素养目标	知识目标	能力目标
任务目标	1）锻炼审辨思维。 2）增强创新意识。 3）加强自我管理。 4）深化劳动观念。 5）追求精益求精。	1）掌握齿轮齿形精加工的方法。 2）掌握剃齿、磨齿、珩齿的区别。	1）能根据齿轮零件的技术要求，确定齿形精加工的方案。 2）能根据齿轮零件的技术要求，确定齿轮各表面的加工方案。
任务要求	1. 根据要求完成分工并做好工作准备 1）为了高效高质量地完成本任务，采用自愿的方式组建项目团队。 2）小组需要收集相关信息，并将收集的资料进行汇总和整理。拟定一份思维导图，以确定小组需要查找的内容及组员分工。 3）小组需将整理后的资料展示给其他组学员，并思路清晰地进行讲述。 2. 根据所获取的信息进行分析处理 1）确定直齿圆柱齿轮零件齿形的加工方案。 2）确定直齿圆柱齿轮零件各表面的加工方案。 3. 分组要求 4~6人一组，将分组情况与任务分工填入表4-2-1中。 表4-2-1 学生任务分配表 | 班级		组号		指导教师	
---	---	---	---	---	---
组长		学号			
组员	姓名	学号		任务分工	
考核方式	1）物化成果考核。 2）参与度考核。		
物化成果	1）零件分析方案（含作业计划）。 2）汇报PPT等。		

4.2.2 引导问题

1）剃齿加工有哪些工艺特点？

2）珩齿加工有哪些工艺特点？

3）磨齿加工有哪些工艺特点？

4）剃齿、珩齿、磨齿各适用于哪些场合？

4.2.3 任务资讯

一、相关实践知识

圆柱齿轮的加工工艺过程。

微课25：齿轮
类零件加工工艺

圆柱齿轮的加工工艺过程一般应包括以下内容：齿轮毛坯加工、齿面加工、热处理工艺及齿面的精加工。在编制齿轮加工工艺时，常因齿轮结构、精度等级、生产批量以及生产环境的不同，而采用各种不同的方案。齿轮加工工艺过程大致可划分为如下几个阶段。

1）齿轮毛坯的形成、锻造、铸造或选用棒料。

2）粗加工：切除较多的余量。

3）半精加工：车削和滚、插齿面。

4）热处理：调质、渗碳淬火、齿面高频感应加热淬火等。

5）精加工：精修基准、精加工齿面（磨、剃、珩、研、抛光等）。

（1）定位基准的选择　齿轮定位基准的选择常因齿轮的结构不同而有所差异。连轴齿轮主要采用顶尖定位，有孔且孔径较大时则采用锥堵。带孔齿轮加工齿面时常采用以下两种定位夹紧方式。

1）以内孔和端面定位。即以工件内孔和端面联合定位，确定齿轮中心和轴向位置，并采用面向定位端面的夹紧方式。这种方式可使定位基准、设计基准、装配基准和测量基准重合，定位精度高，适于批量生产。但对于夹具的制造精度要求较高。

2）以外圆和端面定位。若工件和夹具的配合间隙较大，则应用外径千分尺校正外圆以决定中心的位置，同时辅以端面定位，从另一端面施以夹紧。这种方式因每个工件都要校正，故生产效率低；它对齿坯的内、外圆同轴度要求高，而对夹具精度要求不高，故适于单件、小批量生产。

（2）齿轮毛坯的加工　齿面加工前的齿轮毛坯加工，在整个齿轮加工工艺过程中占有很重要的地位，因为齿面加工和检测所用的基准必须在此阶段加工出来。

在齿轮的技术要求中，应适当注意齿顶圆的尺寸精度要求，因为齿厚的检测是以齿顶圆为测量基准的，齿顶圆精度太低，必然使测量的齿厚值无法正确反映齿侧间隙的大小。

所以，在这一加工过程中应注意下列几个问题。

1）当以齿顶圆直径作为测量基准时，应严格控制齿顶圆的尺寸精度。

2）保证定位端面和定位孔或外圆的垂直度，定位端面与定位孔或外圆应在一次装夹中加工出来。

3）提高齿轮内孔的制造精度，减少与夹具心轴的配合间隙。

4）选择基准重合、基准统一的定位方式。

（3）齿端的加工　齿轮的齿端加工有倒圆、倒尖、倒棱和去毛刺等方式，如图 4-2-2 所示。倒圆、倒尖后的齿轮在换挡时容易进入啮合状态，减少撞击现象。倒棱可除去齿端尖边和毛刺。图 4-2-3 所示为用指状铣刀对齿端进行倒圆的加工示意图。倒圆时，铣刀高速旋转，并沿圆弧做摆动，加工完一个齿后，工件退离铣刀，经分度后再快速向铣刀靠近加工下一个齿的齿

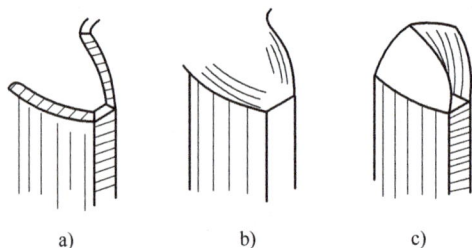

图 4-2-2　齿端加工形式
a）倒棱　b）倒圆　c）倒尖

端。齿端加工必须在齿轮淬火之前进行，通常都在滚（插）齿之后、剃齿之前安排齿端加工。

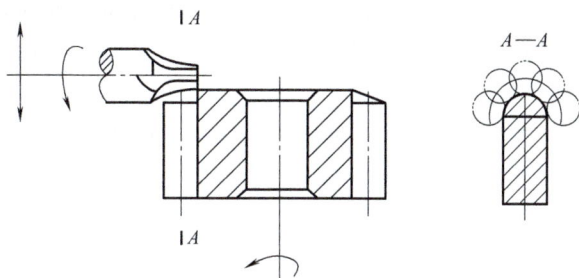

图 4-2-3　齿端倒圆工艺

（4）齿轮加工过程中的热处理要求　在齿轮加工工艺过程中，热处理工序的位置安排十分重要，它直接影响齿轮的力学性能及切削加工性。一般在齿轮加工中进行两种热处理工序，即毛坯热处理和齿形热处理。

二、相关理论知识

（一）齿轮精加工

齿轮精加工主要有两种方法，分别为剃齿加工和磨削加工。剃齿在热处理前进行，磨削在热处理之后进行。近几年来，齿轮磨削精度、效率和各种功能已达到了极高的水平。新陶瓷和立方氮化硼（CBN）砂轮的使用对成形磨削和展成磨削都贡献巨大。

1. 剃齿

（1）剃齿加工　剃齿加工是软齿面齿轮在滚齿或插齿加工后，为提高齿形精度和降低齿面的表面粗糙度常用的一种展成精加工方法。剃齿是一种利用剃齿刀与被剃齿轮做自由啮合进行展成加工的方法。剃齿刀与齿轮间没有强制性的啮合运动，所以对齿轮的传递运动准确性精度提高不大，但传动的平稳性和接触精度有较大的提高，齿轮的表面粗糙度值明显减小。

由于剃齿的质量较好、生产率高、所用机床简单、调整方便、剃齿刀寿命长，所以汽车、拖拉机和机床中的齿轮，多用这种加工方法来进行精加工。

剃齿刀实质上是一个高精度、具有切削能力的斜齿轮，它和齿坯的机床啮合相当于交错轴斜齿轮的啮合，利用共轭齿面间的相对运动速度，产生切削运动，形成展成切削，如图 4-2-4 所示。

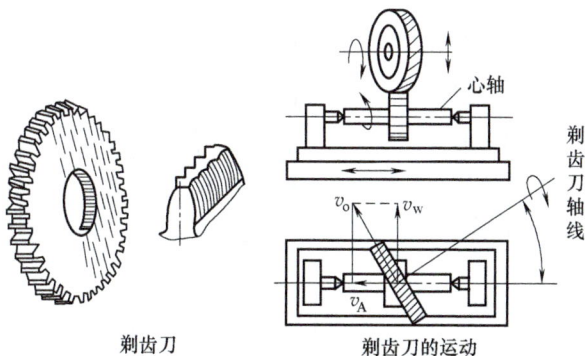

图 4-2-4　剃齿刀与剃齿运动

在与被加工齿轮啮合运转过程中，剃齿刀齿面上众多的切削刃，从工件表面上剃下细丝状的切屑，使齿形精度提高和齿面的表面粗糙度降低。

目前我国剃齿加工中最常用的方法是平行剃齿法，它最主要的缺点是刀具利用率不高，局部磨损使刀具寿命降低；另一缺点是剃前时间长，生产率低。为此，大力发展了对角剃齿、横向剃齿、径向剃齿等方法。

近年来，由于含钴、钼成分较高的高性能高速钢刀具的应用，使剃齿也能进行硬齿面的齿轮精加工。加工精度可达 7 级，齿面的表面粗糙度 Ra 值 $0.8 \sim 1.6\mu m$，但淬硬前的精度应提高一级，留硬剃余量为 $0.01 \sim 0.03mm$。

（2）剃齿工艺中的几个问题

1）剃齿前齿轮的材料。剃前齿轮硬度在 $22 \sim 32HRC$ 范围时，剃齿刀校正误差能力最好，如果齿轮材质不均匀，含杂质过多或韧性过大会引起剃齿刀滑刀或啃刀，最终影响剃齿的齿形及表面粗糙度。

2）剃齿前齿轮的精度。剃齿是齿形的精加工方法，因此剃齿前的齿轮应有较高的精度，通常剃齿后的精度只能比剃齿前提高一级。

3）剃齿余量。剃齿余量的大小，对剃齿质量和生产率均有较大影响。余量不足时，剃前误差及表面缺陷不能全部除去；余量过大，则剃齿效率低，刀具磨损快，剃齿质量反而下降。

4）剃齿前齿形加工时的刀具。剃齿时，为了减轻剃齿刀齿顶负荷，避免刀尖折断，剃齿前在齿跟处挖掉一块。齿顶处希望能有一修缘，这不仅对工作平稳系性有利，而且可使剃齿后的工件沿外圆不产生毛刺。

此外，合理地确定切削用量和正确的操作也十分重要。

2. 珩齿

珩齿是用来对热处理后的齿轮进行精加工的一种方法。它是利用珩轮在与被珩齿轮相啮合过程中，借助齿面间的压力和相对滑动来进行切齿的方法。在运动关系上珩齿和剃齿是相同的。

珩齿与剃齿的原理完全相同，只不过当齿轮硬度超过 35HRC 时，剃齿刀就不行了，此时建议使用珩齿代替剃齿。珩齿对齿形精度改善不大，主要是降低齿轮热处理后的齿面的表面粗糙度。图 4-2-5 所示是珩齿的磨轮。

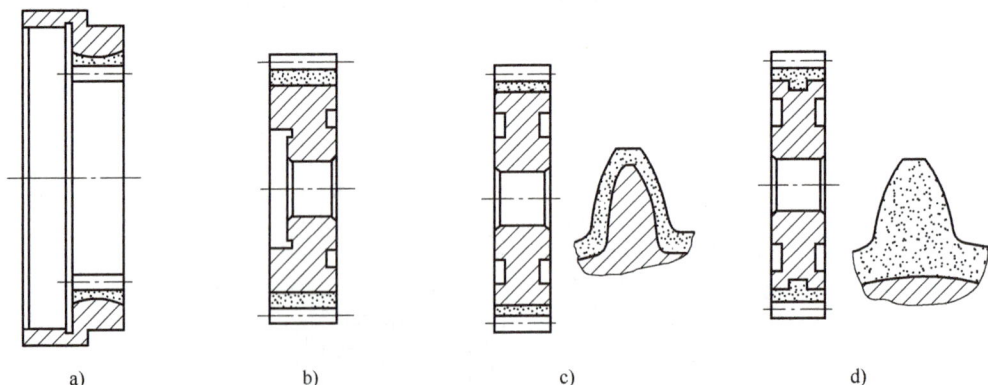

图 4-2-5 珩齿磨轮

a）内珩轮　b）外珩轮　c）带齿心　d）不带齿心

珩齿的特点如下。

（1）珩齿后表面质量较好　珩齿速度一般是 $1 \sim 3m/s$，比普通磨削速度低，磨粒粒度又小，结合时弹性较大，珩齿过程实际上是低速磨削、研磨和抛光的综合过程，齿面不会产生烧伤和裂纹，所以珩齿后齿的表面质量较好。

（2）珩齿后的表面粗糙度值减小　珩轮齿面上均匀密布着磨粒，珩齿后齿面切削痕迹很细，磨粒不仅在齿面产生滑动而切削，而且沿渐开线切线方向也具有切削作用，从而在齿面上产生交叉网纹，使齿面的表面粗糙度值明显减小。

（3）珩齿修正误差能力低　珩齿与剃齿的运动关系基本相同，由于珩轮本身有一定弹性，不会全部复映到齿轮上，所以珩轮本身精度一般都不高，但对珩前齿轮的精度则要求高。

因为珩齿修正误差能力差，因而珩齿主要用于去除热处理后齿面上的氧化皮及毛刺，可使表面粗糙度值从 $Ra1.6\mu m$ 左右降到 $Ra0.4\mu m$ 以下，为了保证齿轮的精度要求，必须提高珩齿前的加工精度和减少热处理变形。因此，珩齿前加工多采用剃齿。如磨齿后需要进一步降低表面粗糙度值，也可以采用珩齿使齿面的表面粗糙度值达到 $Ra0.1\mu m$。

珩齿的轴交角常取15°。珩齿余量很小，一般珩齿前为剃齿时，常取 $0.01\sim0.02mm$；珩齿前为磨齿时，取 $0.003\sim0.005mm$。

由于珩齿具有齿面的表面粗糙度值小、效率高、成本低、设备简单、操作方便等优点，故是一种很好的齿轮光整加工方法，一般可加工 $6\sim8$ 级精度的齿轮。

3. 研齿

研齿是齿轮光整加工方法之一。其原理是用研磨轮（形状与齿轮相似，可为外齿轮或内齿轮）与被研齿轮在轻微制动下相互啮合，并在齿面间加入研磨剂，利用其相对滑动，在被研齿轮的齿面上研去一层极薄的金属，达到降低齿面的表面粗糙度和校正齿轮部分误差的目的。研齿方法分平行轴研齿法和交错轴研齿法两种。建议在工件余量不大的情况下选择研齿加工方法，才能有效地提高研齿的精度等级和生产率。

4. 磨齿

磨齿是齿形加工中加工精度最高的一种方法（图4-2-6）。对于淬硬的齿面，要纠正热处理变形。在获得高精度齿廓时，磨齿是目前最常用的加工方法。

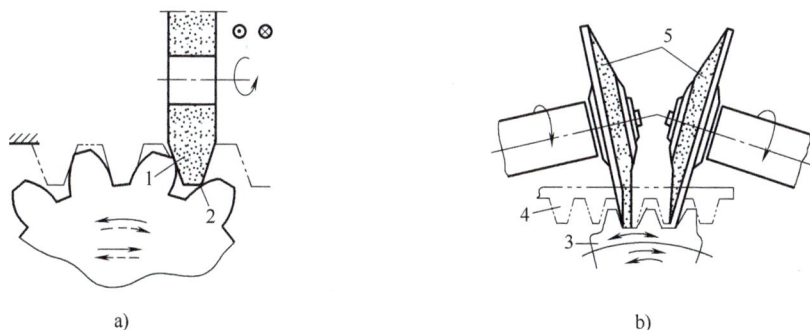

图 4-2-6　磨齿加工
a）锥面砂轮磨齿　b）双碟形砂轮磨齿
1—锥面砂轮　2—齿轮　3—工件　4—假想齿轮　5—碟形齿轮

磨齿是用强制性的传动链，因此，它的加工精度不直接决定于毛坯精度。磨齿可使齿轮精度最高达到3级，表面粗糙度 Ra 值可以达到 $0.8\sim0.2\mu m$，但加工成本高、生产率较低。

磨齿按加工原理分为成形法磨齿与展成法磨齿两种。磨齿专门用来精加工已淬火的齿轮。

5. 硬车

以上4种方法主要针对齿轮齿形的精加工，从而保证齿形精度和表面粗糙度，那么热处理后的高硬度齿轮内孔、端面可选择PCBN刀具进行精加工，保证其精度要求和表面粗糙度要求。PCBN刀具是人造立方氮化硼刀具，硬度仅次于金刚石刀具，在高硬度材料、难加工材料领域中独树一帜，同时经过几十年的研发，目前已广泛用于加工硬钢、铸铁、粉末冶金等材质。

硬车齿轮的PCBN刀片目前都以数控刀片为主，如CNGA系列、DNGA系列、TNGA系列、VNGA系列、WNGA系列、CCGW系列的PCBN刀片均常用于精加工齿轮内孔、端面工序。

（二）齿轮加工方案选择

齿轮加工方案的选择，主要取决于齿轮的精度等级、生产批量和热处理方法等。下面提出齿轮加工方案选择时的几条原则，以供参考。

1）对于8级及8级以下精度的不淬硬齿轮，可用铣齿、滚齿或插齿直接达到加工精度要求。

2）对于8级及8级以下精度的淬硬齿轮，需在淬火前将精度提高一级，其加工方案可采用：滚（插）齿——→齿端加工——→齿面淬硬——→修正内孔。

微课26：齿轮加工方案的选择

3）对于6~7级精度的不淬硬齿轮，其齿轮加工方案为：滚齿——→剃齿。

4）对于6~7级精度的淬硬齿轮，其齿形加工一般有以下两种方案。

① 剃——→珩方案。滚（插）齿——→齿端加工——→剃齿——→齿面淬硬——→修正内孔——→珩齿。

② 磨齿方案。滚（插）齿——→齿端加工——→齿面淬硬——→修正内孔——→磨齿。

剃——→珩方案生产率高，广泛用于7级精度齿轮的成批生产中。磨齿方案生产率低，一般用于6级精度以上的齿轮。

5）对于5级及5级精度以上的齿轮，一般采用磨齿方案。

6）对于大批量生产，用滚（插）齿——→冷挤齿的加工方案，可稳定地获得7级精度齿轮。

4.2.4 任务实施

学生工作页

项目名称	项目4 编制圆柱齿轮类零件机械加工工艺			
任务名称	任务2 确定直齿圆柱齿轮零件工艺方案		日 期	
班 级		姓 名	学 号	
任务分析与实施			学习方法	
1）分析图4-2-1所示直齿圆柱齿轮零件图，列出加工部位。			独立思考 小组讨论	
2）确定直齿圆柱齿轮齿坯的加工方法。				
3）确定直齿圆柱齿轮其余各表面的加工方法。				

（续）

练 习 题

一、填空题

1. 剃齿能提高____精度、____精度，减少_____，但不能提高____精度，因此剃前加工以____加工为好。

2. 不淬火的6级精度齿轮，其齿形加工方案应为_____。

3. 有一双联齿轮，材料为45钢，淬火，齿面的表面粗糙度为 $Ra0.4\mu m$，齿面精度6级，其加工方案应为_____。

二、选择题

1. 材料为20CrMnTi，6～7级精度的齿轮渗碳淬火后，齿形精加工方法是（　　）。

A. 剃齿　　　　　　　B. 滚齿　　　　　　　C. 珩齿　　　　　　　D. 磨齿

2. 淬火后的齿形精加工的方法有（　　）。

A. 珩齿　　　　　　　B. 插齿　　　　　　　C. 滚齿　　　　　　　D. 剃齿

E. 磨齿　　　　　　　F. 研齿　　　　　　　G. 铣齿

3. 轮齿表面未经淬火的齿轮进行精加工时，所用的机床是（　　）。

A. 滚齿机　　　　　　B. 插齿机　　　　　　C. 珩齿机　　　　　　D. 剃齿机

4. 齿面硬度为56～62HRC的合金钢齿轮的加工工艺过程为（　　）。

A. 齿坯加工——淬火——磨齿——滚齿　　　　B. 齿坯加工——淬火——滚齿——磨齿

C. 齿坯加工——滚齿——渗碳淬火——磨齿　　　D. 齿坯加工——滚齿——磨齿——淬火

三、简答题

1. 选择齿轮加工方案时的原则是什么？

2. 识读图4-2-7所示圆柱齿轮的图样。

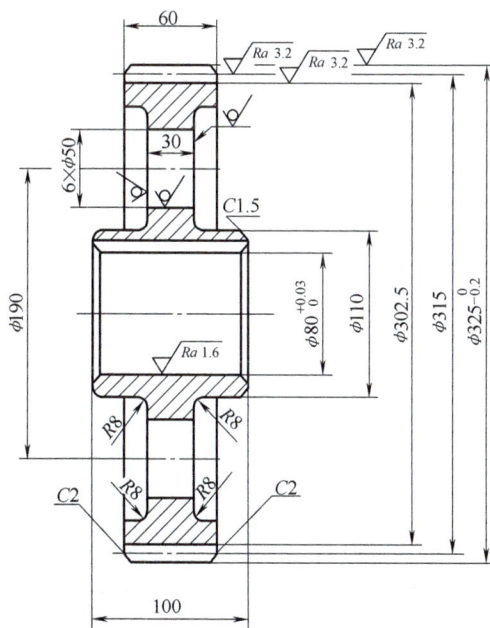

齿轮基本参数：
$m=5$；
$z=63$；
$\alpha=20°$。
精度等级8-7-7GK

技术要求

1. 热处理：190～217HBW。
2. 未注倒角C1。
3. 材料：HT200。

$\sqrt{Ra12.5}\ (\sqrt{\ })$

图 4-2-7　圆柱齿轮

任 务 总 结

请各小组对本阶段的内容进行汇总并以PPT形式汇报。

4.2.5　任务评价与反思

　　学生进行自评和互评，评价自己与同组同学是否能完成零件图的识读、零件图的工艺分析、编制工艺文件等，是否按时完成报告内容等成果资料、有无任务遗漏。教师对学生的评价内容包括：报告书写是否工整规范，报告内容数据是否真实合理、阐述是否详细、认识体会是否深刻等。

1）学生进行自我评价，并将结果填入附表1中。

2）学生以小组为单位，对以上学习任务中的过程和结果进行互评，将互评结果填入附表2中。

3）教师对学生工作过程与工作结果进行评价，并将评价结果填入附表3中。

4.2.6 任务拓展

加工如图4-1-16所示的双联齿轮，材料为40Cr，齿部硬度为50HRC，大批量生产，确定其工艺方案。

任务3 编制直齿圆柱齿轮零件工艺文件

4.3.1 任务单

项目名称	编制圆柱齿轮类零件机械加工工艺	任务名称	编制直齿圆柱齿轮零件工艺文件	建议学时	4
任务描述	某企业需加工如图4-3-1所示直齿圆柱齿轮零件，要求利用现有设备完成直齿圆柱齿轮零件的加工任务，生产件数为5000件。根据要求编制该直齿圆柱齿轮零件的工艺文件。 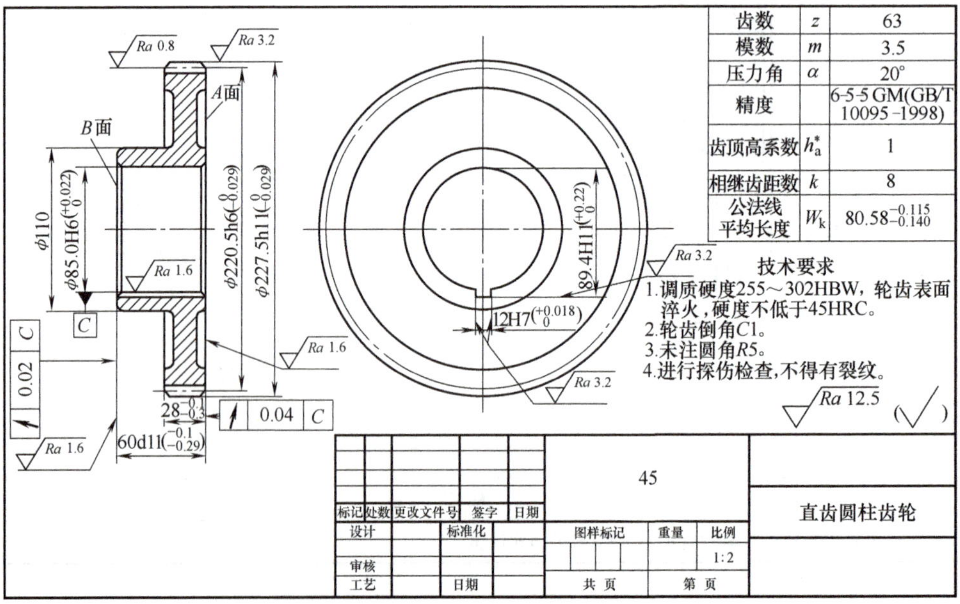 图4-3-1 直齿圆柱齿轮零件图				

（续）

	素养目标	知识目标	能力目标
任务目标	1）强化自我管理。 2）增强创新意识。 3）深化劳动观念。 4）追求精益求精。 5）加强团队协作。	1）掌握磨削用量的确定方法。 2）掌握齿轮零件工艺文件的编制方法。	1）能根据齿轮零件的技术要求，确定磨削用量。 2）能根据齿轮零件的技术要求，编制齿轮零件的工艺文件。

任务要求	1. 根据要求完成分工并做好工作准备 1）为了高效高质量地完成本任务，采用自愿的方式组建项目团队。 2）小组需要收集相关信息，并将收集的资料进行汇总和整理。拟定一份思维导图，以确定小组需要查找的内容及组员分工。 3）小组需将整理后的资料展示给其他组学员，并思路清晰地进行讲述。 2. 根据所获取的信息进行分析处理 1）确定直齿圆柱齿轮零件的粗基准和精基准。 2）制订直齿圆柱齿轮的工艺流程，填写机械加工工艺卡。 3）比较工艺方案，选择合理的加工工艺过程。 4）确定各工序切削用量，填写工序卡。 3. 分组要求 4~6 人一组，将分组情况与任务分工填入表 4-3-1 中。 表 4-3-1　学生任务分配表

班级		组号		指导老师	
组长		学号			
组员	姓名	学号		任务分工	

考核方式	1）物化成果考核。 2）参与度考核。
物化成果	1）零件分析方案（含作业计划）。 2）汇报 PPT 等。

4.3.2　引导问题

1）砂轮速度对磨削加工质量和生产率有哪些影响？

2）磨外圆和磨平面，一般选哪种磨削速度？

4.3.3　任务资讯

一、相关理论知识

磨削用量的选择。

磨削用量是衡量磨削时的砂轮圆周速度、工件圆周速度和相对运动大小的物理量。

磨削用量包括砂轮圆周速度 v_s、工件圆周速度 v_w、工作台轴向进给量 f_a、背吃刀量 a_p 和光磨次数等。磨削用量对磨削加工质量和生产率等有很大影响，其影响见表 4-3-2。

表 4-3-2 磨削用量对加工的影响

磨削用量	生产率	表面粗糙度	烧伤	磨削力	砂轮磨耗	磨削厚度	几何精度
v_s↗	↗	↘	↗	↗	↘	↘	↗
v_w↗	↗	↗	↘	↗	↗	↗	↘
f_a↗	↗	↘	↗	↗	↗	↗	↘
a_p↗	↗	↘	↗	↗	↗	↘	↘
光磨次数↗	↘	↘	↗	↘	↗	↘	↗

注：本表适用于在纵磨或切入磨削时，其他条件均恒定的情况。

1. 砂轮圆周速度的选择

磨削速度 v_s 也称为砂轮圆周速度，计算公式为

$$v_s = \frac{\pi D n_s}{1000} \tag{4-2}$$

式中 v_s——磨削速度（m/s）；

D——砂轮直径（mm）；

n_s——砂轮转速（r/s）。

磨削速度对磨削加工质量和生产率有很大影响。从式（4-1）可看出，砂轮直径减小，磨削速度会相应降低。为了保证砂轮的磨削性能和加工质量，实际操作中，当砂轮直径变小时，应适当提高砂轮的转速。

图 4-3-2 所示为磨削过程图，砂轮圆周速度低，砂轮磨损严重，生产率低；砂轮圆周速度过高，磨粒切削刃锋利程度易下降，也容易烧伤工件。砂轮圆周速度与表面粗糙度值的关系如图 4-3-3 所示。该关系图形成条件是：工件材料为 45 钢，调质至硬度 250HBW，切入磨削，磨具为 PA80MV，速度比 $q = 60$，磨削液为 2.4% 的 69-1 乳化液。

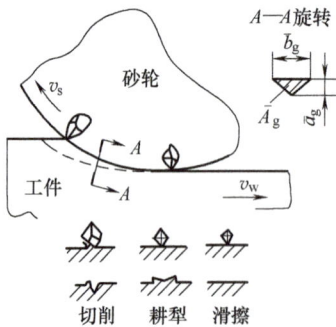

图 4-3-2 磨削过程图

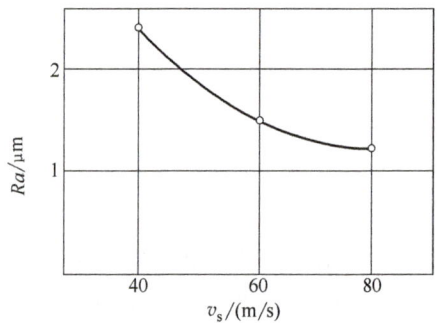

图 4-3-3 砂轮圆周速度与表面粗糙度值的关系

由图 4-3-3 可知，随着砂轮圆周速度提高，表面粗糙度值降低，但应注意防止磨削颤振。一般外圆和平面磨削，使用陶瓷结合剂砂轮，砂轮圆周速度在 30～50m/s；内圆磨削及工具磨削一般砂轮圆周速度在 18～30m/s。随着磨削技术的发展，砂轮圆周速度已提高到

60~80m/s，有的已超过 100m/s。

2. 工件圆周速度的选择

工件圆周速度，对外圆或内孔磨削是指工件的线速度，平面磨削时指工作台运动速度。

工件圆周速度 v_w 即工件旋转的线速度，计算公式为

$$v_w = \frac{\pi D n_w}{1000} \tag{4-3}$$

式中　v_w——工件圆周速度（m/s）；

　　　d——工件直径（mm）；

　　　n_w——工件转速（r/s）。

磨削中，工件圆周速度较低，一般取 $v_w = 0.15 \sim 0.5$m/s。加工精度较高的工件取低值，反之，取高值。

工件圆周速度 v_w 与砂轮圆周速度 v_s 有关，但较其要小得多。若二者速度比为 q（$q = v_s / v_w$），则外圆磨削 $q = 60 \sim 150$，内圆磨削 $q = 40 \sim 80$。

普通磨削 v_w 一般为 0.15~0.5m/s，工件圆周速度选择条件见表 4-3-3。

表 4-3-3　工件圆周速度选择条件

序号	主要因素		选择条件
1	速度比 q		砂轮圆周速度越高,工件圆周速度越高;反之,前者越低,后者也越低
2	砂轮的形状和硬度	直径	砂轮直径越小,则工件圆周速度越低
		硬度	1)对于硬度高的砂轮,选择高的工件圆周速度 2)硬度低的砂轮,工件圆周速度宜低
3	工件的性能和形状	工件硬度	1)工件硬度高时,选用高的工件圆周速度 2)工件硬度低时,选用低的工件圆周速度
		工件直径	1)工件直径大,选用高的工件圆周速度 2)工件直径小,选用低的工件圆周速度(内圆磨削、平面磨削比外圆磨削时工件圆周速度高)
4	工件的表面粗糙度		要降低加工表面粗糙度值,就要减小工件圆周速度,从而选用大直径砂轮

3. 工作台轴向进给量的选择

工作台轴向进给量 f_a 指工件每转中测量的由工作台轴向进给运动造成的相对于床身的工作台位移，单位是 mm/r。工作台轴向进给量的大小影响工件的表面质量和生产率。工作台轴向进给量大，增加磨粒的切削负荷，磨削力大；工作台轴向进给量小，易使工件烧伤。

实际操作中，可按照工作台轴向进给量 f_a 去调节磨床工作台的运动速度。一般情况下，取 $f_a = (0.2 \sim 0.8)B$（B 是砂轮宽度数值），

粗磨钢件 $f_a = (0.3 \sim 0.7)B$mm/r；

粗磨铸铁 $f_a = (0.7 \sim 0.8)B$mm/r；

精磨 $f_a = (0.1 \sim 0.3)B$mm/r。

4. 背吃刀量的选择

背吃刀量 a_p 也称为磨削深度或横向进给量（图 4-3-4），是工作台每双（单）行程，砂

轮相对工件沿径向的移动量，计算公式为

$$a_p = \frac{d_1 - d_2}{2} \tag{4-4}$$

式中　d_1——磨削时吃刀前原工件直径（mm）；

　　　d_2——磨削时吃刀后的工件直径（mm）。

磨削背吃刀量通常数值很小。一般外圆纵磨时，

粗磨钢件 $a_p = 0.02 \sim 0.05\text{mm}$；

粗磨铸铁 $a_p = 0.08 \sim 0.15\text{mm}$；

精磨钢件 $a_p = 0.005 \sim 0.01\text{mm}$；

精磨铸铁 $a_p = 0.02 \sim 0.05\text{mm}$。

外圆切入磨时，

普通磨削 $a_p = 0.001 \sim 0.005\text{mm}$；

精密磨削 $a_p = 0.0025 \sim 0.005\text{mm}$。

内圆磨削背吃刀量更小一些。磨削背吃刀量选择条件见表4-3-4。

表4-3-4　磨削背吃刀量选择条件

序号	主要因素		选择条件
1	砂轮特性和形状	粒度	粒度号越大，背吃刀量可选得越小
		硬度	砂轮硬度高，背吃刀量可选大些
		直径	砂轮直径越小，背吃刀量可选得越小
		速度	砂轮圆周速度越小，背吃刀量可选得越小
2	工件性能和形状	直径	工件直径越小，背吃刀量可选得越小。对大尺寸工件，背吃刀量也不能选得太大，因为大直径工件与砂轮接触面积大，转矩很大，设备功率不够
		速度	工件速度大，可选小的背吃刀量

5. 光磨次数的选择

光磨即无进给磨削，光磨可消除在进给磨削时因弹性形变而未磨掉的部分加工余量，因此，可提高工件的几何精度和降低表面粗糙度值。由图4-3-4可见，表面粗糙度值随光磨次数的增加而降低。但应注意，并不是光磨次数越多越好。经过一定的光磨次数后，表面粗糙度值变化趋于稳定。因此，欲获得更低的表面粗糙度值仅靠增加光磨次数是不行的，而应采用其他加工方法。

光磨次数应根据砂轮状况、加工要求和磨削方式确定。一般外圆磨削 F40~F60 砂轮，一

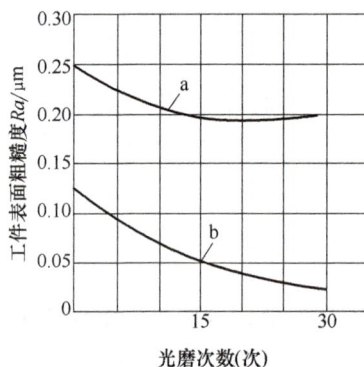

图4-3-4　光磨次数与表面粗糙度值的关系
a—普通 WA60KV 砂轮　b—WA+GCW14EB 砂轮

般磨削用量，光磨次数是单行程 2~4 次。内圆磨削 F40~F80 砂轮，一般磨削用量，光磨次数是单行程 2~4 次。平面磨削 F30~F60 砂轮，一般磨削用量，光磨次数是单行程 1~2 次。

6. 磨削余量

磨削为精加工工序，余量一般较小。不同的磨削加工，其加工余量的大小见表 4-3-5～表 4-3-8。

表 4-3-5　外圆磨削余量　　　　　　　　　　（单位：mm）

轴径	热处理状态	长度					
		≤100	>100～250	>250～500	>500～800	>800～1200	>1200～2000
≤10	未淬硬	0.2	0.2	0.3	—	—	—
	淬硬	0.3	0.3	0.4			
>10～18	未淬硬	0.2	0.3	0.3	0.3	—	—
	淬硬	0.3	0.3	0.4	0.5		
>18～30	未淬硬	0.3	0.3	0.3	0.4	0.4	—
	淬硬	0.3	0.4	0.4	0.5	0.6	
>30～50	未淬硬	0.3	0.3	0.4	0.5	0.6	0.6
	淬硬	0.4	0.4	0.5	0.6	0.7	0.7
>50～80	未淬硬	0.3	0.4	0.4	0.5	0.6	0.7
	淬硬	0.4	0.5	0.5	0.6	0.8	0.9
>80～120	未淬硬	0.4	0.4	0.5	0.5	0.6	0.7
	淬硬	0.5	0.5	0.6	0.6	0.8	0.9
>120～180	未淬硬	0.5	0.5	0.6	0.6	0.7	0.8
	淬硬	0.6	0.6	0.7	0.9	0.9	1.0
>180～260	未淬硬	0.5	0.6	0.6	0.7	0.8	0.9
	淬硬	0.6	0.7	0.7	0.8	0.9	1.1
>260～360	未淬硬	0.6	0.6	0.7	0.7	0.8	0.9
	淬硬	0.7	0.7	0.8	0.9	1.0	1.1
>360～500	未淬硬	0.7	0.7	0.8	0.8	0.9	1.0
	淬硬	0.8	0.8	0.9	0.9	1.0	1.2

表 4-3-6　内圆磨削余量　　　　　　　　　　（单位：mm）

孔径	热处理状态	孔的长度				
		≤50	>50～100	>100～200	>200～300	>300～500
≤10	未淬硬	0.2	—	—	—	—
	淬硬	0.2				
>10～18	未淬硬	0.2	0.3	—	—	—
	淬硬	0.3	0.4			
>18～30	未淬硬	0.3	0.3	0.4	—	—
	淬硬	0.3	0.4	0.4		
>30～50	未淬硬	0.3	0.3	0.4	0.4	—
	淬硬	0.4	0.4	0.4	0.5	

（续）

孔径	热处理状态	孔的长度				
		≤50	>50~100	>100~200	>200~300	>300~500
>50~80	未淬硬 淬硬	0.4 0.4	0.4 0.5	0.4 0.5	0.4 0.5	—
>80~120	未淬硬 淬硬	0.5 0.5	0.5 0.5	0.5 0.6	0.5 0.6	0.6 0.7
>120~180	未淬硬 淬硬	0.6 0.6	0.6 0.6	0.6 0.6	0.6 0.6	0.6 0.7
>180~260	未淬硬 淬硬	0.6 0.7	0.6 0.7	0.7 0.7	0.7 0.7	0.7 0.8
>260~360	未淬硬 淬硬	0.7 0.7	0.7 0.8	0.7 0.8	0.8 0.8	0.8 0.9
>360~500	未淬硬 淬硬	0.8 0.8	0.8 0.8	0.8 0.8	0.8 0.9	0.8 0.9

表 4-3-7　端面磨削余量　　　　　　　　　　（单位：mm）

直径	工件全长					
	≤18	>18~50	>50~120	>120~260	>260~500	>500
≤30	0.2	0.3	0.3	0.4	0.5	0.6
>30~50	0.3	0.3	0.4	0.4	0.5	0.6
>50~120	0.3	0.3	0.4	0.5	0.6	0.6
>120~260	0.4	0.4	0.5	0.5	0.6	0.7
>260~500	0.5	0.5	0.5	0.6	0.7	0.7
>500	0.6	0.6	0.6	0.7	0.8	0.8

表 4-3-8　平面磨削余量　　　　　　　　　　（单位：mm）

加工长度	加工宽度		
	≤100	>100~300	>300~1000
≤300	0.2~0.3	0.25~0.4	—
>300~1000	0.25~0.4	0.3~0.5	0.4~0.6
>1000~2000	0.3~0.5	0.4~0.6	0.4~0.7

二、相关实践知识

编制直齿圆柱齿轮机械加工工艺过程卡，见表 4-3-9。

表 4-3-9 直齿圆柱齿轮机械加工工艺过程卡

机械加工工艺过程卡		产品型号	YG026		零部件图号	YG026-0001			共 1 页	第 1 页
		产品名称	织物强力机		零部件名称	直齿圆柱齿轮			共 1 页	2
材料牌号	40Cr	毛坯种类	锻钢	毛坯外形尺寸	φ240mm×65mm		每毛坯可制件数		每台件数	1

工序号	工序名称	工序内容	设备	工艺装备			工时	
				夹具	刀具	量具	准备	单件
1	锻	毛坯锻造 φ240mm×65mm						
2	热	正火						
3	车	(1)夹 A 端,校正后: 1)粗车、半精车 B 端面,留余量 0.3mm,粗、精车 φ227mm 外圆柱面至尺寸,倒角 2)粗镗、半精镗内孔,留磨削余量 0.3~0.4mm (2)调头夹 B 端,校正后: 1)车 A 端面至总长,保证大端长度 28.3mm,倒角 车 A 端面至总长 60.6mm 2)车 φ110mm 外圆柱面至尺寸	车床	自定心卡盘	车刀	游标卡尺 (0~300mm)		
4	磨	夹 B 端,靠台肩,磨 A 面至尺寸	内圆磨床	自定心卡盘	砂轮	内径千分尺 (0~100mm),百分表		
5	磨	以 A 面为基准,磨 B 面至总长	平面磨床	专用夹具	砂轮	游标卡尺 (0~300mm),百分表		
6	滚齿	以 A 面和内孔定位滚齿,留磨齿余量 0.3mm	滚齿机	专用夹具	齿轮滚刀	齿厚游标卡尺		
7	倒角	齿面倒圆角,去毛刺	倒角机					
8	热处理	齿面高频感应淬火 52HRC						
9	磨齿	磨齿至图样要求	磨齿机	专用夹具	砂轮	公法线千分尺		
10	插键槽	插键槽至图样要求	插床	专用夹具	插刀	游标卡尺 (0~125mm)		
11	检验	检验						
编制		编 写		校 对		审 核		
	日 期		日 期		日 期		日 期	

4.3.4 任务实施

学生工作页

项目名称	项目4 编制圆柱齿轮类零件机械加工工艺			
任务名称	任务3 编制直齿圆柱齿轮零件工艺文件		日 期	
班 级		姓 名	学 号	
任务分析与实施				学习方法
1)按照图4-3-1加工直齿圆柱齿轮需要哪些设备和刀具?				
2)根据图4-3-1确定直齿圆柱齿轮零件的加工难点是什么。				独立思考 小组讨论
3)确定直齿圆柱齿轮键槽的切削用量。				
4)填写直齿圆柱齿轮零件键槽的工序卡。				

练 习 题

简答题

1. 工件材料为15钢,经磨削加工后要求表面粗糙度 Ra 达 0.04mm 是否合理? 若要满足此加工要求,应采用什么措施?

2. 分析设计图4-3-5所示圆柱齿轮的加工方案。

齿轮基本参数:
$m=5$;
$z=63$;
$\alpha=20°$。
精度等级8-7-7GK

技术要求
1.热处理:190~217HBW。
2.未注倒角C1。
3.材料:HT200。

图 4-3-5 圆柱齿轮

任 务 总 结

请各小组对本阶段的内容进行汇总并以 PPT 形式汇报。

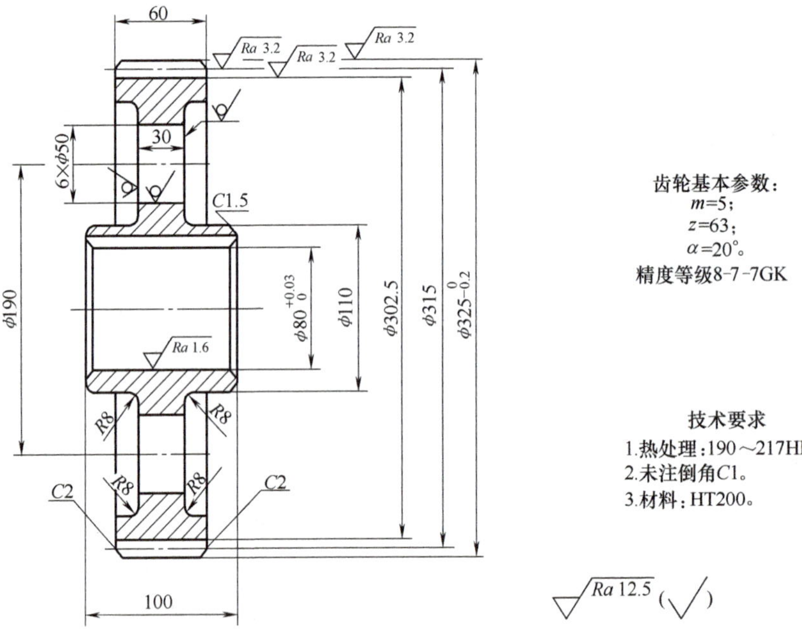

4.3.5 任务评价与反思

学生进行自评和互评,评价自己与同组同学是否能完成零件图的识读、零件图的工艺分析、编制工艺文件等,是否按时完成报告内容等成果资料、有无任务遗漏。教师对学生的评价内容包括：报告书写是否工整规范，报告内容数据是否真实合理、阐述是否详细、认识体会是否深刻等。

1）学生进行自我评价，并将结果填入附表1中。

2）学生以小组为单位，对以上学习任务中的过程和结果进行互评，将互评结果填入附表2中。

3）教师对学生工作过程与工作结果进行评价，并将评价结果填入附表3中。

4.3.6　任务拓展

加工如图4-1-16所示的双联齿轮，材料为40Cr，齿部硬度为50HRC，大批量生产，拟定其工艺路线。

任务4　测量直齿圆柱齿轮零件精度

4.4.1　任务单

项目名称	编制圆柱齿轮类零件机械加工工艺	任务名称	测量直齿圆柱齿轮零件精度	建议学时	4
任务描述	某设备企业需加工图4-4-1所示直齿圆柱齿轮零件,要求利用现有设备完成直齿圆柱齿轮零件的加工任务,生产件数为5000件。根据要求测量直齿圆柱齿轮零件精度。 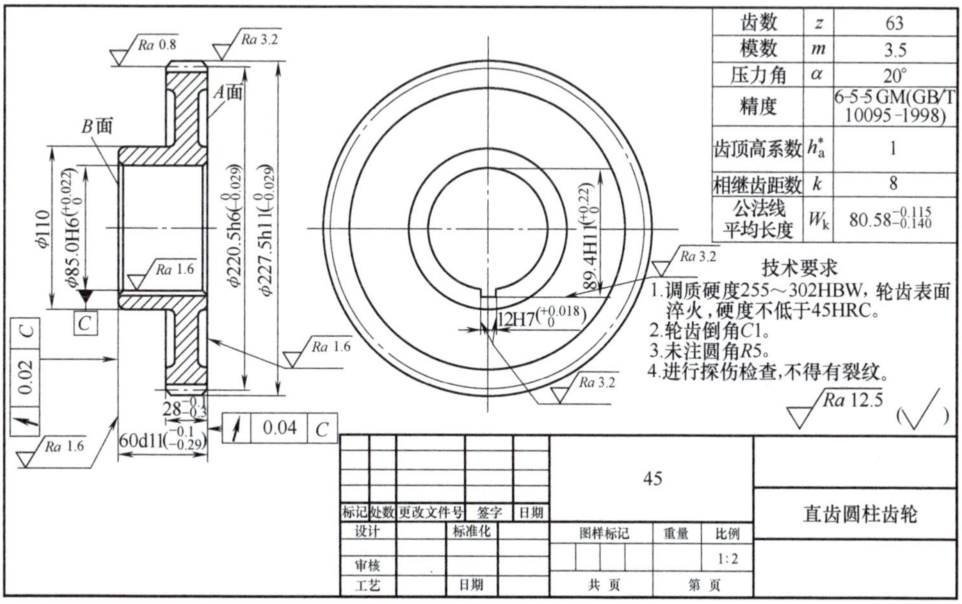 **图4-4-1　直齿圆柱齿轮零件图**				

	素养目标	知识目标	能力目标
任务目标	1）强化自我管理。 2）增强创新意识。 3）深化劳动观念。 4）追求精益求精。 5）加强团队协作。	掌握齿轮的测量方法。	能根据齿轮零件的技术要求,选择合适的设备和工具对齿轮零件进行测量。

（续）

任务 要求	1. 根据要求完成分工并做好工作准备 1）为了高效高质量地完成本任务,采用自愿的方式组建项目团队。 2）小组需要收集相关信息,并将收集的资料进行汇总和整理。拟定一份思维导图,以确定小组需要查找的内容及组员分工。 3）小组需将整理后的资料展示给其他组学员,并思路清晰地进行讲述。 2. 根据所获取的信息进行分析处理 1）根据齿轮零件的技术要求,选择合适的测量设备和测量工具。 2）对直齿圆柱齿轮零件进行测量。 3）根据直齿圆柱齿轮的测量数据,改进加工工艺。 3. 分组要求 4~6 人一组,将分组情况与任务分工填入表 4-4-1 中。

表 4-4-1　学生任务分配表

班级		组号		指导教师	
组长		学号			
组员	姓名	学号		任务分工	

考核 方式	1）物化成果考核。 2）参与度考核。
物化 成果	1）零件分析方案(含作业计划)。 2）汇报 PPT 等。

4.4.2　引导问题

1）齿轮径向跳动产生的主要原因是什么? 它对齿轮传动有什么影响?

2）测量齿轮齿厚偏差的目的是什么?

3）测量齿距累积总偏差 F_p 与单个齿距偏差 f_{pt} 的目的是什么?

4）齿厚的测量精度与哪些因素有关?

5）测量公法线长度偏差,取平均值的原因是什么?

4.4.3　任务资讯

一、相关理论知识

（一）齿轮齿单个齿距偏差与齿距累积总偏差的测量

1. 测量原理及测量器具

单个齿距偏差 f_{pt} 是指在分度圆上,实际齿距与公称齿距之差（用相对法测量时,公称齿距是指所有实际齿距的平均值）。齿距累积总偏差 F_p 是指在分度圆上,任意两个同侧齿面间的实际弧长与公称弧长之差的最大绝对值,即最大齿距累积偏差（F_{pmax}）与最小齿距累积偏差（F_{pmin}）之代数差。

在实际测量中，通常采用某一齿距作为基准齿距，测量其余的齿距对基准齿距的偏差。然后，通过数据处理来求解单个齿距偏差 f_{pt} 和齿距累积总偏差 F_p，测量应在齿高中部同一圆周上进行，这就要求保证测量基准的精度。而齿轮的测量基准可选用齿轮的内孔、齿顶圆和齿根圆。为了使测量基准与装配基准一致，以内孔定位最好。用齿顶圆定位时，必须控制齿顶圆对内孔的中心线的径向跳动。在生产中，根据所用量具的结构来确定测量基准。

用相对法测量齿距相对偏差的仪器有手持式周节仪和万能测齿仪。

（1）用手持式周节仪测量 图 4-4-2 所示为手持式周节仪，它以齿顶圆作为测量基准，指示表的分度值为 0.005mm，测量范围为模数 3~15mm。

手持式周节仪有 4、5 和 8 三个定位脚，用以支承仪器。测量时，调整定位脚的相对位置，使测量头 2 和 3 在分度圆附近与齿面接触。固定测量头 2 按被测齿轮模数来调整位置，活动测量头 3 则与指示表 7 相连。测量前，将两个定位脚 4、5 前端的定位爪紧靠齿轮端面，并使它们与齿顶圆接触，再用紧固螺钉 6 紧固。然后将辅助定位脚 8 也与齿顶圆接触，同样用螺钉紧固。以被测齿轮的任一齿距作为基准齿距，调整指示表 7 的零位，并且把指针压缩 1~2 圈。然后，逐齿测量其余的齿距，指示表读数即为这些齿距与基准齿距之差，将测得的数据记入表中。

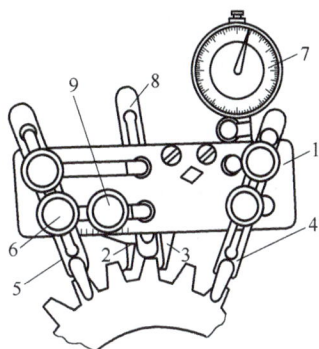

图 4-4-2 手持式周节仪
1—支架 2、3—测量头
4、5、8—定位脚
6、9—紧固螺钉 7—指示表

（2）用万能测齿仪测量 万能测齿仪是应用比较广泛的齿轮测量仪器，除测量圆柱齿轮的齿距、基节、齿圈径向跳动和齿厚外，还可以测量锥齿轮和蜗轮。其测量基准是齿轮的内孔。

图 4-4-3 所示为万能测齿仪。仪器的弧形支架 7 可绕基座 1 的垂直轴线旋转，安装被测齿轮心轴的顶尖装在弧形支架上，支架 2 可以在水平面内做纵向和横向移动，工作台装在支架 2 上，工作台上装有能够做径向移动的滑板 4，借锁紧装置 3 可将滑板 4 固定在任意位置上，当松开锁紧装置 3 时，滑板 4 靠弹簧的作用能匀速地移动到测量位置，这样就能进行逐齿测量。测量装置 5 上有指示表 6，其分度值为 0.001mm。用这种仪器测量齿轮齿距时，其测量力靠装在齿轮心轴上的重锤（图 4-4-4）来保证。

测量前，将齿轮安装在两顶尖之间，调整测量装置 5，使球形测量爪位于齿轮分度圆附近，并与相邻两个同侧齿面接触。选定任一齿距作为基准齿距，将指示表 6 调零。然后逐齿测量其余齿距对基准齿距之差。

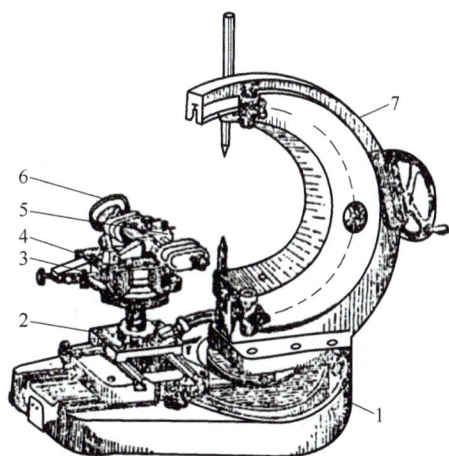

图 4-4-3 万能测齿仪
1—基座 2—支架 3—锁紧装置
4—滑板 5—测量装置
6—指示表 7—弧形支架

2. 用手持式周节仪（图 4-4-2）测量的步骤

1）调整测量头的位置。将固定测量头 2 按被测齿轮模数调整到模数标尺的相应刻线上，然后用紧固螺钉 9 紧固。

2）调整定位脚的相对位置。调整定位脚 4 和 5 的位置，使测量头 2 和 3 在齿轮分度圆附近与两相邻同侧齿面接触，并使两接触点分别与两齿顶距离接近相等，然后用紧固螺钉 6 紧固。最后调整辅助定位脚 8，并用螺钉紧固。

3）调节指示表零位。以任一齿距作为基准齿距（注上标记），将指示表 7 对准零位，然后将仪器测

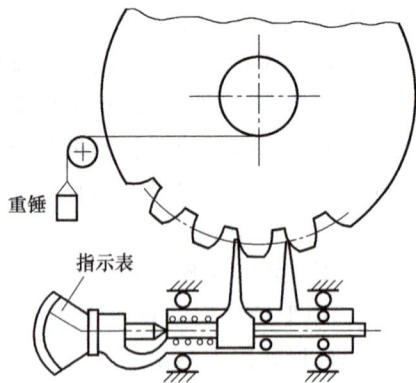

图 4-4-4　齿轮心轴重锤

量头稍微移开轮齿，再重新使它们接触，以检查指示表 7 示值的稳定性。这样重复 3 次，待指示表 7 稳定后，再调节指示表 7 对准零位。

4）逐齿测量各齿距的相对偏差，并记录测量结果。

5）处理测量数据齿距累积误差可以用计算法或作图法求解。

（二）齿轮径向跳动测量

1. 测量原理及计量器具

齿轮径向跳动 F_r 为计量器测头（圆形、圆柱形等）相继置于每个齿槽内时，从它到齿轮轴线的最大和最小径向距离之差。检查中，测头在齿高中部附近与左右齿面接触。即 $F_r = r_{max} - r_{min}$（图 4-4-5）。

齿轮径向跳动误差可用齿轮径向跳动检查仪、万能测齿仪或普通的偏摆检查仪等仪器测量。本实验采用齿圈径向跳动检查仪来测量，如图 4-4-6 所示。该仪器主要由顶针架和测量支架两大部分组成。顶针架是安装被测工件的；测量支架是安装指示表的，其上有刻度值，当测量圆柱齿轮时，其上的刻线指向 0，若测量锥齿轮则需转动相应的节锥角。

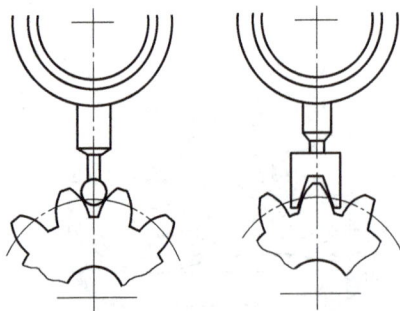

图 4-4-5　齿轮径向跳动测量原理

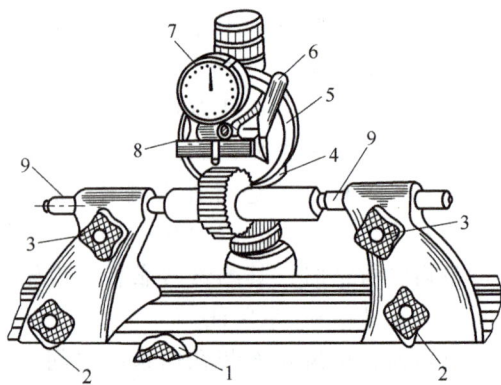

图 4-4-6　齿圈径向跳动检查仪

1—纵向移动手轮　2—顶针座锁紧螺钉　3—顶针锁紧螺钉
4—升降螺母　5—回转盘　6—提升手柄
7—指示表　8—指示表架　9—顶针

此外，齿轮径向跳动检查仪还备有内接触杠杆和外接触杠杆。前者为直线形，用于测量内齿轮的齿轮径向跳动和孔的径向跳动；后者为直角三角形，用于测量锥齿轮的齿轮径向跳动和轴向圆跳动。本实验测量圆柱齿轮的齿轮径向跳动。测量时，将需要的球形测量头装入指示表测量杆的下端进行测量。

2. 测量步骤

（1）安装工件　根据被测齿轮心轴的长短，先将左顶针架固定在滑板的适当位置，分别锁紧左锁紧螺钉2和3，以使顶针架和顶针固定；调整右顶针架的位置，使其顶针顶住心轴中心孔时，松紧适度，无轴向窜动，然后锁紧右锁紧螺钉2和3，以上操作必须用手托住齿轮，勿使齿轮落下砸坏仪器。

（2）选择测头　为了测量各种不同模数的齿轮，仪器备有不同直径的球形测量头。测量齿圈径向跳动误差应在分度圆附近与齿面接触，根据被测量齿轮的模数，选择合适的球形测量头，装入指示表7测量杆的下端。测头直径可按式 $d = 1.68m$ 决定，式中 m 为齿轮模数（单位：mm）。使测头在齿轮分度圆处接触。

（3）零位调整　旋转纵向移动手轮1，调整滑板位置，使指示表测量头位于齿宽的中部，然后锁紧滑板。扳动手柄6使测头下降并对准齿轮上某一齿槽，然后转动升降螺母4使测量支架向下移动，以百分表的测头与齿槽双面接触、指针大致转过1~2圈为宜，随后转动测量支架后面的紧固螺钉使其固定；用手转动百分表表壳使表中的零线与指针重合，扳动手柄6将测头提起再放下，如此两三次始终指向零位则调零工作结束。

（4）测量　调零结束后，记下第一个读数；扳动手柄6提起测头后将齿轮转过一齿，再将提升手柄6轻轻放下，使测头与第二个齿槽接触，从百分表上读取第二个读数，依次逐齿测量直至全部，最后当齿轮转回到调零槽时，表上读数应与第一个读数相同（百分表指针仍能回到零位），则测量数据有效。若偏差超过±1格时应检查原因，并重新测量。

（5）测量数据记录与处理　百分表示值中的最大值与最小值之差，即为齿轮径向跳动公差 F_r，按国家标准 GB/T 10095.2—2008 确定被测齿轮径向跳动公差的等级。

（三）齿轮齿厚偏差测量

1. 测量原理及计量器具

齿厚偏差 ΔE_s 是指在分度圆柱面上，法向齿厚的实际值与公称值之差。

图 4-4-7 所示为测量齿厚偏差的齿轮游标卡尺，它由两套相互垂直的游标卡尺组成。垂直游标卡尺用于控制测量部位（分度圆至齿顶圆）的弦齿高 h_f，水平游标卡尺用于测量所测部位（分度圆）的弦齿厚 S_f。齿轮游标卡尺的分度值为 0.02mm，其原理和读数方法与普通游标卡尺相同。

用齿轮游标卡尺测量齿厚偏差，是以齿顶圆为基础。如图 4-4-8 所示，当齿顶圆直径为公称值时，直齿圆柱齿轮分度圆处的弦齿高 h_f 和弦齿厚 S_f 的计算公式为

$$h_f = h' + x = m + \frac{zm}{2}\left[1 - \cos\frac{90°}{z}\right] \tag{4-5}$$

$$S_f = zm\sin\frac{90°}{z} \tag{4-6}$$

式中 m——齿轮模数（mm）；

z——齿轮齿数。

当齿轮为变位齿轮且齿顶圆直径有误差时，分度圆处的弦齿高 h_f 和弦齿厚 S_f 的计算公式为

$$h_f = m + \frac{zm}{2}\left[1 - \cos\left(\frac{\pi + 4\xi\tan\alpha_f}{2z}\right)\right] - (R_e - R'_e) \tag{4-7}$$

$$S_f = zm\sin\left[\frac{\pi + 4\xi\sin\alpha_f}{2z}\right] \tag{4-8}$$

式中 ξ——变位系数；

α_f——压力角（°）；

R_e——齿顶圆半径的公称值（mm）；

R'_e——齿顶圆半径的实际值（mm）。

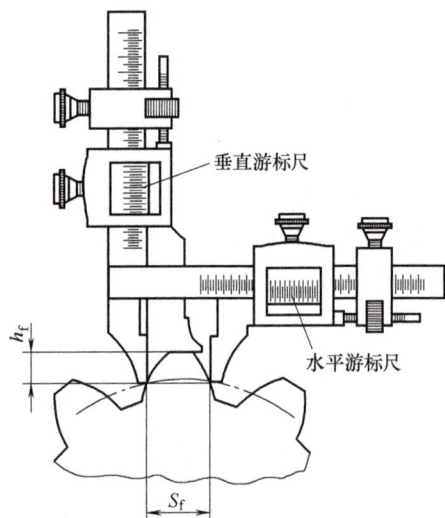

图 4-4-7 测量齿厚偏差的齿轮游标卡尺

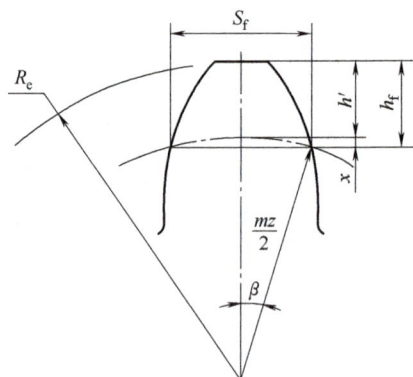

图 4-4-8 直齿圆柱齿轮分度圆

2. 测量步骤

1）用外径千分尺测量齿顶圆的实际直径。

2）计算分度圆处弦齿高 h_f 和弦齿厚 S_f（可从表 4-4-2 查出）。

3）按 h_f 值调整齿轮游标卡尺的垂直游标卡尺。

4）将齿轮游标卡尺置于被测齿轮上，使垂直游标卡尺的高度尺与齿顶相接触。然后，移动水平游标卡尺的卡脚，使卡脚靠紧齿廓。从水平游标卡尺上读出弦齿厚的实际尺寸（用透光法判断接触情况）。

5）分别在圆周上间隔相同的几个轮齿上进行测量。

6）按齿轮图样标注的技术要求，确定齿厚上偏差 E_{sns} 和下偏差 E_{sni}，判断被测齿厚的适用性。

表 4-4-2　$m=1\text{mm}$ 时分度圆弦齿高和弦齿厚的数值　　　　（单位：mm）

z	$z\sin\dfrac{90°}{z}$	$1+\dfrac{z}{2}\left(1-\cos\dfrac{90°}{z}\right)$	z	$z\sin\dfrac{90°}{z}$	$1+\dfrac{z}{2}\left(1-\cos\dfrac{90°}{z}\right)$	z	$z\sin\dfrac{90°}{z}$	$1+\dfrac{z}{2}\left(1-\cos\dfrac{90°}{z}\right)$
11	1.5655	1.0560	29	1.5700	1.0213	47	1.5705	1.0131
12	1.5663	1.0513	30	1.5701	1.0205	48	1.5705	1.0128
13	1.5669	1.0474	31	1.5701	1.0199	49	1.5705	1.0126
14	1.5673	1.0440	32	1.5702	1.0193	50	1.5705	1.0124
15	1.5679	1.0411	33	1.5702	1.0187	51	1.5705	1.0121
16	1.5683	1.0385	34	1.5702	1.0181	52	1.5706	1.0119
17	1.5686	1.0363	35	1.5703	1.0176	53	1.5706	1.0116
18	1.5688	1.0342	36	1.5703	1.0171	54	1.5706	1.0114
19	1.5690	1.0324	37	1.5703	1.0167	55	1.5706	1.0112
20	1.5692	1.0308	38	1.5703	1.0162	56	1.5706	1.0110
21	1.5693	1.0294	39	1.5704	1.0158	57	1.5706	1.0108
22	1.5694	1.0280	40	1.5704	1.0154	58	1.5706	1.0106
23	1.5695	1.0268	41	1.5704	1.0150	59	1.5706	1.0104
24	1.5696	1.0257	42	1.5704	1.0146	60	1.5706	1.0103
25	1.5697	1.0247	43	1.5705	1.0143	61	1.5706	1.0101
26	1.5698	1.0237	44	1.5705	1.0140	62	1.5706	1.0100
27	1.5698	1.0228	45	1.5705	1.0137	63	1.5706	1.0098
28	1.5699	1.0220	46	1.5705	1.0134	64	1.5706	1.0096

注：对于其他模数的齿轮，则将表中的数值乘以模数。

（四）倒挡齿轮公法线长度偏差（ΔE_w）及其变动量（ΔF_w）的测量

公法线长度可以用公法线千分尺（图 4-4-9）、公法线量仪、万能测齿仪等测量。按规定应在圆周三等分处测量，取平均值作为测量结果。测得的公法线实际长度与其公称值之差即为公法线长度偏差（ΔE_w）（图 4-4-10）。而沿同一齿轮测得的所有公法线中的最大值与最小值之差即为公法线长度变动量（ΔF_w）。

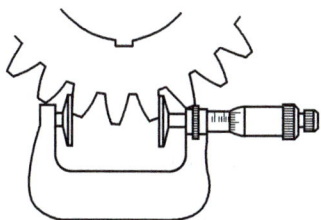

图 4-4-9　公法线长度测量

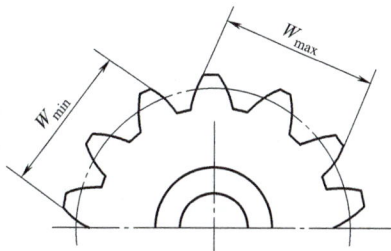

图 4-4-10　公法线长度变动

二、相关实践知识

编制直齿圆柱齿轮机械加工工序 10 的加工工序卡（表 4-4-3）。

表 4-4-3　直齿圆柱齿轮机械加工工序卡

机械加工工序卡		产品型号及规格	YG026 织物强力机	名　称	直齿圆柱齿轮	工序名称	插键槽	工艺文件编号	
		图　号	YG026-0001	材料牌号及名称	45	毛坯外形尺寸			
				零件毛重		零件净重		硬　度	
				设备型号	B5032	设备名称	插床		
				专用工艺装备		名　称		代　号	
				机动时间	15min	单件工时定额	60min	每台件数	
				技术等级				切削液或植物油	

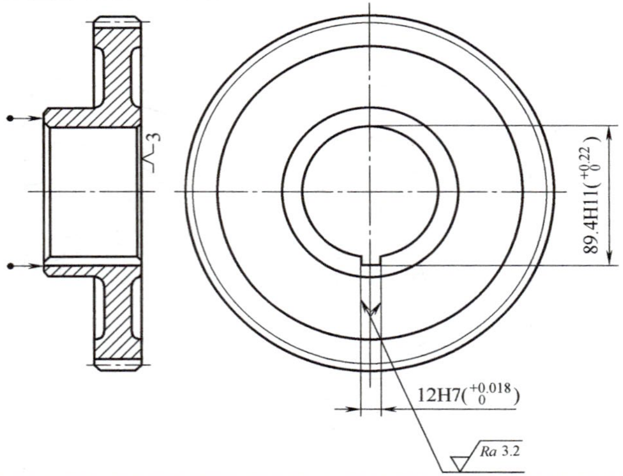

89.4H11($^{+0.22}_{0}$)　12H7($^{+0.018}_{0}$)　√Ra 3.2　√3

工序号	工步号	工序及工步内容	刀　具 名称规格	量检具 名称规格	切削速度 /(m/min)	背吃刀量 /mm	进给量 /(mm/r)	转速 /(r/min)
10	1	装夹,按线找正						
	2	粗插键槽至深度,两侧面留精加工余量1mm	粗插刀	游标卡尺 (0～150mm)	15	0.3		
	3	精插至尺寸	精插刀		15	0.1		

				编制	校对	会签	复制
				签字 日期	签字 日期		

修改标记　处数　文件号　签字　日期

修改标记　处数　文件号　签字　日期

4.4.4　任务实施

学生工作页

项目名称	项目4　编制圆柱齿轮类零件机械加工工艺		
任务名称	任务4　测量直齿圆柱齿轮零件精度	日　期	
班　级		姓　名	学　号	

任务分析与实施	学习方法
1）根据图4-4-1所示直齿圆柱齿轮零件的技术要求，选择合适的测量设备和测量工具。	独立思考 小组讨论
2）对直齿圆柱齿轮进行测量。	
3）根据测量结果，分析产生误差的原因。	

练　习　题
简答题
1. 为什么测量齿轮径向跳动时，要根据齿轮模数不同选用不同直径的球形测头？
2. 用周节仪和万能测齿仪测量齿轮齿距时，各选用齿轮的什么表面作为测量基准？
3. 若因检验条件的限制，不能测量齿距累积总偏差 F_p，可测量哪些项目来代替？
4. 齿厚极限偏差（E_{sns}、E_{sni}）和公法线长度极限偏差（E_{bns}、E_{bni}）有何关系？
5. 测量公法线长度是否需要先用量块组将公法线卡规的指示表调整至零位？

任　务　总　结
请各小组对本阶段的内容进行汇总并以PPT形式汇报。

4.4.5　任务评价与反思

学生进行自评和互评，评价自己与同组同学是否能完成零件图的识读、零件图的工艺分析、编制工艺文件等，是否按时完成报告内容等成果资料、有无任务遗漏。教师对学生的评价内容包括：报告书写是否工整规范，报告内容数据是否真实合理、阐述是否详细、认识体会是否深刻等。

1）学生进行自我评价，并将结果填入附表1中。

2）学生以小组为单位，对以上学习任务中的过程和结果进行互评，将互评结果填入附表2中。

3）教师对学生工作过程与工作结果进行评价，并将评价结果填入附表3中。

4.4.6　任务拓展

加工图4-1-16所示的双联齿轮，材料为40Cr，齿部硬度为50HRC，大批量生产，制订其加工工艺规程。

职业拓展——成为一名优秀的新时代工匠

"工匠精神"是社会文明进步的重要标尺，也是时代前行的精神源泉。从"四大发明"、都江堰到景德镇陶瓷、明清皇家园林，中国自古就不乏能工巧匠。新中国成立后，"两弹一星"和载人航天事业涌现出一大批"大国工匠"。党的十八大以来，"天宫""蛟龙""天眼""悟空""墨子""大飞机"等重大科技成果相继问世。这些科技创新、大国重器、超级工程无不凝聚着"执着专注、精益求精、一丝不苟、追求卓越"的工匠精神。

习近平总书记强调:"劳模精神、劳动精神、工匠精神是以爱国主义为核心的民族精神和以改革创新为核心的时代精神的生动体现,是鼓舞全党全国各族人民风雨无阻、勇敢前进的强大精神动力"。实现第二个百年奋斗目标,实现中华民族伟大复兴的中国梦,必须大力弘扬工匠精神,努力从工匠精神中汲取前进力量,成长为国家和时代所需要的人才。

工匠精神不是宗师巨匠们才有的特殊标签,每个人都应成为工匠精神的传承者,每个岗位都应成为工匠精神的诠释者。

工匠型的员工是每一个企业都迫切需要的,他们不仅是企业能够长久发展的重要动力,更是员工自我价值的体现。

那么,究竟该如何做一名工匠型员工呢?

附　　录

附表 1　活动过程评价——小组自评表

班级		组别		日期	
评价指标	评价要素			分数	分数评定
信息检索	能有效利用网络资源、工作手册查找有效信息；能用自己的语言有条理地去解释、表述所学知识；能将查找的信息有效转换到工作中			10	
感知工作	是否熟悉工作岗位，认同工作价值；在工作中是否获得满足感			10	
参与状态	与教师、同学之间是否相互尊重、理解、平等；与教师、同学之间是否能够保持多向、丰富、适宜的信息交流			20	
	探究学习、自主学习不流于形式，处理好合作学习和独立思考的关系，做到有效学习；能提出有意义的问题或能发表个人见解；能按要求正确操作；能够倾听、协作分享				
学习方法	工作计划、操作技能是否符合规范要求；是否获得了进一步发展的能力			10	
工作过程	遵守管理规程，操作过程符合现场管理要求；平时上课的出勤情况和每天完成工作任务情况；善于多角度思考问题，能主动发现、提出有价值的问题			15	
思维状态	是否能发现问题、提出问题、分析问题、解决问题，是否有创新思维			10	
自评反馈	按时按质完成工作任务；较好地掌握了专业知识点；具有较强的信息分析能力和理解能力；具有较为全面严谨的思维能力并能条理明晰地表述成文			25	
自评分数					
有益的经验和做法					
总结反思建议					

附表 2　活动过程评价——小组互评表

班级		组别		日期	
评价指标	评价要素			分数	分数评定
信息检索	该组能否有效利用网络资源、工作手册查找有效信息			5	
	该组能否用自己的语言有条理地去解释、表述所学知识			5	
	该组能否将查找到的信息有效转换到工作中			5	

（续）

班级		组别		日期	
评价指标	评价要素			分数	分数评定
感知工作	该组能否熟悉自己的工作岗位,认同工作价值			5	
	该组成员在工作中是否获得满足感			5	
参与状态	该组与教师、同学之间是否相互尊重、理解、平等			5	
	该组与教师、同学之间是否能够保持多向、丰富、适宜的信息交流			5	
	该组能否处理好合作学习和独立思考的关系,做到有效学习			5	
	该组能否提出有意义的问题或能发表个人见解;能按要求正确操作;能够倾听、协作分享			5	
	该组能否积极参与,在任务过程中不断学习,综合运用信息技术的能力得到提高			5	
学习方法	该组的工作计划、操作技能是否符合规范要求			5	
	该组是否获得了进一步发展的能力			5	
工作过程	该组是否遵守管理规程,操作过程符合现场管理要求			5	
	该组平时上课的出勤情况和每天完成工作任务情况			5	
	该组成员是否能设计出合理的工艺,并善于多角度思考问题,能主动发现、提出有价值的问题			15	
思维状态	该组是否能发现问题、提出问题、分析问题、解决问趣,是否有创新思维			5	
互评反馈	该组能严肃认真地对待自评,并能独立完成自测试题			10	
互评分数					
简要评述					

附表3　活动过程评价——教师评价表

班级		组别		姓名	
评价项目		评价标准		分值	得分
考勤		无无故迟到、早退、旷课现象		10	
任务描述、接受任务		口述任务内容细节,表述仪态自然、吐字清晰;思路清晰、层次分明、准确		5	
任务分析、分组情况		涉及理论知识回顾完整,分组分工明确		5	
工作过程	零件图识图	能正确识读,准确理解其作用、图示内容及画法。能根据图样,获取产品的形状、尺寸、加工质量要求信息,分析零件的各项技术要求		5	
	基准选择	能确定零件的粗基准和精基准		5	
	安排机械加工顺序	能合理安排各机械加工工序的顺序		10	
	填写工艺文件	能制订简单有效的工艺流程,完整填写机械加工工艺卡片		20	
	比较工艺方案	能比较不同的工艺方案,选择优化、合理的加工工艺过程		10	
	工作态度	态度端正,工作认真、主动		5	
	协调能力	与小组成员、同学之间能合作交流,协调工作		5	
	职业素养	7S 标准		5	

（续）

班级		组别		姓名	
评价项目		评价标准		分值	得分
项目成果	工作完整	能按时完成任务		5	
	零件分析报告	能正确分析零件图样并完成分析报告		5	
	成果展示	能制作汇报 PPT 并能准确表达、汇报工作成果		5	
合计				100	

参 考 文 献

［1］ 郑修本．机械制造工艺学［M］．3版．北京：机械工业出版社，2017．

［2］ 杨叔子．机械加工工艺师手册［M］．2版．北京：机械工业出版社，2012．

［3］ 艾兴，肖诗纲．切削用量简明手册［M］．3版．北京：机械工业出版社，2017．

［4］ 刘守勇．机械制造工艺与机床夹具［M］．3版．北京：机械工业出版社，2018．

［5］ 孙靖民．机械优化设计［M］．6版．北京：机械工业出版社，2017．

［6］ 许福玲．液压与气压传动［M］．4版．北京：机械工业出版社，2018．

［7］ 刘银水，李壮云．液压元件与系统［M］．4版．北京：机械工业出版社，2019．

［8］ 姜晶，刘华军．机械制造技术［M］．北京：机械工业出版社，2017．

［9］ 蒋兆宏．典型机械零件的加工工艺［M］．3版．北京：机械工业出版社，2021．

［10］ 叶勇．高职院校智能制造类专业课程思政案例精析及教学实施［M］．成都：西南交通大学出版
社，2021．